本书获得北京大学上山出版基金、四川思想家研究中心资助,特此致谢!

知识与境界

知识在唐君毅
心灵九境论中的作用与定位

雷爱民 著

青年学者文库

北京大学出版社
PEKING UNIVERSITY PRESS

图书在版编目(CIP)数据

知识与境界:知识在唐君毅心灵九境论中的作用与定位/雷爱民著.—北京:北京大学出版社,2017.3
ISBN 978-7-301-27968-7

Ⅰ.①知… Ⅱ.①雷… Ⅲ.①唐君毅(1909-1978)—哲学思想—研究 Ⅳ.①B261.5

中国版本图书馆 CIP 数据核字(2017)第 012995 号

书　　　名	知识与境界:知识在唐君毅心灵九境论中的作用与定位 ZHISHI YU JINGJIE
著作责任者	雷爱民　著
责 任 编 辑	魏冬峰
标 准 书 号	ISBN 978-7-301-27968-7
出 版 发 行	北京大学出版社
地　　　址	北京市海淀区成府路 205 号　100871
网　　　址	http://www.pup.cn
电 子 信 箱	weidf02@sina.com
新 浪 微 博	@北京大学出版社
电　　　话	邮购部 62752015　发行部 62750672　编辑部 62750673
印 刷 者	三河市博文印刷有限公司
经 销 者	新华书店
	965 毫米×1300 毫米　16 开本　23.5 印张　338 千字 2017 年 3 月第 1 版　2017 年 3 月第 1 次印刷
定　　　价	65.00 元

未经许可,不得以任何方式复制或抄袭本书之部分或全部内容。
版权所有,侵权必究
举报电话: 010-62752024　电子信箱: fd@pup.pku.edu.cn
图书如有印装质量问题,请与出版部联系,电话: 010-62756370

哲学：成见＋论证
——读雷爱民博士的《知识与境界》

胡 军

众所周知，哲学与其他学科之间有着密切的关系。但我们也不能不看到哲学与其他学科之间有着不少的差异。其间究竟有哪些不同或差异，不是本文讨论的目的。从学术发展的历史来看，可以这样说，所有的学科似乎都诞生于哲学。一旦学科的对象相对明确之后，它们也就纷纷地脱离了哲学。这一历史清楚地表明了这样一个事实，即其他的学科都有相对明确的研究对象，尽管各个学科内部也是争论或分歧迭出。哲学却不一样，其对象很不明确，我们看看分析哲学家们的立场就完全与存在主义哲学家的不一样。不但方法不一样，哲学讨论的对象也截然不同。其实，即便在分析哲学家之间在上述的问题上也有着不同的看法。

尽管如此，哲学研究的基本要素应该是共同的。严格说来，讨论哲学问题的立场可以不同，甚至截然对立。但大家必须围绕着明确的问题，进行充分而合理的讨论或论证。于此，我们可以清楚地看到哲学包含着如下两个要素，即问题或思想与对问题或思想进行的充分论证。用平实的语言来表达就是：哲学是说出道理来的成见。也就是说，如果不想让哲学仅仅流于一种主观的说教或成见，那就必须要让思想或成见奠基于论证或说理。

雷爱民博士的学位论文基本上是遵照着上述哲学的基本要素来分析唐君毅思想的晚年定论"心灵九境论"的。

唐君毅是现代新儒家思想的重要代表人物，卷帙浩繁，其著述已收入三十多卷本的《唐君毅全集》之内。他的思想前后多有变化，但其代表性著作无疑即是其晚年的定论《生命存在与心灵境界》。此书核心内容系统表述的是他自己关于境界理论与知识之间关系这一重大的哲学问题。雷爱民的博士学位论文题为《知识与境界》，试图从知识与境界之间关系来系统地研究唐君毅相关思想，应该说是准确地抓住了唐氏相关思想的核心内容。

心灵境界与知识或知识系统之间究竟具有什么样的关系应该是哲学研究的一个颇有重大意义的问题，从此着眼《生命存在与心灵境界》一书确实有不可否认的意义。但同时我们也必须认识到，讨论这样重大的理论问题，首先对这两者必须有明确的界定；其次要对这两者之间的关系做系统的有结构性的论证，至少必须有透彻的说理。但遗憾的是，此书对上述两者既没有明确的界定，更没有对这两者之间关系做系统周密的论证或说理。因此"心灵九境论"也就不得不流于缺乏论证的一种"成见"。

至今，关于中国哲学史学位论文的写作，基本是沿袭着注疏和解读经典的模式。《知识与境界》一书却完全与此不同，而是着眼于问题与论证的角度来研究唐君毅的"心灵九境论"。这样的视角也就必然引导作者站在真正意义上的哲学立场，按照严格的论证或说理的方式与研究对象进行理性的对话。唐君毅《生命存在与心灵境界论》试图为人类的知识安置一个境界理论或价值论的导航系统，使知识系统完全统摄于人生境界。应该承认，心灵境界与知识理论之间有着剪不断理还乱的关系。但将知识理论完全挂靠在人生境界之下的说法却是毫无任何道理的。对此，雷爱民指出，这样的处理方式使人类的知识取消了客观独立的地位。这一批评是正确的。

人类知识发展的历史清楚地表明，知识的进步与发展主要依赖于人类理性能力的提升或进步，而不是如唐君毅所断言的那样，是心灵境界完全决定着知识理论的走向。

由于唐君毅本人对于知识理论缺少专门而系统的研究与探索，其结果就是，他对于知识理论的定位难免出错。《生命存在与心灵境界》认为，心灵境界有客观、主观、超主客之不同。与此相应，知识也就有客观的、主观的、超主客的。这样的看法很是值得商榷。心灵境界的主观性是明确的,但是其客观的含义则是难以断定的。至于超主客的心灵境界到底何所指,颇令人困惑。更应该指出的是,按照上述的心灵境界的分类来区分人类知识的做法却也使我们感到困惑。就人类知识的共性而言,知识是认知主体对于认知客体或对象(自然、社会、人类自身等都可以是知识理论探索的对象)长期探索和研究的结果。从知识性质的这一视角来看问题的话,那么我们就很难说,有什么纯客观的知识,有什么纯主观的知识。更不能够说有什么超主客的知识了。

讨论此类问题会涉及很多认识理论方面的问题,讨论这些问题显然不是本文的主旨,所以我们还是要回到雷爱民博士的学位论文。

以知识与境界的定位及其关系来探索和研究"心灵九境论"的思想应该说是准确地抓住了唐君毅晚年定论的核心。

无疑,对经典的注疏及解读为学术研究奠定了基础,但这一模式本身还不是学术研究。学术研究必须强调批判的或怀疑的思维方式或问题意识,以及对问题本身的探索与研究。雷爱民博士长期阅读和研究唐君毅的思想,对研究对象自有深厚的资料积累及丰硕的研究心得体会。更重要的是他有着极其细腻的思维方法,对感兴趣的研究话题总想着尽其所能,刨根究底,穷追不舍。这样的思维模式,使他的博士学位论文具有很细腻的行文方式,也使他对"心灵九境论"所涉及的理论问题提出不少的问题。我基本上认同他的研究模式。也因为这样的行文风格,所以他的论文在答辩的过程中得到了参与答辩的学者的完全认同,高度评价了他的论文,认为是一篇不可多得的优秀博士学位论文。相信此篇博士论文的出版能够进一步推动学术界对于唐君毅思想的研究。更希望雷爱民博士在此基础之上,百尺竿头更进一步,使自己以后的学术研究在此细腻的基础上,更进一步系统化。

目 录

导 论 ……………………………………………………… (1)
    1.1 问题意识及缘起 ……………………………………… (1)
    1.2 研究背景及意义 ……………………………………… (5)
    1.3 研究对象与方法界定 ………………………………… (13)

第一章 心灵九境论的形成与要义 ……………………… (16)
    1.1 心本体与道德自我 …………………………………… (16)
    1.2 道德理性与文化意识 ………………………………… (42)
    1.3 心灵活动与九境论 …………………………………… (75)

第二章 心灵九境论中的"理性"概念 ………………… (103)
    2.1 理性概念的新变化 …………………………………… (104)
    2.2 通达心灵活动的方式 ………………………………… (126)

第三章 心灵九境论中的知识之界定 …………………… (136)
    3.1 心灵九境论对知识论之定位 ………………………… (137)
    3.2 心灵境界与知识分类 ………………………………… (150)

第四章 知识在心灵九境论中的定位及作用 …………… (206)
    4.1 知识之限与境界的升进 ……………………………… (207)
    4.2 境界层级对认知的影响 ……………………………… (221)
    4.3 知识对心灵境界的影响 ……………………………… (252)

第五章 知识与境界的内在紧张之原因及真实意蕴 …… (297)
    5.1 知识与境界的内在紧张之主要原因 ………………… (298)
    5.2 知识与境界间冲突蕴含的主要问题 ………………… (327)

结 论 ……………………………………………………… (342)
参考文献 ………………………………………………… (345)
后 记 ……………………………………………………… (365)

导　论

1.1　问题意识及缘起

"心灵九境论"是唐君毅思想的晚年定论,唐氏围绕生命、存在、心灵、境界这四个核心概念,提出了以"体、相、用"三维为基本框架,以心灵三向为基本路向,以客观、主观、超主客观三分为基本背景,以心灵的九种境界为主要类型,建立了一个庞大的心灵境界理论。唐君毅的心灵境界论与其早期的"心之本体说""道德理性说"有直接关联。"心之本体说"对心灵本身的存在与性质进行了完满自足等的理想性规定,心本体与道德的关系影响到唐君毅心灵境界论中心灵活动与心灵本身的性质特点。"道德理性说"中关于理性的看法,则影响了唐氏在心灵境界论中对于理性、知识、知识论以及知识与心灵境界关系所持的基本看法。

唐君毅在"心灵九境论"中讨论了知识问题,但他没有对什么是知识进行定义,他所谓知识,概括起来主要是指人类已有的全部认知成果及人类一般的认知活动、认知过程等。唐君毅讨论知识问题是把人类知识还原成一个所谓"知之指向"的心灵活动来进行的,他认为由于知之指向的不同与认知方式的不同,人类心灵就形成不同的知识类型与学科体系。在唐氏看来,在人类心灵"体、相、用"三维的结构中有"纵向、横向、顺向"三个原初的不同认知活动方向,即知之指向。知之指向有三个方向,人类认知会出现失误与偏差,即当知之指向活动指向错误方向后便形成了认知的颠倒错乱,于是便形成了不同的心灵境界。不同的心灵境界是对心灵体、相、用三维结构中某一个侧面的认知和强调,因此,特定的心灵境界只能容纳和形成一定的知识体系,即特定的心灵境界中人们只能认识特定的知识内容,知识在唐君毅这里是一个动态的和层级分明的东西。由于特定的心灵境界只能认识到一定的知识类型，因而关于知识的看法和理论就会形成完全不同的知识论体系。依境界有"客观、主观、超主客观"的不同，因而就会有所谓"客观知识、主观知识、超主客观知识"的区分，知识论也同样如此。

正是由于知识与知识论是相对于特定心灵境界与认知方向而出现，知识在不同的境界中就呈现出不同的面貌与相应的特征，于是知识的确定性与客观性就在境界层级或价值判断的高下中予以消解。客观知识、主观知识、超主客观知识的区分是跟随唐氏对客观境界、主观境界、超主客观境界的划分而来的，但由于唐氏对客观、主观、超主客观三分的具体标准并不清楚，并且，通常人们认为人类在科学知识的诉求上或许并无直接的价值规定(如物理学上的质能方程 $E=mc^2$ 的价值规定是什么并不清楚)，然而，由于唐君毅对知识的看法放在价值规定浓厚的境界论之下进行讨论，因此，知识就成了心灵境界的注脚。也就是说，知识在唐氏的"心灵九境论"中是从属于境界的，知识的作用是通过还原或反思心灵活动在认知过程中的"道德意涵"来体现的。唐氏对心灵活动、心灵本身以及心灵的性质做出了自足完满等的理想性规定，唐氏认为知识的作用是通过认知过程或人类已有知识的再认识和把握，进而通达到心灵本身的自足、完满之特性而体现出来，因此，通过认知活动与心灵的自我反思，让心灵流动起来，不陷溺于特定的知识形态与境界类型，这就是唐氏在境界论中对人类知识的全部期待。然而，他关于心灵境界与知识之间的关系之论述存在种种困难，因为知识诉求与心灵境界由于相应领域、研究对象、终极指向各不相同，因而要沟通二者，让知识对心灵境界的提升有所帮助，或者让心灵境界统摄知识和知识论就存在相应的困难和严重的问题。那么，唐君毅通过让心灵境界统摄人类知识、让知识从属于价值的做法是如何实现的，以及它是否可能，这是本书要考察的主要问题与基本论域。

"心灵九境论"是唐君毅思想的晚年定论，唐氏认为在他关于心灵境界论的代表性著作《生命存在与心灵境界》一书中，他要讨论形上学与知识论的关系问题，他对心灵境界与知识之间的关系讨论体现了唐君毅所说的他在处理形上学(性情形上学)与人类知识(人类已有知识与学科体系)的关系问题。唐君毅在这样一个大的问题意识之下,他通过对他所理解的几乎所有科学知识与学科体系进行了境界层级的划分和讨论,从而试图通过还原人类的认知过程与认知活动,把人类全部知识都与一个完满自足的心灵活动与心灵本身联系起来。简单地说,唐君毅希望达到的目的就是把人类知识划归到一个形上心灵或者传统的性情之学的统摄之中,从而为人类知识安置一个境界论或价值论的导航系统,使得知识和关于认知的学说都从属于人生境界论。在这样一个先行的目的与处理方式之下,人类知识实际上被取消了独立的、确定的、客观的研究领域与认知特征,因而知识只是特定心灵境界之下的某种产物,知识是境界的附属物,知识的作用旨在帮助人们反思到一个无限完满的心灵本身之存在而已,进而让心灵本身流转不息,让个体提升人生境界。

针对唐君毅在心灵境界论之下对知识的定位与考察,我们发现其中有一些问题是必须厘清的,因为唐氏的理论设想与具体论证可能存在一些严重的困难,具体来说有如下几个方面。

(一)知识与境界的关系问题

知识与境界可以说是唐君毅心灵境界理论所关注的核心内容,境界与知识的关系随着中国近现代境界论形态的思想体系之确立,以及知识论诉求作为中国近现代哲学的重要维度而出现,唐君毅把知识与心灵境界当成了一对难解难分的孪生兄妹。可是到底境界是什么?知识又是什么?境界与知识的关系到底怎样?知识的积累到底能否帮助个体提升人生境界?对于这些问题,任何一个主张境界论者的中国学人都需要谨慎地回答。这些问题主要包括几个方面的内容:一、知识与境界各自关注的对象与领域分别是什么;二、知识的获得与境界的提升或改变,二者分别可以通过什么样的方式实现;三、境界与知识能否统一起来,知识与境界到底是什么关系;四、知识的积累是否意味着境界的提升,心灵境界的提升是否必然带来知识的获得及增加。

(二)知识论与心灵境界的关系

知识论与形上学之间的关系问题是唐君毅心灵境界论的核心话题,唐君毅理解的形上学以及知识论与哲学史上的形上学和知识论有一定的距离,他把知识论放在境界论(性情形上学,或说境界形上学)之下进行处理。在他看来,不同的心灵境界会呈现出不同的知识论论域和相关问题,也就是说,知识论并不存在一个统一的领域和对象。由于特定心灵境界的改变与流转之故,特定的心灵境界都有一定限制与范围,知识论更像一个流动不息、无确定对象与领域的附属学问,知识论还会随着境界论的消失而消失。因此,知识论与心灵境界的关系就呈现出一荣俱荣、一损俱损的关系。如果说唐氏认为知识论从属于境界论,那么他要清楚地说明这一点,就必须把境界论的研究范围与知识论的考察领域进行彻底分析和比较,找到二者的差异与共同之处,只有这样,我们才能够理清楚二者之间的关系。事实上,知识论与境界论二者非常不同,如何可能把知识论放到境界论之下进行考察与统摄性说明,这本身就是个需要分析和论证的问题。

(三)知识在心灵境界中的定位与作用

由于知识与知识论在唐君毅的心灵境界论中始终处于从属地位,他认为知识和知识论是特定心灵境界之下的产物,不同的心灵境界会呈现出不同的知识体系与知识论学说,于是,对于唐氏所谓心灵结构中的"体、相、用"三分,就会随之出现所谓关于"体"的知识、关于"相"的知识、关于"用"的知识;对应客观、主观、超主客三大类的心灵境界,相应会有所谓客观知识、主观知识、超主客观知识,以及不同境界中不同的知识论内容。由于特定心灵境界本身并不具有终极性意义与稳定性,心灵境界的出现只是由于对心灵原初活动三个方向的偏差与失误所导致,因此,不限于特定心灵境界、让心灵流转起来,就是唐氏心灵境界说的终极目标和指向。这样一来,人类知识由于只是特定心灵境界下的产物,而特定心灵境界会改变和流转,因此,人类知识本身也不具有确定的对象与领域,它不具有永恒的真理性与确切不移的客观性,人类知识这种把握世界的确定性方式就这样被取消了独立性、客观性、确定不移的真理性,知识论也随着境界论的转移而变得模糊不清。然而,"只要是人,我们就不得不生活于知识世界之内"①,更进一步说,我们认为"人是通过知识

---

① 胡军:《从知识看人性——兼论知识在现代及未来社会中的作用》,《函授教育》1995年第2期。

系统来看待外部世界的,即运用已有的知识系统来认识、分析自我。因此,人不能直接地认识自然,也不能直接地达到那个赤裸裸的自我。除非凭借知识这个中介,我们就不能看见或认识任何东西"①。通过人类已有知识来认识人类自身及其心灵境界,这种观点唐君毅先生或许不会同意,他或许认同通过心灵境界的把握来说明人类知识。然而,按照唐氏的境界论思路进行演绎,最终,我们能否保住人类知识这个被唐君毅先生反复提到的领域本身就是未知的。

1.2 研究背景及意义

(一) 中国近现代境界论与知识研究

中国近现代思想家王国维、冯友兰、唐君毅等人都以境界论描述和表达其思想而著称,甚至还提出了不同的境界论体系,这些不同的境界论哲学其共同特点是都传承和发挥了中国传统哲学思想,而不同点是不同哲学家对境界的形成、层级、体系等有不同论述。

"境界"一词在中国古代的相关使用中意义有一定演变,如《诗·大雅·江汉》"于疆于理"句,郑玄笺云:"正其境界,修其分理","境界"多指地域范围、实地疆界等;唐君毅认为"境界一名,初出自庄子之言境"②,后来,境界一词意义逐渐丰富,开始用于佛学,如《大乘起信论》中说:"一切境界,本来一心,离于想念。以众生妄见境界,故心有分齐,以妄起想念,不称法性,故不能决了。"③由佛学作为中介,境界一词逐渐被后世接受和广泛使用。

1. 中国近现代境界论哲学简述

中国近现代以来,使用"境界"一词说诗或词的有梁启超、况周颐、王国维诸家,但王国维被认为是中国近现代"境界论"的先河。"境界"通常

---

① 胡军:《从知识看人性——兼论知识在现代及未来社会中的作用》,《函授教育》1995年第2期。

② 唐君毅:《生命存在与心灵境界》,北京:中国社会科学出版社,2006年,导论第2页。

③ [梁]真谛译,高振农校释:《大乘起信论》,中华书局,1992年,第154页。

被认为是中国本土的哲学概念,王国维用 state 一词来对应"境界",牟宗三用 vision form 来对译此词,唐君毅认为"境界"与 world 或 horizon 意义相近。

中国近现代以境界论著称的思想家有王国维、宗白华、朱光潜、方东美、冯友兰、唐君毅等人,除了唐君毅先生的"心灵九境界论"①,中国近现代的境界论主要有:(1)王国维在《人间词话》中频繁使用境界一词,他从美学角度开启了中国近现代境界论研究的端绪,之后,不少学者继续对境界论进行探讨。②(2)宗白华在《美学散步》③中把"境界"视为大自然的生命节奏与人内心的生命节奏之契合,视境界为有限与无限的直接统一,在《艺境》④中把境界分为"功利境界、伦理境界、政治境界、学术境界、宗教境界、艺术境界"六种。(3)朱光潜在《文艺心理学》⑤中已涉及境界问题,在后来的《诗论》⑥中仍述及境界,他认为诗的境界是"意象与情趣的契合"。(4)方东美在《生生之德》⑦《原始儒家道家哲学》⑧中认为"哲学思想起于境的认识",将境界划分为"物质境界、生命境界、心灵境界、艺术境界、道德境界、宗教境界"六类。(5)冯友兰在《新原人》中提出了系统的境界论体系,他认为人生意义来自人们对宇宙人生的"觉解",主张以觉解之程度区分境界之层次高低,进而把"境界"由低至高划分为"自然境界""功利境界""道德境界""天地境界"四种⑨。中国近现代境界论哲学家从不同的审美、认知、信念等方面构建起各具特色

---

① 唐君毅先生在《生命存在与心灵境界》中将境界视为心灵活动从不同方向展开而获得的界域或范围,将心灵境界分为"九境",分别为"万物散殊境、依类成化境、功能序运境、感觉互摄境、观照凌虚境、道德实践境、归向一神境、我法二空境、天德流行境"。唐君毅的"心灵九境论"具体内容详见后文。
② 王国维:《人间词话》,成都:四川大学出版社,2013年。
③ 宗白华:《美学散步》,上海:上海人民出版社,1981年。
④ 宗白华:《艺境》,北京:北京大学出版社,1989年。
⑤ 朱光潜:《文艺心理学》,上海:复旦大学出版社,2009年。
⑥ 朱光潜:《诗论》,武汉:武汉大学出版社,2009年。
⑦ 方东美:《生生之德》,台北:台湾黎明文化事业有限公司,1979年。
⑧ 方东美:《原始儒家道家哲学》,台湾黎明文化事业有限公司,1985年。
⑨ 冯友兰:《贞元六书》,上海:华东师范大学出版社,1996年。

的境界论体系。

2. 中国近现代境界论哲学对"境界"的认知

在中国近现代境界论哲学中,人们对"境界"的看法相似之处不少,但人们对"何为境界"之理解却并不一致:(1) 在冯友兰看来,境界是指人对于宇宙人生某种程度上的觉解,宇宙人生对人有某种意义,即构成人的某种境界(《新原人》)。(2) 牟宗三在《中国哲学十九讲》中认为境界是由主体的心境修养突显出来的,主观上的心境修养到什么程度,人所看到的东西就达到什么程度,境界为主观的意义。① (3) 宗白华认为"境界"是大自然的生命节奏与人内心的生命节奏之契合,是有限与无限的直接统一(《美学散步》)。(4) 蒙培元在《心灵超越与境界》中认为境界是指心灵超越所达到的一种境地,其特点是内外合一、主客合一、天人合一,境界是心灵的存在方式。② (5) 冯契在《人的自由和真善美》中认为"境界"是"意"和"境"的结合,"意"就是实现了的、表现了的理想,"境"则是有意义的结构,境界是价值领域的分化,包括艺术、道德、哲理、宗教、事功等。尽管人们对境界的具体看法不同,但境界都指向人的生命、存在、价值、理想等。③

3. 中国近现代哲学中的"知识"

在中国近现代境界论哲学对知识的看法中,比较典型的有:(1) 冯友兰以觉解规定境界,他认为"觉解"是知的一种,觉解要求知道对象,同时要知道其知对人的意义。另外,他认为境界的认知必须借助于经验,知识是达到境界的必要条件,也是逻辑的先在(《新原人》)。④ (2) 方东美在《科学哲学与人生》⑤中认为知识是人的理性化的结果,理是人的知识化,理性追求知识之起源、范围与效力等。

中国近现代哲学以境界论著称的哲学家对知识的看法多与其境界论认知体系有莫大关系,除此之外,中国近现代哲学关于知识的看法还

---

① 牟宗三:《中国哲学十九讲》,上海:上海古籍出版社,1997年。
② 蒙培元:《心灵超越与境界》,北京:人民出版社,1998年。
③ 冯契:《冯契文集》,上海:华东师范大学出版社,1996年。
④ 冯友兰:《贞元六书》,上海:华东师范大学出版社,1996年。
⑤ 方东美:《科学哲学与人生》,台北:台湾黎明文化事业有限公司,1980年。

有:(1)张东荪在《知识与文化》中认为知识本身就是生命,知识是生命的放大,是生命的扩张,知识表现生命,生命由知识而显现。知识即生,在人的认知过程中,知识作为认识的结果,作为一种完成式,具有静态特征,认知过程同时也是生命的开展过程。[1] (2)成中英在《中国哲学中的知识论》中认为中国哲学所说的知识建立在长期而广泛的经验基础上,它将诸多关系视为统一整体,在涉及所有关系的完整体系的意义上把知识看作是整体的东西。[2] (3)以知识论研究著称的金岳霖在其《知识论》中认为"知识是什么"不能直接回答,也未进行定义,只说"有知识就是能够断定真命题"。[3]

总之,中国近现代哲学家对知识并没有进行严格定义,中国近现代哲学家所谓的知识通常与哲学家的思想体系相关联,涉及生命、整体、觉悟、修养、体验等,它与现代分科治学意义上的科学知识以及知识论中的经典定义("知识就是证实了的真的信念"[4])不同。

4. 中国近现代的境界论哲学中的知识问题

通过对中国近现代哲学中的境界论与知识的简要叙述,我们发现在不同境界论哲学中境界的构成、层级、旨归等不同,人们对知识的看法也存在差异,那么,我们很容易产生一些疑问:境界是否客观存在,它是否如牟宗三先生所说是主观的?[5] 境界论者之间的差别如何理解、何者为真?境界如何认知、传达和养成?境界论哲学中的知识到底是指什么?知识与境界有什么关系?这些疑问就牵涉到境界论中的知识问题之考察。它涉及的具体问题有:一、中国近现代境界论哲学家虽然都使用"境界"一词作为核心概念来论述其思想,但是不同哲学家赋予境界的含义有重大区别,甚至"境界"的性质判断也可能截然不同,那么境界在中

---

[1] 张东荪:《知识与文化》,上海:上海书店,1990年。
[2] 成中英:《成中英文集》,武汉:湖北人民出版社,2006年。
[3] 金岳霖:《知识论》,北京:商务印书馆,1996年。
[4] 胡军:《知识论》,北京:北京大学出版社,2006年。
[5] 牟宗三在《中国哲学十九讲》中认为境界是由主体的心境修养突显出来的,主观上的心境修养到什么程度,人所看到的东西就达到什么程度,境界为主观的意义。

国近现代哲学家中其相同含义与共同所指是什么？二、不同境界论者对境界的判定不同，因而境界的种类、层级和归旨等都可能有差别，不同境界论哲学家对境界体系的论述差别很大，甚至不同境界论体系对同一类境界的描述也不同，这种现象该如何理解，境界之理解和认知是否是主观任意的？三、中国近现代境界论哲学中的知识问题，也就是关于境界论哲学对知识的界定问题，以及人类知识是否可以统摄于境界论，知识与境界有何关系等。四、中国近现代境界论哲学对科学知识比较重视，一些哲学家试图借助人类已有知识来建构其境界论哲学（如冯友兰借助形式逻辑、唐君毅综摄各类知识等），那么中国近现代境界论哲学中的知识与现代科学知识以及知识论中所说的知识有何不同？五、中国近现代境界论哲学中的知识与通常所说的科学知识有所区别？由于知识的性质不同，知识与境界的关系就不同，在何种意义上知识可以提升人类心灵境界，以及心灵境界的提升是否必然意味着知识水平的提高？

中国近现代境界论哲学中的知识问题，归结起来说，主要涉及境界论哲学讨论的对象、境界是否可以和如何普遍地被理解和学习，境界论所说的知识是否可以涵盖现代科学知识与知识论所讨论的知识，更进一步说，它事关知识与境界的关系问题。

（二）唐君毅哲学研究现状

1. 唐君毅哲学总体研究状况

关于唐君毅哲学总体研究状况，可以从如下几个方面看出其大体面貌：第一，从时间上来看，唐君毅先生在世时，就已经有少数学者对其思想进行过介绍或评述（如李杜），但大量的研究却是从唐先生去世以后才开始。从1978年至今，关于唐君毅的研究著作和研究论文日渐增多。第二，从地域上来看，目前关于唐君毅思想的研究国内外都有，国外的以德、美稍多（如德国的Steinbauer, Anja, 美国的Thomas Metzger），但相对于国内来说，国外的研究仍然属于极少数。国内的研究中又有分别，总体上看，20世纪90年代以前，港台的研究居多，90年代之后，大陆的研究者及作品数量开始超过港台地区。第三，从研究著作与论文的数量来看，散见论文居多，以唐君毅思想为研究对象的专门性硕博士论文以及其他专著在作者统计之时数量上大约40本左右。第四，从研究内容与范围上来看,研究者已涉及唐君毅思想的诸多方面,具有代表性意义的论域中涉及形上学与知识论(如王怡心的《唐君毅形上学研究》,马亚男的《唐君毅知识论思想研究》,梁瑞明的《心灵九境与形上学知识论》等),具体研究角度中有关于唐君毅的教育思想(Li, Zhao Jin: The Philosophy of Education of Mr. Tang Chun-I)、人文主义思想(何仁富的《唐君毅人文人生思想研究》)、文化哲学(王雪卿的《唐君毅文化观析论》)、生命哲学(何仁富的《唐学论衡——唐君毅先生的生命与学问》)、道德哲学(林如心的《唐君毅的道德恶源论》)、宗教哲学(张云江的《大乘佛学的融摄与超越——论唐君毅对中国佛教思想的哲学诠释》)、美学(陈妮昂的《唐君毅"人格美学"之研究》)、政治哲学(熊吕茂的《论唐君毅的政治观》)、方法论(刘国强的《唐君毅的哲学方法》)等(详细研究成果见文末参考文献)。

2. 唐君毅心灵境界理论研究状况

唐君毅哲学的研究,最终难免要涉及其晚年定论——《生命存在与心灵境界》一书及其"心灵九境论"。因此,不论我们从具体问题进入讨论唐君毅哲学的某个方面,还是希冀从整体上把握唐君毅的哲学思想,唐君毅的心灵境界理论都是理解唐君毅思想难以绕过的重要门径。因而对唐君毅哲学的深入研究,其心灵境界理论是必须研究清楚的。从目前学界已有的研究状况来看,唐君毅的心灵境界论基本上以四种方式被提及:第一,研究唐君毅整个思想体系时提及其心灵境界理论(如:《唐君毅先生的哲学》,李杜;《唐君毅思想研究》,张祥浩;《心通九境——唐君毅哲学的精神空间》,单波);第二,把唐君毅的心灵境界理论与其他思想家的境界理论比较研究(《生命存在与心灵超越——现代新儒家人生境界说研究》,李明;《冯友兰与唐君毅的人生境界说之比较研究》,钱耕森、程潮;《方东美与唐君毅的人生境界说之比较研究》,程潮);第三,把心灵九境论与形上学、知识论、宗教哲学等联系起来讲,但以摘录和转述为主(《心灵九境与形上学知识论》《心灵九境与宗教的人生哲学》,梁瑞明);第四,研究心灵境界中的某几重境界以及其中的问题或意涵(《论唐君毅之"客观境界"》《论唐君毅之"主观境界"》,廖裕俊、王雪卿)。各类研究成果涉及内容五花八门、不一而足。但是,总体上缺少对唐君毅心灵境界理论直接的、全面的、深入的讨论,其中,"心灵九境"各境中涉及的具体问题与其中体系性的思考是如何关联起来的仍有待深入思考,关于主要概念"生命、存在、心灵、境界,理性"等没有深入分析;另外,九境中的问题意识、问题指向与其逻辑推导过程是否成立仍需深入考究。因为这些问题的阐明可以为我们进一步理解唐君毅思想打下坚实基础。

3. 唐君毅心灵境界理论关于知识讨论的研究状况

在唐君毅的心灵境界理论中,关于知识的讨论,或者说关于知识论、认识论问题的考量是不可忽视的重要内容,他关于知识和知识论的看法由来已久,并且在其早年的《哲学概论》"知识论"部分以及《哲学论集》《心物与人生》中都有相应的、具体论述,唐氏晚年的《生命存在与心灵境界》的看法更是建立在之前的思考成果之上的,但与之前的看法又有不同,《生命存在与心灵境界》中的知识已然与其"理性、生命、存在、心灵、境界、主观、客观、超主客观"等观念紧密相连。

关于唐君毅的知识论研究则主要集中在对唐君毅《哲学概论》中的相关论述之考察(如马亚男的《唐君毅知识论思想研究》);另外,有学者涉及唐君毅对哲学史上知识和认识问题与心灵关系看法的考察之研究(《唐君毅先生论"德性之知"与"知识之知"的关系之检讨》,高玮谦;《唐君毅论休谟问题》《唐君毅知识论思想的新实在论特征》,马亚男)。但是,这些论述并没有放到唐君毅心灵境界理论的背景下进行考察,因此,对唐君毅心灵境界理论中的知识问题深入探讨基本上就是一个有待展开的维度。

4. 唐君毅心灵九境论中的知识问题

从知识与境界的关系来讨论唐君毅的心灵境界论,从唐君毅心灵境界论的视野之下来考察唐氏对知识的看法和处理方式,这是我们深入理解唐君毅思想可以贯穿始终的一条线索。(1)"理性"概念在心灵九境论中的诸多含义所隐含的问题。一般而言,我们说知识是理性的产物应无疑义,但对于理性本身是怎样的却可能存在不同看法,理性本身与理性的运用和表现应该是不同的。唐君毅在心灵九境论以及其他相关的著作中对"何谓理性"有过一些独特的论述,同时,理性也是唐氏展开心灵境界理论的一条线索,"理性之说"与"理性概念"在其论述中使用频繁,心灵境界论在唐氏看来肯定也是理性的产物,因此,这就意味着我们对心灵境界理论进行考察可以依据理性的基本规则与思考方式进行。然而,唐君毅的"理性说"包含诸多意思,各种含义差别较大,意思并不统一,在不同时期、不同地方与不同语境之下,理性的所指差别非常大,由于理性的含义不一,理性与知识或境界的关联就表现出完全不同的面貌。因此,对唐君毅所谓的理性进行清楚的考察和梳理就是我们理解唐氏对知识问题讨论的必要前提与有益的准备,也只有清楚地描述出唐君毅对理性诸义的表述中存在的各种问题,我们才有可能进一步发现唐氏"理性说"中存在的问题是如何反映在他对知识的判断之上的。从这个角度来讨论唐君毅的心灵境界理论以及他的知识论,就既有利于我们深入理解唐君毅思想的整体面貌与主要问题,又有利于我们发现唐君毅的知识理论存在的问题。(2)唐君毅心灵九境论对知识的定位和作用可能存在的问题。从知识这个概念切入唐君毅的心灵境界理论或许不被大多数研究者们所注意,然而,唐氏对知识的定位与性质判定,以及他对知识与境界的关系判断实际上非常典型,那就是让知识从属于境界,让知识服务于人生境界论。进一步说,这意味着知识并无独立性,它只是由于人生境界或者说价值层级的导引而催生起来的一种次生物,这样的看法表现在他对各类知识与学科体系进行的境界论改造当中。这一点显然与通常我们认为的知识与价值应有不同——即与"应然与实然"是不同的观点相违背,唐君毅先生极力抹去二者的区别与不同,他试图把二者统一起来,使之圆融一致,使"实然"消解在"应然"之中,或者有时候直接把"应然"当成是"实然"。他这样的做法应该说与常识以及我们较为公认的观点不相符合,那么他为什么要这样做?他的目的是什么?他这样做的方式与途径是怎样的?他能否成功地做到这一点?如果他没有成功地说明这一点,其原因何在?诸如此类的问题或许都值得深入考察,因为这样的企图与倾向可能在所有的境界论或价值论者中都存在,因此,通过对唐君毅境界论中的知识问题进行分析和梳理,或许我们可以获得一个普遍性的问题以及答案。

1.3 研究对象与方法界定

（一）研究对象界定

此处所谓研究对象界定，实际上就是对我要讨论的问题与讨论对象的大致规定和清晰化。本书的研究对象是由前文简单提到的问题意识导出的。

1. 由问题意识而来的研究对象

本书的问题意识，简单来说就是：知识在唐君毅心灵九境论中的定位与作用到底是怎样的？围绕这样一个问题，首先，我们需要对唐君毅的心灵境界理论进行整体性考察：一方面需要考察其心灵境界论的整体结构与展开思路，另一方面还需要深入考察在具体的境界中唐先生对知识的界定与看法如何。其次，我们要对唐君毅在心灵九境论中对知识看法的内在理路及前因后果进行梳理与考察，分析其中存在的问题及可能的出路。最后，明确唐君毅的境界论之性质判定，看它有没有问题，以及在境界论之下人们对知识、知识论的看法其背后内蕴的问题是什么，它可能导致的后果是什么。

2. 与问题意识相关的唐君毅思想及其著作

由于唐君毅的心灵境界理论是在其早年的"心之本体说"与"道德理性说"的基础上建立起来的，因此，对唐君毅的心灵境界论及其具体内容进行考察就要结合其早年的思想，简单地梳理和勾勒出其整个思想的演变和发展过程。这些内容涉及较广，但是，我们可以通过其《人生之体验》《人生之体验续编》《道德自我之建立》《文化意识与道德理性》《生命存在与心灵境界》等著作进行集中考察。

由于唐君毅早年对知识论有过研究与论述，他对知识、知识论、知识论与形上学的关系都有过讨论，这集中体现在其《心物与人生》《哲学概论》二书中，这些论述对于他《生命存在与心灵境界》中关于知识的看法有直接影响，因此，我们可以对比和考察唐氏关于知识的看法在不同时期的变化，即其中不变的地方与一贯的内容分别是什么，从而比较清楚地看出其知识理论的前因后果以及可能存在的问题。

3. 与唐君毅思想相关问题的辅助性研究

唐君毅在对知识以及其他内容进行论述与批判时,他提到了科学的、哲学的、数学的、逻辑学的等学科知识和内容,针对唐君毅提到的内容以及其展开思路,我们有时会发现他对一些问题的理解值得商榷,甚至有的观点完全是个人见解,因而我们要判断其理解与个人发挥或不同看法是否正确,这就必须从他讨论的内容出发,参考相关学科知识或者相关思想家的看法进行综合评估,进而评判其论述是否有问题。

(二) 研究方法简述

1. 本书主要采用的研究方法

研究唐君毅思想与相关问题,我们尽量不要先入为主地进行观念性设定,或外在性地进行批判与评估,相反,我们需要先顺着唐君毅的概念与思路出发进行推导与分析,从他的核心概念与逻辑推演中进行推敲和演绎,在大致把握了唐氏的思路之后,从其思路和演绎之中来看,顺着他的思路能否达到他想要达到的目的与最终结论。如果我们可以通过唐氏的论述走到他的结论上去,这就表明他的思路是可行的;反之则表明其中必然有相应的问题。对于有问题的地方,通常有两个可能性原因,一种可能是唐君毅的内在逻辑出了问题,另一种可能是他的观点与我们的科学知识发生了冲突。但是无论哪一种情况,对于出现问题的地方我们都要进行考察,一方面指出问题的所在及可能性原因和出路,另一方面要彻底否定与公认的人类知识相冲突的观点。这是本书主要采用的研究方法。

2. 本书中采用的其他研究方法

除了以上主要研究方法,本书还会用到的其他几种研究方法分别为:(1) 词源学考证法。所谓词源学考证法,就是指通过对相关概念名相的出处和来源进行考察,试图从其演变流转的大致轨迹中寻找到不变的内容与相关提示,从而提供我们研究需要的确定性内容,比如我们对"境界"一词的考察就运用了这种方法。(2) 迂回逼近法。迂回逼近法是指我们在不能确定地和直接地考察一个对象时采取迂回靠近,步步逼近的方式来获得我们需要的信息和内容的方法。这种方法需要先对考察研究对象的外围内容或直接相关的部分进行研究,从而最终通过网络性的相互关联搭建起一座通往研究对象的坚实桥梁。这种方法的运用主要体现为对唐君毅所谓的心灵本身的考察这个方面,由于唐君毅所谓的心灵本身及其性质之断定并不是一个严格论证的对象,我们如果一开始就对唐氏的判断予以否定,那么我们就完全无法继续后面的讨论,因此,要真正考察唐氏的判断是否合理,我们可以通过对唐君毅所谓心灵活动这样一个被反复提到的,且与他所说的心灵本身及其性质直接相关的内容进行考察,然后我们再逼近唐君毅对心灵本身进行的性质之判断,从而反思其问题所在。(3)核心概念考察法,所谓核心概念考察法,具体有两个方面的内容:一方面是指通过几个主要概念考察贯穿整个讨论过程,进而围绕核心概念考察直接通达问题意识本身;另一方面是指对研究对象相关的核心范畴和主要概念进行考察,从而抓住思想的本质所在。在核心概念的考察上,把我们要考察的对象以及我们使用的概念与问题意识结合起来,从而对二者进行集中讨论或许是较好的选择。比如讨论"理性""境界""知识"就是唐君毅心灵境界论中的核心概念,同时这几个概念也是展开讨论的主要线索,并且,这些概念与"知识与境界是何关系"这个问题紧密相关。(4)图示与图表法,所谓图示与图表法,就是指把我们研究的概念对象和文字内容用简明的图示或图表展示出来的方法。这样的方法可以使得比较复杂和繁复的内容显得比较清楚,且有一目了然的功效。比如我们在讨论唐君毅心灵九境的具体架构及内涵所指时给出的图示和表格就是这种方法的运用。(5)文献综述法。所谓文献综述法,就是通过对已有文献资料进行归纳与整理,对学界主要研究成果进行分析考察,从而了解和把握学界研究状况,进而发掘和推进仍有待研究的研究维度。比如我们对唐君毅心灵九境中的知识维度之考察就是建立在学界对唐君毅研究的综述基础上。(6)直接引证法。通过引用原著或公认知识,对比研究对象的理解与相关看法,在原始资料与科学知识把握的基础上大概得出一些结论的研究方法。比如对唐君毅"理性概念与知识概念"的考察就是这种方法的使用。

第一章　心灵九境论的形成与要义

唐君毅"心灵九境论"的形成以及大体思想经历了两个准备性阶段：一个是他早期的"心之本体论与道德自我说"，另一个是他接下来主张的过渡形态之"道德理性说与文化意识论"。这两个时期在唐君毅思想中所形成的基本观念与思考方式成了其晚年定论"心灵境界理论"的主要思想来源。因此，通过考察其早期、中期的核心观念与思考方式，可以为我们理解唐氏心灵境界论的问题意识、思想旨趣、大体面貌等提供基本背景与路径支持。

1.1　心本体与道德自我

"心之本体"与"道德自我"是唐君毅早期思想的核心观念，"心之本体说"与关于道德自我的论述是唐君毅构建其思想体系与展开其哲学观念的基础。

一、心之本体说简论

(一) 心之本体说的核心观念

心灵境界理论为唐君毅思想的晚年定论，其《生命存在与心灵境界》一书集中论述了唐氏所体贴到的关于心灵与生命存在之三向九进的心灵境界之构造。

唐君毅的心灵境界论从其自身思想的延展来说，可以追溯到他三十岁左右时形成的"心之本体说"思想，而关于心之本体说的集中论述，则主要体现在他的《人生之体验》《道德自我之建立》二书，关于这一看法，我们可以从唐君毅本人在《生命存在与心灵境界》的后序"当前时代之问题——本书之思想背景之形成及哲学之教化意义"一文关于他治学经历的说明中得到佐证：

> 吾于三十岁前后，尝写人生之体验，与道德自我之建立二书，皆以一人独语，自道其所见之文。吾当时虽已尝读古今东西之哲人之书，然此二书对他人之说，几无所论列，而其行文皆极幼稚而朴实。然吾自谓此二书，有一面对宇宙人生之真理之原始性，乃后此之我所不能为。吾今之此书之规模，亦不能出于此二书所规定之外。①

如果唐君毅的"心之本体说"可以作为唐君毅心灵境界论的主要思想来源与他早期的核心观念，那么考察"心之本体说"就可以为我们理解唐君毅的心灵境界理论打下坚实的基础，也可以为我们理解知识在他整个思想体系中的定位与作用做好前期准备。

另外，从上述引文中我们还可以获得一个信息：唐君毅的"心之本体说"，即心本体论思想，大致定型时期为他三十岁左右，即1939年前后，而他的《人生之体验》与《道德自我之建立》二书基本上成形于此期间。其中，《人生之体验》一书完成于1939年1月至1943年6月间，《道德自我之建立》则成书于1939年10月至1944年6月期间。②

(二) "心之本体"的特征

唐君毅早期思想对"心之本体"的主要论述集中体现在《人生之体验》与《道德自我之建立》二书，因此，我们对"心之本体"的考察也将主要围绕这两书的论述展开。

唐君毅对"心之本体"虽然有过极尽的讴歌，但是实际上他并没有对什么是"心之本体"进行过界定，顶多只是对"心之本体"进行了一些描述与性质规定，当然，这或许是由于"心之本体"本身难以界定所导致的。这样一来，我们要理解唐氏所谓的"心之本体"要从定义上进行理解就有

---

① 唐君毅：《生命存在与心灵境界》，第676页。
② 参见《人生之体验》(桂林：广西师范大学出版社，2005年)、《道德自我之建立》(桂林：广西师范大学出版社，2005年)二书对写作过程与出版过程的自述。

相当大的难度。唐君毅通过体会与默想的方式断言了"心之本体"的存在,并且他有过一些描述,大体归结起来,唐先生笔下的"心之本体"有如下几个特征:

1. 无生灭性

所谓无生灭性,也就是说,"心之本体"在唐氏看来不随着万事万物的生成变化而生灭,它恒常自在,不生不灭。一般而言,事物的生成毁灭总是现象世界的必然规定,没有生成变化的东西,即恒常存在的事物,则不是我们通常意义上所说的世间事物,在唐先生看来,"心之本体"就是此类性质的存在。唐氏对"心之本体"无生灭性的规定类似佛家《心经》中"不生不灭、不增不减"说。

2. 真善完足

"心之本体"不光恒常存在,无生灭性,而且它真善完足,按唐先生的说法,它就是"真实、善、完满"的集合体。真实是指相对于具有生成变化的现象世界而言,它才是真实的存在,因为它恒常不变。善则是指它至善纯净,是道德世界的根源。完满则是指它无所亏欠,至大无外,至小无内。总而言之,"心之本体"集真、善、美、神圣于一身,完美无缺。相对无生灭性的看法,唐氏对"心之本体"真善完足之规定与佛家《心经》中的"不垢不净"说不同,他强调"心之本体"是纯善无恶的存有,这种观点承接了儒学史上"心学"一脉对"本心至善"的基本看法。

3. 内具于个人①

"心之本体"虽然具有恒常、真实、至善、完满的各种特点,但是,它又不是外在于个人的,它内具于每个生命个体,并且成为个体道德生活与人生航向的依据与向导。也就是说,会在现象世界中生成毁灭的个人却具有不生不灭的"心之本体"。关于这一说法,也就是说,如果具有生成毁灭的有限之个体能够具有无限恒常的"心之本体",那么我们会很容易产生一个疑问:如果心之本体内具于个体,那么,有限的个体如何承担这无限的心之本体?也就是说,唐氏所谓的心之本体如何可能?因为心之本体与有限的生命个体结合在一起,或者说心之本体与现象世界要共

---

① 唐君毅:《道德自我之建立》,第80页。

存,就必然面临受到有限性个体的玷污与损害的危险,而只要它受到个体的玷污与损害,那么它就不可能再真善完足。如果心之本体超绝于个体,那么它就存在如何与现实个体相关联的问题。因此,心之本体内具于个人的特征与其"无生灭性""真善完足"的特征可能有一定程度的冲突。这或许是所有直接断言本体存在的旧式本体论思维都要面临的问题和质疑,即本体如何可能?如何说明被断定的本体之存在与其性质问题等。

4. 自我超越

如果我们暂时承认心之本体内具于个人,那么心之本体的完善性与个体的不完满性的冲突我们暂时予以搁置。

唐君毅认为心之本体还具有"自我超越性",所谓自我超越性,分解来看,有如下两个方面的意思:

第一,心之本体未与个体相结合时的状态,这种情况似乎未得到讨论,因为个体的有限与生灭,必然会存在心之本体与个体结合与脱离的问题,心之本体在没有与个体结合之前,或者当个体死亡之时,心之本体的存留显然需要得到理论上的说明。

第二,如果说只考虑心之本体与个体已结合的情况,那么仍然存在两层含义,一方面心之本体本身自我超越,另一方面,具体的个人的自我超越。如果是心之本体的自我超越,那么它将面临新的质疑:心之本体已然真善完足,它怎么可能还需要自我超越,它如何自我超越?从这一层来说,自我超越是不可想象的。那么,唯一可能的就是具体的个人有所谓自我超越,所谓具体个人的自我超越,所指何意?它无非是指让心之本体得到全然彰显,也就是唐先生所谓个体的"不陷溺"。个体的陷溺即个体欲望或认识所限而导致,此时,心之本体隐而不彰。但现在的问题是:如果心之本体隐而不彰,却需要有限的个体来提挈它,使之彰显出来,那么这是否意味着心之本体自身的不完满?因此,能够促使个体从陷溺状态中超拔出来的势必为心之本体自身,否则就会出现与前面讨论到的心之本体的特征相矛盾。但是,唐先生似乎把两者放在一起讲,有时指个人,有时则是指心之本体自身,但根据分析我们发现:此处的自我超越只能是心之本体,但是,如果心之本体具有自我超越性,那么这又与其真善完足性相矛盾。

(三) 心之本体说的思想渊源

诚然,如唐君毅所说,他在《人生之体验》与《道德自我之建立》二书的写作中并未论及此二书的思想渊源,也没有明说心之本体说与哲学史上的思想资源有什么联系。事实上,我们在二书最初的成型文稿中可以看到,这两本书的确比较独特,参考书与思想来源未作任何标注。这种状况直到书稿出版时,唐先生才在自序或重版自序中补充了相关材料加以说明。

按唐先生在《人生之体验》中的说法,此书属于人生哲学,而此书的思想渊源连他自己也不曾细想,他说:

> 我写此书各部时之心境,各不相同。大体都是如上所说,出于解救自己之烦恼过失的动机,想使自己之精神沉入一理境中去……即在此心境情调下,便自然超拔于一切烦恼过失之外,而感到一种精神的上升……这种心境情调本身,我认为是可宝爱的。所以我应宝爱由此而成之文字。以下当说到我所喜爱之人生哲学书。我只说我之所喜爱,而不说我所写出的与它们之关系,是因为我根本上不曾细细想,我受它们影响至何程度。因我所能融摄的思想,已成我之血肉。要我学哪吒之析肉还母,剔骨还父,只留下我赤裸裸的灵魂,相当困难。①

唐先生在此书导言中大致论列了一些他所喜爱的人生哲学之书及相关的思想家名单,以及相关思想家的其他著作,总之,东西古今的重要思想家与著作都有提及,因此,我们此处难以确定地断言,其心之本体说到底受到哪家思想的决定性影响。但有一点可以肯定:他思想中所产生的问题是来自其人生问题之困惑,唐君毅说"他当时急需求得一个人生问题的解决之道"。如果唐君毅哲学的起点是从人生问题的思考开始的,那么他对于人生问题的思考就离不开当时的社会环境及个体的人生

---

① 唐君毅:《人生之体验》,导言第2—3页。

经历,具体而言,我认为至少有两个方面的时代原因迫使唐君毅不得不对人生问题作深入思考:第一,20世纪30年代到40年代期间,中国正处在日本侵华战争期间,自清末以来,中国的命运一直比较坎坷,中国的未来与前景也并不乐观和明朗,这种情况势必影响到青年唐君毅对整个人生问题及未来世界的基本判断。也就是说,中国当时社会环境的恶劣与未来前景的不明朗可能是唐君毅先生人生困惑的基本背景,也是那个时代的学人思考问题的基本背景。第二,唐君毅的特定人生体验与求学经历也可能使得他对人生问题予以特别关注。20世纪初的中国社会思想文化风云变幻,西学东渐浪潮不断推进,中国传统思想学术受到激烈批评,唐氏的家学渊源与唐氏家乡深厚的人文风教之影响与当时中国思想界对传统文化的激烈批评之间存在巨大冲突,这种冲突对唐氏影响巨大。唐氏在《生命存在与心灵境界》一书结尾的"当前时代之问题——本书之思想背景之形成及哲学之教化意义"里关于他治学经历中说,他对当时胡适等人的西化倡导以及对中国传统文化的激烈批评并不感兴趣,相反,他对梁漱溟讲中西文化及治哲学层次的划分却表示认同。中西文化之间的差异、冲突在唐氏个人思想选择尚未定型的情况下,促使青年唐君毅不断产生人生困惑,因而努力思考人生问题可能也是另一个重要原因。最后,唐君毅个人敦厚纯朴的性格特点与敏感的心灵特征也是唐氏很早就思考人生问题的先天条件。

  正是基于人生问题的思考这个出发点,我们可以看到唐君毅思想的发展与特色,他的思想也基本上由此而奠定基础。关于这一点,他在《道德自我之建立》的导言中有类似说法可以佐证:

> 我此书写作形式之一切缺点,都是由于它是为己而非为人……就我个人来说,那时精神的不安,是一特殊的不安,其渴求一道德理想,来支配自己之心之强烈,是后来所少有的。[①]

我们可以看到,唐君毅关注的问题是个体的人生问题,而如此强烈

[①] 唐君毅:《人生之体验》,导言第2—3页。

的人生困惑需要寻得一个根本的解决之道,而这条道路,在唐先生看来,就是他试图确立的道德之路,即要确立起道德自我,或按唐氏的说法,即"道德自我之建立"。

此处我们虽然在试图搜索唐君毅心之本体的思想渊源,但是我们暂时不把他的心之本体说与哲学史上的相似学说作比较和说明,我们要知道:他的心之本体说有其内在的理路与发展演变,通过理解其思想自身的演进过程及内在结构或许可以更好地揭示其思想体系的范围与边界以及其中存在的问题等。

二、心之本体存在之证明

心之本体的存在,如果说唐君毅只是断言其存有而不去证明,那么我们或许可以忽略此类关于形上事物的独断意见,唐先生不但认为心之本体是真实存在的,而且他对其特征与存在有过一些描述与论证,我们比较关注的问题是:他如何证明心之本体的存在及其特征?其证明的方法与思路能否说服我们?

(一)心之本体是悬设、还是实存?

关于作为本体的"心"如何定性,即心之本体是悬设还是实存的看法,类似的争论在唐君毅之前的熊十力与冯友兰二位先生之间就曾发生过[①],如果说熊十力与冯友兰之间关于良知实存的争论之看法较为典型,那么唐君毅的心之本体说或许仍隐含着对这个问题的两种不同看法。这两种不同的看法最核心的可能是关于心之本体的实在与否的争论。如果说心之本体可以通过证明的方式论证其存在,并且可以为人们普遍地理解和体验到,那么这种结果皆大欢喜,且大有功于人类之思想与智慧。相反,如果我们不能证明其存在,并且不可以让人们普遍地理

---

① 在20世纪初,熊十力曾向冯友兰提过一个命题:良知是呈现。而对此,冯友兰却持不同看法,他认为良知只是个假设。对于当时的情况,牟宗三有记载:"三十年前,当吾在北大时,一日熊先生与冯友兰氏谈,冯氏谓王阳明所讲的良知是一个假设,熊先生听之,即大为惊讶说:'良知是呈现,你怎么说是假设!'吾当时在旁静听,知冯氏之语底根据是康德。而闻熊先生言,则大为震动,耳目一新。"参见牟宗三:《心体与性体》上册,上海:上海古籍出版社,1999年。

解和体验到它的存在,那么,我们接受心之本体的最低限度或许只能视之为一个悬设,或说假设。总之,这一切将取决于唐先生的证明。

(二) 心之本体存在的证明

在唐君毅看来,心之本体的存在是毫无疑问的,而且,相对于现实世界,它甚至更为真实。那么关于这一点,唐先生是如何证明的呢?总的来说,在唐君毅的论证体系中,大致有两种不同的思路来说明心之本体的存在,也就是说,唐氏证明心之本体存在的角度大约有两种:一种为默想式,一种为信仰式。

1. 默想心之本体的存在

在《道德自我之建立》一书的"世界之肯定"部分,唐君毅直接在"世界之肯定"后面加上了括号,括号里则直接命名为"默想体",默想的证明方式之思路大致为:第一步,怀疑现实世界之真实与感受现实世界之不仁,直面现象世界生成流变、残缺不足、丑恶不善的诸种情况;第二步,要求对此不仁的现实世界与非真实的存在得到根本改变,从而反思到有一种去除非真实、非完满、非恒常、非神圣的状态之要求;第三步,由此要求出发而肯定真善完足的心之本体的存在,即断言此类要求必然来源于心之本体。

唐君毅《道德自我之建立》中说:

> 我现在在做默想,我自问:我的默想,将自何处开始?我感到我不知自何处开始……我要求一个开始,我为什么要求一个开始,因为我在开始活动。我现在要求一可供我做默想活动的场所。这场所将在何方?我初不知道,但是我从我要求一活动场所,我便知道,我必须与一对象的世界相对,我必须待一对象的世界,来完成我的活动了。同时我了解了,我为什么一定要生于一世界中,以世界为我之环境,为我生命所寄托的道理了。于是一个哲学上陈旧的大问题"什么是世界?我们当前的现实世界是否真实?"又呈现于我的心中……这当前现实世界可是真实的?如果它是绝对真实,何以会引起我这问题?我开始去反省何以会有此问题。我即发现:在这问题之下,它便有是真实或不真实之两种可能。它也许真实,也许不真

实。我进一步的思想马上告诉我,这当前之现实世界决不是真实的。它是虚幻是妄、是梦境……(第一步)

上面一段思想,是常常在我心中呈现的思想。那一段思想,使我判定了我们通常所谓现实世界本身之不真实性。他是虚幻,同时是残忍不仁的……我的思想不停在那一阶段。因为我首先反省到:我对现实世界之虚幻、残忍不仁及不完满本身,有一种不满。我不愿此现实世界是虚幻的……我总是执此现实世界为真实的。而且此现实世界中之一切事物均既生而又灭,有意义价值之事物不得保存,使我难过,更是确确实实的事。这即证明我要求一真实的世界、善的世界、完满的世界。我之有此要求,是千真万确的事。此世界不能满足我的要求,所以使我痛苦。我痛苦,即证明此要求之确实存在。现实宇宙是虚幻的。但我这"要求一真实的、善的、完满的世界之要求"是真实的……(第二步)

我现在相信了,在我思想之向前向下望着现实世界之生灭与虚幻时,在我们思想之上面,必有一恒常真实的根源与之对照。但是此恒常真实的根源,既与我们所谓现实世界之具生灭性虚幻性者相反,它便不属于我们所谓现实世界,而亦应超越我们所谓现实世界之外。但是它是谁?它超越在我所谓现实世界之外,它可真在我自己之外?我想它不能在我自己之外……此内部之自己,我想即是我心之本体,即是我们不满现实世界之生灭、虚幻、残忍不仁、不完满,而要求其恒常、真实、善、完满的根源。(第三步)①

我们可以看到,唐君毅认为这种思路类似于笛卡尔把"我思故我在"作为哲学起点的思考方式,他说:

此颇似笛卡尔在《沉思录》所表达之思想过程。但笛卡尔所肯定之心灵,为一理智的心灵,而我今所肯定之心灵,为一道德的心灵。笛卡尔由我思证"我"在、"心"在,我今则由我不忍此世界之不

---

① 唐君毅:《道德自我之建立》,第70—80页。

仁与虚幻,以证有要求仁与真实之"我"在、"心"在,可谓是由"我感"以肯定"我在"、"心在"、由"我不忍"、"我要求"以肯定"我在"、"心在"。由肯定心在,我遂进而说明心之本体为超时空者。①

唐君毅证明心之本体存在的方式之一,从上面的引文我们大致可看出,他的基本思路与用心如果简化一下,实际上可以得出一个更为简明的证明方式:我不忍→心之本体存在。

针对这样一个证明方式,我们有两个主要的疑问:(1)"心之本体存在"到底是要证明的结论,还是一个自明的前提?这二者应该不能同时肯定。(2)从我不满足于非真实、非完满、非神圣的现实世界能否过渡到心之本体的存在?有没有可能真善完足的理想只是现实中的个体对理想状态的追求而构造出来的,可能并不涉及一个超绝的心之本体?或者如柏拉图所说它只是理念世界的东西?这两个疑问的产生并非空穴来风,言下之意是指这个证明方式可能存在一些困难:第一,从我要求真实、完美、神圣的世界这个愿望出发,或许能说明这种情况属于现实的个体,但并不一定属于普遍存在的所有个体,更不可轻易推出一个心之本体的存在。第二,我们要证明的结论是心之本体的存在,因为它的存在仍然是需要说明的,但是从"我不忍"到"心之本体存在"的过渡中,我们且不说其中存在过渡困难的问题,"不忍"之"我"或许已经不是形下的具体个体,即不是指特定的某个人,而是指"形上之我",即发出"真善完足"诉求的"形上真我",而此时的"形上真我"就已然是心之本体。也就是说,心之本体的存在倒不是一个等待证明的结论,而确确实实已经是思考的起点和前提了。因此,问题就比较清晰了,唐君毅在默想式的心之本体的论证中存在这样两方面的问题:一方面的问题是他关于心之本体证明的过渡可能存在困难,另一方面的问题是他可能没有意识到他要论证的结论已然暗中成了前提,它蕴含于其前提之中了。

当然,针对这两方面的问题,在唐君毅看来可能并不是问题,因为他至少会有三个方面的回应:一、他本人对心之本体的证明并不是严格的

---

① 唐君毅:《道德自我之建立》,导言第80页。

论证,他写作《人生之体验》与《道德自我之建立》二书纯粹是为了自己求得一个人生困惑的解脱之道,因此,论证并不重要,重要的是找到解决困惑的答案;二、他认为人生智慧的表达与指示不可拘泥于严谨排列的论证方式,而是随性指点,余韵存留,要让人有思考与回味的空间;三、他可能会认为对于心之本体之类的绝对存在不能以概念、范畴的论证方式来说明,认为这样会本末倒置,挂一漏万,甚至会不着边际。但是,尽管如此,我们还是可以再答复几点:一、唐先生实际上仍然在试图论证心之本体的存在,尤其是《道德自我之建立》中的问答式设计,它显然是以论证的方式展开的。二、人生智慧固然不会因为言辞论列整齐而改变,但是,关于人生最重要的观念,即支持人生哲学根基性的观点,如果它经不起推敲和质疑,那么,与之相关的其他关于人生问题的看法是否会显得过于轻率?三、认为绝对存在不可规定、拒绝言辞倒也有不少的思想家会予以赞同,所谓"道可道,非常道,名可名,非常名"等诸如此类的看法也自有相应说法,但是,如果真像禅家所谓的"不立文字,直指人心",那么当我们舍弃文字物象,如何可能普遍地通达和传送关于绝对存在的信息?更何况,所有主张文字物象、范畴、概念等不可用来传达绝对存在的观点最终依然要通过这类东西来让他人了解和明白其意图的。所以,这种观点我个人不能同意。更明确地说,如果言辞不可传达,或说不可准确地表达,一定程度上它与言辞的困境与绝对存在的难以把捉有一定关系,但是,它也有可能不是言辞的问题,而有可能是所谓的"绝对存在"这个被传达的东西仍不是真正意义上的绝对存在。

2. 信仰心之本体的存在

默想式的证明如果存在一些困难,那么最主要的问题应该还是在他把有待证明的结论当成了前提这一方面。而至于向心之本体过渡的问题,我们以为它可能是所有本体形态的思维方式都需要面对的一个质疑,即如何沟通本体与现象、形上与形下两层存有的问题,这个问题不是一句"体用不二"或"体用一源"就可以顺利解决的。因此,我们暂时不讨论心之本体如何过渡的问题,而主要看心之本体是前提还是结论的问题。

按照把心之本体当作待证明的结论这个思路,我们发现它存在着把结论直接当成前提的问题,也就是说,这种证明方式是值得商榷的。但是,可能这对于唐君毅来说并不是问题,因为他还有另外一种说法,或者说另一种可能的证明方式,即直接信仰式的证明方式。至于说信仰能不能当成一种证明方式则另说,我们且看他这种看法能否成立。换句话说,我们退一万步讲,暂时不计较唐先生在默想式的证明心之本体存在的过程中所存在的所有问题,而直接回到把心之本体的存在当成不言自明的前提,不需要证明(人们能否接受"无需证明"则是另外的问题),那么,所有问题似乎都解决了,我们似乎也不能再质疑唐先生的心之本体存在的说明了。但问题是:事情真是这样吗?心之本体的信仰到底可以赋予多少它确实存在的含义?

唐先生《人生之体验》中说:

> 二、说信仰,唯一之你,必须信仰唯一最后的东西,为你精神之所归依,而你生命之流水永绕着它环流。这最后的东西,你可永不能证明,因为一切的东西,都赖它而证明。但是你可不需其他任何的证明,你愿意信仰它,就是唯一的证明。你不能说你找不着你愿意信仰的。因为在你自杀以前,你是愿意生活的。你可反省出你生活中,有你所最爱的,认为最好的,你必愿意信仰这个。①

我们可以从中看出:信仰是唐先生认为的最后的精神归依,而它是不需要证明的,相反,其他的一切东西都要依赖于它而得到证明。这种看法言下之意是说:所有的东西恰恰是因为我信仰它而获得其意义的。这倒也无可厚非,但是唐先生说:

> 从今我对于现实世界之一切生灭,当不复重视,因为我了解我心之本体确确实实是现实世界的主宰,我即神的化身。(三)生灭即不生灭,我相信我之心之本体是恒常、真实、清明与无限广大、至

---

① 唐君毅:《人生之体验》,第34页。

善、完满。①

我们或许明白了,唐先生的心之本体之所以是他的信仰,是因为他需要一个最后的精神归依,而这个精神归依必须是至善、完满、恒常、真实的。至此,唐君毅先生心之本体说的真实意图已经非常清楚了。反过来说,如果否定了心之本体的存在,那么对于唐君毅来说,整个人生就会是没有意义的、无法想象的。从个人终极关怀这个层面来看,我们应该可以同情地理解、甚至完全赞同唐先生的心之本体说的诉求,但是,我们比较担忧的问题是:一、如果每个人相信什么、信仰什么就可以与心之本体相等同,并以之作为出发点,那么后果会怎样?此心之本体还可能会是真善完足的吗?二、心之本体作为一个信仰,它如果只具有真实、恒常、至善、完满的特点,那么,与之相反或与之相冲突的情况就不可以作为信仰,因此,我们就必然存在如何认识真正的心之本体、以及心之本体真善完足的普遍性诉求,否则心之本体就只是唐君毅的个人心法,而没有办法推而广之。总之,我们很难断定心之本体的信仰不会成为个人任何思想、随意言行的一个挡箭牌,虽然对于德行高洁的唐君毅先生可能不存在这样的问题,但对于一般人来说,"我信仰,则它存在"的想法可能蕴含着相当大的风险。

心之本体的信仰归结起来就一句话:我相信一个真实、恒常、完满、至善的心之本体之存在。可是,我们发现,这其中的问题会在唐君毅以后的思考方式中留下许多困难之处,尤其是他毕生都关注的"道德"问题,他仍然会面临一些悬而未决、甚至不甚清楚的情况,比如说,道德自我,什么是道德自我?道德的本质与评判标准到底是什么?这些问题实际上关涉到心之本体能否真正地从信仰层面走向人们现实的道德生活,如果我们还继续承认唐君毅先生心之本体说的前提,那么他的心之本体说终究还是要下落到道德生活、道德实践中去,即便我们对于他心之本体的存在和证明中存在的诸多问题全然不谈,唐君毅要从心之本体过渡到个人的现实生活,所有问题才刚刚开始,更为严重的情况可能还在

---

① 唐君毅:《道德自我之建立》,第88页。

后面。

三、心之本体与道德自我之建立

按唐君毅的思路,心之本体的确立为其人生的终极托付找到了最终的归宿,而心之本体的真善完足又可以为个体的人生实践指明方向与出路。

(一)人生问题的困惑

唐君毅对心之本体的信仰与礼赞在一程度上是他找到了人生问题解决方案的一个体现,按他在《道德自我之建立》中的说法,他那时有一种特殊的不安,极其需要找到一种现实人生的困惑与苦恼的解决之道,因此,一旦心之本体的信仰确立起来,它确实极大地满足了唐君毅先生对人生问题寻求解决之道的迫切愿望。那时,他极力寻求一种自我支配与自作主宰的方式,他说:

> 就我个人来说,那时精神的不安,是一特殊的不安,其渴求一道德理想,来支配自己之心之强烈,是后来所少有的⋯⋯但是人要真求自觉的自己支配自己,是极难的。人原始的支配的态度,总是想对世界中之他人或物,有所支配。人原始的支配态度,是外驰的。人要自觉的自己支配自己,必须将外驰的支配态度收回来,以用于自身。本文之初,为要使人知道这种自己支配自己的态度,是一种更高的支配态度,是更足贵的,所以指出支配自己是比支配世界更伟大的工作。因支配世界,只表示我们意志力能破除外界之一切阻碍;而支配自己,则表示我们能主宰此用以破除外界一切阻碍之意志力本身。①

人生中的不安与困惑或许人人都会碰到,消除人生困惑的努力也可能千差万别,希望摆脱人生的困惑是再正常不过的想法了。唐君毅正是由于存在强烈的人生困惑与解脱诉求,所以他必须选择一种方式,能够

---

① 唐君毅:《道德自我之建立》,导言第3—6页。

把他从各种人生困惑之中解脱出来,这种方式恰恰就是我们似乎很熟悉的方式——可能又是最陌生、又事关重大的方式,这种方式就是:道德的方式。也就是说,在唐君毅的思路中,他认为只有道德理想融入人生当中,从而全幅人生都"道德化",这才可以让他从现实人生的各种困惑中解脱出来。正是基于如此重要的一个判断,他的思想发展就沿着他认为的道德化的方式而彻底展开,这也是后来的学者们在批评唐君毅思想时对其泛道德主义指责的全部来由与根本原因。我们或许只有理解了道德在唐君毅心目中与思想体系中的位置与意义,我们才可能对其泛道德主义的思考方式找到合理的解释与同情的理解。如果说道德是唐君毅人生问题根底上的解决之道,那么,我们就可以合理地预见他以后思想发展的大致趋向,也可以大致判断他的问题意识与解决问题的方案与内涵。

(二) 道德自我的出场

正因为唐君毅在面对如此重大而关键的人生问题上作出了以道德的方式来解决问题的决定,所以考察唐君毅的"道德"与"道德自我"的概念就可以清楚地看到唐先生面对如此重大的问题时,他有没有真正解决相应的问题,或者说,他选择的道德方式是否能够帮助他解决人生的困惑与相关的问题。

涉及道德,这个问题就已然是个重要的伦理学、道德学问题了,它不再是一个单纯的事关个体人生困惑之解决的问题,而关于道德的考察与研究势必关系到一系列重大的根本性问题,比如说什么是道德的? 评判道德的方式与标准是什么? 道德的核心要素是什么? 道德的目标是什么? 正是基于这些考虑,我们必须把唐君毅的道德观念先剖析清楚,然后对比一些重要的伦理学思想,或许这样我们才可以对唐君毅的道德方式解决人生问题的思路做出相应的评判。也就是说,如果唐君毅在道德这个问题上不能有充分而令人信服的阐述和说明,那么,我们只能非常遗憾地说:唐先生人生问题的解决方式可能是不成功的,或者说欠缺周全的考虑。

1. 道德生活的本质

道德这个词语,我们经常碰到,道德与不道德的评判也常常在当今中国人身上脱口而出,但是,当我们一旦在严肃的意义上使用道德这个词时,就涉及非常核心和敏感的问题,也就是伦理学意义上的道德问题:什么是道德的?道德的本质是什么?这是考虑道德问题首先需要追问的。在唐君毅看来:

> 本书第一部《道德之实践》,首指出道德生活,即自觉的支配自己之生活……我之如此界说道德生活,可以视为一方便的界说——即不外说出我所谓道德生活,是指的什么一种生活。但亦可以被视为传统逻辑中的本质的界说。即我认道德生活之本质乃即自觉的自己支配自己之生活……什么是真正的道德生活?自觉的自己支配自己,是为道德生活。①

自己自觉地支配自己,就是道德的,也就是说道德的本质在唐君毅看来就是主体自觉地自我支配。我们且不管"生活"这个词,什么是道德的,唐君毅的评价标准就是能否自觉地自我支配,如果一个人在生活中能自觉地自我支配,那么他的行为和生活就是道德的。唐君毅的道德学评判标准似乎已然确立起来,那么,他所谓的自我支配在具体的道德实践中又是如何表现的?自我支配,指的何种意义上与什么程度上的自我支配?

关于践行自觉的自我支配这个原则,他有两个方面的说法:第一,一念自返,自觉而不陷溺;第二,"应该"意识的确立。

"应该"意识是从正面的、积极的支配立场出发,而一念自返、自觉而不陷溺,则是从消极的自我责成和警觉的角度来考虑,我们以为:实际上"应该"意识可以包含这两个方面的内容,即我应该如何与不应该如何。

道德的评判标准与具体的实践依据一旦确立起来,唐君毅认为接下来的事情就是改造现实自我,处处以道德的标准与要求来塑造自我,即所谓道德自我之建立。此处有两个要点是非常重要的:一、道德原则,即道德的评判标准;二、道德实践,即具体的情境之应对。

---

① 唐君毅:《道德自我之建立》,导言第4—15页。

2. 道德自我的建立

所谓自我支配,即自己支配自己,这其中的两个"自己"显然不是同一个意思,前一个自己是真实的自己,处于绝对主宰地位的,用唐先生的话,即"形上自我",所谓"形上自我"也就是"心之本体"。后一个自己,则是指现实的自我,即有着各种私心杂念的普通个体。从唐君毅"一念陷溺"的说法中,我们可以非常清楚地看到:所谓的陷溺就是指个体没有从私心杂念中超拔出来而自限自小的情况,他认为这种情况就是不道德的,或者说不善的。因此,按照他的道德之设定,则需要每一个现实中的个体建立起被道德规约的自己,换句话说,就是去除各种私心杂念,不陷溺于具体的种种情境,然后就可以建立起道德性的自我,完成现实自我之改造,即完成道德自我之建立。

3. 道德的真正根源

至此,我们对唐君毅的道德自我大致有了比较清楚的看法:一方面,道德自我是现实个体的道德实践与操守养成功夫下的结果,一旦这个结果出现,实际上唐君毅所要的人生问题的道德解决方式也就达到目标了;另一方面,道德自我又是指道德理想之寄托与厚望下的、没有半点瑕疵的心之本体。而后者又是前者成立的依据与指向。现实个体能够做到的只是前一种意义上的道德自我,而后一个层面,更多的是要为其道德学说找到一个终极根据,也就是为道德找到一个根源性的终极承诺,这个承诺事关道德生活的出路与前途。

至此,我们便可以理解唐君毅对心之本体的坚持与礼赞所持有的热烈态度与立场了。如果没有心之本体的设定,那么,一切道德生活终究是没有依据、没有前途的,甚至可能连切入点都没有。

4. 道德的泛化与虚无

虽然心之本体的坚持与其道德自我的建立紧密相关,但是他对道德的界定以及实践原则的规定使得"什么是道德的"这一追问变得模糊不清了。

(1)"自觉的自我支配"能否成为道德原则?

这句话在唐先生那里大致有两个方面的意思:

第一,自觉的。也就是指道德属于个体理性认同的、自愿自发的事情,这是相对于他律性的道德学说而言的。也就是说,真正的道德必然是个体理性的自主选择与认定的结果,它与外界的强制与干涉无关。如果一个行为是由于不得已的胁迫而造成,那么,即便它有着良好的预期效果,我们仍然不能认为它是道德的。实际上这里预设了一个前提:在道德领域中,个人自由必须先行设定,否则道德是不能设想的。

第二,自我支配的。相对于自觉的这一点而言,自我支配则要面临更多质疑,自我支配我们在前面的分析中已经提到,这里的两个"自我"是不一样的。简单地说,自我支配就是指借助心之本体来改造现实中的个体,实现现实个体的心之本体化。但是,我们在前面已经分析过了,心之本体的存在与否本身是个问题,唐先生对他的信仰与其证明也一度陷入窘境,此处唐先生却希望以心之本体来改造现实自我,这不光没有使得心之本体向形下层面落实,反倒又绕回了心之本体上。这只是问题之一。其二,既然心之本体不得而知,那么在现实层面的自我支配是什么意思?我以为,自我支配就是现实的个体对一些明显不合规定或习俗的行为与思绪的控制与祛除罢了,而这时候作为道德原则与评判依据的东西明显不是自我支配,而是一些没有经过反思和处理的外在规定。退一步想,自我支配如果真的可以成为道德原则,那么它应该普遍适用于所有的理性存在者,可是从自我支配即道德的观点来看,一个自我支配和控制能力非常强的人是否就是一个道德非常高尚的人呢?举例来说,一个自觉的自我支配和控制能力极强的杀手,在其自觉的自我支配之下杀害他人的行为是否也是道德的?实际上,唐先生在使用自我支配这个道德界定时是比较随意的,事实上,自我支配的行为不一定就是道德的行为,自我支配更不可能成为道德原则与评判的标准或依据。毋宁说,在自我支配的过程中,我们需要的正是一种更加清楚和基本的原则,或者说道德法则,它们的存在与呈现才可能使得道德成为可能的,否则,无论什么行为,只要与自我支配相联系就可以成为道德的,这是非常恐怖的事情。同时,这样一来,道德的扩大化与其真正内核的缺失就会是必然的结果。换句话说,"自我支配或者自我主宰"并非必然导向道德,而唐先生可能并没有意识到这一点。

(2)"一念自返而不陷溺"能否指导我们的道德实践?

如果说唐君毅的"自觉自我支配说"在成为道德原则上可能存在困难,那么这是因为他的心之本体说在落实到实践层面时实在难以成为评判一个念头和行为的指导和依据之故,同时,自我支配在具体的情境运用之中,迫切需要的指导性原则并没有出现,而自我支配并不能成为可以依据的原则。事实上,唐先生还提出了"一念自返而不陷溺"这个说法。唐先生认为,他的这一提法是中国哲学的真精神,他说:

> 总括言之,则此书之中心,唯是说明当下一念之自返自觉,即超凡入圣之路。重此当下一念,本是孔孟之教。而在后来之禅宗及明儒阳明学派以下诸子,更特别喜在当下一念上指点。此真中国哲学之骨髓所在。但禅宗及明儒,对此当下一念把握得太紧,不肯放开去广说。而本书则求先放开说,再收摄说。①

我们暂时不做哲学史的考证,此处可以肯定的是:唐君毅认为他的这一说法是中国哲学的真精神,并且可以在前人的基础上把范围放得更宽、更开。对此我们暂时不予以置评,我们先来看看"一念自返而不陷溺"这个说法是针对什么的:

> 为什么人有罪恶?罪恶自何来? 我们说:罪恶自人心一念之陷溺而来。一念陷溺于饮食之美味,使人继续求美味,成为贪食的饕餮者。一念陷溺于男女之欲,使人成为贪色之淫荡者。一念陷溺于得人赞时之矜喜,而使人贪名贪权。由贪欲而不断驰求外物,而与人争货、争色、争名、争权。由于陷溺于所得之现实的对象,争取现实的对象,而不见他人,乃无复对人之同情,而对人麻木,与人隔膜,对人冷漠……②

---

① 唐君毅:《道德自我之建立》,导言第13—14页。
② 唐君毅:《道德自我之建立》,导言第132页。

在唐先生对现实中非道德现象的观察中,他认为陷溺于欲望而不能自拔是所有道德败坏与现实罪恶产生的根本原因。由此,他便推而广之,认为在自我支配这个道德界定的前提下,如果我们可以时时一念自返而不陷溺于各种欲望,就可以完成道德自我之建立。实际上,"一念自返而不陷溺"的说法,针对的就是人的各种现实欲望。说白了,就是指个体理性地对欲望进行克制和处理。这倒比较清楚地告诉了我们唐先生认为道德实践主要面对的是什么,即欲望——克制和管束欲望就是道德实践。显然,他只是说要克制欲望,没有说要根绝欲望。因此,这里就出现了问题:何种欲望、何种程度上的欲望是需要克制的?依据又是什么?我们发现,只一句"自觉地自我支配"此时完全无能为力。这也再一次证明了简单的"自觉地自我支配"不能用来定义道德,它不能成为道德原则与标准,毋宁说"自觉地自我支配"仍需要进一步考察。"一念自返而不陷溺",由于没有可以依据的标准来衡量和裁定欲望的程度与种类,所以"一念自返而不陷溺"如同"自我支配"的界定一样,再一次落空。这样一来,唐君毅所认定的道德之路由于其界定存在严重缺陷,因此,他的道德自我之建立就只能是一个美好的愿望,与此同时,一个非常严重的问题就浮现出来:有如道德这般重要的事情,可是道德的评判标准与基本原则不清楚,道德实践的依据出现困难,道德就势必在理论上与实践中陷入了空前危机。

5. 道德评判的依据

如果按照唐君毅的思路往下推导,我们发现道德在他那里根本就没答案,而造成这个结果的原因很多,但我个人以为,道德的评判依据不清楚是主要的问题①。唐君毅虽然用"自觉地自我支配"来界定道德,但是

---

① 唐君毅可能并不认为道德原则不清有问题,他甚至认为:"吾人有理由说,吾人之良知乃先天的具有此一切道德原理或有一自然分化出诸各附从道德原理之最高道德原理,能以所接触之现实的个体事物之不同,而通过当下之良知以当机呈现,以规范吾人之行为者。由是而预提出一切道德原理以为吾人照之以行者,乃不必需之事。"(唐君毅:《文化意识与道德理性》,桂林:广西师范大学出版社,2005 年,第 306 页)在他看来,良知可以自然生成个人的行为准则,而对于良知为何具有此等功能以及理由何在却付之阙如。

与其把这个界定当作唐君毅的道德学依据,倒不如把这个看法当作他解决自我不安与对待人生欲望的一种解法。然而,他把这种思考方式与解决方法当成了道德的,而关于什么是道德的问题却没有先行考察。致使他这样做的原因是,对他来说存在一个更为根本的观念设想:我不忍──→心之本体;心之本体──→道德(a.自我支配 b.克制欲望)──→道德自我之建立。

(1)同情作为道德的起源与标准

"我不忍"是唐君毅先生更为根本的观念,实际上这个观念是唐君毅道德自我的发源地。所谓"我不忍"应是从孟子的"不忍人之心"①而来。具体来说,在唐君毅这里,它指的就是"同情心"。于是,实际上最终来裁定道德的倒不是什么自我支配和克制欲望,而应该是同情心。至此,我们就可以比较清楚地看到:对于唐君毅来说道德根源性的东西是同情心,道德也由此而生。

这种关于道德的看法倒也不是唐君毅所独有的,叔本华在他的《伦理学的两个基本问题》中就说:

> 它是我们每天都可见到的——同情的现象;换句话说,不以一切隐秘不明的考虑为转移,直接分担另一人的患难痛苦,遂为努力阻止或排除这些痛苦而给予同情支援;这是一切满足和一切幸福与快乐所依赖的最后手段。只有这种同情才是一切自发的公正和一切真诚的仁爱之真正基础。只有发自同情的行为才有其道德价值;

---

① 《孟子·公孙丑章句上》说:"人皆有不忍人之心。先王有不忍人之心,斯有不忍人之政矣。以不忍人之心,行不忍人之政,治天下可运之掌上。所以谓人皆有不忍人之心者,今人乍见孺子将入于井,皆有怵惕恻隐之心,非所以内交于孺子之父母也,非所以要誉于乡党朋友也,非恶其声而然也。由是观之,无恻隐之心,非人也;无羞恶之心,非人也;无辞让之心,非人也;无是非之心,非人也。恻隐之心,仁之端也;羞恶之心,义之端也;辞让之心,礼之端也;是非之心,智之端也。人之有是四端也,犹其有四体也。有是四端而自谓不能者,自贼者也;谓其君不能者,贼其君者也。凡有四端于我者,知皆扩而充之矣,若火之始然,泉之始达。苟能充之,足以保四海,苟不充之,不足以事父母。"孟子"不忍人之心"的思想对唐君毅寻求道德的根源性解释时所起的作用是十分明显的。

而源自于任何其他动机的所有行为则没有什么价值……而首先探索是否自发的公正和真正仁爱是真正从同情产生的。如果是这样的话,我们的问题就解决了,因为可说我们已经找到道德的终极基础,并且已经证明它存在于人性自身。①

把同情当成是道德的起源,这是在为道德找一个终极基础和根源,同情的存在对持之为道德起源的人们来说,似乎只是一个人类学现象,即道德为人类所特有。但是,近年的生物学研究却发现,同情现象的发生可能并不限于人类,而是一种可能普遍存在的生命现象,即只要一种生物有相似的神经生理机制,它就有可能发生同情现象,近年的镜像神经元(Mirror neurons, MNs)研究发现:

> 镜像神经元是指能直接在观察者大脑中映射出别人的动作、情绪、意图等的一类具有特殊映射功能神经元,它广泛存在于多个脑区,并参与动作的理解、模仿、共情、社会认知等认知活动……Jackson等发现被试在观察别人疼痛时出现了ACC、岛叶前部、小脑和丘脑等脑区的激活,且在ACC区疼痛度与激活度呈正相关。揭示了ACC区的MNs在共情中的作用。Gazzola等的研究发现与共情分数低的被试相比,高共情分数的被试在完成任务时MNs区有更多的激活。②

这个研究带给我们的启示至少有两点:第一,同情的普遍存在已然在科学实验中证实它有确凿的生理学基础,它具备可以发生的生理条件;二、同情现象可能不仅仅存在于人类当中,如果我们只承认道德属于人类现象,那么道德在何种意义上,以及能否把同情作为道德的起源

---

① 〔德〕叔本华著,任立、孟庆时译:《伦理学的两个基本问题》,北京:商务印书馆,2010年,第234—235页。
② 龚亮、汪凯、程怀东:《镜像神经元的功能及其临床应用》,《中国神经精神疾病杂志》第36卷,2010年第4期。

与评判标准就值得商榷。

同情能否作为道德的起源与标准,其存在的主要问题是:如何可能知道一个行动的产生是由同情心发动而促成?同情如何可能穿透一个特殊个体而被另一个体所知悉?个体可能知道自己的同情心是否发动,但是,同一个事件如何知道别人是否也是出于同情心,这是有困难的。而同情本身怎样才会客观地呈现为一种公共的道德标准,这显然不是持同情立场的道德学说所能够回答的问题。

(2) 理性作为道德的依据与标准

道德到底如何界定以及相关问题如何阐述,如果没有一个清楚的说明,现实生活中就会碰到许多麻烦,当一个人对另一个说:你这种行为是不道德的,或者说某某人道德败坏,或者说某人在公共生活中表现出了道德与非道德的行为,我们首先要追问的就是:你凭什么说这种行为是不道德的,你又是如何知道这种行为是不道德的? 一个人的德行是依据什么来进行判定的? 如果我们不能首先回答这些问题,或者说我们没有能力说清楚这个问题,那么所有的道德评判就只能是虚张声势或无所指涉。换句话说,各种关于道德的评判就是没有意义的,它顶多是人们特殊喜好、利益、意志等伪装的结果。

伦理学史上,有一种比较经典的道德学观点,这就是康德的"实践理性说",他认为道德源于理性、源于理性的实践运用,实践理性所依据的道德法则是道德评价的标准,只有自愿地遵守可普遍化的道德法则才使得一种行为成为道德的。对于情感,康德持一种完全不同意以情感参与道德评判的观点,他说:

> 一般地说,也就是道德规律的观念,仅通过理性的途径,对人心产生了比人们从经验所得到的、全部其他动机都要强而有力的影响,而理性正是在这里才第一次觉察到,它自己本身也竟是实践的。纯粹的责任观念在对自身尊严的意识中鄙视那些来自经验的动机,并逐渐成为它们的主宰。与此相反,一种混杂的道德学说,一种把出于情感和爱好的动机与理性概念拼凑在一起的学说,则一定使心意摇摆在两种全无原则可言的动因之间,止于善是偶然的,趋于恶

却是经常的。

　　由此可见，第一，全部道德概念都先天地坐落在理性之中，并且源于理性，不但在高度思辨是这样，最普通的理性也是这样。第二，它们决不是经验的，决不是从偶然的经验知识中抽象出来的。第三，它们作为我们的最高实践原则，于是，在来源上具有了纯粹性，并且赢得尊严。第四，若是有人往这里掺杂经验，那么，行为就在同等程度上失去其真纯的作用和不受限制的价值。第五，从纯粹理性中汲取道德概念和规律，并加以纯净的表述，以至规定整个实践的或者纯粹理性知识的范围，也就是规定整个纯粹实践理性能力的范围，不仅是单纯思辨上的需要，同时在实践上也是极其重要的。在这样做的时候，不能使这些原则从属于人类理性的某种特殊本性（虽然思辨哲学允许这样，但有时甚至必须这样），而是一般地从有理性的普遍概念中导引出道德规律来，因为道德规律一般地适用于每个有理性的东西。①

　　在他看来，关于道德有几点特别重要：一、道德来源于理性，而且是区别于经验的纯粹理性；二、道德原则必须普适于所有理性个体；三、理性个体自愿遵守道德法则；第四，情感与爱好不能掺杂在理性概念当中成为道德判断的依据。对于道德情感，它在康德道德学中的地位顶多是对道德法则的敬畏之情。

　　道德源自纯粹理性，此处的纯粹理性是相对认知过程中必须与经验相结合的理论理性而言的。也就是说，道德是理性自我先行立法的一个结果，理性为自己制订普遍法则，然后自我遵守，并能够推广到其他理性个体，这种方式是为道德的。在康德这里，他确立起了一种不同于情感来源与依据的道德源头，而这种源头既不同于经验性的情感，也不同于心之本体之类的绝对存在，他把道德直接导源于可考察的人类理性的实

---

① 〔德〕康德著，苗力田译：《道德形而上学原理》，上海：上海人民出版社，2005年，第28—29页。

践运用。

在道德实践的过程中,理性制订的原则必须是可以普适和推广开来的,"定言命令只有一条,这就是:要只按照你同时认为也能成为普遍规律的准则去行动"①。也就是说,一旦道德原则确立起来,那么它就必须适合于所有理性存在者,并且,这条准则本身不会带来自相矛盾的结果。此处,由于道德法则的普遍化,它从根底上杜绝了个人体验成为道德标准的可能性。比如说,"不能说谎"这样一个原则,这个原则之所以能够成为一个道德法则,是因为如果我们违反它就会出现如下问题:如果可以说谎,那么这意味着人人都可以说谎;而如果人人都说谎,那么所有人都不可信了,而所有人都不可信这样一个结果是不能接受的。因此,"不能说谎"作为一个道德法则的严肃性、普适性与正当性就体现出来了。

在道德来源与道德原则基本确立以后,康德对道德立法作了明确规定:

> 对于任何立法(它可以是内在的或者外在的行动,而且这些行动要么先天地通过纯然的理性,要么通过另一个人的任性来作出规定)来说,都需要两个部分:首先是法则,它把应当发生的行动在客观上表现为必然的,就是说,它使行动成为义务;其次是动机,它把对这种行动的任性的规定根据在主观上与法则的表象联结起来;所以,第二个部分就是:法则使义务成为动机。通过第一部分,行动被表现为义务,这就是对任性的可能规定亦即实践规则的一种纯然理论认识;通过第二部分,如此行动的责任在主体中与一般任性的一个规定根据结合起来。

> 因此,任何立法(它也可以就它使之成为义务的行动而言与另一种立法一致,例如行动在所有场合可以是外在的行动)就其动机而言毕竟可能是不同的。使一种行为成为义务,同时使这种义务成为动机的立法是伦理学的。而在法则中不连同包括后者,因而也准

---

① 〔德〕康德著,苗力田译:《道德形而上学原理》,第39页。

许另外一个与义务本身的理念不同的动机的立法,是法学的……

人们把一个行动不考虑其动机而与法则的纯然一致或者不一致称为合法性(合法则性),但把其中出于法则的义务理念同时是行为的动机的那种一致或者不一致称为道德性(合道德性)。①

在康德这里,理性立法而为人类确立起道德法则之后,事情并没有结束,他区分了两种情况:第一种,动机与义务一致的情况,它与道德原则相关,属于伦理学讨论的范畴;第二种,动机与义务虽然不一致,但其行为与外在的自由法则相一致,从而属于法学范畴。这就是说,理性立法并不仅仅是内在的道德自律,或者说纯然伦理学的事情,它同时还涉及外在的法权义务之强制。于是,我们就清楚地看到:道德自有其管辖的范围与领域,道德是自由的、理性的个体自愿遵守道德法则才有的事情,它是与个体自律相关的伦理学问题,它不涉及外在的强制。同时,我们还要明白一点:道德虽然是自律的,但它有一定的领域和范围。理性立法可以延伸和影响到国家层面的普遍立法,当道德自律没有办法解决问题时,外在强制的法律就将继之而起,取而代之,隆重登场。于是,这两重规定的结果就是:理性人的任何行为都必须在一定的规则与秩序内活动,理性对内有道德规条的自我约束,对外有防范性的法律约束,如此一来,或许国家和社会层面就不会由于个人道德自律的缺失而致使无德之人无法无天、胡作非为却无能为力。②

康德的思路是比较清楚的,归结起来如下所示:

---

① 〔德〕康德著,李秋零主编:《康德著作全集》卷六,北京:中国人民大学出版社,2013年,第225—226页。

② 富勒在《法律的道德性》中认为:"就法律的内在道德要求而言,虽然它们涉及同不特定的其他人之间的关系,但却不仅仅要求自我克制;正像我们的一个不甚严格的说法所表明的那样,它们是肯定性的;使法律为众人所知,使其内部的逻辑一致并且清晰明了,确保你作为一位官员所作出的决策符合它的要求,等等。"(〔美〕富勒著,郑戈译:《法律的道德性》,北京:商务印书馆,2012年,第51页)

图一　理性与道德、法律的关系

在康德的思路下,道德清晰地构建起来,他的理由与思路比较清楚,道德与法律的界限是分明的。我们以此对比唐君毅的道德自我说,或许能更清楚地看到他的种种问题所在,唐先生孜孜以求的道德化的人生路向,由于其心之本体说与道德界定的失误而难以使人信服。唐君毅先生从 20 世纪 40 年代后期开始,就较少使用"道德自我"这样的说法,而是大量地转向"道德理性"这个概念的使用。道德理性实际上是从康德的纯粹理性或者说实践理性中援引而来,在唐君毅对康德的评价与为学自述中我们可以得知他受到了康德学说在这方面的影响,关于这一点,我们在下文对唐君毅"道德理性"概念的解析中会看得比较清楚。

1.2　道德理性与文化意识

"心之本体"与"道德自我"是唐君毅早期思想最重要的两个概念,心之本体是本体论上的设定,心之本体是万善众美的源头与终极归宿,而道德自我则是心之本体落到现实个体层面而言的功夫实践之着眼点。我们在讨论这二者的过渡以及对这两个概念的分析中已经发现:心之本体存在的证明有着严重的缺陷,道德自我的界定与判断也没有真正揭示出道德的本质内涵,因此,由心之本体到道德自我的建立之过渡也无法在理论上达到预期目的。

上文关于"心之本体说"的失误之分析使得我们在对唐君毅早期思想的核心观念有所认识的前提下可以断定:他在往后的思想演进中要么放弃心之本体说,要么订正或更换心之本体说。

"道德自我"的道德内涵由于其界定的随意性,以及道德原则与道德实践凭据的不清楚而导致道德述说的泛化与虚无,以至于可能无法在唐氏的道德哲学中找到一个可行的道德原则来评判和指导个体现实的道德生活。这个问题实际上已经非常严重:虽然近现代许多中国思想家高举道德的大旗,抑或宣称占据了所谓的道德制高点,然而,他们并没有告诉我们什么是道德的,道德的普适性与明确性始终隐而未彰。因此,生活中出现的最荒谬的事情就是:人们各执一端,各行其是,而他们还自以为拥有不言自明的道德评判资格,以及掌握着道德领域中的绝对真理。当今中国,从王朝时代过渡到现代社会的转型仍然在进行中,以往的各种道德诉求与德行标准与现代社会的冲突与矛盾还在不断上演,对于一个极其重视与关注个人德行与道德教化的民族来说,如果我们身处其中的思想家连道德的本质内涵与基本条目都不能阐述清楚,或者不能阐述得令人信服,那么这显然是个严重的失误。

由于唐君毅20世纪40年代后期开始使用"道德理性"这个概念,并且把道德理性与各类文化现象联系起来,广泛地展开讨论,诸如哲学、宗教、教育、科学等都纳入道德理性的统摄之下进行解释,并试图透过道德理性来理解诸类文化现象的根源与正当性,从而希望确立起一种文化意识。这种思路可以认为是唐君毅思想的一种推进与发展,虽然有学者甚至他本人也认为:在此期间他的思想主要表现为文化哲学,他在试图为东西文化的讨论找到一个根本性的观念来统摄和贯通东西文化[1],这种看法自有其合理的一面,融会贯通东西文化的确是唐君毅在此期间努力在做的事情,它也是唐君毅解决人生问题的重要动力,但是,唐君毅此期间的思想总体来说是具有过渡形态的。他虽然有关于文化的广泛讨论,然而他更多地表现出一种体系性的考虑,他并不是简单地就文化现象谈论文化现象,而是试图用他自己的核心观念去与之关联和解释,这便体现在他对"道德理性"与"文化意识"这两个概念的运用。如果以上的判断不误的话,对唐君毅此期间"道德理性"与"文化意识"这两个概念的考察就可以大致看出其主要思路与其思想的演进,从而可以进一步理解唐君毅在由"心之本体说"到"心灵境界论"的完成之前这个过渡时期,"道

---

[1] 唐君毅:《文化意识与道德理性》,桂林:广西师范大学出版社,2005年,自序二,第4—11页。

德理性"这个概念所包含的思想内涵是怎样为后起的定型理论打下基础的,同时,它也可以让我们进一步了解唐氏思想发展中贯穿的问题意识有没有得到很好的解决。

一、道德理性之释义

在此期间,唐君毅把道德理性作为一个高频概念来使用,并且大范围地运用,而不是广泛使用之前的道德自我之概念,这是值得注意的,他为什么要这样做?所谓的道德理性与之前的心之本体说及道德自我说有什么不同与相同之处?道德理性说的思想渊源与构成要素如何?

(一)道德理性说的来源

对于唐君毅的道德理性这个概念,首先需要从其思想来源上简单考察一下,我们的考察集中于两方面:一方面是与道德理性这个概念最相关的文献,另一方面则是对于道德理性这个概念的内涵、外延及思想传承上进行辨析。

唐君毅使用道德理性这个概念,最集中的地方在《文化意识与道德理性》一书,此书成书于1947至1952年间[①],对唐君毅的道德理性之概念的考察我们将主要集中于此书。

当然,唐君毅并不仅仅在此书中使用了道德理性这个概念,他在其他地方也使用道德理性这个概念,比如他的《生命存在与心灵境界》一书的"道德实践境界"中,他也大量使用道德理性这个概念。尽管如此,我们把考察重点放在《文化意识与道德理性》一书的理由有几个方面:第一,唐君毅对于道德理性概念的提出与比较确切的说明是在此书首先展开的;第二,道德理性作为一个核心观念在唐君毅此期间的思想拱顶石般的意义在此书反映最为明确;第三,道德理性在以后的使用与广泛应用中所表现出来的意涵也都是基于此书内容确立起来的;第四,道德理性概念的展开中已然包含了唐君毅晚年心灵境界说的相关要素。因此,下文我们对唐君毅道德理性概念的分析将主要围绕唐氏在《文化意识与

---

① 唐君毅:《文化意识与道德理性》,桂林:广西师范大学出版社,2005年,自序一,第1页。

道德理性》一书中对道德理性概念的说明来展开,也就是说,我们对唐君毅道德理性概念的考察将主要围绕此书展开。

如果我们首先从文献上确定了唐君毅道德理性概念的主要来源,那么这还只是从文献范围与文献来源上划定了研究界限,这只是外在的确定性,我们还需要从道德理性这个概念的思想内涵之来源上进行考察,这或许更为直接地与之相关。唐君毅说:

> 至于就此书之内容说,则此书是提出一文化哲学之系统。其所以是提出一文化哲学之系统,乃因其对中西文化哲学之思想,皆有所承继,亦有创新之意见。此书所承者,在根本观点上是中国之儒家思想……然本书之论文化之中心观念,虽全出自中国儒家先哲。然在论列之方式,则为西方式的,并通乎西洋哲学之理想主义传统的……而此书直接所承受之论文化之态度,在西方,只能说是直本于康德、黑格尔之理想主义之传统……吾之论文化,即改而遵康德之精神,以同时肯定各种文化活动,为同一精神自我之分殊的表现,而不先在原则上决定各种文化领域之高下。吾书以道德文化为中心,而不以哲学文化之最高者,乃承康德之精神。①

从唐君毅的自序中我们可以获得几个信息:一、由于此书的核心观念来自中国传统儒家思想,而道德理性是他此书的核心观念,所以他的道德理性概念主要出自中国儒家先哲的相关思想;二、他认为其书的核心要义,即道德理性说,可以与西方的理想主义传统进行对比、融通,而其中的代表人物是康德、黑格尔,而在关于道德的学说上则主要采康德之说。这是唐君毅在此书出版时写的自序中做的总纲性说明,无论如何,他点出了《文化意识与道德理性》一书的核心观念与思想渊源。

(二)道德理性之概念界定

唐君毅的道德理性概念是一个复合词,由道德与理性这两个词构成,但是,这两者到底是合在一起作为一个固定的概念来使用,从而完全

---

① 唐君毅:《文化意识与道德理性》,自序二,第4—11页。

不同于单独使用的"道德"与"理性"之含义,还是集合了"道德"与"理性"的不同含义,从而需要二者的交集才构成此概念的内涵?显然,在此"何为理性、何为道德"是需要说明的,而且对理性与道德的看法不同,道德理性的含义会不同,然而,唐君毅并没有做出区分。唐君毅说:

> 吾人所谓理性,即能显理顺理之性,亦可说理即性。理性即中国儒家所谓性理,即吾人之道德自我、精神自我,或超越自我之所以为道德自我、精神自我,或超越自我之本质或自体。此性此理,指示吾人之活动之道路。吾人顺此理此性以活动,吾人即有得于心而有一内在的慊足,并觉实现一成就我之人格之道德价值,故谓之为道德的。顺此性此理而活动而行为,即使吾人超越于有形象之物质身体之世界,并超越于吾人自然欲望、自然本能、自然心理性向等。吾人由此而得主宰此有形象之物质身体之世界,与吾人之自然本能欲望等,使之表现此理此性之具。此理此性本身为内在的,属于吾人之心之"能"的,而不属于吾人之心之"所"的。故非作为所予而呈现的,亦即非通常所谓现实的,而只是现实于吾人之心之灵明之自身的。故此理此性为形上的、超越的、精神的……至于本书所谓理性之意义,乃以其超越性及主宰性为主。理性之普遍性,乃由其超越性所引出。其必然性由其主宰性引出。吾人可谓理性之发用,首先即表现为一超越感觉形象之世界,而超越物质身体之世界与自然本能欲望等的。吾人之识取人之超自觉或不自觉的理性活动,当先自此处识取。至于自觉地依理性而成理想或自然合理性之理想……①

在这段引文中,唐君毅对道德理性的看法比较具有代表性,在他看来:一、理性实际上就是理或性,或说性理;二、理性是道德自我的所以然与根据,它具有超越性;三、顺理性之活动而得于人心者则为道德的;四、理性属于"能——所"结构中的"能",与经验性的所予或呈现相对;

---

① 唐君毅:《文化意识与道德理性》,自序第 16—17 页。

五、物质世界或感觉世界是理性的外在表现;六、人可以依据理性而形成合目的性的理想而实践之。

(三)道德理性说的问题

1. 理性与性、理、性理

其实,在上面的引文中,严格来说唐君毅并没有界定什么是理性,也没有关于什么是道德的定义,他只是把中国哲学史上著名的"性即理"①这个命题拿出来,也没有解释何为性、何为理,也不说明他的理性概念与它们有何区别,而只是断言了他所谓的理性就是理或性,或性理。这样一来,理性在思想渊源上似乎回到了宋明理学,回到了著名的"性即理"的说法。我们此处且不讨论本书唐君毅所谓的理性是否真的如同他轻松断言的一般同于宋明先贤的"性即理"之说,至少在用到"心"或"本心"这个概念时他没有区分其与"性、理"及"性即理"的命题有何区别,因此,无论如何,他所谓的理性概念源自"性即理"的说法就比较模糊或者说不太清楚。

2. 理性与心之本体、道德自我

如果我们仔细推敲,按照上文对心之本体与道德自我的关系进行的分析就可以知道:既然理性是道德自我的所以然与根据,理性的地位就应该与心之本体的地位是一样的。换句话说,理性实际上就是心之本体的代名词。而道德自我则是理性的形下落实。我们在心之本体的分析中曾经提到,道德自我是现实个体经过实践功夫锤炼才成就的,道德自我的依据是心之本体,但是唐君毅在对心之本体的断言、证明以及认识的过程中却存在着相当大的困难:如果理性仅仅是心之本体的另一种说法,那么实际上唐君毅以理性说来代替心之本体说并不能改善所有问题,除非他对理性概念赋予新的内容;可是,一旦赋予了新的内容,那么他断言的"理性"与宋明先贤的"性即理"说是完全一致的就可能存在问题。

---

① "性即理"这个命题是宋明理学的核心命题之一,唐君毅认为自己所讨论的道德理性问题属于"性即理"的命题范围,并可以为之所统摄。

3. 理性的本体化

按唐君毅的意思，如果理性是一切道德理想的依据，那么，道德的评价标准与来源就只能溯源于理性。但是，由于理性这个东西又是心之本体之类的东西，它高远而神秘，完全不同于我们一般认知功能意义上的人类理性之界定，那么何谓本体意义上的理性就不是不言自明的。对于理性，最具代表性的哲学家康德会认为：

> 现在，只要承认在这些科学中有理性，那么在其中就必须有某种东西先天地被认识，理性知识也就能以两种方式与其对象发生关系，即要么是仅仅规定这个对象及其概念（必须从别的地方被给予），要么还要现实地把对象做出来。前者是理性的理论知识，后者是理性的实践知识。这两者的纯粹部分不管其内容是多还是少，都必定是理性在其中完全先天地规定自己对象的、必须事先单独加以说明的部分，并且不能与那出自别的来源的东西相混淆；因为如果我们盲目地花掉我们的收入，而不能在经济陷入困窘以后分清楚收入的哪一部分开销是可以承受的，哪一部分开销是必须裁减的，那就是一种糟糕的经营了。①

在康德看来，理性是与知识或认知相关的，而这一点，在唐君毅的理性概念中并不明确，他并没有指明理性应该有什么样的认知功能。然而，非常让人费解的是，在他接下来要解释科学、教育、哲学等认知科学时，却又不得不把这些以知识形态存在的东西与理性联系起来。

唐君毅的理性概念没有明确认知功能这一维度，可他又极其认同康德的道德学说和理性学说，那么，我们可推定的就是：他理解的康德之理性应该是康德所谓的实践理性，也就是道德来源这个维度的纯粹理性，康德说：

---

① 〔德〕康德著，邓晓芒译、杨祖陶校：《纯粹理性批判》，北京：人民出版社，2004年。第2版序言，第11页。

在我们里面,我们有一种能力,这种能力不仅与自己主观的规定根据,亦即它的行动的自然原因相联结,因而是本身属于显象的存在者的能力,而且也与纯然是理念的客观根据相关,这是就后者能够规定这种能力而言;这样的联结是用应当来表达的。这种能力就叫作理性;而且就我们仅仅按照这种可以客观地来规定的理性来考察一个存在(人)而言,这个存在不能被视为感官存在者,相反,上述属性是一个物自身的属性,关于这种属性的可能性,亦即毕竟还从未发生的应当究竟如何规定它的行动,并且能够是其结果为感官世界中的显象的那些行动的原因,我们一点也不能理解。然而,如果本身是理念的客观根据被视为规定感官世界的结果的,那么,理性的因果性就这些结果而言就会是自由的。①

如果说唐君毅认为自己的理性与康德有些相似,或者他认为是相通的,那么,唐君毅所谓的理性就指的是康德所谓的实践理性这个方面。如果真是这样,唐君毅的理性概念是指康德的实践理性,那么,唐先生所取就只是康德关于理性界定的一部分功能,他并没有整个地接受康德的理论理性、实践理性两分以及康德对理性批判的通盘考虑。他在《生命存在与心灵境界》中说:

吾读康德之书,于其知识论间架,初无甚兴趣。吾所契者唯在其言超越的统觉与理性之能虚构超越的对象之能,与其言道德上之当然,在经验之实然之上一层次之义。②

如果我们对康德的先验哲学有些了解就清楚一点:康德的知识论或说认识论,是他整个思想体系的基础,他对纯粹理性的批判就是希望指出理性在认知层面超出经验僭越之企图的错误,从而为理论理性划定界限,可正是理性的超验运用(康德认为需要加以限制)——反倒成了唐君

---

① 〔德〕康德著,李秋零主编:《康德·著作全集》卷六,第84页。
② 唐君毅:《生命存在与心灵境界》,第673页。

毅所契合之处,这实在令人匪夷所思。

康德的实践理性之批判是希望为道德、自由与信仰留下空间而努力证明理性在此处的表现应该是纯粹的,从而与认知意义上的、必须与经验结合的理论理性不同,康德没有把物自身或本体断言为何种属性的东西,而是认为物自身不能通过理论理性加以认知。可是唐君毅却直接把理性设定为一个不言自明的本体,类似于之前的心之本体——真善完足,于是,唐君毅所谓的理性就显得有些神秘了,它也与康德意义上的实践理性拉开了一定距离。所以,唐君毅虽然认为他的道德学说承续康德,但实际上可能并不是如此,而是有相当大的差别。

(四)道德理性说向理性说的过渡

1. 理性与理、性、心的纠结

如果说唐君毅直接断言理性就是宋明先贤的"性理、性、理",那么他就似乎要回到对这些概念的辨析上,至少他得说明理性与"理、性、心"之间的关联与区别,可是实际上他并没有这么做,而是交互性地使用这些概念。总体来说,唐君毅所谓的理性概念实际上可以等同于"理、性、心",只是他在不同的情况下使用了不同的词汇:当需要对认知做出说明时,就有了"认知心";当需要对道德做出说明时就有了依据之"理";当需要解释人如何会从善去恶时就有了本善之"性";理性实际上与理、性、心是合在一起讲的。

理性这个概念对于近现代中国的思想家来说的确是一个十分纠结的概念,它包含了太多亟待疏通和解决的问题,唐君毅或许只是这个背景下的一个集中反映。理性本是西方哲学史上最经典的概念之一,"众所周知,西方哲学中的'理性'概念来源于古希腊哲学中的'逻各斯'和'努斯':'逻各斯'代表了'理性'的语言本质,指向于规范性、公共性一面;'努斯'代表了'理性'的精神本质,指向于超越性、能动性一面。在西方哲学的主流传统中,'理性'作为人所具有的最高能力,人以'有理性的动物'作为自身的本质规定"[①]。然而,中国哲学史(观念史)自古以来是

---

① 卢兴、吴倩:《从牟宗三哲学看中国哲学的"灵性主义"传统》,《哲学动态》2010年第7期。

否存在西方意义上的理性概念却并未达成共识,存在两派激烈冲突的观点:一派观点认为中国自古以来就没有西方意义上的理性概念,理性概念是中国近现代哲学,尤其是西学东渐以来中国哲学转型中才出现的观念[①];另一派观点则坚持认为中国自古以来就有西方意义上的理性概念,并认为中国观念史可予以证明[②]。对这个问题除了这两派激烈冲突的观点之外,对于中国是否有西方意义上的理性概念还有另外两种观点:一、是否有西方意义上理性概念不重要,甚至主张从根本上否定西方意义上的"理性论",进而回归中国特色的"理性"观念;二、理性概念虽然是中国近现代哲学的产物,但它可以大致对应中国特定的观念史,否则理性概念的翻译和理解就不可能。我们认为:中国近现代哲学中的理性概念一方面受到了传统"性理之学"(性理是宋明理学的基本范畴,性理之学就是理学家们讨论天理和人、物之性的形而上学[③])的规定,另一方面也受到了西学的影响,这种影响除了翻译中的语言观念之对应,

---

[①] 黄林非在其博士论文《理性话语与中国现代文学的理性精神》中说:中国古代是没有理性这一概念的。中国古代把"理"与"性"分开讲,到宋明理学,"性"与"理"连用比较普遍(如朱熹的"性理大全"),而"理""性"连用的情况不多见,且一般不把"理性"作为一个专门名词连用。邓晓芒在《中国百年西方哲学研究中的八大文化错位》一文中,更是直截了当地认为中国近现代百年来的西方哲学研究中,人们对"理性"概念存在普遍误解,他认为西方哲学源头的希腊哲学所谓理性概念包含 logos 和 nous 两个精神内核,正是由于中国哲学自古以来就没有对应于这两个精神内核的思想资源,因此,中国思想史上理应不存在西学意义上的理性概念。

[②] 张岱年在《中国哲学关于理性的学说》中认为:"中国哲学中有没有与现在所谓理性相当的观念呢?回答是肯定的。我认为,《中庸》所谓'德性',《易传》和《大学》所谓'明德'就是指理性而言。而宋儒所谓'义理之性'就更与理性相似了。"黄南珊在《中国哲学理性观念的整体流变》中甚至直接主张:"中国哲学传统中存在与西方哲学经典概念理性(reason / rationality)相对应和意义趋同的概念,这就是中国特色的'理性',也存在哲学理性观的历史演变,中国哲学理性观念主要包含本体理性、自然理性、伦理理性三大基本类型,相应于西方理性之宇宙理性、认知理性和价值理性的基本涵义。"杨国荣的看法则相对委婉,他在《中国哲学中的理性观念》中说:"作为与 reason 或 rationality 相关的概念,'理性'无疑属现代意义上的中国哲学术语:'理'与'性'尽管古已有之,但二者合用,并取得相应于 reason 或 rationality 的涵义,则是中国近代以来的事。"

[③] 陈启伟:《"哲学"译名考》,《哲学译丛》2001 年第 3 期。

也有通过音译方式对外来观念的移植①。

　　理性的问题如果仔细考察,我们就会碰到如下几个方面的问题:一、理性如果是中国近现代思想家用来诠释与接受西方思想的一个重要切入点,那么,理性分别对应的中西观念是否对等就值得研究;二、在对西方作品的翻译过程中,我们的思想家在解读和诠释过程中对原本属于中国传统的性理之学的理性范畴增添了或减少了多少东西,这是我们理解中国近现代学者们以完整形态表现出来的思想体系内在矛盾冲突的路径之一;三、理性最终以我们中国人接受的方式传续下来以后,它所特有的内涵实际上就已经有我们自己惯常的信念体系、情感寄托保存于其中了,加之我们对西方文化的理解开始固化与模式化,于是,我们可能就会形成一个既不同于我们纯粹传统的思考模式,又不同于纯粹西方意义上的概念体系,这便是我们理解他们思想处境的基本背景。关于这一点,邓晓芒从文化传播的意义上对中国近现代西学东渐过程中的中国人对西学认知过程有过这样的论断:

　　　一切文化的传播,大约都要经过这样几个阶段:首先,是两种文化的格格不入和互相拒斥,所谓"非我族类,其心必异",人们只看到二者之间的相异之处,或满足于"各有各的长处"而故步自封,而这

---

　①　张东荪在《知识与文化》中认为:"理性,这乃是一个译名,原字是 reason。查中国旧有的只是'性理'而无理性,性理是谓性与理乃是根据'性即理也'一句话而出的,至于理性的译名对于原字意义似不甚切合。"邓晓芒在《中国百年西方哲学研究中的八大文化错位》一文说:"西方'理性'一词,英文为 reason(相应的德文为 Vernunft),在我国是沿用了日本学者对英语的音译(也包含意译的成分)。"理性一词是"日本近代哲学之父"——西周(Nishi Amane)以中国古代哲学思想为接受和理解西学的平台,用汉字创译了西方哲学"理性"概念——除了"理性概念"之外,西周还创译了"哲学、归纳、演绎、美(妙)学、主观、概念、概括、定义、理想、盖然、外延、内包、全称、特称、反证等,共有 240 个之多;若加上借用词、再生词,则达 600 多个"(参见:〔日〕狭间直树著,袁广泉译:《西周留学荷兰与西方近代学术之移植——"近代东亚文明圈"形成史·学术篇》,《中山大学学报(社会科学版)》2012 年第 2 期)。徐水生在《西周在西方哲学范畴汉字化上的贡献》中说:"西周这一创译工作,不仅为日本近代哲学的建立奠定了重要基础,而且还对中国哲学的近代转型起到了积极作用。"

时文化传播就有待于相通和相同之点的被发现；然后，人们惊讶地看到两种文化也有可以相通的地方，于是热衷于在两种文化间进行互释和比附，说此文化某某就是彼文化的某某，某异族文化因子在本民族文化中"古已有之"，此时文化间的传播已较前大为顺利，但通常满足于"新瓶装旧酒"式的猎奇，层次不高，甚至还可能成为文化间进一步传播的障碍；第三步，人们再一次发现文化间的同中之异，以一种"陌生化"的眼光去深入到曾被忽略了的、异文化之为异文化的根本内核，正是在这种理解到两种文化的本质区别的同时，两种文化的真正的融合已经开始了，因为恰好由于这种理解，本质的区别已经被扬弃了。中国一百多年来的西方哲学东渐印证了我们的上述推测。①

邓晓芒对中国近现代以来、西学东渐过程中的中国人理解西学的过程与大致情况做出了一个比较有启发的"三步走模式"描述。事实上，唐君毅对西方哲学中经典的"理性"概念之理解仍然处在由第二步向第三步过渡的阶段之中，唐氏对"理性"的理解：一方面仍然是用中国传统的"性理"概念去对应西学中的经典理性概念，另一方面又意识到中国传统"性理"概念中没有的、来自西方意义上的理性概念之内涵（如逻辑等）。

(1) 性理与理性

A. 性理之大义

如果我们笼统地把唐君毅等人对理性的再诠释当成是对儒家的性理之学的继承与再转化，那么，他们所谓的理性实际上仍然是中国传统意义上"理、性、心、情"等关于人性和天人之学的讨论，如果在这种意义上我们暂时把此类讨论称作"性理"之学的讨论，那么，它包含的内容非常庞杂，程颐说："性即理也，所谓理性是也，天下之理，原其所自，未有不善。"（《程氏遗书》卷二十二上），张岱年先生认为："理、性"二字连用，始

---

① 邓晓芒：《中国百年西方哲学研究中的八大文化错位》，《福建论坛·人文社会科学版》2001年第5期。

于程颐。① 朱子对"性即理"有过解释:"性即理也。天以阴阳五行化生万物,气以成形,而理亦赋焉……于是人物之生,因各得其所赋之理,以为健顺五常之德,所谓性也。"(《中庸章句》)他又说:"性是实理,仁义礼智皆具。"(《朱子语类》卷五)然而,"理、性"的连用实际上倒也无关紧要②,它仍然可以拆分还原至"理"与"性"这两个方面,我们可以大致推断:不论是性也好、理也罢,它始终是与万物的生成与德性相关的,更具体一点说,它是与仁义礼智等诸德性相关的,且作为其依据而存在。正是在这个意义上,张岱年先生认为中国自古以来就有理性之学,并且源远流长,他认为远的可以追溯至孟子"心之所同然"的理性说,近的可以在戴震"心能辨理义"之说中得到体现③,实际上,张先生把整个中国历史上有名的人性论者及其观点整理了一遍,他认为这些学说就是关于"理性"的

---

① 张岱年在《中国哲学关于理性的学说》中认为"理与性"连用始于小程子,然而,理性一词在汉语中作为复合词出现则可能更早,黄南珊在《中国哲学理性观念的整体流变》中提到一些理性的用法:《后汉书·党锢传序》谓:"夫刻意则行不肆,牵物则其志流,是以圣人导人理性,裁抑宕佚,慎其所与,节其所偏。"这里"理性"概念指个人品性修养,属于修养论范畴。南北朝《刘子新论》的《辩乐篇》谓:"淫佚、凄怆、愤厉、哀思之声,非理性、和情、德音之乐也。"其《和性篇》则谓:"理性者使刚而不猛,柔而不儒,缓而不后机,急而不假促。"这里"理性"概念指中和适度的伦理审美律则,属于伦理学范围。唐代佛教禅宗道祖师在《广弘明集·启福篇序》中强调通过内心体验妙悟真谛,"明则特达理性,高超有空";佛教典籍《四教仪集注》(下)在阐释"理即佛"时谓:"但有理性自尔即也。"

② 黄林非认为:中国古代典籍中"理性"的词义可以归纳为以下三种:第一种,用作并列结构的短语,是"理"和"性"的意思。例如,焦竑在《李氏续焚书序》中说"使世知先生之言有关理性"。第二,用作动宾结构的短语,"理"是治的意思,"性"指品性,"理性"就是修养品性的意思。例如,《后汉书·党锢传》:"夫刻意则行不肆,牵物则其志流,是以圣人导人理性,裁抑宕佚,慎其所与,节其所偏",这里的"理性"即治性,显然都与今天作为哲学概念的理性不是一回事。第三,"理性"是穷理尽性的省略表述,如《皇极经世·观物篇五十三》:"《易》曰:'穷理尽性以至于命。'所以谓之理者,物之理也;所以谓之性者,天之性也;所以谓之命者,处理性者也。所以能处理性者,非道而何?"句中的理性即是穷理尽性的意思;又见程颐《河南程氏遗书》卷二十二上:"性即理也,所谓理性是也,天下之理,原其所自,未有不善。"这里的理性也应当解释为"穷理尽性",是强调人的"情性"与"天理"之间的内在统一,而与西方哲学传统所说的理性迥乎不同(黄林非:《理性话语与中国现代文学的理性精神》,长沙:湖南师范大学博士论文,2009年)。

③ 张岱年:《中国哲学关于理性的学说》,《哲学研究》1985年第11期。

学说。大概我们可以把张先生的理性说当作比较典型的近现代中国哲学家对理性的解释。虽然他认为理性是一个伦理学范畴，同时也是一个认识论范畴，可是对于什么是认识论意义上的理性范畴却并没有展开讨论。正是由于中国近现代思想家讨论理性时轻描淡写的一笔，或者说近乎大胆的断言，中国传统意义上的"性理"之学就为我们用"理性"去对接和理解西方人所谓的"理性"概念涂上了固有的"性理学说"色彩。

用"性理学"思想去对接西学的"理性"概念，这种做法我们实际上深受近代日本人，尤其是日本近代哲学之父西周思想的影响。西周早年深受朱子学影响，他本人对宋明理学以及整个汉文化研究很深，以朱子学为代表的宋明理学是西周留学荷兰之前的主要思想资源之一①。面对西学时，从西周思想的形成以及留学荷兰的转变，到最后建立自己的学术思想体系，"宋明理学"或者更广义的"性理之学"是他对接包括"理性"概念在内的西学观念的最主要思想资源。1862 年西周在赴荷兰留学前给友人松冈邻次郎的信中谈及留学志向时，借用宋儒关于"性理之说"的提法，直接将"philosophy"理解为"西洋之性理学"②。我们除了知道中国近现代语境中的"哲学"一词直接来源于西周，"理性"一词及主要含义实际上也来自西周，他在 1884 年所写的《生性札记》中说：

> 理性英语 Reason 是唯吾人因抽象作用而命此名者。……理性之作用，亦如记性不特限知感二觉，又并及情欲二动，然其所以异于记性者，在于记性则受而不拒，理性则有时与二动抗衡抵争也。若夫抗争，此心诚为之扰乱，是宋儒人心道心之别，独知诚意之工夫，所以陆子便是之说，阳明良知之工夫亦存于此也，盖尝推究其所以然者，理性也。其质正直贞信，其印象，一踵外界显像极其曲折，无一点矫饰，无毫厘加损，惟纯性精，以奏天君。是以心君虽为情所

---

① 〔日〕狭间直树著，袁广泉译：《西周留学荷兰与西方近代学术之移植——"近代东亚文明圈"形成史·学术篇》，《中山大学学报（社会科学版）》2012 年第 2 期。

② 卞崇道：《东亚哲学史上西周思想的意义——透视"哲学"用语的定译理念》，《杭州师范学院学报（社会科学版）》2007 年第 6 期。

扰,为欲所扰,理性呈象者依然袭旧,毫无变更,不服从谀君心之非,是其所以为心府之司直,而每与情、欲二动相斗争而不止也。①

在西周看来,西学中"reason"一词所包含的意思与宋明儒所说的性理之学别无二致,他就是在天理良知、天理人欲相争的意义上理解的理性。这一时期已是西周留学归来的晚年看法了,他已经创译了大量的哲学名词,包括1874年(明治七年)刊行的《百一新论》中的"哲学"一词,他宣布"把论明天道人道,兼之教法的Philosophy译名哲学"②。西周这种对理性的看法在后来的中国留日学生以及整个近现代中国思想家中影响都很大,包括唐君毅。因此,我们大致可肯定:"性理学"是唐君毅等近现代中国思想家理解西学意义上的"理性"概念最主要的思想资源和观念平台。

B. 理性与reason、logic

西学意义上的"哲学、理性"实际上可能离"性理学"有一定距离,关于这一点,自西周用中国传统性理学思想对接西学伊始就受到了质疑:"西村茂树质疑将学问与宗教相混淆,尤其郑重指出:'哲学'本是西洋的学问,所谓印度哲学、支那哲学等等,其实是将各自不同的东西混为一谈,将佛学、儒学称之为'东洋哲学',恰如将'哲学'称为西洋佛学或儒学一样荒唐。'哲学'旨在探究真理,与儒、佛诸贤长于学德、追求修身养性截然不同。"③事实上,如果我们把理性对应于西学意义上的reason,尤其是与logic对应,那么在逻辑学的发展过程中可以清楚地看到理性可能具有全然不同于"性理学"意义的理性之义。对应于理性的reason,《大英百科全书》reason词条的解释为:

  Alternate titles: rationality; reasoning.

---

① 卞崇道:《东亚哲学史上西周思想的意义——透视"哲学"用语的定译理念》,《杭州师范学院学报(社会科学版)》2007年第6期。
② 同上。
③ 陈启伟:《"哲学"译名考》,《哲学译丛》2001年第3期。

Reason, in philosophy, the faculty or process of drawing logical inferences. The term "reason" is also used in several other, narrower senses. Reason is in opposition to sensation, perception, feeling, desire, as the faculty (the existence of which is denied by empiricists) by which fundamental truths are intuitively apprehended. These fundamental truths are the causes or "reasons" of all derivative facts. According to the German philosopher Immanuel Kant, reason is the power of synthesizing into unity, by means of comprehensive principles, the concepts that are provided by the intellect. That reason which gives a priori principles Kant calls "pure reason," as distinguished from the "practical reason," which is specially concerned with the performance of actions. In formal logic the drawing of inferences (frequently called "ratiocination," from Latin *ratiocinari*, "to use the reasoning faculty") is classified from Aristotle on as deductive (from generals to particulars) and inductive (from particulars to generals).

In theology, reason, as distinguished from faith, is the human intelligence exercised upon religious truth whether by way of discovery or by way of explanation. The limits within which the reason may be used have been laid down differently in different churches and periods of thought: on the whole, modern Christianity, especially in the Protestant churches, tends to allow to reason a wide field, reserving, however, as the sphere of faith the ultimate (supernatural) truths of theology. ①

Reason 被认为是:a. 符合逻辑的推导能力与推导过程(the faculty or process of drawing logical inferences); b. 它与感觉(sensation)、知

---

① 《大英百科全书》: http://global.britannica.com/EBchecked/topic/493197/reason。

觉(perception)、情感(feeling)、欲望(desire)等人类能力不同;c. 在康德那里,理性可分为纯粹理性(pure reason)和实践理性(practical reason),理性可以有不同的运用,不同领域理性的运用方式不一样;d. 在神学中,理性不同于信仰(faith)。

实际上,与 reason 对应的理性更多的被认为与人类的认知能力相关,这种能力是通过符合逻辑的方式来认识和把握认知对象,与情感的、欲望的方式区别开来。如果理性能力是与逻辑联系在一起的,那么逻辑又具有什么特点?对于逻辑(logic),有学者说:

> 逻辑是研究有效推理的规则的,早在亚里士多德时代之前,人们的确就进行了推理和评判别人的推理。但这本身并不足以证明我们关于逻辑在亚里士多德时代前必然有一个开端的说法;因为人们可以正确地进行各种活动(例如讲英语)而无需为这些活动明确地提出规则。但是从柏拉图(Plato)和亚里士多德以及其他人的资料,我们可以清楚地看到,在亚里士多德写下那些以《工具论》闻名的著作之前,希腊哲学家已经开始讨论了有效推理的规则。①

也就是说,逻辑最初主要是研究有效推理规则的,而逻辑学则是对有效推理及其规则进行研究的系统性学问,即"只有那些能找出证明或要求证明的论说和诘问的类型才自然地引起逻辑的研究"②。关于证明与逻辑的关联,威廉·涅尔认为:

> 证明的概念之所以引起人们注意,大概是因为它首先与几何学联系在一起……现在让我们考察一下初等几何学通常作为一门演绎科学具有哪些性质。首先,这门科学的某些命题必须是不证自明的;第二,这门科学的所有其他命题必须是从这些不证自明的命题

---

① 〔英〕威廉·涅尔、玛莎·涅尔著,张家龙、洪汉鼎译:《逻辑学的发展》,北京:商务印书馆,1985年11月,第1页。
② 同上书,第1页。

中推出的；第三，除了那些最初的命题外，推导决不能对几何的断言有任何的依赖，也就是说，推导必须是形式的或者对于几何学所讨论的特殊对象是独立的。从我们的观点看来，第三点是最重要的条件，即构造一种演绎系统需要考虑逻辑后承或推出这种关系。从历史上看，几何学是第一个用这种方式来表述的知识体系，自希腊时代以来，几何学就被认为是演绎系统结构的典范……希腊逻辑的一个大趋势大都是由考虑如何把几何学表述为演绎系统的问题所决定的……希腊逻辑的特征不能完全用证明来解释。我们已经知道，亚里士多德在对三段论的第一次说明中就考虑到他的研究也包含论辩的论证。"论辩术"这个词甚至在哲学早期阶段就有不同的涵义，它作为第一个专门术语被用到我们现在称之为逻辑的学科上来，这对我们是特别重要的。亚里士多德的'分析'一词是指他的论文，而不是指这些论文的内容，'逻辑'这个词本身直到亚弗洛底细亚的亚历山大（Alexander of Aphrodisias，他于公元三世纪从事著述）的注释才有了它的现代意义……向逻辑思想迈进的初步尝试是人们试图概括有效论证，并从某种个别的有效论证抽出整类有效论证共同具有的形式或原则。①

如果威廉·涅尔对逻辑与逻辑学的判断是对的，那么我们可以看到，逻辑一开始就是与有效推理相关的。从威廉·涅尔对逻辑学形成的考察来看，逻辑学的形成与几何学是紧密相关的，逻辑学某种程度上参照和借鉴了几何学的证明方法与论证方式。逻辑学关注推导论证的自明性、形式性、有效性就是逻辑极其重要的特征。

如果说理性是与逻辑性的思考紧密相关的，那么逻辑所要求的推导证明之自明性、形式性与有效性就应该是理性更为基本的特征。如果从逻辑的意义上（严谨的思维工具与严苛的思维过程）来考察理性，那么我们可以看到：中国人的思想传统中几乎是没有可以与之严格对应的部分

---

① 〔英〕威廉·涅尔、玛莎·涅尔著，张家龙、洪汉鼎译：《逻辑学的发展》，第5—17页。

的。因此,我们不得不承认,当我们的思想家在想方设法试图去理解西方人所讲的"理性"时难免会陷入一些无法对应、难以理解的麻烦。对于逻各斯的传统,就连从事过逻辑与知识论研究的金岳霖也感到非常不适应,他说:

> 希腊底 Logos 似乎非常之尊严;或者因为它尊严,我们愈觉得它的温度有点使我们在知识方面紧张;我们在这一方面紧张,在情感方面难免有点不舒服。①

如果说理性可以在西方哲学源头与继承上解释西方通常意义上的理性概念,那么,它所包含的认知与逻辑层面的含义就是不可或缺、甚至可能是根本性的构成之一。黄林非在其博士论文中说:

> 在希腊文献中,与理性意思相似的有 nous 和 logos 这两个词,它们也大体上表达了理性的最初含义。据考辨,理性概念的来源是努斯,其本意是"心灵"。Nous 由动词 noein 演化而来,noein 的意思为"思想"。第一个把努斯作为哲学概念来加以讨论的是阿拉克萨哥拉。在他看来,努斯是精神性的,它无处不在,但又不与其他东西相混同,它是无限的,自立的,是推动和规定世界的精神性力量。理性的这一含义表明,人类早期的理性意识已具有了能动和超越的意识。逻各斯一词的最古老含义是"言说",言说是对遮蔽的东西的展示和表达,它既是主观意谓的展示,又是表达出来为人们所认可的公共的东西。Logos 由动词 legein 演化而来,legein 意为"计算"。古希腊哲学家赫拉克利特在寻求世界本原的过程中引入"逻各斯"一词,以对不可规定的"变"本身加以规定。在赫拉克利特看来,逻各斯是变中之不变,是变化的尺度和根据。在这里逻各斯初

---

① 金岳霖:《论道》,北京:中国人民大学出版社,2010年,第1页。

步具有了"规律""尺度"的含义。①

也就是说,西方哲学中的"理性"概念来源于古希腊哲学中的"逻各斯"和"努斯"两个方面:"逻各斯"与言说相关,内蕴着计算、不变、规律等,它指向恒定性、规范性、公共性;"努斯"代表了"理性"的超越和能动精神。即"理性"在西方哲学的源头上就是与计算、不变、规律等的逻辑联系在一起的。

相比较而言,如果我们再回到唐君毅所理解的理性概念就会发现:理性作为认知与逻辑层面的意义始终是处于从属地位、甚至是无暇顾及的。但无论如何,通常我们所谓的逻辑与认知功能必出自理性是可以肯定的②。也正是唐君毅这种态度与理解方式,在他整个哲学体系中,出自理性成果的知识之地位与作用处于何种境地就不难想象了。

(2) 理性的双重含义

理性把逻辑与认知层面的意义系统性地加进去,实际上已经是在西学东渐之后发生的事情,已是比较晚近的事情了。如果我们从翻译学的角度来看,理性一词最早是由日本人西周根据西方哲学翻译过来的,西周是西洋哲学的最初介绍者、传播者以及日本近代哲学的开创者,他首先将 Philosophy 这个词译为"性理学、希贤学、穷理学、理学",后译为哲学,至今仍为人们所沿用的哲学术语如主观、客观、理性、悟性、现象、演绎、归纳等译名,皆出于西周之手。③ 也就是说,我们现在通常所说的理性一词是从日本人的翻译中转译过来的。日本人在翻译西学意义上的"理性"一词时也碰到了相应词汇对应之困惑,西周用"性理学"去对应西方哲学,或直接把西方哲学理解为"欧洲的儒学或性理学",我们可以想

---

① 黄林非:《理性话语与中国现代文学的理性精神》,长沙:湖南师范大学博士论文,2009 年。

② 唐君毅在《文化意识与道德理性》的"艺术文学意识与求真意识"中就肯定地说道:"而如吾人知逻辑上之基本观念,皆出自吾人之理性。"(唐君毅:《文化意识与道德理性》,第 349 页)

③ 〔日〕狭间直树著,袁广泉译:《西周留学荷兰与西方近代学术之移植——"近代东亚文明圈"形成史·学术篇》,《中山大学学报(社会科学版)》2012 年第 2 期。

见宋明先贤的性理之学关于性与理的看法对日本思想文化影响之深,从其翻译理性一词用"性理学"来对应可见中国传统思想对其影响之巨,同时,我们可以肯定地说:正是近代日本人通过"性理学"思想来消化西学的影响,中国传统的"性理学"思想几乎完整地保留了近现代中国哲学对西学"理性"概念的理解之中。然而,日本人在翻译理解西学时碰到的困境带给我们的问题可能更为严重:近现代中国思想家要从本身就存在误解的日文翻译来理解西方思想传统中的"理性"这一意涵深广的概念,我们可以想象有多么困难和扭曲。

如果我们把翻译看作两种不同思想碰撞交流的重要契机,那么在这个过程中就将出现一种现象,作为翻译和引进他方思想的引进者可能具有三个明显的特点:一、他在理解外来思想的时候,首先他只能理解在自己熟悉的文化体系中能够定位的东西,也就是说,理解外来思想的前提是他可以找到外来思想可以对应的自身文化体系中的东西,如果一时间不能找到对应物,通常这种思想就比较容易被忽视或被屏蔽;二、找到了外来物的对应项后,他在理解新事物之时会发现相比之下我们原来文化系统中所没有的东西,从而加以强调或关注;三、最终新事物被普遍理解,它既不是他方思想的原始面貌,也不同于自身之前所承继的思想,而是一个新的中间状态的思想形态。我们如果把这个过程当成思想交流的一个模型而简化之,那么它可以简单地表示如下图:

$$A\ (A1、A2、A3……) \longleftrightarrow B\ (B1、B2、B3……)$$
$$\downarrow$$
$$AB\ (AB1、AB2、AB3……)$$

图示二　A、B 分别代表不同思想形态中的对应观念,AB 代表在交流过程中最终形成的定型性观念形态

如果这个简单的模式能够一定程度地说明一些问题,那么理性这个概念在理解与传达的过程中也应该如此。理性在我们自己的文化系统中如果说侧重于性理之说,那么在与西方思想的交流过程中碰到逻辑与认知的强调时就会表现出如此特点来:一方面以我们熟悉的性理之说去应对和诠解西人的理性之说,同时,在面对其 logos 的强调时我们不断地吸取其逻辑与认知的一方面,并试图把它投放进"性理之学"中去,从而形成了新的理性之说。因此,新形成的理性之说在根底上带上了我们传统意义上身心性命之学的特点,同时也开始把认知与逻辑的一方面归属、统摄于其下。我们虽然不能从统计学上对中国近现代以来思想转型过程中所有的概念与词汇进行考证,考察其是否具有如此特点,但是,至少在理性这个概念上,中国近现代思想家的理解模式与思考路向大致是这样的。因此,我们虽然在分析唐君毅的理性概念中可以发现一些冲突与矛盾,但这些问题可能并不是他一个人所独有的,或许也不是他愿意的和自觉的,因为在当时西学东渐的强势背景之下,这不是人们轻易所能避免的。在我们的分析模式下看来,这种情况的出现几乎是必然的。因为我们只能在自己的思想传统之下去理解和接受其他的文明和思想体系,除此之外,别无选择——而一旦我们认可了这一点,那么,我们要充分理解其他思想与文明就不可避免地要受到我们自身的思想范围之限制,从而走在一条不断理解与吸收其他思想养分的道路上。

(五)理性与道德理性、道德

道德理性从词汇构成上虽然由道德与理性二者构成,但实际上经过我们分析发现:在唐君毅这里,道德理性其实可以用理性来代替,理性所具有的全部真善完足的特性与心之本体是完全一致的,唐氏所谓的"理性"也是道德的起源与所以然。因此,唐君毅这里所谓的道德理性就可能存在叠床架屋的嫌疑,既然理性已然是道德的,那加上道德一词来修饰就显得多此一举。当然,如果我们从唐君毅先生希望突出理性当中道德性的一面倒也可以理解,因为他所说的理性实际上已经不同于历史上的性理之说(虽然唐君毅自己认为并无差异),它可能已然增加了强烈的认知与逻辑内涵。唐君毅强调理性的道德性一面或许是出于这种考虑。可是,这种强调可能并不会有太多改善,因为理性终究是由认知来统摄还是由德性来决定这个问题的讨论可能才刚刚开始。唐君毅仍然可以认为是由德性统摄认知,知识的地位与意义是处于次要位置,知识并不具有独立于德性之外的意义。这种看法势必影响到知识、知识论在他思想体系中的位置。

二、道德理性与文化意识

在唐君毅看来,道德虽然源自理性,但是在具体的生活实践中、在具体的情境之中如何来确定什么是道德的方式,却不能直接导源于理性,而是来自"一念不陷溺"的说法。所谓不陷溺,就是指个体的心灵活动不陷溺于具体的情境。如果说他在《道德自我之建立》中强调不陷溺的内容是不陷溺于个体的自然欲望与物欲诉求,那么到《文化意识与道德理性》一书中则把范围扩大到了人类所有的具体情境,甚至于包括求真与认知、审美与向善等。简言之,此时所谓的不陷溺,就是指一个人在做任何事情、做任何思考时都不能被他所做的事情与交涉的对象所限制,应该要做到"一念自返",也就是说,人要在所有情境中既能够深入其中,又能够从中跳脱出来。如果做到了这样,那么我们就是道德的,如果没有做到,则会陷入过错、罪恶之中,就是非道德的。

(一) 理性与理想

我们在对心之本体的分析中曾指出过"不陷溺而一念之自返"实际上在具体的情境中有时候根本就不能作为实践指南,原因非常简单,当我们真的身处一个情境之中时,即便我们念念自返,且念念自返到心之本体上去,但是,何种程度上需要自返而跳脱出来却是不清楚的,这里至少一方面需要一个清晰的原则,另一方面必须有相应程度的界定或认知;而且,我们大多数时候自行反省都是一个事件发生中断之后才有的,或者至少非常清楚一个行为或想法是否与一个原则不符合时才会表现出相应的行动。因此,我们仍然难以赞同唐君毅把"不陷溺而一念自返"当成具体实践中的指导性原则,更不能同意他把不陷溺的范围扩大到人类所有活动及情境中去。而恰恰是这种我们可能不同意的"不陷溺而一念自返"的原则,唐君毅认为它就是理性的表现,反之,则是非理性的表现。

1. 自觉与理想

如果说唐先生仍然还在坚持用《道德自我之建立》当中的"自觉地自我支配"或说自我主宰,以及"不陷溺而一念自返"的观念来界定和指导具体的道德实践,那么,他在《文化意识与道德》中仍然不改初衷就是必然的,我们且不管上文分析到的对于"自我支配"作为道德界定以及"不陷溺而一念自返"作为具体的道德实践之指南存在什么困难,回到《文化意识与道德理性》一书来,由于他要广泛地讨论各种文化现象,并试图为各种文化现象找到道德理性上的根据,因此,他就要面对理性的另一层含义,认知与逻辑层面的事情。如果理性只是表现在道德领域,那么人类社会形成的各种现存的知识门类与学科体系当如何理解?理性有没有在各类科学知识中有所表现?这个问题不只是应然的问题,而是实然的、需要严肃认真地对待的问题,如果说迄今为止我们人类形成的所有知识门类与学科体系根本就不是理性的成果,那岂不是太荒谬了!显然这个方面的成果是与理性的另一层内涵,即"认知与逻辑"紧密相关的。如果唐君毅认为这方面的东西不是理性的表现,这当然是不可想象的,他在肯定这些人类成果的前提下必须要把它们纳入到理性讨论的范围。可是,一旦把这些东西纳入理性讨论的范围,那么理性中认知与逻辑的一面就必须被凸显出来。

在唐君毅看来,理性能自作主宰,它会自觉建立各种普遍性的理想,既有道德理想,又有各种具体理想,他认为这是理性自觉转化的结果,他说:

> 今吾人再克就精神依其本性之理性而表现之文化理想、文化活动,与所谓规定精神自身之表现之现实环境之全部(自然界及社会界,与本非精神性之生物的本能欲望及自然心理等)之关系,再加以一横面的分析,以见形成人类文化世界之诸因素之意义,兼明本书之归趣。一直接顺吾人之性理或理性而生起创发之理想,必具下列之性质:一、超越当前之感觉的现实之超越性。二、指向"觉此理想之主观心理本身以外"之客观对象、客观世界、客观事物之世界,或其他有客观性之世界等之客观性。(在道德理想中,凡吾人欲改造之现实自我,对有此道德理想之意识自身言,仍为一客观事物。)三、直接自吾人之超越自我自身生起创发之直接性或内在性。四、欲使吾人理想客观化于客观世界,并使客观而似外在之世界,成为表现吾人之内在的理想者之主宰性。五、一切自我如在同样

的情形下具此理想,皆同为应当之普遍性。理想有普遍性,即表现理性之本性。此即直接顺人之理性而生之合理的真理想之性质。此种直接顺人之理性而生之真正文化理想有多种,吾人可依其所包含之价值目的观念而分为:一、直接以合吾人得真理或得真知识,成就科学哲学为目的之理想。二、直接以使吾人能欣赏美表现美,成就艺术文学作品之理想。三、直接以使吾人超越现实自我现实世界,而皈依一绝对超越现实之客观的精神自我或绝对超现实之精神境界之理想,即合体证神心或神圣界之理想。此即宗教理想。四、直接依超越自我之理想,以改造主宰吾人自己之现实自我之理想,此为道德理想……五、依一观念以改造自然物,制造供人需用之人造物,此为生产技术中之理想……六、依理性以共同生产分配消费财物之理想,此为社会经济之理想……七、依理性以组织个人成社会政治团体之理想,此为政治理想……八、依理性以规定自然生理关系所成之亲属之关系,此为家庭伦理之理想……九、依理性以操练人自然身体之理想,此为体育之理想……十、依理性以保卫一团体或国家之存在之理想。此乃军事之理想……十一、依理性以建立社会国家内部之法纪之理想。此为法律之理想……十二、依理性以延续发展人类文自身于后世之理想。此为教育之理想……此十二种理想,可以括尽人类文化之理想。①

也就是说,在唐君毅看来,理性在向各种现实情境下落的过程中会确立起理想,理想一旦形成,它就成为个体在现实人生中可以为之奋斗的具体目标。

如果我们上文分析到心之本体向道德自我转化过程中会碰到一些困难的判断大致不误的话,那么非常明显的一个事实是唐君毅试图用理想这个概念去填补这个空缺,或说解决这个环节的问题。

何为理想?理想在唐君毅看来就是理性自觉的结果,理想实际上就是按照理性而建立起来的、现实中个人可以依照的和可以为之奋斗的目

---

① 唐君毅:《文化意识与道德理性》,第15—17页。

标。至于这些理想是如何从理性中转化而来的则没有明确讨论,他只是枚举了一些现实中存在的、我们一般意义上所谓的社会事业,认定它们就是理想的类型,而至于这些东西是如何成为理想的、理想的分类依据是什么、理想分类是否完整却没有说明。

我们如果严格按照从理性到理想的建立过程来考察,那么我们首先不是去考察现实生活中何种事业能够成为个人的理想,而是首先要讨论清楚何谓理想、理想的标准,以及它如何与理性关联起来。如果这个环节没有打通,那么,现实生活中何种东西可以成为我们的理想一定是盲目的。

我们看到,如果说理想可以在唐君毅那里找到具体的描述,那么它主要有两个方面的内容:一、它来自理性,二、它是理性自觉的结果。如果理性在此处仍然还只包含"性理"一方面的意思,那么它就完全无法解释各种与知识有关的学科体系如何可能作为理想而存在。如果"理性自觉"还原成"自觉地自我支配",那么,我们可以看到理想概念的出现只是对他之前对道德界定所没有明确表述出来的、心之本体向道德自我转化过程中所具体关联起来的承担者作了进一步规定和说明。现在理想的角色非常清楚了,它是理性向各种现实人生转化的中转站,但是不太清楚的是:理想是如何从理性那里获得其资格与授权书的?理想的真实面貌如果剥离开各种具体的文化现象与社会事业,那么它又是什么呢?这显然不是理想源自理性与理性自觉这么简单的说法就可以打发掉的。

2. 理想的层级

如果我们不深究唐君毅如何让理性变成理想的,而仅仅按照他断言的思路往下走,那么我们从其理性中可能包含的两方面意思以及其相应的地位就可以推断出其理想的确立肯定存在着层级上的差异,唐君毅说:

> 又此十二种文化理想中,道德理想虽然只为其一种,然此乃指自觉的道德理想而言。实则一切文化理想可谓皆依于吾深心之欲实现道德理想而生。每一文化活动中,虽表面只实现某一特殊文化价值,如真美等,实皆同时实现或表现一道德价值——亦即使人之

超越自我、精神自我，更得尽其本来之理性之价值。吾人之理性为生起创发文化理想之性，亦即生起或创发道德理想之道德理性。故一切文化活动，亦皆可谓道德活动之种化身之实现。①

也就是说，道德理想是最有价值的，它具有绝对地位，不仅如此，他还认为在各种具体的文化理想中都可以找到道德意识的存在，都可以说是道德理想一定程度的落实与实现，道德理性是所有文化现象与文化理想的依据与基础。因此，我们从上述的引文中读到的唐君毅列举出来的十二种文化现象，包括科学、哲学、宗教、艺术、教育、政治等知识门类与人类活动，唐君毅认为它们都受到道德理性的主宰，都是以道德理性为基础的。而对于他分类列举出的十二种文化现象是如何与道德理性关联起来的则是他《文化意识与道德》一书的核心内容。

（二）文化意识的确立

道德理性的存在为各种文化现象奠定了存在的依据，但是，我们看到唐君毅的意图是希望从"理性——理想——文化现象"之贯通的整体模式来解释和说明各种文化现象，但是，在这个过程中却遭遇了一些意外和不清楚的地方，比如说理性向理想的转化过程——值得关注的是：如果他把这个过程看成是畅通无阻的，那么，各种文化现象的解释就只是从理性出发而自我划定知识部门与认知对象的过程，而不是试图去归纳各种社会现象，从而抽出一些具体的例子作为理想的类型。所以，实际上在唐氏那里同时存在两种解释思路：一种是"理性——理想——文化现象"从上至下贯通的思路，另一种是"文化现象——理想——理性"往上追溯与归纳的思路，我们发现，当唐先生不能完全从他"理性——理想——文化现象"的下行思路去解决问题时，他就不得不转向后一种思路，即从各种文化现象谈起，为每一种文化现象都找到一个道德性的根据，如果这样的方式能够成功，那么他就会认为他的论证已经完毕：即所有的文化现象都是奠基于道德理性的。但这种归纳上溯的方式存在的根本性问题是：一、我们如何可以断定各种文化现象就只有此十二类？

---

① 唐君毅：《文化意识与道德理性》，第18页。

二、此十二类文化现象如何与道德理性关联起来？第一个问题我们撇开归纳法本身存在不完全归纳的问题不说，当我们把一种现象界定为文化现象时，首先是否需要清楚何为文化？第二个问题是此十二类文化现象要与道德理性关联起来，那么道德理性是怎样表现在各种文化现象之中的？

1. 文化与文化意识

何谓文化是个相当宏大的问题，中国近代以来，由梁漱溟《东西文化及其哲学》所开启的关于东西文化比较的大讨论延绵不绝，我们且撇开各种关于文化优长的判断，直接来考察关于中国近现代为什么会有中西文化的大讨论，那么我们立即就会发现：中国近代的历史遭遇一目了然，我们没有选择地被西方人抛置到从军事、政治、经济、文化、思想信念的大改造与大殖民的背景之中，即所谓开启了中国被动现代化的过程，于是，我们关于中国人自身的身份认同、位置判定与文化传承的问题自然就被卷入其中，这个背景对于深处时局之中的中国近现代思想家们来说是锥心痛骨的，因此，他们在讨论中国文化的出路时可能更多的不是一种理智分析的结果，而更多的是带着个人信仰与情感寄托的成分于其中。因此，当我们考察唐君毅关于文化的讨论与界定时，他所流露出来的正是个人情感的寄托与文化信念的持守。

（1）文化的根源

唐先生说：

> 本书之写作，一方是为中国及西方之文化理想之融通建立一理论基础，一方是提出一文化哲学之系统，再一方是对自然主义、功利主义之文化观，予以彻底的否定，以保人文世界之长存而不坠。本书之内容十分单纯，其中一切话，皆旨在说明：人类一切文化活动，均属于一道德自我或精神自我、超越自我，而为其分殊之表现。人在各种不同之文化活动中，其自觉之目的，固不必在道德之实践，而恒只在一文化活动之完成，或一特殊的文化价值之实现。如艺术求美、政治求权力之安排等。然而一切文化活动之所以能存在，皆依于一道德自我，为之支持。一切文化活动，皆不自觉的，或超自觉

的,表现一道德价值。道德自我是一,是本,是涵摄一切文化理想的;文化活动是多,是末,是成就文明之现实的。①

此处他并未对何为文化展开讨论,而只是提出了文化活动一说,更为核心的是他指出了一点:所有文化活动在他看来都是道德自我的分殊表现,道德自我是本,文化现象是末,文化现象是道德理想自觉作用的结果。

(2) 文化的界定

从一开始,唐先生就明确了其谈文化的宗旨,他不谈论文化的界定,也就是说,他要为人类的各种文化现象找到一个根据与源头。他对文化有如此说明:

> 一、文化活动之含义,文化非自然现象,亦非单纯之心理现象或社会现象……然吾人不能以文化为单纯之主观心理现象或社会现象。吾人之意,是视文化现象在根本上乃精神现象,文化即人之精神活动之表现或创造。人之精神活动,自亦可说是人之一种心理活动。然吾人可别精神活动于一般心理活动,吾人所谓精神活动,乃为一自觉的理想或目的所领导者,亦即为自觉的求实现理想或目的之活动……二、文化活动之自决性……吾人之主张是:一切谓现实环境决定吾人之精神或文化活动者,皆实只是规定而非决定。而决定吾人之精神或文化活动者,唯是吾人之精神自我,或超越自我之自身。②

在引文中我们可以看到,唐君毅认为:一、文化是精神活动之表现或创造的结果;二、精神活动有别自然现象,亦有别于人类一般的主观心理活动;三、精神活动带有理想性,它有超越的根源,即道德自我。

也就是说,在对文化现象展开讨论之前,唐君毅并没有严格地对什

---

① 唐君毅:《文化意识与道德理性》,自序二第 1 页。
② 唐君毅:《文化意识与道德理性》,第 1—10 页。

么是文化进行界定,而只是把文化的界定往后推了一步,认为它导源于精神活动。接着又对精神活动进行描述,认为精神活动是自觉地求实现理想或个体目的之活动,精神活动的自作主宰由此便决定了文化的自决性与理想性。但是当唐氏把文化的说明回溯至所谓的精神活动,精神活动又可以追溯至自觉地求理想或目的之实现,而形成理想又是理性自觉的结果,那么按唐君毅的思路,我们就只能最终归结到理性上来。绕了一大圈,实际上我们又回到了原点,即回到了理性或唐君毅所谓的道德理性。

通常,人们讨论文化首先会对文化有一个基本界定,比如什么是文化,爱德华·泰勒(Edward Burnett Tylor)于1871年出版的《原始文化》①一书指出:"据人种志学的观点来看,文化或文明是一个复杂的整体,它包括知识、信仰、艺术、伦理道德、法律、风俗和作为一个社会成员的人通过学习而获得的任何其他能力和习惯。"(The culture is defined as: a completed system including knowledge, faith, art, law, morality, custom and all the abilities and habits from which a social member would acquire.)从这个流传较广的界定来看,文化是个相当广义而复杂的概念,它包括知识、信仰、艺术、宗教、伦理道德、法律风俗等,在泰勒的文化定义中,我们看到:伦理道德是作为与知识、宗教、艺术等并列的一个内容,而不是其他文化样态的基础。关于这一点,唐君毅可能不会同意,他会认为这不是究竟的看法,而他要做的工作不是对文化进行定义,而是要为各种文化现象找到一个共同的根基,从而对各种现存的文化现象做一个全面的、终极的解释,或如他所说的,建立一个文化哲学体系。但我们的问题是:在何为文化都不清楚的前提下,唐君毅如何可能判定什么是文化现象呢?到此为止,我们目前只能从他那里获得一个看法:文化是精神活动的结果。至于这个看法是否成立,或者我们是否认同它则是另外一回事。

---

① 具体参见《原始文化》一书。〔英〕泰勒著,连树声译:《原始文化》,桂林:广西师范大学出版社,2005年。

(3) 文化意识的确立

如果说我们并不能通过唐君毅对文化的描述获得对文化范围及其内涵的确切含义,那么唐氏所谓要确立起一种文化意识似乎就显得有些唐突。但是唐君毅认为这没有问题,因为在他看来,文化意识其实就是指对某种文化的自觉,对文化的自觉就是对精神活动的自觉,对精神活动的自觉就是对理性确立起来的理想的自觉。反过来说,如果我们自觉地通过理性而确立起人世的各种理想或目的,那么我们的精神活动就已然自觉;我们的精神活动已然自觉,那么我们就已经确立起了自觉的文化意识。所以,文化意识的确立只是顺着"理性——理想——精神活动——文化——文化意识"而来的一个结果。这个看起来十分顺畅的链条还有一个专门的说法,那就是理性的客观化。

2. 道德理性与客观化

所谓道德理性的客观化,就是指从理性到各种文化意识的确立过程。唐君毅在许多地方都使用过"客观化"这个词,如果我们联想一下他本体化的理性概念,就可以理解他为什么要使用"客观化"这样的说法,即面对客观存在的现实世界、知识门类、真理系统等,他完全没有办法无视其存在,而他又必须把这些东西与他的理性或说心之本体联系起来,因此,他就不得不把理性当中那些无论是体验到的还是认知到的、直觉到的或者感受到的东西都进行转化,而这个转化过程就叫客观化。举个例子来说,比如一门新兴学科的建立,在唐先生看来就是客观化的体现,即它是理性自觉的结果。从整体上说,我们或许会同意这个看法,但是这其中的问题在于:从理性到学科确立之间的过程却完全看不见了,或者说他根本不关心这个问题。这样的结果就是知识的诉求基本上被跨过去,知识的产生及其复杂的过程就被一笔带过。

尽管如此,可是人类的知识门类与学科体系已然林林总总、蔚为大观,对于这些学科与知识,唐君毅并不能以一句"客观化"就能完全打发掉,因此,他要对各种已形成的学科与知识进行解释,从而与他的道德理性说关联起来。

因此,他列举了十二种文化现象,每一种都进行了相应的诠释,尽管有诠释对象的差别,但是诠释的方式却大同小异,比如他在对科学、哲学意识与道德理性进行关联时说：

> 如吾人将纯粹理性活动,自整个人生中孤立,唯面对真理以说,吾人固可言此种活动,唯以得真理为目的,而作此活动之心中,原无善恶等道德观念。然此活动之心中无善恶道德观念是一事,而此活动之心本身,是否表现道德价值又是一事。吾人以下将主张作此活动之心,自限而陷溺于其所认识之对象为不善,能反此而继续呈现,则为善。而当此活动之心,自以为其本身为自完自足,不受道德评价时,亦即其陷溺于其所知之时。由是而以此活动之心为无善恶超善恶,即为一错误,亦即成一罪恶……故吾人必须指出科学哲学之活动,在究竟义不能孤立,实与其他之文化活动,乃同根于吾人之道德理性,亦当同受一道德自我之主宰,而可在不同的情形下,分别表现道德价值。①

这段引文非常典型地表现出唐君毅对一切求知活动的态度,他似乎不太关心求知所得的结果与过程,而是侧重说明在这些活动中我们不能陷溺于其中,举例来说,如果我们研究几何学,那么在此过程中,既要专注于几何学定理与相关证明的练习,同时又不能完全沉溺于其中,否则就是"一念不自返而陷溺",如果这样那就是不道德的,甚至说严重点,那是罪恶的。对于这样一个看法,我们实在不能同意,如果说一个科学家或哲学家不可以专注于其研究对象,而只能通过研究来表现一个不可陷溺的心之活动,从而确证这样一个超越的心之本体存在就足矣,那么,这对于人类知识的形成是一个多么遥远的事情,更别指望去获得相应的真理了。

这种对求知或思维定式的警惕与批评在唐君毅的论述中随处可见,例如：

> 吾人能认识此理之心,其本性亦为大公无私之普遍心,此如前

---

① 唐君毅:《文化意识与道德理性》,第249页。

说。然此中吾人之心,终不免为此一所知之理所限制……而吾人涵盖一切可能经验的存在对象之一切理之知识系统,遂永不能完成,而吾人之法执,亦永不能真解脱超拔。则吾人欲求心灵之超拔,即可反对向外求经验知识之事。①

他在论证科学、哲学与道德理性的关联时是从两个角度来说的:第一,从正面分析,也就是从科学知识形成过程对求知活动的不断进行来予以确认。也就是说,理性的求知活动是不断推进的,而心灵求知活动本身就表现出道德价值,所谓表现道德价值不是指科学知识所表现出来的功能及效果,而是指这种不断推进的活动符合了唐先生自己所划定的"一念不陷溺而能自返"的标准,因此,科学与哲学活动是道德的。同理,其他求知过程以及人类一切理性认知活动都是如此,于是,唐君毅似乎就把它们都与道德理性关联起来了。第二,从反面说明,如果我们不如此就是非道德的。他的思路似乎是这样的:比如说一个科学家,他表现出对自己的学科或知识水平有所自满与骄傲,那么,这是由于科学家一念陷溺而不知自返所致,科学家由于受到了他的认知对象的限制,因此,成了不道德的,同时,这也造成了他不能再进一步推进科学研究之恶果。所以,我们不能一念陷溺而不自返。

这两个角度我们仔细分析就会发现,其证明思路是有问题的:第一,我们撇开其对道德的定义不说,是否一个科学家在研究的过程中不陷溺于其研究对象就是道德的,就必然能推进科学研究? 换句话说,道德高尚是否与科学研究的结果有必然联系? 显然,事实未必如此,我们可以举出无数反例来说明这一点,甚至于在科学史上一些道德品行极其糟糕的研究者反而成果卓著。第二,从正面来说,科学家沉浸于科学研究之中而不能自拔,这难道有很大的问题? 一个科学家为一个问题而终生奋斗岂不是更应值得赞扬与推崇? 唐先生在这里可能表达了一种美好的愿望,也就是美好的德行理应与其现世的能力相匹配,就像康德所设想的一样,一个人的德行应该配享现世的幸福才是理想的,否则就始终让

---

① 唐君毅:《文化意识与道德理性》,第265页。

人觉得不圆满,我们总希望"大德者必得其位,必得其寿,必得其禄",如果说是这种心理在起作用,它也不失为一种美好的愿望,但是从唐先生的论述来看,却未必能说明这一点。

另外,我们发现:唐先生与其他许多人本学者一样,十分警惕知识与工具理性对人的思维与心灵的桎梏,从而主张对此类思维进行限制或限定,但是,他们却可能犯了个错误,即在倒洗澡水的时候连同小孩也一同倒掉了。一些人甚至在根本不知何为知识时就开始紧张知识的危害,从而抽象地谈论知识、真理、概念等,对于什么是知识、什么是真理等都是没有规定的,甚至是完全不清楚的。而这种不清楚的结果倒不是以一种理论上的失败面貌而出现,反倒是以一种理直气壮的胜利者形象面向世人!以至于真理、知识等本来十分神圣的东西反倒成了十分廉价的口头禅,似乎人人都可以说,人人都可以有一般。按苏格拉底的"知识即美德"的观点来看,无知即无德,无知或许本身是很不光彩的事情,知识的获得——不论是关于德性的知识,还是关于其他方面的知识的获得,它总是值得肯定的,也应该是先行的,如何求知与持续不断地求知是值得深入研究讨论的事情。退一万步讲,除去纯粹求知,仅仅从德性之知来说,如果对于什么是德性的知识我们没有清楚的看法,那么,我们试图去判断什么事情、什么活动是德性的产物,什么与道德相关就是行不通的、也是盲目的和有问题的。

唐君毅在对各种现象进行文化哲学解释时他的目的与宗旨还是比较清楚的,那就是让道德理性,实际上就是理性,去主宰各种人类活动。而文化意识的确立,在现实的人类活动中,则需要"一念自返而不陷溺",不论是求知活动,还是特定的道德实践,我们都要坚持让个体的心灵不固执于一端,不陷溺于具体的情境,让心灵流动起来,不胶着于某一特定对象,从而让唐君毅所谓的普遍性的公心得到呈现。而如何做到这一点,则在关于人类心灵状态与具体境况的描述中所形成的心灵境界理论中会集中讨论这个问题。

1.3 心灵活动与九境论

如果把唐君毅的心之本体说与道德理性说当作是唐君毅心灵境界

论的两个准备性工作,或说过渡形态,那么我们在心灵境界论中会发现它这两个理论准备的重要意义与关键性作用。唐君毅在讨论心之本体说与道德理性说时,他的主要思路还是比较清楚的,即通常我们所谓的从形而上的存有到形而下的事物的贯通过程,而对于心之本体与道德理性的集中讨论似乎就是要为一切事物的存在寻找到一个终极的本源与解释依据。他的想法还是比较清晰:第一步,确立起一个形上本源,第二步,把它与其他形下事物联系起来,并以之来解释其他存在物。这条道路,我们就唐君毅自己的论述而言是发现了不少问题的,问题的集中处就是他如何确认他所谓的形上实在以及怎么与其他存在物联系起来。当然,如果说这些在唐先生看来都不是问题,那么我们只能把他的形上实在当作他个人的信念而不予置评。不过,他仍然要面对一个非常现实的问题:他要把他的哲学信念与他人分享,或说完成他"成己成物"的哲学教化活动①,那么他必须要能够让其他人理解到或体验到他所认识的形上实在,不论是"心之本体、道德自我、道德理性",还是"精神实在、形上自我"等等,这些都需要通过一定的言说与程序去描述和传达其体验到的心灵世界。因此,唐君毅的心灵境界理论就有了产生的背景与问题意识了。如果把他从形上到形下的论述思路概括一下,即心之本体——道德自我;道德理性(道德——理想)——文化现象;那么,当他要反向而行,去解释各种现实存在的事物与形上实在的联系,以及为了让别人一步步抵达那属于唐氏心法的形上实在——这就是他需要极力说明和讨论的大问题,也是他整个心灵境界论展开的背景。用唐氏自己的话来说,这便是"下学而上达"的过程。如果说唐君毅早期的心之本体与中期

---

① 唐君毅在《生命存在与心灵境界》中就认为,哲学的主要功能就是教化,即所谓"成教":"故凡哲人之言说,初虽是说其所学,而其归宿,则皆是以言说成教。故说所学非究竟,以说所学成教,方为究竟。"(唐君毅:《生命存在与心灵境界》,导论第 16 页)唐君毅此处对哲学的看法与西周对哲学的看法极其相似:1870 年(明治三年)以后,西周在《百学连环》、《美妙学说》等著作手稿中,已将 Philosophy 译为"哲学",他认为"哲学者百学之学也"。在 1874 年(明治七年)刊行的《百一新论》中,西周宣布"把论明天道人道,兼之教法的 Philosophy 译名哲学"(卞崇道:《东亚哲学史上西周思想的意义——透视"哲学"用语的定译理念》,《杭州师范学院学报(社会科学版)》2007 年第 6 期)。

的道德理性说还有腾云驾雾的嫌疑,那么在他的心灵境界理论中或许更像是"积土成山、积水成渊"般的努力。尽管如此,如果我们不对他早期的心之本体说与道德理性说有清楚的把握,以及对他的论述思路有一定了解,我们实在难以一时体贴到他的心灵境界说是怎么回事,也不可能发现其中存在的问题。

一、心灵活动与九境

在唐君毅的道德理性说中提到一种"普遍而无私的公心"以及一种"不陷溺"的心灵活动状态。不陷溺于具体的情境是这种心灵状态的特点,普遍而无私是其本质性的设定,这种心灵活动既然能够不陷溺于具体情境而自行活动,那它就是道德理性支配下的自觉状态,因此,这种心灵的特点与其具体内容就是心灵境界理论要论述的对象。

(一) 心灵活动的内涵

我们要对一种心灵活动进行界定总显得有些困难,对于心灵活动,如果一定要追究,那必定可以分为两个部分:一、心灵;二、活动。

心灵在唐氏这里似乎已经没有问题了,心灵就是指他的心之本体或者理性。这对于要取消本体或者否定形上实在的人们来说可能会不同意,因为在他们看来,如果心灵的存在一目了然,那该是件多么令人开心的事情。不过,我们此处实在不能再展开讨论唐氏所谓的心灵之类的本体是否存在这样的问题:因为一方面他自己认为这个问题无须讨论,心灵对他来说是确定无疑的,他也自认为已然论证过了;另一方面,心灵几乎是唐君毅心灵境界理论的起点和前提,如果我们不承认他所说的心灵之存在,那么他说的一切话就完全没有意义了。因此,我们不讨论唐君毅所谓的心灵存在与否的问题。这种讨论或许适合于对他的心之本体说的分析,因为他的心之本体就是他的心灵活动的承载者。而我们在此着重要考虑的问题是:他如何让我们一步步接近和抵达他所谓的心灵。如果说我们通过唐君毅的心灵境界论并不能最终接近和接受他关于心灵的境界论,那么对唐氏来说,"下学而上达的"路子就没有办法走通,从而我们便有充分的理由来拒绝其心灵境界理论。反之,如果他的路子是可以走通的,并可以带领我们涉足人类心灵的深处以及心灵中潜藏的各种幽远玄妙之境,并对其有深入的理解与领会,从而更好地认识人类自身,那当然更是可以充分突显唐氏心灵境界理论的意义。因此,我们事先不作此路通或不通的假定,而是依据唐先生的思路往下推导,看我们能否沿着唐先生的思路往前推进。

对于活动,心灵的活动,我们从这方面入手似乎容易理解,从人类最平常的经验事实出发,就直观而言,即人会有各种各样的心理活动,或情绪的,或理智的,或欲望的,等等不一而足,总之一句话,人活着就必然有思维活动。从这个角度去理解"活动",就会看到作为主体的人类总是不得不在一定的思维形态中存在,笛卡尔说"我思故我在","思"似乎是人类存在的一个不言自明的前提,"我思"也是近代西方哲学的思考前提与逻辑起点。因此,思维的存在与人的精神活动对于人类来说似乎并不是一个值得争执的问题,问题倒在于这种活动能否推出一个承载性的、实体之"我"在,以及这种活动的类型与含义如何。对于唐君毅来说,他当然会认为人类的精神活动是有承载者的,这就是他所谓的心灵。可是,他所要讨论的心灵活动不是我们通常意义上说的、不自觉的人类思维活动,有如下意识或不自觉的心理活动之类,这些都不是唐君毅所说的心灵活动,他所关注的心灵活动之内容,即他所要讲的心灵活动,是指人类理性能力可以自觉把握或意识中的活动。如此一来,唐君毅就是要把他的心灵境界理论与一般的心理学著作对心理现象的描述和认知区分开来。但是,我们会发现:唐君毅仍然会从人的心理活动与人类一般的认知状态去谈论心灵活动,也就是说,他的心灵境界理论不同于心理学对人类心灵的认知,但又涉及心理学的相关知识。那么唐君毅所谓的心灵活动到底指什么东西?

1. 心灵活动的主体

对于唐君毅来说,心灵活动的主体存在是不言而喻的,这个设定与其说是个等待证明的结论,倒不如说是唐先生自己的个人信念。对他来说,心之本体的存在,理性或性理的存在本就不是个需要论证的问题。因此,如果我们联系他的心之本体说与道德理性说,那么在唐氏这里,心灵就是代替前面诸说的新说法。从其内涵来说,心灵所具有的真善完足之本性是基本不变的,只是他增添了一些内容以及确定了更为完整的心灵形态。

因此,心灵活动的存在对于唐氏来说,一方面是他用来佐证心灵存在的工具,另一方面,他也希望通过心灵活动的形态去认知和引导人们理解他所要表达的心灵之内涵。

(1) 生命存在作为心灵的实际承载者

心灵的存在如果对于唐君毅来说不是问题,那么,他首先要确定什么样的存在才具有心灵活动,唐君毅说:

> 生命即存在,存在即生命。若必分其义说,则如以生命为主,则言生命存在,即谓此生命为存在的,存在的为生命之相。如以存在为主,则言生命存在,即谓此存在为有生命的,而生命为其相。至于言心灵者,则如以生命或存在为主,则心灵为其用。此心灵之用,即能知能行之用也。然心灵亦可说为生命存在之主,则有生命能存在,皆此心灵之相或用。此中体、相、用三者,可相涵而说。一"存在而有心灵的生命",或"有心灵生命的存在",或一"有生命能存在之心灵",其义无别。然言存在,可指吾人知不知其有生命心灵与否之存在,故其义最广。言生命存在,可指吾人不知其是否有心灵之生命存在,则又较有心灵之生命存在义为狭。①

唐君毅认为心灵活动的主体是有生命、能存在者。所谓有生命比较好理解,就是指生物学意义上的生物,即相对于无生物而言的生命存在,当然,唐君毅这里特指人类。

所谓能存在,存在这个概念内涵比较丰富,尤其是存在主义作为一种哲学形态兴起之后,人们对于存在的追问更是不绝如缕,我们这里无需对唐君毅的存在概念与存在主义的存在概念做比较,原因有两个:第一,唐氏所谓的存在并不涉及存在主义意义上的存在问题,因为"在海德格尔看来,传统形而上学遗忘了'存在',只是执着于'存在者'。他向传统挑战,要求我们重新思考这一问题。因此,他认为有重提'存在'的必

---

① 唐君毅:《生命存在与心灵境界》,导论第1页。

要。海德格尔认为对'存在'的探究应从存在者本身入手,这个存在者就是提问者本身——'此在'。这样才能揭示出'存在者之为存在者',也就是撇开存在者这样那样的属性和领域不问,只就存在本身来看待存在者,继而最终揭示出本真的存在"①。而唐君毅所谓的存在有两种基本意思:一是能存在,表示一种能力,一为现实存有物。能存在的能力是指他可以保持其物质形态,不存在就是指他的物质形态的消失;存在作为名词时就是指存有物,诸如桌子、椅子、人物等,这些都是存在。第二,唐君毅虽然对存在主义有过讨论,他在早年的《哲学概论》中有一篇专文《述海德格之存在哲学》②论述海德格尔哲学,文章开头简单提到了存在主义的大旨与思想渊源,并对海德格尔哲学的思想来源与思想脉络进行了介绍,其中第十五节提到了海德格尔的"存有与无",在他看来,海德格尔讲的"存有"(或说存在)恒被"无"所覆盖③,而这与他所说的积极的生命存在不同。他所理解的存在仍然是他自己所界定的存在之义,如上文所述。因此,唐氏所谓存在与存在主义的存在没有什么交集。我们可引用他自己对存在界定的文献来说明问题,他在《生命存在与心灵境界》中对"存在之名义"解释道:

> 克就中国之存在二字,而分别之,则"存"多指主观之保存于心,"在"初指一客观之在。"存"可只存于隐,"在"则隐而亦显。然自引申义上言,则客观一物在另一客观之物者,亦存于其中;如人在室,则存于室中;一主观之物之存于主观之心者,亦在此心中;如人存想鬼神,则鬼神在心。又显在之物,其继续在,即见其初之在之内有所存而未显者。而一隐存之物能显,即见其能为显在。存、在二字引申义相涵,故存在可合为一名。其合为一名,亦仍具此主客隐显二义,亦具可由主之客、由客之主、由隐之显、由显之隐之贯通义。西

---

① 徐瑾琪:《试论本真的存在——海德格尔存在论思想初探》,西安:陕西师范大学硕士论文,2003年。
② 唐君毅:《哲学概论》,北京:中国社会科学出版社,2005年,第878—918页。
③ 同上书,第916—918页。

方之 Exist 一字,如据海德格(即 Martin Heidegger)之溯其字之原于希腊,亦具 ex 与 ist 二义。合为"向外以是"之义,则亦有由主之客之义。Being 为 be 之动名词,亦具"由隐之显,以继续是"之义。此二名皆不具"由外之显在,化为内之隐存"之义。即有由存而在之义,缺由在而存之义。故皆不如中国字中存在一名,乃合存与在成名,可容人由存而在去想,亦可由在而存去想,其义圆足也。①

存在在唐君毅这里更多的指内外、隐显相贯通的情况,因此,他对存在的讨论可以说属于存在者②范围的讨论,而并非对存在本身进行追问。所以,唐君毅所谓的生命存在的含义就应该是这样:即有生命形态的、能够继续维持其生命形态的、可以以隐显进退两种方式存在的存有。

如果说生命存在是这样一个东西,那么它一旦拥有心灵活动,那么它就可以成为心灵的承载者和主体。

(2) 自觉的心灵活动

如果说生命存在作为心灵的承载者还只是为心灵找到了一个现实上可以说得通、能够看得见的、容易让人们接受的承载形态,那么这还只是心灵活动的可能性条件。而真正地成为心灵活动的主体则不光要拥有生命存在的形态,还应该拥有理性,即自觉的理性形态。只有具备了理性条件,心灵才可能开始真正拥有承担责任的主体。而此处的理性不是别的,就是指既有性理内涵,又有认知意义的人类理性,在唐君毅对心灵境界理论展开论述时,他有时甚至直接使用"性",而不是理性或道德理性,此时我们要清楚:他所称谓的"性"是"性体"的意思,同于"性理"。而当他要使用理性的认知与逻辑内涵时,他又不得不回到理性(reason)的用法上来。所以,唐氏所谓的心灵真正的主体是"性"这个概念。性则与性理、心之本体相同,而与理性(reason)则有一些区别。

---

① 唐君毅:《生命存在与心灵境界》,第 642—643 页。
② 唐君毅对存在本身与存在者并没有进行严格区分,唐氏所谓的存在实际上是一些存在主义哲学家所谓的存在者。

2. 心灵活动的特点

在唐君毅这里,由于心灵活动的特点符合他对道德的界定,因此,非常简单,主要有两个方面的特点:一、不陷溺于任何情境与对象;二、对于不陷溺于任何具体情境与对象的心灵活动有自觉。

也就是说,心灵在唐氏的理论中必定是活动的,并且是不局限于任何对象的,而一旦局限于任何对象,或者沉溺于任何具体情境与可能情况,那它就不是唐氏所谓的纯粹意义上的心灵和心灵活动,而是局限于一定形态的心灵状态,从而呈现出不同的心灵层级与境界形态的心灵和心灵活动。

3. 通达心灵活动的方法

正是由于唐氏对于心灵活动的特点有限定,所以我们知道他所谓的心灵活动不同于一般意义上的思维活动,其不同主要体现在两点:第一,心灵对自身活动要有充分自觉,第二,它要不局限于任何具体情境。因此,我们要通达他所讲的心灵活动就不是随随便便能够做到的,而是需要一定方法与步骤的。于是,我们不得不提到唐氏提出的方法论意义上所谓的"超越的反省法"。也就是说,如果我们要获得和追随纯粹的心灵活动,就必须要了解他所谓的"超越的反省法"。

那么何谓超越的反省法?其实,唐君毅在《生命存在与心灵境界》中并没有专门介绍过超越的反省法,然而,他在对心灵活动与心灵境界理论展开论述时非常明确地就是在运用他所谓的超越的反省法。对于"超越的反省法",唐君毅在其《哲学概论》中有如下说法:

> 所谓超越的反省法,即对于我们之所言说,所有之认识、所知之存在、所知之价值、皆不加以执着,而超越之;以翻至后面、上面、前面或下面,看其所必可有之最相切近之另一面之言说、认识、存在或价值之一种反省……吾人能经超越的反省,而由一认识至另一认识,由一知识,至另一知识,由一存在至另一存在,吾人即能以认识限定认识,知识限定知识,存在限定存在,而批判一切逾越其限制范围之一切认识活动及一切知识、存在之观念之运用……大率而言,超越的反省之用,在补偏成全,由浅至深,去散乱成定常……我们可

说超越的反省,实一切哲学方法之核心。①

严格来说,唐君毅并没有对何谓"超越的反省法"进行概念界定,他在提出超越的反省法之前讨论了哲学史上常见的哲学方法论,比如批判法、辩证法、逻辑分析法等,但当他提出超越的反省法时,却只是联系了"贯通关联法""逻辑分析法"进行比较性的描述。在唐君毅那里,"超越的反省法"似乎并不是一种独立的哲学方法论意义上的方法,而只是与其他哲学方法论相连的、奠基于其他哲学方法之上的一种观念和设定。我们从他对超越的反省法的描述中可获得几个重要信息:一、超越的反省法,其目标在于补救偏见而成其全见,从而推进和加深人类认知;二、超越的反省涉及认识、存在、价值等;三、任何方法都不具有绝对的意义,只有暂时性的工具效果,因此,超越的反省法的最终目的是破除一切方法的执着;四、超越的反省不能停止,一旦停止就可能陷入固执与偏颇。

我们可以看到:唐君毅对"超越的反省法"如此这般的描述其实跟对自觉的心灵活动之限定性描述几乎是完全一致的,因此,我们可以把唐君毅对超越的反省法当作是他对心灵活动的另一种描述。然而,尽管他把超越的反省法当作是他自己的一种哲学方法,但是,这种方法可能存在一些问题:一、我们发现,如果把这种方法抽掉历史上其他曾经存在过的哲学方法,那么它所剩下来的内容几乎就没有什么了;二、如果一种方法本身只是一个抽象的描述,而没有具体可操作的程序与比较确切的思维模式,那么这种方法很难说是一种哲学方法论意义上的方法;三、如果一种方法只具有相对的意义,并不能对其他的学科或人类思维产生相应的影响和促进作用,那么这种方法的价值与意义就会显得十分局促;四、一种方法的产生对研究结果来说程序应该是这样,即方法和推论先行,而结论随之而定,而不是相反,方法跟随结论走,否则方法的独立性与必要的意义就被淹没了。

因此,唐君毅这里所谓的超越的反省法,归根结底并不是一种哲学

---

① 唐君毅:《哲学概论》,第126—128页。

方法论,而只是心灵活动顺利进行的另一种说法而已。那么,我们要通过唐氏所谓的超越的反省法来确认其心灵活动可能并不能得到一个可靠的答案,毋宁说,我们或许从他对其哲学方法的描述中更清醒地认识到他在说什么,即自觉的心灵活动应该是怎样的。那么,对于如何获得对心灵活动及心灵境界的认知还需要重新开始。

(二) 心灵结构与自觉

1. 心灵的特点之一:"虚明灵觉"

如果说唐君毅所说的超越反省法并没有为我们指明一条通达心灵活动的认知路径,那么我们却说他在心灵境界理论中使用了这样一种方法,这是在什么意义上说的?简言之,他应该是在"一念自返而不陷溺"意义上说的。这种观点已经被唐氏多次反复地论述过了,体现在心灵境界理论中时,他所谓不陷溺的对象可能更宽泛了,也就是说,它对不陷溺的对象以及如何不陷溺有了更为完整的表述:一、不陷溺的对象,具体来说有认知的、存在的、价值的三个方面的内容;二、要做到不陷溺,就要从心灵的不同方向展开来推进,不能执着于某一特定方向,而要时时注意反观和自省,这样一来,他自然就落到了对心灵另一个特性的界定,即虚灵明觉。我们此处暂时不讨论何谓虚灵明觉,总之,唐氏认为,仅仅对于心灵不胶着于特定对象、特定方式、特定方向而言,此种心灵必定空无一物、不着痕迹。因此,从心灵活动的不陷溺之特点来看,推向极致时,势必要求心灵只是一纯活动,来去自如,不被任何境况所限。这就是唐君毅所说的心灵之特点,用他的话来说就是:"虚明灵觉"。

我们知道,对心灵"虚明灵觉"之看法并不是唐君毅个人的观点,它是有着深厚的中国传统思想背景的,由于牵涉的内容较多、且较为复杂,我们此处不对何谓"虚明灵觉"展开哲学史的讨论,仅就唐氏所谓的"虚明灵觉",我们只需要知道两点就行了:第一,它是唐君毅对心灵本身的一种体认;第二,这种看法是由于唐君毅对心灵不陷溺于具体情境而推向极致时对心灵的一种预期性的设定。

我们发现,对心灵的这种设定除了来自唐氏对心灵本身的体认之外,它更多的还包含了唐君毅对心灵以及心灵活动的一种期许与理想。在现实生活中,人们的心灵总难免会胶着于具体的对象,从而被一些具体的情境所限制、所困扰,因此,唐氏所期待的心灵活动除了纯粹的、理想性的一面外就没有更多内容了。如果说它是个体人生的一种理想追求,倒也无可厚非,但是,当他把这种理想追求当成是一种现实状况时或许就会带来不少麻烦,因为事实上我们绝大多数人终其一生,大多数时候并非如此,甚至即便有人多少能做到这样,也并非与生俱来和完全达到,他必须经过特定的功夫修炼才可能如此,而至于何种具体步骤和功夫修炼可助人达到此境唐氏似乎又没有详细说明。

2. 心灵三向与体、相、用三维一体的设定

我们在唐氏对心灵虚明灵觉的设定中知道:心灵有如一个纯粹空间一般,无阻无隔,空空如也,这种心灵状况就是唐氏理想中的心灵状态,正是在这样一个原始的起点上,心灵的活动开始了。唐君毅认为心灵的活动并不是无规律、无秩序的,而是朝着三个固定的方向运行的,即前后向(顺向)、左右向(横向)、上下向(纵向),唐君毅说:

> 今兹所谓吾人之生命心灵活动在基本上有三道路、三方向之义。此"方向"一名之义,如必欲连上述这种类、次序、层位之义为释……此生命心灵活动之三方向,是知之三方向,亦是情之三方向,而根柢上则为意或志行三方向,可称为心灵生命之三意向或三志向。此三向连前文所及者而说,亦可名为由前向后而往、由内向外而在,由下向上而往之三向;其逆转,则为由后返前而来、由外返内而来,由上返下而来之三向。合之为前后向、内外向、上下向之互相往来。内外向即左右向。凡所右者皆内,左者皆外。此三向可指空间三向,然其义不限于空间三向。①

如果把心灵初始位置看成一个点,那么按唐君毅先生心灵三向的看法,心灵就会朝着前后、左右、上下的三个不同方向而延伸,从而构成一个立体的心灵空间,其意大致如下图:

---

① 唐君毅:《生命存在与心灵境界》,导论第17—18页。

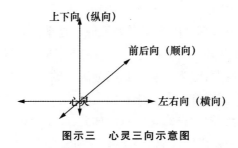

图示三　心灵三向示意图

因此，如果按唐君毅心灵三向的心灵秩序结构图出发，那么，我们可以把心灵最终由三向扩展后，围绕而形成的心灵空间大致由下图表示：

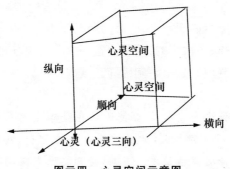

图示四　心灵空间示意图

唐君毅所谓的心灵最终由心灵活动三面推开后就形成了一个类似于比较规则的立体几何图形。通过图示，我们大致可以知道唐君毅所谓的心灵活动以及其虚空的心灵状态的大致情况。接下来，唐先生便把这个立体的心灵结构具体予以命名，这便是他"体、相、用三维一体"的"心灵学说"。所谓"体"，就是指图示中上下向这个方向所代表的心灵活动，实际上就是本体，具体表现为物体、个体、主体等；在左右向这个方向上所代表的就是"相"，表现有种类、共相、殊相等；在前后向这个方向则表示"用"，表示心灵活动的先后顺序，具体表现为关系、功能等。唐君毅在对心灵活动与体、相、用三者的描述时说：

> 如更说吾人之生命存在之心灵，为其体；则感通即是此体之活动或用；而此方向方式之自身，即此活动或用之有其所向，而次序进

行时,所表现之义理或性相或相状,乃由此体之自返观其活动,或用之如何进行所发见者……按在一般语言中,实体之物恒为名词所表,其相恒为状词所表,其用为动词所表……在体相用三者中,相恒为定相,而其义为静;用恒无常,而其义为动。用为干(疑"干"字应为"乾"字)、为阳,相为坤、为阴。以相用说体,而体统相用,体如为统阴阳之太极。依层位而观,则体居上位,而为相用之主。然此亦不碍:依次序而观,必先见用,乃知有体,而用为主;又不碍:依种类而观,唯有依体之相,方能定体之类,而相亦可为主也。

又此体相用三者中,凡体必先自竖立,以成其能统,故于诸体与诸体之相用,初宜纵观其层位之高低。相必展布平铺,故于诸相,与依相辨之体用,初宜横观其类别之内外。用必流行变化,故于诸用与用之流行变化中之体相,初宜顺观其次序之先后。此即配前文之纵观、横观、顺观,以言观体、相、用三者之不同也。①

在唐君毅"体、相、用"三位一体的设定中,心灵的结构与秩序就由此确立起来。所谓体,简单地说是指心灵作为本体或主体,"相"则是心灵表现出来的性状或性质,"用"则是指心灵活动的发用流行及其顺序。合起来说,之所以有体相用三个不同的说法,是由于从心灵对自身的认知与观察角度不同而导致的结果。所谓对心灵本身的认知与观察角度,在唐君毅这里有个专门的词汇,即"观",由于观的方向与次序的不同,从而出现了横观(左右向)、顺观(前后向)、纵观(上下向)的不同。而这种不同的根源则来自心灵活动原初的三个方向之不同,心灵如果主要从上下向去观察外物与自身,则形成了由"体"主导的世界观;如果主要从左右向去观察外物与自身,则形成由相主导的世界观;如果从前后向去观察外物与自身,则形成由用主导的世界观。体、相、用三者是心灵活动对外物与自身的不同观察角度形成的结果。总之,心灵活动是开端与根源,而所谓境界则是由心灵活动对自身与外物的认知而呈现出来的体、相、用之不同特点而出现的世界图示。当然,如果我们对佛学有些了解,就

---

① 唐君毅:《生命存在与心灵境界》,导论第3—21页。

可以知道,唐君毅关于体、相、用的说法,尤其是相的说法,是与佛学有莫大关系的,甚至包括他所说的心灵"观"法,都受到了佛学思想的影响,这种影响会在他心灵境界理论的论述中逐渐展现出来,因此,我们暂时不予讨论,涉及具体的问题时再加以说明。

二、心灵九境之简述

我们看到,如果说唐君毅试图展示出来的心灵结构已然是一个高度有序的状态,那么这或许只是个理想的状态,通常情况下,现实的个体总是受到自身或外界状况的限制而只能看到心灵活动的一个侧面,从而把这个侧面之下的心灵活动当成整个世界图示的全部,于是,便形成了片面的、扭曲的世界观,这便是心灵境界的不同层级的形成过程。

(一) 心灵境界的形成

心灵活动在唐氏看来有其特定含义,心灵活动有三个不同的出发方向,心灵对此是有自觉与不自觉之分的,我们这里所谓的心灵活动已然是理性自觉的结果,在唐君毅的心灵境界理论中都是对自觉的心灵进行理论形态的讨论,所以,我们可能不能从心理学的角度去评判它,借弗洛伊德本我、自我、超我的三分法来说,唐君毅所要讨论的始终是"自我"与"超我"的事情,与"本我"的领域几乎没有关系。[①]

1. 境界

唐君毅认为"境界一名,初出自庄子之言境",后来,境界一词意义逐渐丰富,开始使用于佛学,由佛学作为中介,境界一词逐渐被后世接受和广泛使用。中国近现代以来,使用"境界"一词说诗或词的有梁启超、况周颐、王国维诸家,但王国维被认为开中国近现代"境界论"的先河。"境界"这个概念在中国近现代思想史上变得十分引人瞩目,境界论的说法也广为流传,中国近现代以境界论哲学著称的思想家除了唐君毅,还有王国维、宗白华、朱光潜、方东美、冯友兰等人,他们都试图以境界理论来

[①] 弗洛伊德的本我、自我、超我三分,在唐君毅这里或许只能对应于"自我与超我"的部分,也就是说,唐氏所讨论的内容始终是理性自觉的、超越个体动物性欲求或生物本能的纯粹心灵活动内容,"超我"的部分更主要。

论述其哲学思想,王国维在《人间词话》①中频繁使用"境界"一词,并有著名的"读书、做人三境界说"②,诸如此类的人和事之出现,倒是非常有趣的现象,其中包含的意蕴值得深入玩味。对于境界论哲学,王国维在《人间词话》中使用了"境界"这一概念,他从审美和词学的角度开启了中国近现代境界论研究的端绪,之后,不少学者继续沿着境界论的思路构建思想体系,其中冯友兰的"四境界说"、唐君毅的"心灵九境论"就是最典型的境界论代表。

(1) "境界"的词源学考察

何谓境界?"境界的本义原指地域、疆界。大致从庄子开始,境界一词的含义被引申,用以指人的不同精神状态。就如同大自然的地域可以划分疆界一样,人的精神世界也可以分为不同的境界。"③《辞源》称:"境:一为疆界,二为所处地方,三为境界。"(《辞源》第 339 页)"界:一为边界,二为界限,也可释为毗连、离间、分划等。"(《辞源》第 1144 页)"境界"这个词即便在近代中西方文化碰撞的大背景下,它也地地道道地是中国人本土的概念,通常而言,境界从著名的中文文献来看,归结起来大概有三个方面的意思:第一,疆界之意,比如《诗大雅江汉》篇"于疆于理"有云:"召公于有叛戾之国,则往正其境界,脩其分理。"第二,处境或境况之意,如文天祥在《指南录后序》中有云:"境界危恶。"第三,所达到的程度、层次、高度。如《无量寿经》卷上有云:"比丘白佛,斯义弘深,非我境界。"

境界二字分开来看,《说文解字》说:"境:疆也。从土竟声。经典通用竟。居领切";段玉裁《说文解字注》说:"界:竟也。竟俗本作境。今正。乐曲尽为竟。引申为凡边竟之称。界之言介也。介者,画也。画者,介也。象田四界。聿所以画之。介,界古今字。尔雅曰:疆,界,垂

---

① 王国维:《人间词话》,成都:四川大学出版社,2013 年。
② 王国维在《人间词话》中说:"古今之成大事业、大学问者,必经过三种之境界:'昨夜西风凋碧树。独上高楼,望尽天涯路。(晏殊)'此第一境也。'衣带渐宽终不悔,为伊消得人憔悴。(柳永)'此第二境也。'众里寻他千百度,蓦然回首,那人却在灯火阑珊处。(辛弃疾)'此第三境也。王国维人生三境界说充满诗情画意。"
③ 蔡钊:《道家境界论探微》,《四川大学学报(哲学社会科学版)》2012 年第 5 期。

也。按：垂，远边也。从田。介声。形声中有会意。古拜切。十五部。此篆上田下介。小徐旧本，五经文字篇，韵，汉碑可据。"也就是说，在我们中国古人最初的用法里，"境"为疆土，"界"通"境"，"界"乃边界的意思。因此，合起来说，境界二字原初的意思大概可能是疆界与领域之意，引申以后表示达到一定的范围、边界、程度的意思。

我们远古以来的"境界"一词用来指疆域，引申出来时就产生了范围与边界的意思。直至佛学东来以及中国佛学的兴盛，境界一词才变成一种哲学语汇义上的、内涵丰富而特出的名相概念。① 佛学里"境界"一词所见与阐发甚多，比如《大乘起信论》中有云：

> 问曰：虚空无边故，世界无边；世界无边故，众生无边；众生无边故，心行差别亦复无边。如是境界，不可分齐，难知难解。若无明断，无有心想，云何能了，名一切种智。答曰：一切境界，本来一心，离于想念。以众生妄见境界，故心有分齐，以妄起想念，不称法性，故不能决了。诸佛如来，离于见想，无所不遍，心真实故，即是诸法之性，自体显照一切妄法，有大智用，无量方便，随诸众生，所应得解，皆能开示种种法义，是故得名一切种智。②

---

① 唐君毅认为境界一词成为哲学上的概念是从庄子开始的，源于"庄子言境"，具体内容参见《生命存在与心灵境界》一书导论第2页。如果从境界一词广为人知的一面而言，且从境界之义在文献中的重要性而言，而不是从个人理解的精神气质去谈论境界，那么我们可以认为境界论的兴盛与被重视应该是佛学东来后发生的事情，蔡钊在《道家境界论探微》中说：虽然"境"字的用例在先秦文献中可以找到一些，但"境"及"境界"作为常用的概念，直接对哲学美学产生影响，与东汉末年以来佛教的传入及发展是分不开的（佛教用语"六境"指六根所取之六种对境，亦为六识所感觉认识之六种境界，即色、声、香、味、触、法；"五境"又作五尘、五妙欲境，指为五根所取之五种客观对境，亦为五识所缘之五种境界，即色、声、香、味、触。在佛教看来，无论是"六境"或"五境"，都是由主体心智感官的活动或功能所变现的结果，因而是主观之境或心灵境界。佛家还有"七境界"说，全称七种第一义境界，乃诸佛所证得之境界，计有心境界、慧境界、智境界、见境界、过二见境界、过佛子地境界、入如来地内行境界。前六者通于佛菩萨，后者则为如来之自境界。可见，佛教根据主体修养程度和精神水平的差异揭示了境界的层次性。

② ［梁］真谛译，高振农校释：《大乘起信论》，北京：中华书局，1992年，第154页。

此时,境界似乎就变成一种较为高深玄远的东西了。境界此时更多地与真妄、虚实的世界图景联系起来。达到了一定的境界,是指个体对心灵和世界的认知与体察达到了一定层级与高度。

对于境界一词的流转变化,有学者从诗学的角度论述说:

> "境界"一词并非始于王国维,即使是在诗学上的使用也非自王国维始。《列子·周穆王篇》:"西极之南隅有国焉,不知境界之所接,名古莽之国。"《后汉书·仲长统传》:"当更制其境界,使远者不过二百里。"这里的"境界"是指实地的疆界,后来这一词的意义渐由实而转向虚。耶律楚材《和景贤》诗云:"吾爱北天真境界,乾坤一色雪花霏",诗中所谓的"境界"是指境地和景象的意思。这一词后来主要是使用于佛学与禅宗里。佛经《俱舍论颂疏》:"功能所托,名为境界,如眼能见色,识能了色,唤色为'境界'。"这里指的是佛学中所谓"六识"(由"六根"眼、耳、鼻、舌、身、意所具的功能)所辨别的各自的对象,"境界"在禅宗里是与"法"相对的一词,是禅宗里较低的层次。在禅宗中的使用如禅宗之祖僧璨大师(隋代人)在《信心铭》中说:"极小同大,忘绝境界;极大同小,不见边表。"又《五灯会元》卷二,"南阳慧忠国师"条:"师(按慧忠,唐肃宗时人)与紫磷供奉论议,师升座,奉曰:清师立义,某甲破。师曰:立义竟。奉曰:是什么义?师曰:果然不见,非公境界。便下座。"朱熹从自然山水中"随分占取,故自家境界"之说,可能也是本于禅宗。在禅宗中所说的"境界"大约是指一种修养造诣。由禅宗作为中介,境界这一词在北宋开始进入诗学领域,如蔡梦弼《草堂诗话》卷二:"横浦张子韶《心传录》曰:读子美'野色更无云隔断,山光直与水相通'。已而叹曰:子美此诗非特为山光野色,凡悟一道理透彻处,往往境界皆如此也。"①

总的来说,"境界"一词在词源流变意义上大致的轨迹应该是这样:从疆界引申出边境、范围的意思,再由范围、边界发展到与个体审美、认

---

① 魏鹏举:《王国维境界说的知识谱系》,《文艺理论研究》2004 年第 5 期。

知以及修行相关的程度与高度等。

(2) 唐君毅对境界的界定

如果说我们对境界简单的词源学考察,以及其含义的流变如上所说,且大体不误的话,那么,后来的中国哲学家要使用境界这个词和概念,他总体上应该会沿用或吸取中国思想史上境界使用的相关含义,而不至于与之全然无关。唐君毅对境界有过如此描述:

> 此上文言心灵之境,不言物者,因境义广而物义狭。物在境中,而境不必在物中,物实而境兼虚实。如云浮在太虚以成境,即兼虚实。又物之"意义"亦是境。以心观心,"心"亦为境。此"意义"与"心",皆不必说为物故。于境或言境界者,以境非必混然一境,境更可分别,而见其中有种种或纵或横或深之界域故。然以境统界,则此中之界域虽分别,而可共合为一总境。则言境界,而分合总别之义备。
>
> 此境界一名,初出自庄子之言境。佛家唯识宗以所缘缘为境界依。所缘即心之所对、所知,则境界即心之所对、所知。此所缘在印度之本义,当近于西方哲学中所谓对象(Object)之义。但西方哲学中之对象一名,初涵为心之外向、前向所对之实象之义。而中国之境界之原义,则兼通虚实,于义为美;与西方之世界(World)或眼界(Horizon)之词,其义为近。①

从以上引文来看,唐先生对其心灵境界理论中最核心的概念"境、界或境界"的论述实在不是通过定义的方式来言说的,他只是在比较与描述的口吻下对境界进行了大致的说明,但是,我们仍然可以看出唐先生所说的境界有如下特点:一、境为心所对,"境"可以统摄"物相"及意义之类的东西;二、境界兼虚实;三、境界有不同的种类;四、他所谓的境界不同于西方哲学所说的对象(Object),而是近于世界(World)或眼界(Horizon)之意。同样是对境界的认知,王国维用 state 一词来对应"境

---

① 唐君毅:《生命存在与心灵境界》,导论第 2 页。

界",牟宗三用 vision form 来对译此词,用什么对译"境界"一词的看法不一致大致可以看出人们理解中的境界是不同的。在中国近现代哲学中,人们对"境"的看法有相似之处,但对"何为境界"的看法仍莫衷一是:一、在冯友兰看来,境界是指人对于宇宙人生某种程度上的觉解,宇宙人生对人有某种意义,即构成人的某种境界。(《新原人》)二、牟宗三在《中国哲学十九讲》中认为境界是由主体的心境修养突显出来的,主观上的心境修养到什么程度,人所看到的东西就达到什么程度,这就是境界,境界是主观的意义。① 三、宗白华认为"境界"是大自然的生命节奏与人内心的生命节奏之契合,是有限与无限的直接统一。(《美学散步》)四、蒙培元在《心灵超越与境界》中认为境界是指心灵超越所达到的一种境地,其特点是内外合一、主客合一、天人合一,境界是心灵的存在方式。② 五、冯契在《人的自由和真善美》中认为"境界"是"意"和"境"的结合,"意"就是实现了的、表现了的理想,"境"则是有意义的结构,境界是价值领域的分化,包括艺术、道德、哲理、宗教、事功等。尽管人们对境界的具体看法不同,但境界都指向人的生命、存在、价值、理想等。③ 另外,中国近现代思想家讲"境界"的方式多为描述性的,对于"何谓境界"却并未达成一致看法。

　　唐君毅在《生命存在与心灵境界》一书中主要讨论心灵境界,然而就像中国近现代的其他思想家一样,他没有对境界进行确凿的界定,这就为我们理解其境界的具体内涵造成了一定程度的困难。尽管如此,我们还是可以比较肯定地知道:境界是心灵所面对的东西,境界的情况是由心灵的状况所决定的。联系上面对境界的词源学考察我们大致可知:境界在唐君毅这里的使用与汉语原初义上的境界之义不会有太多偏离,而作为其核心哲学观念的境界应该会接近佛学中境界一词对心灵的认知形态,以及对世界存在方式的描述之意。

---

① 牟宗三:《中国哲学十九讲》,上海:上海古籍出版社,1997年。
② 蒙培元:《心灵超越与境界》,北京:人民出版社,1998年。
③ 冯契:《冯契文集》,上海:华东师范大学出版社,1996年。

2. 心灵境界

虽然我们不能明确地找出唐君毅对境界的确切界定，但是他却用心灵境界理论来展开他的哲学论述，这倒是个比较奇特的现象，如果唐氏首先不向我们揭示何谓境界，或者说不能通过一个明确的方式传达出境界之义，那么心灵境界理论就有如无门之屋，无处进入。因此，我们如果单独从"境界"这个概念上进行讨论和进入显然就会碰到相当大的路径困难。境界既然是与心灵相关的，那么我们可以肯定的就是：如果我们能够从心灵的角度出发去讨论境界，那么或许可以相对容易理解唐君毅所谓的境界所指何义。

在对唐君毅所说的心灵以及心灵活动进行讨论分析时，我们知道：心灵是体、相、用三维一体的结构，它有向三个不同的方向迸发的原初意向与固定模式，心灵在三个不同的方向上如果不能同时推进，或者只知其一、不知其二，或者混淆体、相、用之中的二者，那么心灵本身的秩序就无法辨认和得到维持，因而就会出现一定的束缚与具体的境况之限。这种情况实际上就是唐氏所谓的境界，或说心灵所处的具体状况：境界。在唐先生看来，个体对心灵的认知与体验各不相同，程度差异甚大，而其中最主要的问题是现实个体由于种种原因，造成了心灵对其自身与外物的观察与认知出现偏执与错误，从而使得心灵不能自如地活动，从而陷溺于一定的情境之中，于是这便形成了对心灵一定的局限，这种局限一旦夸大成为个体整个的世界图景，那么个体的心灵就会自然地落在一定的处境之中，这种特定的处境就是所谓的境界。因此，一方面，从心灵活动的方向来看，心灵可能会因为现实原因而受制于一定环境，由于这种限制条件所困而形成的处境就是境界，我们可以说，唐氏的境界从这个意义上来说就是指境界词源意义上的处境、边界的意思；另一方面，心灵活动的本性是要挣脱这种限制而获得新的超越历程，因此，它在不断的超越过程中就会历时性地呈现出高下不同的心灵内涵，因而在这种意义上来说，境界是可以更新与提升的，这时境界便呈现出了程度与高下的不同，是为境界词源的最后一层意思。其实，唐君毅的"境界说"，从心灵活动的特点来说，它既有边界、处境的意思，又有程度高下不同的意思。

（二）心灵的九重境界

唐君毅认为心灵活动在原初义上有三个不同方向,即上下向(纵向)、前后向(顺向)、左右向(横向),因此,心灵如果在上下向(纵向)活动时自觉地把心灵此时的状况把握为"体",在前后向(时间顺序)时自觉地把自身当作"用",在左右向(横向)活动时把自身把握为"相",那么,心灵就会呈现出唐氏所说心灵之合理结构与秩序。

当心灵把自身在纵向活动中时分别当成客观的存在、主观的存在、超主客观的存在三种类型时,就相应地形成了"体"的三重境界,即"万物散殊境、感觉互摄境、归向一神境";当心灵把自身在顺向活动时当成客观的、主观的、超主客观的三种情况时,就形成了"用"的三重境界,即"功能序运境、道德实践境、天德流行境";当心灵把自身在横向活动中当成客观的、主观的、超主客观的三种情况时,就形成了关于"相"的"依类成化境、观照凌虚境、我法二空境"三重境界。总合起来就是九重境界,这便是唐君毅所谓的心灵九境的全部内容。我们看到:境界的形成实在是心灵的活动方式及其对自身的观察角度与认知程度的不同而造成的,心灵之所以有不同的境界,或者说心灵之所以会在不同的处境中碰到不同的境界,通俗地说,就是由于生命存在的认知与体验层次不同而造成了心灵本身对世界及自身的不同判断与认识,这便是境界的形成过程与主要内容。

在唐君毅看来,人类的认知是按照三类不同的节奏先后推进的,即客观的、主观的、超主客观的三种认知类型。所谓客观的、主观的、超主客观的先后节奏,意思是说:人们在对外在世界与自身的认知过程是按照这个规律与顺序进行的:首先,我们把外在世界与自身当成是纯粹客观的存在,如同指认草木鸟石一般,我们对他们的研究与认知只是把他们当作物来看待,在这种情况下,人们会把连同心灵活动等所表现出来的一切世界形态都当成是客观的,而此时的心灵便处于客观境界中。其次,当人们发现客观世界的存在在认知上离不开个体的思维与认知模式时,我们要认识和理解客观世界,必须要有相应的主观条件,我们开始反省到作为认知主体的存在与其巨大的作用,这时候人们会把外在世界与自身的存在与认知归结为主体的作用,从而把一切都归结为主观的,此时心灵就开出主观境界。最后,人们发现客观与主观的区分实际上只是人类理性作用的一个结果,而在进行区分与认知体验的过程中,心灵活动始终没有停息,而心灵活动本身似乎是超越此类区分的,它不受主客区分以及相应概念的限制,恰恰相反,这些区分与概念的出现都是心灵活动作用的结果,当我们意识到这种情况时,心灵就超越了一般的主客区分,而呈现出超主客观境界。

唐先生对人类心灵认知活动的三步骤所做的设定是他所谓"客观境界、主观境界、超主客观境界"之区分的基本前提,就像他对人类心灵及其三向的设定一样,既是唐氏个人的看法,也是他心灵境界理论的基本前提,对于这种设定,它是否有来自其他学科的支持,或者确凿和普遍性的经验支撑,唐君毅并不关心,也不在乎。在他看来,人类可以依照这种步骤往前、往上超拔,人类心灵可以不局限于一定的心灵境界,从而不断地拓展心灵空间的深广度。反之,如果人们不按照这个步骤进行,或者停留于一定的境况之中,那么人类心灵就会出现诸多问题,甚至产生偏执、错误、罪恶。我们看到,期待心灵活动不断地自我超越实际上仍然是他"一念陷溺而自返"的升级版本,不同的只是他把认知的步骤与如何不陷溺在一定程度上做出了一些区分和关联。

1. 客观境界与主观境界

客观境界与主观境界是相对存在的,它是由于心灵认知程度的不同出现的,更准确地说是心灵把自身和外界当作什么而造成的。

(1) 客观境界

所谓客观境界,不是指有某种境界是客观的,而是指人类心灵把外物和自身当作是客观的存在,不容人类更改与随意处置,从而心灵受制于此类想法而形成的心灵状态是为客观境界。比如说,唐君毅在客观境界中谈到三类情况,"万物散殊境、依类成化境、功能序运境",其中这三种境界主要处理的问题是:人与万物作为客观存在如何可能、类的存在是不是客观的、事物之间的因果关联是不是客观存在的。在唐氏看来,一开始人们通常会把万物的存在、包括人类自身都当成是客观的,而对于种类的客观存在也是予以肯定的,至于事物之间的因果关系更是当成科学研究的基本前提与依据。因此,当人类的心灵处于这种判定之下时,就会相应出现个人主义的哲学、类的哲学、因果关系和功利主义的哲学,这些哲学观点在唐先生看来就是把个体、种类、因果关系当成是客观的存在,于是其哲学心灵就处处把世界与自身理解为客观的,因而不关注心灵本身作为超越性的存在形态,因此,这类哲学家的心灵就只能表现出客观境界中与万物相关的"万物散殊境"、与类相关的"依类成化境"、与因果关系相关的"功能序运境"。

尽管三类境界都是客观境界,但是唐君毅认为三者却是有高下之分的,即从"万物散殊境"到"依类成化境、功能序运境",依次上升。而这个判断的依据就是唐君毅暗中设定的"关系优于类,类优于个体"的想法。至于这样划分的依据则是他认为三者的普遍化程度高低之不同,他说:

> 由此功能之概念,自始为一关系于不同之个体物,或不同类之物者。故此功能之概念,自始亦为一贯通诸个体物、诸类之物,而可说为较此所贯通之物,属一较高之层位之概念。①

由于有这样一个基本设定在里面,所以唐君毅认为心灵境界之高下是比较清楚的。只是,他这样的看法是否能让人们信服那倒是另外一回事了,比如说,他在"万物散殊境"中谈到历史知识与地理知识的问题,他认为正是由于客观的认知,人们会把一定的时空固化,从而确定一定的位置,这便形成了相应的历史知识、地理知识;而在"功能序运境"中谈到因果关系的问题时,唐氏认为因果关系的研究与反思就是把事物之间的功能作用关系固化而产生的认知,现在的问题是:如果要说人们对因果关系的认知优于对历史、地理知识的认知,这倒是个非常奇怪的看法。但如果从唐氏预设的"关系优于类、类优于个体"的思路来看,他会认为这个结论是正确的,但是要人们普遍接受这一点显然是比较困难的:"关系、类与个体"在认知意义下如何可能有优劣问题?因此,或许这其间必有某种原因让唐先生持如此看法,抑或在他看来,这根本不是什么认知的问题,而只是个价值判断的问题,但是,即便是价值判断,这种先后优

---

① 唐君毅:《生命存在与心灵境界》,第129页。

劣一定成立吗？我们认为：对于个体、类、关系的研究或价值立场应该没有高下之分。可是，在唐君毅看来，对个体的执着是要比对类及关系的执着更为卑下的。也就是说，他这种看法实际上包含着一个价值上的设定在里面：类与整体应该高于个体（关系重于类、类重于个体）。或许这才是他真实的意图所在。

（2）主观境界

所谓主观境界，是相对于客观境界而言的，也就是在客观境界的基础上更进一步的结果。简单来说，就是当人们意识到人类在认知与判断外在世界时离不开内在的主体条件时就会回过头来关注人类心灵自身，从而把它当成是外在世界的根源与决定性因素时形成的心灵境界。

心灵在作出如此判断时，他会以迥然不同于客观境界中的心灵之态度来对待这个主体自身：当他把自身定性为感觉性的，就形成"感觉互摄境"；当他把自身定性为纯粹静观性的，就形成"观照凌虚境"；当他把自身定性为道德实践性的，就形成"道德实践境"。我们依然会看到这三种境界是按照体、相、用三者的上升过程来排列的，即个体、种类、关系的方式逐渐上升。"感觉互摄境"在唐氏看来实际上是从客观境界中的客观存在之主体变成了感觉主体，这是体的变化；"观照凌虚境"则是从对类的客观认知变成心灵纯粹静观的主观效果，这是相的变化，它由客观变成了主观；"道德实践境"与"功能序运境"都是讲关系，但是道德实践境是把客观的因果关系变成了道德实践意义上的关系，这是用的变化。

"感觉互摄境"处理身心、时空关系的问题，也就是关于心物二元、时空的性质以及时空的根源和形成问题；观照凌虚境则是讨论纯粹学术与意义世界是如何产生及运行的问题，涉及语言学、文学、数学、几何学、逻辑学的产生及其根源问题；道德实践境则是讨论人类的德行如何发展、人文世界如何存在的问题。

2. 超主客观境界

所谓超主客观境界，则是对客观境界、主观境界的超越而形成的境界，简单来说，就是当心灵意识到心灵活动自身可以不局限于特定的境界形态，即认为有如此心灵活动的心灵本身既不是客观的，也不是主观的，而是区分出主观、客观的终极裁判者时，那么就会出现所谓超主客观境界。如果这种状态是在心灵的纵向上,那么就形成了"绝对主体"统摄的心灵境界,即归向一神境;如果是在心灵活动的横向上,那么就形成了以"绝对性相"统摄的心灵境界,即我法二空境;如果是在心灵活动的顺向上,则形成以"作用"统摄的心灵境界,即天德流行境。

这三种境界仍然是按照个体(体)、种类(相)、关系(用)的顺序依次上升。这三重境界其实是唐君毅心灵境界理论的最终归依,也是客观境界与主观境界的最终导向和归宿,同时也是他对心灵境界设置的终极理想,这种理想就是教化的成就与心灵秩序的最终建立。

"归向一神境"是讨论上帝存在及证明的问题,以及如何实现一神教化与神境皈依的问题。"我法二空境"则是指佛教所谓的"证空"与普度众生的问题,指明成佛依据与如何实现成佛指向的问题。"天德流行境"是讨论儒家的身心性命之学与中国式安身立命的问题,最终指向是如何实现成圣成贤,成就现实世界的德行、人格、教化的问题。

到此,我们看到了唐氏"判教式"的理论架构之归依①,他在超主客观境界中要做的事情就是把对世界影响巨大的教化理论重新进行梳理与安顿,并指出各自的优长及较好的安置出路。

3. 心灵境界与认知

客观境界、主观境界、超主客观境界的划分有一个前提,这就是人类的认知与心灵的自觉过程是有先后顺序的。所谓先后顺序是指人们在认知过程中一般都倾向于把事物当成客观存在而开始,然后再把其当成主观的存在,最后是无主客之区分。这种看法也是唐君毅"心灵九境论"的观念前提,如果没有这个基本判断,那么九境的排列与秩序就必然会呈现出另外一种格局。

(1) 心灵境界排列的三条原则

这种对人类认知或者心灵活动的判断是我们理解唐君毅心灵九境排列顺序的重要前提,另外,这个前提还与"关系优于类、类优于个体"的观念并列存在,因为人的认知过程——如果按唐君毅的看法,有从客观

---

① 可参见张云江在其博士论文《大乘佛学的融摄与超越——论唐君毅对中国佛教思想的哲学诠释》的观点,北京:中国人民大学,2008年。

的到主观的、再到超主客观渐进的历程,同时,关系优于类、类优于个体,因此,在客观境中就依次形成"万物散殊境、依类成化境、功能序运境";在主观境中就依次形成"感觉互摄境、观照凌虚境、道德实践境",在超主客观境中就依次形成"归向一神境、我法二空境、天德流行境"。但是,在属于大类的客观境界、主观境界、超主客观境界中,我们发现诸境界的排列却不是按照从关系到类到个体的过程,而是反过来排列的,因此,这就涉及另一条境界的排列原则,一般来说,按唐氏的看法,认知只能从低到高循序渐进地进行,因此,我们似乎只能从对个体的认识到对类的认识,再到对关系的认识这个步骤依次进行。于是,我们就得出了唐君毅心灵境界理论各类不同境界排列与理解的重要观念中的三条主要原则:第一,认知是按照客观、主观、超主客观的顺序进行的;第二,关系优于类、类优于个体;第三,对于关系、类、个体的认识是依次按照从个体到类、再到关系的过程进行的。只有清楚了唐氏并未言明的这三条原则,我们才有可能真正地明白他为何会按照那样的顺序去排列这九种境界,以及理解诸境界之间的关系何在。按照唐君毅的三条原则对心灵境界进行排列,其结果就会呈现出如下图示的结果:

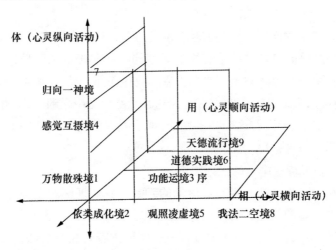

图示五　心灵活动方向与境界的排布,其中 1、2、3 为客观境界,
4、5、6 为主观境界,7、8、9 为超主客观境界

事实上，我们如果对唐氏的这三条原则进行分析就会发现：一、不论是按照人类历史整体的认知进程来说，还是从个体的认知顺序来看，从客观的到主观的，再到超主客观的都是唐君毅自己的一个设定与架构，它可能并不具有普遍意义。另外，主客观的划分及超主客观的存在之标准实际上并不清楚，他没有提出实质意义上的主客观境界区分的依据，他也难以证明超主客观境界从客观境界、主观境界向其过渡是如何实现的。二、关系、类、个体在认知意义上并没有高下之分，而只是认知侧面不同、对象化的方式不同而已，不存在普遍化程度的高低优劣的区别，而唐先生这样来判断只能说明他的判断不是认知意义上的，而是价值理想设定意义上的，即整体、类优于个体。三、在对个体、类、关系的认知顺序上或许并不存在必然依次进行的情况，它或许不是反映普遍的认知规律。因此，它可能仍然是唐君毅认同的价值设定与体系架构之需要而设想出来的，与认知关系不大，也没有多少来自人类认知科学的证据支持。如果说三条原则都存在一定程度的问题，那么，我们要承认唐君毅对心灵境界的排列与展开过程就要大打折扣。

另外，我们从其心灵境界的排列图示就能看到一个事实：即低层次的心灵境界与高层级的境界并不是可以截然分开的，甚至高层次的境界是以低层次的境界之存在作为基础的。因此，这样一来，唐君毅的心灵境界理论如果要成立，他便不得不承认：他所说的心灵活动的三个方向所围成的心灵空间在层次与关联上并不是如同他所说的那样，可以不陷溺于某一特定境界的，而恰恰相反，低层次的境界要实现上升与存在的可能，似乎必须以低层级的境界之存在为基础。而这一点我们是可以从他心灵境界空间之图示化上明确看出来的。

（2）心灵活动的认知与境界的通达

境界既然要由心灵活动的方向与次序呈现出来，那么，我们认识心灵境界就必须从心灵活动开始，去理解心灵活动与境界的展开方式之关联。

当境界成为一个似乎心知肚明的语汇时，它那略带神秘但不知所谓的面貌却令人望而却步，似乎一谈到境界，就好像它非一般人可以理解，也不能在一般的认知意义上进行言说。那么，对于唐君毅来说，心灵境界的通达到底需不需要认知？如果说唐氏认为他的心灵境界理论完全是个人心法或秘传，那么我们就必定不能以普遍的认知态度来把握，当然也就没有研究的必要了，但显然，唐氏是试图通过论证与说理的方式来让人们理解其心灵境界理论的。因此，我们可以肯定：对唐君毅来说，通过认知来理解其心灵境界理论是可行的。

在以上对唐氏境界排列的三条原则分析中，我们发现他的心灵境界理论在展开的原则中实际上存在失误，或者说非常不严谨，那么，我们该如何来理解这一点？我们先不假设这种情况是由于其理论架构本身存在的问题，而是研究造成这种情况的可能性原因。以个人之见，唐君毅对心灵本身的探讨可能并非只是认知意义上的事情，他对心灵境界本身的设置与理解带有浓厚的价值设定、理想追求、终极信仰的内容在里面，而一旦这样，他就难免把应然的内容当成了实然的事情，而当面对僵硬的实然之事而不能接受的情况时，他只能把事实改造成他想要的形象，于是，这便产生了许多纠结与不畅。这一点在他境界排列的三原则中就可以看出来：对于境界的形成与确定并非只是虚拟的架设，他一旦按照一定的原则与规定去建构其心灵的内在秩序，那么他就不能把这种架设起来的心灵秩序随意更改，否则我们对其境界的认知就完全没有确切的路径可言了。所以，个人以为，如果唐君毅要成功地建构起其心灵境界理论，那么他对心灵活动三个方向的设定以及境界排列秩序的原则性规定就是他要始终贯穿始终、必须遵守的通则，只有这样，我们才有可能按照他的思路与步骤进入其心灵境界理论之中。只有这样，唐君毅所谓的心灵境界才可以通过认知而一步步抵达。如果境界是可以通过心灵活动以及活动方向来予以辨别的，那么，通过对心灵活动的认知与相关知识的把握，我们便可以形成关于境界的确定性看法。也就是说，境界是可以界定和知晓的，而关于心灵的认识则可以确凿地带领我们通达唐氏所说的心灵境界。因此，如果我们按照唐氏对心灵活动的认知与判断，但却不能带领我们走向其所论述的心灵境界，那么我们就不得不说：这可能不是我们的问题，而是唐君毅心灵境界理论本身的问题；反之，则善莫大焉，如果通过唐氏对人类心灵的认知描述可以让人们确切地通达一定的心灵境界，那将是一件非常有意义的事情。

第二章　心灵九境论中的"理性"概念

在唐君毅的心灵境界理论中，心灵活动是一个几近绝对核心的概念，境界的开阖与升降都是由于心灵活动的方向与去留决定的，而在唐君毅这里，他对心灵活动有专门的说法，即"感通"或"一念之转"，唐君毅说：

> 今再约而论之，则此九境可只由吾人最后一境中主客感通境中开出……由此言之，则此九境者，只是吾人之心灵生命与其所对境有感通之一事原可分为三；而此三，皆可存于此三中之一，所开出。故约而论之，则此九可约为三，三可约为"吾人之心灵生命与境有感通"之一事而已……然此上归于至约之一念之言，唯所以见一念之转，即可有此九境之现，以见九境之相通……然自其约者而观，则此九境自不必更开之为无穷，亦可约之为主观境、客观境，主客境之三，更可约之为此生命存在之心灵与境感通之一事。此当下生命存在之心灵，与当前之境感通之一事，更可收归一念，而由此念之自化而自，以成此生命心灵在九境中之神运。①

我们此处暂时不讨论何谓感通、何谓一念之转，即便这两个说法是唐君毅心灵境界理论中的重要观念，无论如何，我们目前只需要清楚一点：这两个说法都是用来描述心灵活动的，这是无疑义的。心灵活动在唐君毅的理解中是具有比较确切特征的，即一方面它是理性的，另一方面它是自觉的。所谓理性的，就是指他所谓的心灵活动是出自理性的活

---

① 唐君毅：《生命存在与心灵境界》，第553—558页。

动;所谓自觉的,就是指理性对心灵活动本身是有认知的,并且包含一定的指向。也就是说,心灵活动虽然是心灵境界开阖升降的枢纽,但是我们如何知道心灵活动处在一定的方向与程度上则不能由心灵活动直接告诉我们,而应该是通过理性来认知和说明它。因此,我们要理解唐君毅的心灵活动、心灵境界就必须回到唐君毅在心灵境界理论中对理性的看法。他对理性的看法预示着在理性范围内的知识是如何界定和定位的,所以先考察唐君毅在心灵境界理论中对理性的看法,可以帮助我们更好地理解知识在其心灵境界理论中到底处于什么样的位置。

对唐君毅心灵境界理论中"理性概念"的考察是理解知识在唐君毅"心灵九境论"中的作用与地位的重要基础,我们一旦清楚明白地分梳出"理性"这个概念在唐君毅心灵境界理论中的具体内涵与确切所指,并指明其与道德理性说中理性概念的同与异,这样,"理性"作为贯穿唐君毅《生命存在与心灵境界》一书的潜在线索之意义才会充分而明了地显示出来。

2.1 理性概念的新变化

所谓理性概念的新变化,是指相对于道德理性说中唐氏对理性的界定,唐君毅在心灵九境论中其理性概念有没有改变、改变了什么。

一、心灵九境论中理性概念的内涵解析

"理性"这个概念作为一个非常重要的线索贯穿于《生命存在与心灵境界》全书,但是这条线索是潜在的,它似乎不是心灵境界论中的主角,然而唐君毅又在许多地方提到它、甚至依靠它来解释其他内容,那么唐君毅在心灵境界论中是如何界定"理性"的呢?

唐君毅的心灵九境论是我们考察的重点,而关于其心灵境界说代表性的著作是他晚年的《生命存在与心灵境界》一书,虽然我们不能说唐氏的心灵境界说完全局限于此书,但是,他对心灵九境成文的、全面而正式的论述则集中体现于此书。因此,我们在考察唐君毅的心灵九境论时将集中讨论此书的观点。所以,我们在对唐君毅心灵九境论中的"理性说"

进行考察时也主要集中于此书。

如果说唐君毅的心灵九境论并不是凭空而来的,那么我们可以说:他的心之本体说与道德理性说是他心灵九境论重要的思想准备,而其最终定型的心灵境界论中,我们可以发现其前期的心之本体说与道德理性说中的许多核心观念与思想观点都留存于其中。总之,我们有理由把心灵九境论当成是前二者的自然延伸。因此,我们在考察唐君毅心灵九境论中的理性与知识的概念时就会触及其心之本体说与道德理性说。正是因为心灵境界论是从前二者延伸而来,所以唐君毅之前在"心之本体说"与"道德理性说"中没有解决的问题可能仍然没有解决,而这些问题将以新的面貌再次呈现出来。因此,我们在考察唐君毅的心灵九境论关于理性及知识的相关问题时,必然会联系和结合之前的分析与讨论来理解其问题,这是我们对心灵九境论之下的"理性说"进行论述的大背景。

唐君毅在《生命存在与心灵境界》一书第四部分"通观九境"中对理性概念有过比较集中的描述,在他的论述中,理性这个词似乎是个万能语汇,什么都可以通过它得到表达,也就是说,唐先生所说的理性,其含义比较多,使用比较随意,大致说来,其理性概念之内涵有如此三大类:一、与认知相关的,指逻辑、知识;二、与形上命题相关的,指体,如本体、心体、性体;三、与道德实践相关的,指道德理性。

(一)心灵活动与理性三度

如果追寻唐君毅对理性的看法与设定,我们不得不把理性与心灵活动联系起来,由于唐氏认为心灵活动原初具有三个确定的方向,即上下向(纵向)、左右向(横向)、前后向(顺向)三个不同的方向,因此,要认识到这一点,按唐君毅的意思,理性必须与之俱往,也就是说,理性必须跟随心灵活动的轨迹,才有可能认识到心灵活动,从而理解心灵境界为何物。基于这个设想,他认为理性也具有三个向度,他说:

> 六、精神空间中具体的理性之三度及知与行中之理性与直观,此上吾人所说在尽性立命境中,吾人之自觉其心灵与其所对境间精神的空间,无论大或小,皆可说有其自身之三度向。此中心灵与其所对境物之相望,为一横开之度向;心灵之活动之相继,与境之相继

呈现，为一顺序之度向；而心灵对境之知或行之反应，有其所向之在上之一目的，为一纵竖之度向。所谓心灵之感通，即依内，以外通于境中之物；依序，以自通其前后之对境物之活动；更使其活动与境物之功能之表现，通于一向上之目的之实现。所谓心灵之理性，则表现于前后之思想活动，与为其成果之概念、命题、推论之一致贯通者，为逻辑中之理性；表现于思想中之概念内容，与所对境物之内容一致贯通者，为知识中之理性；表现于其行为之应境物，以通于目的之实现，使行为与境物之变化，与此目标一致者，为实践中之理性；而使一目的之实现，与其他一切目的之实现相贯通而一致者，即为道德实践中之理性……在此具体的理性之思想之形成其理念之事中，顺其中之普遍义而思，为此思想所经之一顺度；横陈其中之特殊义而思，为思想所经之一横度；纵观此普遍之实现于特殊，特殊合者合表现一普遍者，为思想所经之纵度。①

如果理性是心灵的理性，那么心灵活动的表现就可以由内在于心灵的理性所认知，这或许是唐君毅对理性最基本的看法。他似乎是要解决理性与心灵的关系问题。也就是说，如果理性不是心灵的理性，那么理性对于心灵似乎就是外在的，要通过理性来认知心灵活动或通过理性来把握一定的心灵境界就是不可能的。所以，他的理性与心灵是内在的、合一的。更进一步说，由于心灵活动有着原初的三个向度，因此，理性就不能缺少三个向度，所以他认为理性也有三个向度，即横向、纵向、顺向这三个与心灵活动一致的三个向度。

具体来说，理性的三个向度就表现在心灵活动与"境物"相关联与相联结上，当理性活动在思想中把握"境物"的顺序上始终使其概念、命题、推理相一致，那么这就是他所谓的逻辑中之理性，即理性的纯粹逻辑义。当理性活动横向观察境物，从经验上确证其概念与"境物"内容一致与否，则为经验知识中之理性，即理性的经验知识义。当理性纵向连同其目的与行为，使得"境物"由之改变，且让目的与行为相一致，此为实践中

---

① 唐君毅：《生命存在与心灵境界》，第576—577页。

之理性,当一目的之实现兼顾其他目的之实现,则为道德实践之中理性,即理性的道德义。

其实我们看到,唐氏把理性放到具体的环境中去讨论,并试图把理性活动与心灵活动联系起来,他对理性表现出来的特点及纯粹逻辑中之理性、经验知识中之理性、道德实践之中理性的说法并不是一种独立的界定,而是让其跟随他对心灵活动与心灵空间的描述而进行的。因此,唐君毅所谓的理性首先就明确表现出一个特点:理性的心灵化。也就是说,实际上当唐君毅在把理性放到心灵的三向度的安排中去,并让理性活动起来时,他此时所谓的理性就已经等同于心灵本身了,只是他还用着理性这个词,而不是用心灵这个概念。因此,理性在唐君毅的心灵九境论之下就已然转化成了心灵本身,而心灵的意思可以等同于他之前的心之本体。

(二) 心灵九境论中理性概念之详解

1. 理性即体

理性的心灵化,这可能并不是意外,当唐君毅试图努力刻画心灵活动与心灵本身时,他并没有找到更好的工具和阶梯,如何可能让人们理解其心灵与心灵活动而不至于神秘,这仅仅停留在简单地描述心灵与心灵活动显然不够,因此,他便引进了理性这个似乎大家都普遍使用的词汇和概念。唐君毅把理性引进来,最重要的变化似乎是让心灵活动不再玄虚高远,似乎理性的静态化与程序性可以让我们更加接近和理解其所谓的心灵。但是,这样做有两个方面的问题是他始料未及的:第一,理性如果以静态的、程序性的方式去把握心灵活动,心灵活动在静态意义上的理性把握之下会不会发生变化?变化之后的心灵活动唐君毅如何看待?第二,理性就算是与心灵活动一样有三个向度,它内在于心灵本身,但是理性与心灵仍然是不一样的,那么怎样区分理性与心灵?对于第一个问题,理性的引入对于把握心灵活动的问题,唐先生始终耿耿于怀:一方面他既要承认理性对心灵活动本身的认知与把握,另一方面他又警示要提防以理性方式去讨论心灵活动带来的负面影响——因为唐君毅认为心灵活动是不可限定的,心灵产生与理性思维方式相关的名相、概念、范畴等,而这些范畴和概念最终却不能完全把握心灵活动本身。对于第二个问题,唐君毅是不能回答的,因为理性在他这里已经心灵化,他根本就没有办法区分这二者。总之,这两个始料未及的问题迫使他不得不把理性本体化,或者说,这是理性概念在他思想体系之下所能到达的最远距离与最可能的结局。

(1) 理性即心灵

当我们说唐君毅不能对理性与心灵做出区分时,那么他所谓的理性活动就只能是他所说的心灵活动了。也就是说,唐君毅对心灵活动的把握没有其他办法,只能推向理性,但是理性在他看来又有某种限定,他需要对其做出一些规定和限制,而这些规定与限制却不是别的,而是把他认为理性可能带来的问题一股脑全消灭,消灭的方式不是对理性与心灵进行讨论和区分,而是让理性活动起来,直接把它等同于心灵,把理性推向类似真善完足的境地,从而使之类似于心之本体,这便是理性的本体化过程,理性此时已然就是心灵,而关于理性可能有的所有问题似乎也通过这样一种方式全部予以消解。我们虽然觉得这个过程不可思议,但是唐氏心灵境界论中的"理性"概念就是如此,"理性"就这样在唐氏的安排中脱胎换骨,似乎毫发无损地实现了华丽变身:理性心灵化、本体化。理性的这种处境与唐君毅理性概念中的"性理学"因素不无关系,理性的"性、理"之义在唐氏看来就是"理性"概念的题中之义,这一点后文会继续讨论。

(2) 理性与相、用

理性被本体化也不足为怪,唐君毅在其道德理性说中就曾经这样做过,只是现在更为纯熟了而已。理性的本体化过程,我们会在他对体、相、用三维一体的关系设置中看出端倪。

理性被本体化以后,理性就像心灵一样:如果它只是高高在上,与人事毫无关联,那倒也无所谓,它自然也不会存在唐君毅所谓的"相、用"之考量,所谓相与用的设置,就是必须要把本体化的理性与其他东西关联起来。

唐君毅体、相、用三维一体的心灵设置并不是无所用心的,他是有许多考虑在里面的,体、相、用三者之间的关系是怎样的,实际上是他对心灵、理性等其他一切可以指代本体的东西如何与现实世界及心灵境界关联起来的一种考虑和安排。试想,如果心灵或理性只是超绝存在、与世无关,那么我们当然可以非常肯定地说,唐君毅根本就不会谈到相、用之类的东西。那么,到底何为体、相、用?三者之间是如何关联的?相与用的出现对理性有何意义?唐君毅说:

> 吾人前文论述吾人生命存在与心灵,皆连其感通于种种境界中之种种活动而说。此活动,乃此生命存在与心之作用或用……此中,吾人于此生命存在与心灵,乃谓其为一具此种种活动之主体;而在尽性立命之境,此主体,即为一通客观之天道,其性德即天德之一超越而内在的主体,而不同于一般之以特定经验规定之一经验的我,或经验的主体者。此主体,专自其为一心灵言,吾人或称之一生的灵觉或自觉的心灵……则人似可问:毕竟此生命存在之主体、心灵之体为何物?……关于此生命存在与心灵之主体之自身,吾前文未尝离其活动之用与相,及所对之境之作用与相,孤立而论其自身为何物,是人自可问毕竟其自身为何物。然复须知,吾人之所以于此主体,不孤立而论,乃由其本不可孤立而论。即吾人本不能离其相用,以知体为何物,问此主体自身之为何物,亦即问其相如何、用如何。故人若问此生命存在心灵之主体自身为何物,即必还须就其活动之用、相与所对境物之用、相而说。①

引文中唐君毅要表达的意思非常明显:一、所谓主体,当其自心灵一面而言,就是自觉的心灵;二、所谓主体,即体的一种表达,要追问和认识它,就必须与相、用联系起来;三、体、相、用是不离不分的。

我们现在要追问的是:"体"到底是怎样的一种东西?唐氏把它推向对"相与用"之结合来认识和说明"体",反过来,我们如果要问"相、用"是什么,他能回答的也就只能是:联系"体"来予以认知和说明(事实上他也是这么说的)。也就是说,这其间存在着相互说明的情况,而这种互相说明的方式本身就是可疑的和有问题的。假设问题 A 需要从 B 处获得答

---

① 唐君毅:《生命存在与心灵境界》,第 583 页。

案和解释,那么我们只能去先行考察B,但是,当我们去问B是什么的时候,我们又被告知需从A处去寻找答案,这显然存在着相当大的逻辑困难。因此,体、相、用三位一体的设想就只能是唐君毅自己的一种意见,他或许既没有办法让我们知道何为"体",也难以让人理解何为"相、用",更不用说这三者之间有何关联了。

当然,此处我们可以不去追问体、相、用三位一体到底能否成立,我们只需要大致明白唐君毅所谓的体、相、用是用来解释什么东西的,此思想方式的来源如何就可以了。

A. 体用不二说

近代中国的思想家中特倡"体用不二"说者当数熊十力先生,虽然"体用"的问题并不是近现代中国哲学的新问题,但是熊氏把它作为一个核心范畴提出来加以讨论和使用,它既有延续中国传统思想方式的一面,同时又有用中国传统思想去理解和应对西学以及由西化带来的一系列现实问题的一面。所谓"中体西用"之类的口号,就是中西文化碰撞的大背景之下中国传统文化自我主张的集中反映。"体用"的问题在唐君毅这里仍然在延续相关的讨论与思考,因此,他的"体用"说仍然未脱离传统的思考方式,其问题域也仍然是中国传统意义上的"体用论"。唐君毅在对熊十力的回忆中曾说:

> 吾由熊先生之言,自亦有所开通。然在哲学义理上,吾所契于熊先生者,吾自谓已先自见得……吾当时于欧阳先生之言涅槃为体,菩提是用,一切众生以互为增上缘,皆入无余涅槃而灭度之义,与熊先生之言即体即用、真体无二,一切有情同一真体,即无住涅槃言无余涅槃之义。①

此处他认为对熊十力所讲的"体用不二说",他已自有所见,因此,"体用论"在这个意义上仍然是中国传统哲学中所谓"体用一源、显微无间"的天人之学下的个体心性修养范围内的事情。"体"当是依据,"用"

---

① 唐君毅:《生命存在与心灵境界》,第676—677页。

当是作用和功夫,或说对"体"的运用。不管是"即用见体",或者"明体达用",体用两层的关系对于唐君毅来说仍是肯定的。

B. 观相证空说

但是,唐氏对熊十力之所以会有不认同的地方,恰恰在于他在"体用"之间一定要添上"相"这一层。所谓"相",简单来说就是性相。唐君毅关于"相"的讨论以及他把"相"安排到了"体用"之中,这是有深层原因的:一方面,"相"的论述来自唐君毅对佛学思想的吸收与肯定;另一方面,唐氏还希望通过用"相"去理解和沟通西方哲学中所谓的共相问题。

至于通过"相"来沟通西方哲学中的共相问题,此处我们只是提及,因为后文关于其知识问题时还会讨论到,我们现在着重看看唐君毅所谓的"相"到底意味着什么?

《大乘起信论》中有云:

> 已说因缘分,次说立义分。摩诃衍者,总说有二种。云何为二?一者法,二者义。所言法者,谓众生心。是心则摄一切世间法出世间法,依于此心显示摩诃衍义。何以故?是心真如相,即示摩诃衍体故。是心生灭因缘相,能示摩诃衍自体相用故。所言义者,则有三种。云何为三?一者体大,谓一切法真如平等不增减故。二者相大,谓如来藏具足无量性功德故。三者用大,能生一切世间出世间善因果故,一切诸佛本所乘故,一切菩萨皆乘此法到如来地故。①

所谓体大、相大、用大②,以及体、相、用的连用,从不同意义上进行区分,正是这种思考方式,唐君毅似乎把它完全吸收进了他的心灵境界理论,具体而言,即一方面指体、相、用三者的相连一体,而不是仅仅只有

---

① [梁]真谛译,高振农校释:《大乘起信论》,北京:中华书局,1992年,第12页。
② 体大、相大、用大的不同区分,唐君毅的看法基本类似《大乘起信论》中的看法,他认为"万物散殊境、感觉互摄境、归向一神境"为观体,为体大;"依类成化境、观照凌虚境、我法二空境"为观相,为相大;"功能序运境、道德实践境、天德流行境"为观用,为用大。唐氏《生命存在与心灵境界》中对体、相、用的看法大体与《大乘起信论》中对体、相、用的看法一致。

体、用;另一方面则是指体、相、用只是从不同的角度与方向去观察而得出的结论,因此,各有所长、各有所短,但终究平等故。

归根结底,三者的不同是由于观察的角度不同而产生的差异。因此,如何观察,在唐君毅看来就显得非常关键了。在他的思想中,观察可以用另一个词,即"观"来代替。"观"是唐君毅《生命存在与心灵境界》一书中接近方法论意义上的重要内容,他在九境的每一重境界后面都加入了"观某某境",比如说"万物散殊境——观个体界","依类成化境——观类界"等。观,具体来说是指不同境界中的心灵对自身和外物观察的角度与方法之差异,它有观照、观察等不同意思。但是,我们可以比较肯定的是:唐君毅"观"①的思想可能主要受到了佛学与宋明理学的影响。② 唐氏对观的理解以及他对"相"与"境界"的安排表明他整个思想受佛学的影响很大,唐君毅本人对佛学的造诣以及对佛家的同情和理解在他的许多书中都有体现③,此处无需加以列举,我们只需知道:所谓观,在唐君毅这里,这种近似方法论意义上的东西,其来源是佛家和宋明儒,这一点应该比较明确。

"相",甚至于"体、用"都是由"观"而得,那么由"观"如何到"相"? "观"对"相"有何影响? 在唐君毅看来,观"相",实际上就是心灵活动,或说理性自觉地自心灵横向上进行观察,观察"境物"的性质与特点而形成,比如说观物相,如见其颜色为白,"白"就是相。"白"可以不限于一具体之物,它可以作为许多事物的共相。但是,唐君毅认为,白作为事物的一个相,只是由观之而得,如果不观则无所谓白与不白。更进一步说,一事物有白色之相,同时还可能有其他色相,而每一种色相的出现都是由于心灵对其进行了观察或观照的结果,观与不观、如何观,推向极致时似

---

① 印顺《中观论颂讲记》总结有所谓总观、别观之分,具体又有观世间、观世间集、观世间灭、观世间灭道。对观的细致论述与顺序属于佛学思想应无疑。(北京:中华书局,2011年4月,第30页)

② 宋明儒有"子厚观驴鸣",明道"观鸡雏而知仁",在《论语·里仁》篇有"观过知仁"说,"观"对儒者来说也非常重要,它与"知仁"直接相关。

③ 唐君毅的《中国哲学原论》(北京:中国社会科学出版社,2006年)对佛学史有深入的专题论述,具体参见此书。

乎"相"都是相对"观"而言的，没有"观"，"相"就没有什么必然存在的依据。唯一可以肯定的是：心灵活动本身作为观察主体，它决定着"相"的出现与何种"相"呈现的可能。当把这些"相"都做了相对化的处理后，"相"实际上就成了可有可无的东西。如果说"相"是具体的、静止的、凝固的，那么它对心灵活动似乎就会造成阻碍，因此，为了让心灵活动永不停息地运行自如，去"相"就是一个目标。推到极致，所有"相"都去除之后，这似乎就是心灵唯一面对的处境：空。也就是说，观相是为明白其终极意义上必然为空，即是为观相证空。

唐君毅对心灵活动"一念自返而不陷溺"的说法，似乎在此处得到了另一种说明，所谓不陷溺，此时就是说不要局限于任何色相。而这样做的目的就在于让心灵活动流转起来。我们如果确切地进行考察，就可以看出唐君毅对心灵整体看法的取向：他要把佛教的"修行、破除执障"的方法考虑进来，但是，他又不能承认佛教所倡言的空无的终极修行取向。因此，我们有理由认为：唐君毅受到了佛家影响，但影响程度可能非常有限。"相"虽然是依它而起，但是它一定程度上又是实在的。这便是唐君毅对"相"的整体判断，这也体现出唐氏对"相"的基本态度。

如果唐君毅对体、相、用三个概念的使用与他的思想体系的整体设置有关系，那么，我们大体看出的是：他试图要让其所说的心灵呈现出更丰富的图景，吸收更为多元的成分。至于"体、相、用"之间的关联，我们此时并不清楚。但按照唐先生的意思，通过"相与用"是可以认知"体"的，"体"又可以呈现一定的相状，"体"有一定的作用与活动，这是从"体"的迹象来认识"体"本身。无论如何，这种相互说明的情况仍然难以摆脱"本体式"的先行设定。而这个"体"此时就是上面说的理性，或说心体。

（3）理性与性情

理性被本体化，它在《生命存在与心灵境界》一书中有时索性称"理性"为"性或体"，理性由此变成更为简略的称呼，即性或体，但是，这个概念并不是随之简化了，而是直接回到了他在道德理性说中曾提到过的"性理"这一层面。也就是说，此时理性又把"性理"这个意思突显出来。"性理"之义在唐君毅的心灵境界论中所指比较笼统，既可以指性、指理，又可以指心、情等，总之，它似乎包括一切中国传统哲学关于性情的意涵。唐君毅说：

> 吾在上文,已将本书所立根与归宗之义,全幅披露。此立根处,在吾人当下生活中之性情。此性,即顺理而行之理性;依理性而与境相感通,则必有理性的好恶之情。依此情而有理想,依理想当实现,必实现,而有信心……故人须自觉此信仰之根,在此人之性情行事,而此信心亦所以助成此行事,而不与此性情相离,以恒内在于此性情。一切形上学之思维之助成此信心,而内在于信心之建立历程之中,亦须内在于一充塞宇宙之性情。则吾人之所论,一切始于性情,终于性情。①

唐君毅在此处基本上已经把理性在他心灵九境中的所有含义都提到了,比如理、认知意义的理性、性理、理想等,但是他最看重的似乎却是性理,也就是他说的性情。我们可以看到,性情在他这里是特指传统儒家的心性之说。性理或说性情,在唐君毅的信念体系中有着非常重要的位置,理性作为性情的含义可以肯定,但是,理性又不只是这一方面的意涵,它还包括认知意义上的理性功能。

2. 理性即逻辑、知识

理性作为认知的一面突显出来,它在唐君毅的心灵九境中主要指"逻辑""知识"这两个方面的意思。他为了对这两个方面进行限定性的标示,有所谓"逻辑理性"与"知识理性"的说法。其实,理性作为认知能力,它包含着逻辑、知识等含义在内,唐君毅这样一强调反而让人觉得有些奇怪,似乎逻辑与知识只是理性的限定词一般。

(1) 理性即所谓逻辑理性

在唐君毅看来,理性的功能表现为逻辑是这样的:

> 在人之思想之存在,即自始依理性以进行,以求其自类相续,亦依理性而相续以存在。因而此思想之存在之中,即不能容许有非理

---

① 唐君毅:《生命存在与心灵境界》,第692页。

性而反理性者,存在于此思想中。此思想之存在,若遇似非理性、似反理性之存在,则此思想之存在,即必求加以理性化而思想之,以使之不成一非理性、反理性之类之存在,而化为与此理性的思想之存在,同属理性类之存在。否则此理性思想自身,即不能相续存在,而其存在即为此似非理性、反理性之存在之所排斥。①

这个看法是唐君毅对理性表现为逻辑之义最基本的看法,简单来说,此处表现为逻辑的意思就是指理性在思维过程中必须谨守传统形式逻辑中的同一律原则,即 A 是 A,或者 A→A。

唐君毅把同一律当成了理性的表现,认为理性作为逻辑的一面表现在逻辑学基本原则的遵守上。唐氏认为形式逻辑中的同一律、矛盾律是所有逻辑理论都不能违反的基本原则。

关于逻辑学,唐君毅在《生命存在与心灵境界》②的"观照凌虚境"之后附录了一篇名为"观西方现代逻辑与其哲学涵义"的文章,他试图诠释数理逻辑的哲学基础与相关内涵,但是如果撇开他对一些符号的使用,我们发现:唐氏并没有讲太多关于逻辑学,尤其是现代逻辑的内容,他只是在对传统逻辑的同一律、矛盾律、排中律进行强调,除此之外,便是他努力地将其自己的哲学信念赋予其中,而逻辑在现代的新开展却完全没有被提到和精确的说明。唐君毅在谈到他对现代逻辑的态度时说:

> 吾尝观现代之符号逻辑之将其基本观念、公理、推演规则,皆一一表出,吾以为此推演即推论,亦即逻辑思维中之推理之事,吾应可由之以知此思维中理性之全貌。然吾当时之问题,唯是问:如何对此中基本观念与公理、推演规则等,观其相依而立之关系,以归约之为单一之逻辑观念。然吾观罗素、怀特海之数学原理,开始即设定若干原始观念、基本命题、推演原则,全不说其所以必须如此设定之故,吾甚为反感。卡纳普逻辑语法,谓此语法乃只涉及符号,不关意

---

① 唐君毅:《生命存在与心灵境界》,第 164—165 页。
② 同上书,第 322—345 页。

义,吾更无从理解。故吾亦更不能有现代逻辑之演算之训练。直至三四年前乃更将罗素早期之数学原理与数理哲学导论,及其与怀特海合著之数学原理之导论,路易士之符号逻辑,卡纳普之逻辑语法,各看了一次,以略补吾少年时之所缺。①

其实,我们从他的自述中可以获得几点非常重要的信息:第一,他认为现代逻辑学的发展只是传统逻辑在推论上更为严密的迈进而已;第二,逻辑的基本观念、推演规则与公理系统应该可以归结为一些基本的观念;第三,他本人并未有过正式的现代逻辑训练与演算练习。

正是基于这些方面的原因,在唐君毅这里逻辑及逻辑学就显得比较狭窄了,唐氏似乎认为,逻辑的含义只是一些可以理解的、可以归约的逻辑学观念,更明确地说,就是指传统形式逻辑中的一些基本规则。而他对现代逻辑的数理化、纯形式化、符号化的发展趋势则不能理解和认同。因此,诸如逻辑学的新发展为了现代新兴学科(比如计算机科学)之建立所做的准备与打下的基础则可能完全无法理解。更重要的一点是:他本人并没有进行过正式的现代逻辑训练,可是他却要讨论现代逻辑与传统逻辑之间的关系,甚至把现代逻辑与其哲学信念联系起来说,这不能不让人觉得这是个非常不符合逻辑的做法:如果现代逻辑他没有办法理解,也没有深入研究,他如何可能把它与其哲学信念以及传统逻辑之间的区别和关联找出来?这倒是比较奇怪的事情。

如果我们非常遗憾地说,唐君毅对逻辑的理解非常有限,或者更确切地说,他只是对传统逻辑的基本原则有所认同,那么,他对理性在逻辑含义上的界定就会比较狭窄,这既不符合逻辑学的看法,也不能让我们完整地理解理性在逻辑上到底是如何体现的。在唐君毅看来:

> 吾当时观现代之逻辑之公理法、直下提出若干基本观念、基本命题、推演原则,便从事推演,则视为非理性者。此非理性者,应预设一理性基础。此基础为一理体或 Logos。对此 Logos,吾于读黑

---

① 唐君毅:《生命存在与心灵境界》,第 675 页。

格尔至鲍桑奎之书以后,自谓已发现。此乃一三度向之理体,而又可销归于一虚灵无相之心,以为其性之理体。①

也就是说,唐君毅认为逻辑命题、逻辑推理过程最终需要预设一个基础,这个基础才是终极性的、理性的,反之,如果径直提出若干原则与推理形式,而不问这些东西的前提与来源,则是非理性的。这个想法对于现代逻辑学以及一些现代哲学的研究者来说显然难以接受。恰恰相反,逻辑学向数理化、形式化、符号化转向,它要做的事情恰恰就是把所谓的"理体"之类的设定给取消掉。因此,在唐君毅这里,理性表现为逻辑的时候,他并不是要开展出一套完全的逻辑学体系,而是试图把逻辑推至"理体"之类的形上领域。这种方式是与现代逻辑的基本观念和大体倾向相背离的。不过,唐君毅的目的还是比较清楚,为逻辑找到一个形上学根据,把逻辑本体化。

虽然唐君毅并不理解逻辑学在现代的新发展,但是他在做的事情,即为逻辑本身做一个观念的澄清与奠基性的考察却是逻辑哲学要做的事情。也就是说,逻辑本身的成立以及逻辑学的基本公理系统、推演法则如何保证其本身的真理性,这个问题的考察与研究并不是没有意义的,正是由于对逻辑本身的追问以及对逻辑学内部演算法则的关注之不同,逻辑哲学与逻辑学才由此区分开来。但是非常遗憾的是,唐君毅并不是要通过逻辑哲学的考察而推进逻辑学本身的精密、严谨的发展,而是不在意逻辑学本身的推进,他所关心的是能否为逻辑学找到一个终极依据,并使之与其哲学信仰相吻合。这样一来,唐君毅对逻辑的理解与把握就不得不偏离逻辑学本身了。因此,他对理性在逻辑方面的意蕴之理解和诠释就不可能不出现问题。

(2)理性即所谓经验知识

唐君毅对理性在认知方面的含义除了逻辑这一层之外,它还包括经验知识的意思。所谓经验知识,就是指理性对"境物"的观察所得到的东西,而这种方式在唐氏看来也是理性的表现。经验的获得与形成经验知

---

① 唐君毅:《生命存在与心灵境界》,第675页。

识的过程在唐君毅看来就是理性的。因此,他有时会把经验归纳与综合过程直接称作理性的。

对于唐君毅来说,"何谓经验知识,以及知识真正所指为何"是我们重点讨论的问题,此处暂不赘述,下文会针对其知识的讨论专门进行分析,我们现在需要清楚的是:他把经验知识当作理性的产物是可以肯定和得到认可的。

3. 理性即道德理性

唐君毅的理性概念在其"道德理性说"中曾经提到过,其实理性本身包含道德意蕴这一点,唐君毅是非常肯定和极力主张的。虽然我们对其道德理性进行分析时发现,他可能会碰到许多问题,但是唐君毅本人却并不这么认为。

(1) 道德:心之虚灵与天德流行

在唐君毅的心灵境界理论中他用了专门的两种境界来讨论道德问题,即"道德实践境与天德流行境"。如果我们把他的心灵境界理论联系他早期的核心观念——也是他终生坚持的观念,即"不陷溺而一念自返"的道德界定来看,我们可以说心灵九境就只讲了一件事情,即如何让心灵不陷溺于特定境界,而能念念自返,流行不息。这种状况在唐君毅看来就是道德的表现。因此,从这个意义上来说,整个心灵境界理论就全部是关于道德的讨论。

"道德"一词的使用是在心灵自觉地自我主宰之意义下使用的,因此,所谓自觉的自我主宰就是理性的意思。于是,我们看到,唐君毅所谓的理性就是指心灵自我主宰、自觉不陷溺于特定处境的意思,而这就是唐氏所说的"道德的"。

A. 心之虚灵是为道德的

尽管如此,关于道德,唐君毅在心灵境界理论中与早期的心之本体说有些许不同,早期所谓的"不陷溺而一念自返"在此时已经有专门的说法,即心之虚灵明觉。虽然他之前也使用过这个说法,但是,此处心灵之虚灵明觉就已然是道德的另一种称谓了。也就是说,心灵处在这种状况之下,就是道德的,反之,如果心灵陷溺于特定境相,就是非道德的。

B. 天德流行是道德的终极目标

如果说心之虚灵明觉是指心灵状态处在流动之中,不陷入特定的情境,那么,心灵最终时时刻刻处在活动不息的状态之下,这便是唐君毅所要描述的道德的、理性的心灵。只有此时,他才认为心灵是真实的存在,而此种心灵状态,在他看来不是一般的现象世界,而是真实不虚的形上世界之显现。也就是说,透过心灵活动的流动不息,我们达到此种状态的人就能够看到整个世界呈现出一派流动不息、生生不已的"仁"的局面。这种指向与境况就是唐君毅所说的天德流行境。天德流行是从个体心灵活动中所透显出来的,也是虚灵之心所要追求的终极目标。

(2) 理想:达到心之虚灵、进入天德流行

我们虽然简单地描述了唐君毅所追求的道德理性这个终极目标,但是它作理性的活动似乎总是让人有许多疑问,我们且不讨论这些疑问的具体情况,只要看到唐君毅对理性的解释,他如何把理性变成道德的,又是如何把它本体化的,这些问题就会得到一定的理解。现在,理性如果要帮助心灵活动流行不息,目标已然出现,即达到心之虚灵明觉与进入天德流行的境界,这种目标就成了理性要建立起来的理想,是为道德理想。也就是说,唐君毅会认为理性认识到这一目标之后,他就为自己确立起向之进发的方向,这个方向与具体所指就是唐君毅所说的理想。理想是心灵境界理论下理性的另一层含义。很多时候,当唐君毅在使用理性这个概念时,比如他说这是理性的,往往就是指它是理想性的。我们在分析中知道,他所谓的理想其实不过就是理性自觉的一个结果。因此,理性产生理想,理想就是理性的。理性又是道德的,所以理想就是正当的、正确的、道德的。唐君毅在心灵境界理论下对理想的界定与他在"道德理性说"中对理想的论断几乎没有什么不同。

4. 理性泛指理、义理、理念等

理性概念在唐君毅的使用中比较随意,除了本体化的、认知上的、道德性的含义之外,理性还可以指理、义理、理念等。这些概念比较大而化之,他并不对其进行区分,理性的使用也没有与以上的几种主要情况进行区分。

(1) 理性即理:泛指一切道理、规律、规则

在唐君毅对理性进行缩减的时候,他常常用到"理"这个概念,我们

知道:理(或说天理)这个概念是宋明理学的一个核心范畴,而当唐君毅在使用"理"这个概念与语汇时,他似乎并不在乎其中包含的种种差别,也不太在意"理"在近现代以来各种学科门类建立起来以后所探讨的具体对象、学科知识与他所谓的"理"有什么区别和联系。因此,这样一来,唐氏所说的"理"就成了什么都可以指代、什么都可以包含的、没有任何明确所指的东西。纵观唐氏对"理"的各种使用情况,如果一定要进行概括分类,那么他所谓的理大致可能有以下三种情况:一、万事万物存在的终极依据,如天理;二、形上之理在"理一分殊"义下的具体理则,如物理、伦理等;三、"理"同时还指学理,即各种现代学术所讨论的具体对象及其规律。

尽管我们如此对唐君毅所谓的"理"进行归纳可能并不会让唐氏满意,但是,他对理性的泛指几乎都是在这三种意义上说的,当他把理性直接等同于这三种内涵中的任何一种时都是有问题的:如果我们说理性与理没有区别,那么,我们如何说这是理性,而那是理?理性与理怎么可能是一样的?

(2) 理性即义理:指一切说理的方式及学说

义理也是一个所指非常泛化的概念,但是唐君毅在使用它时,比较明确的指向是把它当成是类似于哲学理论之类的东西,总之,它是一整套说理方式及说理系统。因此,这个意义上的义理实际上就是哲学的意思。也就是说,理性还指哲学本身。

(3) 理性即理念

当唐君毅用理性来指代理念时,他的意思可以肯定的有两点:第一,所谓理念类似柏拉图理念世界所述的理念,即 Idea。第二,理念具有理想性,不一定会在现实中出现,但却真实存在,它对认知具有原初的驱动力,理念不受经验限制,而且唐君毅认为这一点正是理念的超越性与意义所在,关于这一点,他不同意康德对理念的看法。

总之,唐君毅虽然对理性在指代上与具体内涵中有一些描述,但总体上并未进行界定,因此,我们在对他的理性概念进行考察时就要特别注意在不同的语境下,理性到底所指何义,而不能以通常我们所理解的理性来对待唐氏对理性概念的使用。

二、心灵九境论中理性概念的来源

正因为唐君毅使用理性概念时有诸多不同含义,所以理性似乎就像一个万能的词汇,在许多地方都可以使用,这种局面的形成倒也有据可循,我们只要从唐君毅的道德理性说中对理性的界定处就能发现:在那里理性是具有多重含义的,至少本体化的理性、道德化的理性、逻辑认知义的理性诸义都已然出现。所以,当我们讨论心灵九境中理性概念的来源时,至少有两方面的意思需要厘清:一、如果从唐君毅个人的思想发展脉络来探讨理性概念之来源,那么,他的心灵境界论中的理性概念延续了他道德理性说中的理性概念的主要含义,即性理与逻辑认知这两层意思,二者都完整地保留了下来。二、如果从唐君毅思想之外来看待其理性概念,那么就会显得较为复杂,从我们上面对唐氏理性诸义的分析来看,我们实在难以断定他的理性概念具体源自哪一家。理性这个概念实在是一个太过宽泛的哲学术语,另外,对理性的看法在哲学史上既有比较共识的意涵,又有自成一家的论述,唐君毅在吸收诸家之说时,他唯一明确地说过他的"理性说"之出处在《道德理性与文化意识》一书,他认为他的"理性说"同于中国传统哲学所说的"性理说"。但是,他这种看法并不完全属实,因为我们知道:中国传统的性理说并没有特别强调和突出理性在认知功能与逻辑层面的内容,这个部分显然是近现代以来中国传统学问受到西学影响后而被强调的含义。因此,从大的方面来说,我们只能说唐君毅受到了来自中西方不同的理性说对其理性概念的影响。

三、心灵九境论中的理性说之评析

唐君毅在心灵九境论中使用理性这一概念的地方很多,其具体含义与具体所指存在着纷繁复杂的局面,因此,在这种情况下,如果不对其理性说具体分析,那么我们试图通过其理性概念来理解其心灵境界说就存在相当大的困难。而我们知道,理性是唐君毅认为的对心灵活动进行把握的重要途径和基本工具,如果理性本身不清楚,那么,我们要通过理性来认知与把握心灵活动,从而把握心灵与境界就是一件不可能完成的任务。正是基于这样一种考虑,唐氏不能不对理性进行考察与描述。但是,从唐君毅对理性的诸种看法来说,由于含义太多,界定不清楚,因此,我们要通过理性来把握心灵活动、心灵与境界就显得比较迷茫。对于境界来说,我们到底是通过逻辑与认知,还是通过道德实践,抑或通过什么别的方式来达到相应的境界,都是比较让人困惑的问题。

(一)理性的运用与理性本身之区别

唐君毅在对理性进行考察与描述时,无疑有一个心灵活动与心灵本体的设定,但是当他试图找出一种可以言说、可以归约的方式去把握和描述心灵活动及心灵本身时,他想到了理性,当他希望通过理性来把握心灵活动与心灵本身时,他又不得不往后退,即对理性本身进行说明与限定,但是问题就由此产生了:当对理性进行考察与讨论时,我们依靠什么?理性与理性的运用及表现到底有没有区别?也就是说,当理性成为考察对象时,我们用什么东西去把握它?如果理性本身已经变成了类似于心灵的本体,那么理性还如何可能成为一种可以言说的、可以归约的工具与手段去把握理性本身?在唐君毅这里,当把理性用来把握心灵活动与其本质的时候,他是清楚的,即他所谓的心灵活动、心灵境界都还是需要进一步说明的东西,这唯一能够说明它们的东西就是理性;而当他退到对理性进行考察时,他却忘记了理性的这种特点,直接把理性的认知功能降到从属于本体化的理性含义之上,或者说理性的认知功能完全消失,只有本体化的理性存在,这样一来,理性又变成了需要说明的东西,理性与理性的运用完全没有区别了。这便是唐君毅心灵境界理论之下理性的最终命运:理性与理性考察的对象成了无差别的东西。

我们当然能看出这种方式显得非常古怪,而且这种方式对于理性来说简直是一件毁灭性的事情,理性在被考察和讨论的过程中无声无息地消失了!

在中国近现代对理性进行考察和讨论的思想家中,梁漱溟的观点具有代表性,他在《中国文化要义》一书中说:

> 所谓理性者,要亦不外吾人平静通达的心理而已……盖理智必造乎"无所为"的冷静地步,而后尽其用;就从这里不期开出了无私的感情(Impersonal Feeling)——这便是理性……此和谐之点,即

清明安和之心,即理性。①

我们很难把梁漱溟先生这里对理性的界定当作一种理性的定义,这种描述充其量只是让人更为困惑,如果理性仅仅是平静通达的心理或清明安和的心,那么理性的实现就是这种状况的达到,理性对自身的把握则只能求诸对自身的冥合无间,因此,绝对没有其他能力和方法去把握理性本身。这种情况的结局与唐君毅一样,理性与理性的运用变得毫无区分,理性作为对象与作为工具完全变成了一回事。这种情况在他们看来在哪里可以实现呢?直觉!只能在放弃理性思考、一念超绝中得到实现,否则这样的理性简直是不可想象的。无怪乎直觉或说直观(或说负的方法),对于他们来说(这种方式对于冯友兰等人也同样成立)成了终极归宿。这个意义上的理性与西方哲学中所谓的理性是截然不同的。②

---

① 梁漱溟:《中国文化要义》,上海:上海人民出版社,2011年,第119—126页。
② 对于西方哲学中的理性概念,黄林非在其博士论文《理性话语与中国现代文学的理性精神》中说:从词源上看,据徐亮的研究,中文所谓的理性一词广义上涵盖了两个不同的英语词 reason 和 rationality,或者说涵盖了这两个词所包含的两组系列词。reason 和 rationality 均直接来自拉丁语 intellectus 和 ratio,因此,它们似乎是拉丁化的产物。而在希腊文献中,与理性意思相似的有 nous 和 logos 这两个词,它们也大体上表达了理性的最初含义。据考辨,理性概念的来源是努斯,其本意是"心灵"。Nous 由动词 noein 演化而来,noein 的意思为"思想"。第一个把努斯作为哲学概念来加以讨论的是阿拉克萨哥拉。在他看来,努斯是精神性的,它无处不在,但又不与其他东西相混同,它是无限的,自立的,是推动和规定世界的精神性力量。理性的这一含义表明,人类早期的理性意识已具有了能动和超越的意识。逻各斯一词的最古老含义是"言说",言说是对遮蔽的东西的展示和表达,它既是主观意谓的展示,又是表达出来为人们所认可的公共的东西。Logos 由动词 legein 演化而来,legein 意为"计算"。古希腊哲学家赫拉克利特在寻求世界本原的过程中引入"逻各斯"一词,以对不可规定的"变"本身加以规定。在赫拉克利特看来,逻各斯是变中之不变,是变化的尺度和根据。在这里逻各斯初步具有了"规律"、"尺度"的含义。在德文中,intellectus(nous,reason)ratio(logos,rationality)的词义相应地分别用 vernunft 和 verstand 来表示。在康德那里,理性(vernunft)是一种高于知性的、以无条件的综合为特征的思想功能,其目标是上升到无限,求取最高的统一和整体性,在实践方面,理性成为一种以最高原则来规定和要求行为的内在律令;而知性是理性在认知领域的应用,它仅止于以概念和范畴对感性经验对象作出判断和概括,是一种从客观现象中求取知识的功能。

（二）理性研究的方法与工具之缺失

如果我们稍有留神就会发现,理性与理性的对象根本不可能是一回事,研究理性的过程是理性的表现,但是最重要的一点可能在于如何去研究理性自身。这对于他们来说是个大问题。当我们要进行思维时,除了重要的概念、范畴、观念等,我们需要的东西还应该有完整的思维工具与思维方法,否则我们很难对人的心灵及思维活动进行研究和把握。

1. 思维工具的疏忽

我们如果引用黑格尔对天才的灵感与健康的常识在哲学研究中的批评,那么我们会发现理性思维的训练与推理方式、思维工具对理性主张者来说是何等重要:

> 对于哲学研究来说,不进行推理而妄自以为占有了现成的真理,这也是和专门从事推理的那种办法同样是一种障碍。这种占有者以为根本不需要再回头来对现成的真理进行推理,而直接就把它们当作根据,相信他自己不但能够表述它们,并且还能根据它们来进行评判和论断,从这一方面来看,重新把哲学思维视为一种严肃的任务,乃是特别必要的。在所有的科学、艺术、技术和手艺方面,人们都确信,要想掌握它们,必须经过学习和锻炼等多方努力。在哲学方面,情况却与此相反,现在似乎流行着一种偏见,以为每个人虽然都生有眼睛和手指,但当他获得皮革和工具的时候并不因为有了眼和手就能制造皮鞋,反倒以为每个人都能直接进行哲学思维并对哲学作出判断,因为他在天生的理性里已经具有了哲学判断的标准,仿佛他不是在他的脚上同样已经具了鞋的标准似的。——占有哲学,似乎恰恰由于缺少知识与缺乏研究,而知识和研究开始的地方,似乎正就是哲学终止的地方。①

黑格尔这种批评非常中肯地切中了一些哲学思维与训练的天才式

---

① 〔德〕黑格尔著,贺麟、王玖兴译:《精神现象学》,北京:商务印书馆,1979年,序言第 51—52 页。

企图,这些人认为无需进行认真的推理与艰辛的思维训练就可以进行哲学思考,甚至认为可以把握和占有现成的真理而不需要知识与研究的洗礼,然而,这显然是一种无理性的狂妄与自负。

如果说黑格尔在强调理性推理与概念运用对哲学以及一切理性思考的极端重要性,那么我们可以想见的是:顺着这种思路下去,我们必须对理性思考的方式进行更加严格的考察与研究,这便是所谓逻辑研究的极端重要性,逻辑学已然成为极端重要的思维工具与可以依赖的基本方法。而关于逻辑学与逻辑的看法,在唐君毅那里却没有得到体现,因此,唐氏在研究其理性本身时,其思维工具的缺失是导致其理性退向本体化与直觉化的主要原因之一。

2. 科学实证维度的缺失

思维工具的缺失如果说可以简单解释其理性与心灵的无差别,那么理性与理性对象的区分之模糊,还只是一方面的问题,另一方面的问题还在于唐君毅所要界定和言说的理性实际上除了思辨性之外还与经验的关联性不大。我们说要研究人类理性,这总不是一个纯粹思辨的问题,理性能力受到人类经验世界与自身条件的限制是无疑的。当我们只是一般性地谈论理性时,如果与严格的推理方式有些距离,那么这样的理性就必然要失之空泛而没有内容。那么这样的理性讨论之对象就可想而知了。威廉·詹姆斯在《心理学原理》一书中有针对这种情况的专门批评:

> 人必须一直思想下去;由心理学所假定的论据,正如物理学和其他自然科学所假定的论据一样,必须在某个时候得到彻底检查。对它们进行清晰和彻底的检查,是形而上学的事情;而只有当清楚地意识到它那超乎寻常的范围时,形而上学才能完成好她的任务。不完全的、不负责任的、半清醒的和未意识到她自己为形而上学的形而上学,当将她自己注入到自然科学之中时,就把两个好东西弄

坏了。①

也就是说,唐君毅在对人类心灵进行讨论和考察时,他对人的设定似乎是一个真空的个体,人类的心灵活动与理性思考似乎可以离开人的身体条件与思维状况之影响,他有些关于人类理性的看法并不针对性地进行具体考察,更不愿意将其与人的身体状况等结合起来加以考虑。因此,这样的结果就是他在研究人类理性与人类心灵时难免把属于具体学科的知识门类予以忽视,而在直接讨论这些相关知识时又开始追寻终极性的解释与答案,从而,在此过程中把它们推向本体论的领域,这就出现了威廉·詹姆斯所批评的把"两个好东西都弄坏了"。本应属于实证科学的维度的经验知识被形上化,这是对人类已形成的知识门类之威胁与消解;把形上学要讨论的问题用实证科学的对象与知识作注脚,实际上又把形上学推向了更为糟糕的不清楚、不相关、不自觉的状况之中。黑格尔在《哲学全书》中意味深长地说:"人们总是经常对理性说的很多,并诉诸理性,却没有说它的确定性是什么,它是什么。"这一点对唐君毅来说也是如此,他谈论理性的地方很多,诉诸理性的地方在他整个心灵境界理论中都存在,但对何谓理性却不清楚、不明确。

2.2 通达心灵活动的方式

对心灵活动的认知与体验是唐君毅理性概念承担的重要任务,而理性概念能否顺利地通达心灵活动又是过渡到心灵本身与境界内涵的桥梁,如果理性概念不能顺利地帮助我们通达唐君毅所要展开的心灵活动及其境界之内容,那么心灵活动、心灵本身、境界等内容就应当还是未知的,因而不能轻易下断言。

唐君毅在心灵境界论中对理性诸义的使用存在严重问题:一方面,他在对理性进行讨论时并没有很好地对思维工具与认知途径加以运用;

---

① 〔美〕威廉·詹姆斯著,田平译:《心理学原理》,北京:中国城市出版社,2010年,序言第4页。

另一方面,理性在本体化的倾向面前,它终究难以逃脱与心灵等同的命运。

由于不能很好地运用思维工具与认知途径,这样的结果就是对理性进行探讨时只能停留在个体主观的思维想象中,这样既不能严格地考察其概念运用、推理过程中的种种问题,又不能通过一定的科学实证方法和程序来验证其对理性本身的假定和设想。这样的结果就只能是自话自说和留下一些属于个人的意见或信念,它的普遍性与真理性是缺失的。

对于理性本体化的趋向,直接的结果就是把本来是用来对心灵活动与心灵本身进行认知的理性直接变成了心灵本身;让理性活动起来,变成了具有三个向度的与心灵活动无差别的东西。这样做就让理性陷入了认知上无能为力的境地,它本来应该是通达心灵活动的必经之桥梁,现在反倒成了与心灵活动基本无别的东西,这种概念的转换是让人猝不及防的。因此,这种变化所带来的后果就是:如果理性与心灵无别,理性又需要其他东西与方法来把握,那么通过理性直接把握心灵就是不可能的。

心灵活动仍然是没有抵达的地方,通过心灵活动来把握心灵及其境界自然难以确定。因此,我们面临的困难就是:要么撇开理性而直接诉诸其他方式来通达心灵活动,要么承认对理性的界定和认知存在根本性问题。在唐君毅那里,对理性的看法已经基本确定了,他也没有可能对其理性概念进行系统修改与补正,抑或他认为可能根本没有什么问题,但事实上我们发现这其中的问题是比较明显的,所以如果我们要抵达唐君毅所说的心灵与境界就不能通过其理性的方式,而应该根本上否定这条途径。因此,从现在开始,我们需要考察唐君毅有没有其他方法与路径来认知其心灵活动、心灵本身及其境界。

在唐君毅看来,通达其心灵活动、心灵本身、境界可能并不像我分析的那么艰难,如果我们要一步步地紧逼和考察其方法和途径,在唐氏看来似乎只是在追逐一些不相关的末梢之事,而对根本性的东西没有办法迫近。可是,如果哲学作为一种说理论证的把握真理之方式,那么从前提到结论,从一个概念过渡到另一个概念,其间必然容不得半点含糊,推理的链条必须每一个环节都是通畅和清楚的,否则我们就必须对不畅通、不清楚的地方进行再次考察,也只有对不畅通的地方排除了各种问题,打通了推理链接,我们才有可能继续往下论证。如果我的理解大致不误的话,那么我们纠缠于唐君毅对理性概念的界定与分析就不是舍本逐末,而是必须要经历的一个环节。因为如果唐君毅的"理性说"事关其心灵的把握与境界的抵达,而他对理性又不能给出让人信服的、确凿的界说与讨论,那么我们只能说这种方式可能是失败的。因此,如果要对唐氏所谓的心灵活动、心灵本身与境界进行把握就只能选择其他途径。而在唐君毅那里,或许他认为存在其他可能的方式。

一、感通与同情共感

如果说唐君毅的"理性说"并不能带领我们通达他所要的心灵活动,那么其心灵活动的通达就需要另寻他途,而这样的途径在唐君毅看来是可能的,这便是他的"感通说"。所谓感通,来自《周易系辞下》:"《易》无思也,无为也,寂然不动,感而遂通天下之故。"感通是唐君毅心灵九境中经常提到的一个概念,所谓感通,就是指心灵与"境物"的相通,唐君毅还说过"感通之谓仁"。但是,感通在唐氏那里没有具体进行定义,因此,我们只能结合相关的说法来予以说明。

(一)感通与心灵三向

感通如果与心灵活动结合起来理解就会是这样:因为心灵会陷溺于特定的情境而不能念念自返,从而会影响到心灵活动的流转不息,于是,感通的意思就是要让心灵与"境物"时时刻刻相感应,从而在新的"境物"出现之时心灵能及时与之相接而动,而不是念念自陷于曾经的处境之中。也就是说,感通只是"不陷溺而一念自返"的另一种表述。而稍有变化的是它与心灵活动的三个向度联系起来,以及感通之说是要赋予心灵活动自我确证的一种方式。

1. 心灵三向与感通的三种方式

唐君毅在对心灵的设定中曾经从"前后、左右、上下"三个方向对心灵活动的原初形态进行了规定和描述,在他看来,心灵活动的三个方向在出发点上会有知、情、意(指向行动)三者的不同区分。也就是说,心灵活动在向三个不同方向出发的时候其实是认知、情感、意志三者的一体共存。也就是说,心灵活动在任何一个方向的活动都不是简单的或认知或情感或意志的事情,而是同时有三者的成分存在。这种看法也许我们没有太多异议,因为人本身就是一个复杂的统一体,他不可能在认知的时候完全不掺杂任何情感、意志的成分,而情感与意志的发动完全与认知无关似乎也不太可能。因此,我们如果同意唐君毅在心灵活动的规定上把知、情、意添加上去,那么他所表达的所谓感通就是指情感、意志、认知上都是畅通的状态。感通就是指在认知上、情感上、意志上顺着心灵活动的诸种方向顺利地得到表达和实现,而"知、情、意"作为三种不同的方式就是"感通"的具体途径和方式。

如果上文对唐君毅理性的分析能够成立的话,那么实际上他的"感通说"在认知这个方面就会存在相当的困难。感通如何能够在认知上舍弃理性的方式来实现,这本身是个问题。

因此,我们似乎只能考虑唐君毅所要表达的感通是否就是指除了认知之外的另外两种形式,即情感与意志这两个方面。情感的通畅,或说"感通",实际上在唐氏这里可以理解为同情心的发动;意志的实现就是指从思想和目标到行动的贯彻与执行。"感通说"综合起来就是指心灵活动能够顺利得到表达,意志活动得到顺利贯彻实施,如果于此有阻隔就可以说没有感通,反之就是感通的。

2. 感通说与心灵活动的自我认定

感通强调的是从心灵活动出发,无论是情感的发动,还是意志的执行,它们始终是与心灵活动强相关的,而现在的问题是:在情感的发动与意志的执行之际,感通与否并不是一目了然的,恰恰是有待确证的事情。也就是说,"感通"过程本身就是心灵活动的过程,那么,如果说我们感通了,或者说没有,这个判断显然是非常后起的事情,而应该不会发生在感通过程之中。唐君毅又把心灵活动在"感通"这个概念之下推向了心灵本身。换句话说,在根底上他是要把"感通"这种方式推向心灵活动发动的那一瞬间。似乎此时我们通过感通就能够隐约地感觉到心灵活动的真实与心灵境界的开启。

我们当然不否定人的情感之真实存在,我们也能体会到情感在发动的那一瞬间对个人的触动之可能与实现,这种方式在唐君毅那里是他认为的通达心灵活动的一种途径。也就是说,"感通说"是情感层面上的认证个体心灵活动的基本方式。

对于意志,在唐先生看来,似乎也一样,他觉得在行动发出之际,他所表现出来的行为方式就反映了其心灵活动的存在。而同样的思路,他认为只要人一思考就自然表现出认知的倾向与认知心之存在。也就是说,在唐君毅这里,感通是他证明心灵活动及心灵存在的基本方式。感通本来就是联通心灵与"境物"的中介,但是当他把感通放到心灵活动发动的过程中去,似乎它又变成了心灵活动的另一种说法了。心灵活动似乎只需要自我认定就行了,这是感通的要求,感通只在于心灵发动的一瞬间就业已完成。唐君毅的"感通说"是他对心灵活动之存在的又一种认定方式。

(二)感通与同情共感

当然,唐先生试图通过思考、情感、行动在个体中的表现来断言此类活动背后有一种心灵活动的存在,即一种包含知、情、意三向度的心灵活动之存在。现在我们的问题是:知、情、意三位一体的心灵结构与规定到底是前提,还是需要确证的结论?唐君毅告诉我们的似乎是:人们可以通过个体的外在表现来推定其人一种心灵的存在状态,但是他又在开始处设定了心灵活动知、情、意三位一体的基本构成,此处令人不解的地方就有:一、如果心灵的存在状态是从人的外在表现来推断的,那么心灵活动的构成就是结论,也是归纳的结果,因而心灵活动的诸种形态就是或然性的推定;二、如果心灵活动是先行设定的,是从唐君毅个体的人生体验或体系设定而推广开去的,那么,这种情况的普适性就存在有待证实的问题。前一个问题指向唐氏所肯定的心灵活动自觉存在之状态,如果人的心理活动并非都是理性的、自觉的状况,那么这种肯定性的推断就难以成立;后一个问题指向唐氏所说的心灵活动的三个方向的证实及普适性问题,如果说唐君毅先生认为心灵活动是结构分明,层次清楚的,那么现实中人类思想与活动所表现出来的无序及混乱就难以得到解释。

如果我们把唐君毅的感通说放在心灵活动的自我认定上,他的想法可能是这样的:因为人的情感会发动,所以心灵活动就存在;因为心灵活动在理性认知或行为表现上需要通过一定的中介来完成,因此,它不如情感发动时来得直接。也就是说,情感的感通实在是最能贴切地反映心灵活动的方式之一。只要有过同情心发动经验的人们就会真实地感觉到同情他人或体贴他人处境时的经验,此时,个人似乎在一定程度上把自己带到了与他人同命相连的境地之中,人喜亦喜,人忧亦忧,在这种情况下,个人的心灵似乎突破了人我界限,把自己与他人紧密地联系在了一起。在唐君毅先生看来,这种情况就是同情共感,也是感通的另一种说法。同情共感强调的是个人情感的投射,似乎只有在这种情况下,在人我无间的时刻,人们才见证了心灵的存在。也就是说,唐君毅所说的心灵始终是一种纯粹的、超越一己之私的大心灵,是个体自觉的心灵状态。于是,我们发现唐君毅所谓心灵活动的自我认定始终存在于个体自觉的心灵状态下,而一己的小心灵与纯粹的大心灵是有本质差异的。在他看来,只有自觉的、纯粹的大心灵才是应该追逐的目标,但是,这个目标本身却常常与非自觉的、一己之私的个体私欲纠缠在一起。我们通常所接收到的和体验到的是个体经验性的东西,而如何通过经验性的东西推定另一个完全不同质的且不全是认知意义上的东西(纯粹的大心灵)之存在,这是令人困惑的问题,也是极其需要说明的。而且,我们一直在试图寻找唐先生所说的心灵本身与境界之间的通达之路,如果这条道路并不清楚,那么他直接断言其存在就难免独断。

二、静观与心灵活动

心灵活动如果是自觉的、理想性的规定,那么人类存在的普遍的心灵活动或许并不需要呵斥和净化。一旦说心灵活动本身是自觉的,且带有理想性的,那么实际上这是需要说明的,因为现实中各种不自觉、不理想、非理性的人随处可见。唐君毅的心灵活动从其"心之本体说"起就已经对其有过自觉的、真善完足的规定。对于这样一种心灵活动,现实中的个体要通达它始终是个亟待解决的问题。

(一)感通与心灵活动的自觉

我们说个体的心灵活动如果从一个广泛的意义上来说,包括人的各种认知、思绪、情感、体验等经验性的东西,这些应该是人类普遍存在的共同的精神现象,我们承认其存在,也可以通过一些方式进行确证,但是,如果唐君毅先生说:除此之外,人的心灵还有一种完全不同于此的、自觉的、理想的心灵活动和心灵状态,并且这种活动也是普遍性的——那么,他要证明这种心灵活动的存在就不能随意通过经验性的说明而简单地推断其存在。我们从唐先生的感通说之分析中可以发现:他所说的感通的诸方式(知、情、意),不论是哪一种,都是经验性的,因此,要把感通与自觉意义上的、不同于一般意义上的心灵活动联系起来就有相当大的困难,或者说根本行不通。

感通说在唐君毅那里是要赋予心灵活动自我认定的一种方式,但是他所要的心灵活动之特点却让经验性的感通说瞬间无效。心灵活动的自觉与理想性并不能由感通说来进行说明,心灵活动在活动过程中自我确证的方式实在与经验性的形态不相合。因此,唐先生用感通来说明心灵活动实在与他自己的设定有太多的不洽了。这种不洽或许与其早年的"心之本体与道德自我的关联不畅通"有关系,此处只是极其特别地表现出来了。

(二) 静观与心灵活动的存有

如果说从动态的过程来说明心灵活动与感通的内涵有着相当大的差距,那么,心灵活动的存有就只能从另外一个方面来进行说明,即静观的角度。所谓静观的角度,不是把心灵活动放到某个媒介与途径中去观察,比如说通过理性的、概念的方式,或者感通过程来说明心灵活动的存在。这两种方式的困难上文已经说明。在唐君毅看来,心灵活动的本质或许最终只能通过静观(或说直观)的方式来解决。设想一种情况,心灵活动运行不息,同时,旁边一直有一个观察者静悄悄地跟随心灵活动之运行,就像天文学家一直不断地观察某个遥远的星辰一般,唐氏所谓的静观有点类似这种图景。在唐氏看来,在个体心中,除了心灵活动之外,其他的或许都是虚空的、隐而不现的。唐先生认为在个人心中这种图景只展现心灵活动,而作为静观者的个人就见证了心灵活动的存有。诸如此类的设想性图景,在唐先生的思维世界里比比皆是,他认为静观者的存在是不言而喻的,所以心灵活动的纯粹性与存有性就是自明的。也就是说,对心灵进行静观仿佛不是心灵自身,而是另外的某个东西。令人困惑的是:这种图景的设想仿佛不需要说明,而直接就可以肯定其存有。如果说此静观者不是心灵本身,那么我们实在无法理解这是怎么发生的;如果说此静观者是心灵本身,那问题就更大了,心灵本身需要心灵活动来进行说明,现在心灵仍未知的情形下却承担起了静观的角色,这实在匪夷所思。

(三) 心灵活动与理性化

我们如果接受了唐君毅对心灵活动的自觉、理想、理性(道德理性)的规定,那么,他对心灵活动的定性就存在着两个后续的问题:第一,非自觉、非理想、非理性的心理活动算不算心灵活动?第二,自觉、理想、理性的心灵活动如何与其他的心理活动相关联?

第一个问题是唐君毅先生对心灵活动进行具体规定以后必然会面对的问题,如果心灵活动只是他所说的那一面,人类普遍性的心理活动该如何面对和定性?第二个问题是当唐先生对个体的心灵活动只做出此类规定时,两种不同性质的心灵活动如何联结?

对于唐君毅来说,他会如此回答:其他心理活动可能并非终极真实的,而自觉、理想、理性的心灵活动才是真实的;其他心理活动必须真实化,也就是必须理性化,所谓理性化就是把个体的具体生活及心理活动变成自觉、理想、理性的状态。唐君毅说:

> 今欲使此一一散列之生活情境,自相为通,则哲学之理性,必化为生活中之理性,而不只使哲学理性化,亦当使生活理性化⋯⋯则吾今若再论哲学之理性之外,有生活之理性,无论吾如何论述,亦仍是思辨此生活中理性之事,而不能超出思辨。此即黑格尔之所以谓哲学之精神,为一最后表现之旨,然此说乃一错误之说⋯⋯故吾人言生活之理性化,首即当使此当下生活理性化。于此当下生活理性化,吾将谓其即吾人于第九境尽性立命境中所说之尽此个体之性立此个体之命之事。此尽性立命之事,亦同时是第六境中道德实践中之事。而人之道德实践境中,亦有人尽其能以立功之事,则又通于功能序运境⋯⋯此生活之理性化之道,不在只顺思想中之有普遍性

之概念,以生情,亦不在只住于具体境中,以生情,而在通此二者,以为人之心灵之当下境,而恒视此二者在一全体之当下境中……此中,人之心灵之思想,要在往而能复;人之心灵对一具体境之感,要在住而能往。此中之往复,要在圆转如环,而周流不息,以向于环中,使人对所感之具体境之具体的反应,皆理性化,兼使依理性而有之思想情感皆具体化,而通此所感所思,以为人之心灵当下之一全体之境,而恒有此一全体之在念。由此,人即得其尽性立命之事之一真实的始点,而外此亦不能更有人之生活理性化之始点也。①

唐先生所谓理性化,他认为是与生活相关的,与具体的生活情境相关,而不是与思辨性的、哲学论述相关,这当然是让人比较困惑的。

唐君毅在"尽性立命境"中,即最后一境中,他归结全书,总而论之,把一切都统摄起来的时候,他认为我们理性化的着眼点只能从当下的生活之理性化开始,可是他所谓的理性化又不是概念式的、思辨性的,这便让人只能联系到他在心灵境界论中"理性说"的诸种可能,此处所谓的理性化或许只能归入道德性的一类,他自己也承认"尽性立命境、道德实践境、功能序运境"三境与生活理性化最相关,而这三类境界就是唐君毅着重讨论道德的境界,即他所谓理性化就是指生活的道德化。然而,对于唐君毅来说,所谓道德的又是让心灵流行不息,不陷溺于具体的情境之中,因此,他所说的理性化就是要让心灵活动不拘泥于具体的情境而念念流转的状态。这种状态实在是唐君毅所认为的心灵活动最理想、最理性、最自觉的情况。在他看来,只要达到这种状况,纯粹而自觉的心灵活动就把其他心理活动加以转化或改造。可是,当他提到被改造完成的生活状况与现实个体时,其实现实个体与不理想、不自觉的生活还没有出场。

唐君毅在使用理性化这个概念时显然与我们通常使用的理性非常不同,甚至有时与我们通常所谓的理性之意相反,但是不管怎样,他的用意是要实现其规定的心灵活动之纯粹性、理想性的确凿与突显。可是我

---

① 唐君毅:《生命存在与心灵境界》,第559—562页。

们看到,这样的方式及其结果可能与他想要达到的效果背道而驰。理性如果放弃用概念与认知程式去把握心灵活动,那么我们用什么方式以及如何分辨唐氏所谓的心灵活动与一般的心理活动之区别?如果理性有所谓非哲学的、非思辨的生活化之一面,这种情况实在让人难以捉摸,更无法让人把握唐君毅所谓的心灵活动、心灵本身、境界到底何谓,自然也不可能通过心灵活动与心灵之描述带领人们进入相应的心灵境界。

第三章　心灵九境论中的知识之界定

唐君毅在心灵九境中对理性的看法使我们意识到：他对理性概念诸义的使用，一个比较明确的指向是要通过理性来通达心灵境界，也就是通过理性来对心灵活动进行把握。但是，唐先生对理性寄托的希望以及他对理性特定含义的使用使他最终又难以达到他想要达到的目标。一方面，理性本体化和道德化的趋向对于心灵活动来说，其作用只是对心灵活动进行了另一个角度的规定，而不是对心灵活动、心灵本身及境界的认知，因此，理性在这种情况下几乎没有实质性的意义，它只需要无言以对就可以了。另一方面，理性在认知层面对境界的认识与把握始终是唐君毅所警惕的，他让理性在逻辑和经验知识方面得到一定程度的认可，但是，他又认为逻辑与经验的把握方式，或更具体的说是概念、定义、推理的方式对于心灵境界的把握、进入与提升是有限度的，甚至是有问题的。因此，对于唐君毅来说，我们通常所说的理性对于他的心灵境界说是一个异常矛盾的角色，他希望理性发挥重要作用，即通过说理论述的方式来展开其心灵境界理论，在这个过程中他不得不使用一些固定的概念、命题以及推理形式，但是，他又觉得这样的方式对于心灵境界的把握非常有限，这种方式能到达的范围十分狭窄，因此，他又在一些地方努力地要破除这种方式，或者试图给这种方式本身进行限定或控制其运用范围。于是，这种情况就让人对他的"理性说"产生了许多疑问。我们对其心灵九境中的理性说进行彻底分析，或许这是我们理解他所谓的理性到底是怎样的，如何对其进行定位与定性的唯一途径。

我们知道，知识是理性的结果，唐君毅对理性的看法直接影响到他对知识的看法。因此，要探讨唐君毅在心灵九境中对知识的看法就必须首先了解其理性说，这也是我们对唐君毅心灵九境中的理性概念进行详细分解的主要原因所在。对唐君毅理性说的把握是我们进一步考察其心灵九境论对知识看法的基本背景。

唐君毅理性说的诸多分歧不会仅仅止于其心灵境界论的开展是否顺利这一个方面,而且它会影响到唐氏对知识的看法、作用及其定位问题。更具体地说,唐氏的理性说会影响到他讨论知识问题时的相关境界及其论述能否成立的问题。

3.1 心灵九境论对知识论之定位

唐君毅对《生命存在与心灵境界》一书的定性有过如是说法:

> 然其关涉于哲学中之所谓形上学、知识论之问题,吾初欲于此书论之者,则三十余年来,除于吾之哲学概论、中国哲学原论之书,述及中西哲学时,偶加道及外,则迄未有所述著。盖欲及此形上学知识论之问题,须与古今东西哲人所言者,办交涉,兴诤论;其事甚繁,未可轻易从事。尝欲俟学问之更有进,至自顾不能更有进之时,乃从事此书之写作。①

也就是说,实际上唐君毅自认为他的《生命存在与心灵境界》一书是要处理形上学与知识论关系问题的,他在《哲学概论》中虽然有关于知识论与形上学的论述,他在《中国哲学原论》对中国传统的形上学进行了系统整理,但是他认为在讨论形上学与知识论的关系以及最终定论上,《生命存在与心灵境界》一书才是他真正予以切实讨论的。因此,我们说唐氏的《生命存在与心灵境界》一书以及其心灵九境论是在形上学与知识论关系讨论的大背景下展开的。

于是,我们在讨论唐君毅心灵境界理论中的知识问题时大致确定的范围为:一、唐君毅早期在《哲学概论》中关于知识的观点以及知识论与形上学之间的关联之论述;二、《生命存在与心灵境界》成书之前关于心

---

① 唐君毅:《生命存在与心灵境界》,自序第1页。

灵的观念以及心灵与知识的关系;三、《生命存在与心灵境界》一书中关于知识以及心灵境界的看法。因此,我们的考察将主要集中于第一、第三两个方面,而第二个方面的内容则作为背景以及参照系进行对照处理。这样处理的原因很简单:在唐氏看来,他在《哲学概论》与《生命存在与心灵境界》二书中关于知识以及心灵境界的看法是他对知识论与形上学的代表性看法。

一、与知识论有关的境界

唐君毅对知识的看法以及对知识论研究对象进行界定在其《哲学概论》中有比较清晰的观点,这种看法会直接影响到他在心灵九境论中对知识、知识论、形上学的基本看法。

(一)唐君毅对知识论研究对象之界定

1. 知、识、知识的区分

唐君毅对知识进行了词源学分析,他认为知识由"知""识"二字合并而来,其中"知"与"识",以及"知识"连用其含义是不一样的。他认为在中文里"知"常与"智"互通,而知多与行为及情感意志相通。识则多与见识、志识、度量相关,识多为知的结果。"识"可能有分别,而"智"则超越分别,因此,有佛家所谓"转识成智说"。当知识连用时,在唐君毅看来既有传统中国人所谓的知识之义,又增添了新的内容,他认为增添的内容就是:

> 而多只以知识,指一种纯理智的关于事理名物之分辨之知,此与西方所谓 Knowledge 之一字涵义为近。而吾人今所谓知识论(相当于西方所谓 Epistemology)所讨论之知识,亦主要只是此种知识。①

他认为即便是相当于西方所谓 Epistemology 意义上的知识之讨论,中国古代仍然有,而有的含义是指"一种纯理智的关于事理名物之分

---

① 唐君毅:《哲学概论》,第160页。

辨之知"。唐氏理解的 Epistemology 显然有些问题,另外,关于中国古代是否有西方所谓 Epistemology 意义上的知识论,人们的看法并不一致,冯友兰认为:"知识论在中国从来没有发展起来。"[①]金岳霖也说:"中国哲学的特点之一,是那种可以称为逻辑和认识论的意识不发达。"[②]可以肯定的是:中国自古以来的学问中的确没有研究"何为知识"的专门学问——或者说"就中国学问的传统分类来说,很难找出哪一门类为知识论,也很难说哪一学派专门研究'知识之所以为知识'"[③]。我们通常所谓的知识论是西学东渐的产物应无疑问。

2. 狭义知识与知识论的内容

也就是说,在唐君毅看来,对事理名物的分辨就是知识论研究的对象之一。接着他从墨子《墨辩》篇与荀子《解弊》《正名》篇的看法引出中国古人也有狭义上的、相当于西方哲学中知识论意义上的内容。于是,他把知识论的内容分成三个部分:第一,能知,即各种与人类认识能力相关的感觉、知觉、记忆、想象、比较、分析、综合、推理等人类自身的认识能力与认知条件;第二,所知,即认知对象,诸如相状、性质、原理、规律、法则等;第三,知识,即能知与所知结合的、可以传达的结果,诸如历史、数学、几何等人类已有的具体知识门类。

也就是说,在唐君毅看来,知识论既要研究人类的认知能力、认知对象,还要研究人类已有的所有知识门类。这是唐君毅对知识论研究对象的第一种说法。这种说法令人疑惑的是:第一,我们中国古人所提到的诸如"以知,人之性。可知,物之理也"[④]能否与西方哲学认识论转向以来的哲学以知识论研究为基础的看法相提并论?第二,如果唐君毅把能知、所知、能所结合的知识成果都作为研究的对象,那么知识论研究岂不是成了各种学科门类之总汇,何来独立的知识论之研究?

---

① 冯友兰:《中国哲学简史》,北京:北京大学出版社,1985年,第32页。
② 金岳霖:《金岳霖学术论文选》,刘培育选编,北京:中国社会科学出版社,1990年,第352页。
③ 张永超:《中国知识论传统缺乏之原因》,《哲学研究》2012年第2期。
④ 参见荀子《解弊》篇。

3. 知识论研究对象的另外两种界定

唐君毅除了从人类认识能力与认知对象以及作为认知结果的知识三个方面来界定知识论的研究对象之外，他还有另外两种关于知识论研究的说法：

> 我们可称知识论，为讨论知识之所以为知识之一种哲学。亦可说是对于我们之知识，加以反省，而欲对我们之知识本身，求有一种知或知识之哲学。由此而知识论之中心问题即说明"何谓知识"。
>
> 故知识论之将人之认识能力，只是视作成就知识之条件看，故我们可说知识论之直接对象，乃是我们已有之知识之本身。我们是先设定有种种知识在此，如各种常识科学与哲学知识，然后再回头反省其如何构成……故知识论关于人之认识能力之一切讨论，都是由我们之直接目标，在求知知识之所由成时，而间接引出的。①

也就是说，在唐君毅看来，知识论有另外两种可能的说法：第一，知识论探讨的是"知识之所以为知识"的学科，即研究何谓知识者，它是一种哲学；第二，对已成知识进行系统性反思，研究知识的可能性条件及其要素构成。其实，这两个说法似乎有重叠，对已成知识进行反省，本身就是要研究何谓知识，最重要的问题还在于：哲学与知识到底是如何定位的，如果说哲学本身是一种知识体系，如同自然科学门类一样，那么这两处说法就是一回事；如果说把哲学与一般意义上的知识门类进行区分，那么这两个说法就指向不同的内容，前者指哲学门类意义上的知识论，后者主要指紧跟各种具体学科而进行分析研究的知识论形态。而唐君毅对于这两者似乎没有进行严格区分和规定，但是二者的区分所带来的结果却有根本性的差异：对于前者而言，知识论研究具有基础性的、不限于具体学科的属性；对于后者而言，知识论则显然不是基础性的，它紧跟着具体学科发展而亦步亦趋，更极端地说，它只是依附于特定的学科门类，就像一些哲学家所说的那样，这样的哲学（或说知识论）只对科学的

---

① 唐君毅：《哲学概论》，第159—162页。

命题进行清理,它不具有独立的学科意义。因此,对前一种意义上的知识论研究者来说,具体科学对知识论的意义与作用并不显著,它无非提供了一些可以用来援引和说明问题的例子;而后一种观点就必须要求知识论研究者具备相关的专业知识背景,同时对人类认知的基础性问题有深刻反思,拥有专业知识是知识论研究的必要条件之一。

我们可以看到:唐君毅可能并没有意识到这两者之间存在着严重的分歧,他的知识论则似乎要把这两种观点综合到一起。

总之,在唐君毅这里,知识论研究的对象界定有三种可能:一、对人类认知能力、认知对象、认知结果进行研究;二、对人类已经形成的具体学科进行反思和研究;三、广义地研究知识之所以为知识的、独立于具体学科的哲学门类。对于第一种说法,由于范围太大,直接可以当成所有知识门类研究的总汇,因此,我们主要集中讨论他后两种关于知识论研究范围的界定。

(二)心灵九境论讨论知识论的境界

如果说唐君毅在《哲学概论》中对知识论研究对象作了三种可能的说明,那么可以比较肯定的是:这三者之间存在着一定程度的分歧、重叠。在《生命存在与心灵境界》中,唐君毅对知识论有更细致的区分和看法,他结合其心灵九境界理论说:

> 于此,人要不只视此理想,为"在现实事物之世界之上之一无力之虚悬的当然"之哲学思维的道路,在一方知现实事物之世界,只为人之所知之一已成之客观世界,亦隶属于"可知之以形成知识"之范围之内,而以知识世界之范围,包括此客观世界,如加以圈住,使其不越此范围之雷池一步。在此义上,一切哲学中之知识论之反省,皆为将此现实事物,加以圈住之事。吾人之书之前四境中,多有知识论之反省,即皆是在圈住此外在之现实事物之世界,于人之个体、类、因果、感觉、时空、自觉、反观心中之理性之事……自此而言,今之存在主义之忽此知识论之反省与训练,即不可为训;而亦不知此知识论之反省与训练,圈住此所知之现实事物之世界,正为摄所知之客观世界,以还归于主体之存在之了悟之第一程矣。

然此知识论之反省训练,必须至于知此知识中之世界之边际。此知识中之世界,可无外在之边际,然有内在之边际。人之理想界之事物,即人之知识世界中之事物之一边际。人之能形成知识之理性,与有此理性之心灵,亦此知识世界之内在的边际。凡在此边际之外之世界,皆在知识世界之外,亦在所知之现实事物之世界之外,然不须在人之心灵与生命存在、与其活动所及与活动方向之外。①

这段引文把唐君毅心灵境界论中对知识论的讨论内容、讨论目的以及论述范围作出了比较全面的说明:第一,唐君毅在心灵九境论中集中讨论知识论的地方在"万物散殊境、依类成化境、功能序运境及感觉互摄境四境";第二,这四境中讨论的内容以知识论为主要内容,它包括个体、类、因果关系、感觉、时空等问题;第三,知识论的研究是为了划定现实世界、客观知识的范围,并由此对客观知识的理解达到由主体统摄客观世界的目的;第四,知识世界虽然有限定与边际,但是人的心灵与生命存在、心灵活动则没有边界,且后者统摄前者。

因此,我们对唐君毅心灵境界论中知识论问题的讨论主要将集中于"万物散殊境、依类成化境、功能序运境及感觉互摄境"四境。但是,我们从唐君毅对生命存在与心灵、心灵活动的描述中来看,由于它可以统摄前者,高层位的境界可以统摄低层次的境界,因此,在心灵九境中对知识的看法与定位又时常会牵涉到其他五境的观点。面对这种情况,我的处理方式是:以前四种境界为主要的讨论对象,后五境则作为相关背景配合讨论。

不过,需要指出的是:唐君毅虽然认为前四境是他对知识论进行处理的主要部分,但实际上他在其他五境中对知识论的看法可能更为隐蔽、更根本,其中的原因就是:前四境中对知识论的理解只是为了达到后五境中所要求的由客观返主观、最终超越主客观的目的与途径,而且在他看来,心灵活动与境界的不同会直接影响到人们对知识的看法,言下之意就是:在不同的心灵活动与境界形态中,知识论是可以表现出不同

---

① 唐君毅:《哲学概论》,第 681—682 页。

形态的。这种看法虽然比较隐蔽,但是我们从唐君毅心灵境界理论对心灵活动、境界描述的整体看法是可以归纳出这个结论的。因此,这两者之间的关系就会显得比较复杂:第一,在唐氏自己看来,他在前四境中讨论了知识论的相关问题,但是他在后五境中又不能说他没有讨论相关问题,恰恰相反,他在后五境的讨论可能更为关键,更能代表其最终看法;第二,由于他在后五境中又不是专门讨论知识论的问题,而是把它与其他问题放在一起讨论,比如教化问题,所以相关的论述就显得比较零散,甚至有的地方会一笔带过。所以,我在处理这二者的关系时,仍然以唐君毅集中讨论知识论的前四境为基础,并结合后五境的观点进行理解,而不是反过来。特别需要注意的是,其实他的第五境,即观照凌虚境,对纯粹知识的讨论非常集中,涉及数学、逻辑学、几何学等学科知识。而唐氏没有把这一境算作专门讨论知识论问题的境界倒显得有些奇怪。

二、知之指向与知识

唐君毅也说过知识论是研究"何谓知识"的,也就是说,知识论首先要讨论的问题就是知识的定义问题。那么,唐氏是如何定义知识的?

(一)知识的定义

唐君毅认为他在《生命存在与心灵境界》中关于心灵境界的论述是处理知识论与形上学的问题,那么对于知识论而言,我们很自然地就会提出一个问题:唐氏在心灵九境论中到底是如何对知识进行定义的?其实,在其《哲学概论》一书中他虽然专门讨论了知识论的问题,从他对知识论的理解来看,其涉及的问题虽然很广,但是唯独没有对知识进行专门的、确切的定义,这倒是个非常令人诧异的事情,讨论知识居然没有对何谓知识进行界定!如果说从他对知识论研究对象的种种说法来看,或许这种失误可以得到一定程度的理解:在他看来,知识论研究的对象可能不是从知识的定义开始的,而是从能所关系、已成知识或者广义的反思开始的。他的意思大致是:一、从"能所关系"来说,知识论是要解决知识的形成条件与认知对象的关系问题,无论是从认知的主体条件来看,还是从主体的认知对象来说,都不是从对知识进行定义开始的;二、从已成知识来看,知识论并不是要对知识进行普遍的界定而进行概念推理,而只是要理解相关的知识就可以了;第三,从广义的反思来说,即唐氏所谓的哲学反思,也是为了对人类已成的知识进行理解,把知识这个东西放到个人的哲学信念中去,为其找到一个位置,所以也不需要从知识的定义开始。综上所述,唐君毅没有在《哲学概论》中对他专门讨论的知识论问题进行定义就不是偶然的,而是必然的。

如果说《哲学概论》中对知识论的论述没有严格地从何谓知识之定义开始并非偶然,那么,在《生命存在与心灵境界》中则不对知识进行定义,而是把知识的讨论转交给另外的问题一并说明就是可以预见的。唐君毅在心灵九境中并未对知识进行正式的、清楚的定义,他所说的知识仍然是一般意义上所说的经验知识、纯粹先天知识以及各种已成的知识门类所讨论到的知识形态,总之,他没有对知识进行一般性的界定。

通常,对于知识论进行专门研究的学者来说,知识论研究的对象不清楚以及定义没有,这简直是不可想象的,但唐氏的确没有对何谓知识进行明确界定。胡军先生在《唐君毅知识论思想研究》①一书的序言中有如是评述:

> 仔细阅读唐君毅的知识论的论述,我们也能够清楚地看出,尽管唐君毅论述了知识论的绝大部分问题,既讲到了先验知识,也讲到了经验知识。但他的重点是经验知识,他要说明的是认识主体究竟是怎样从外在世界获取经验知识。知识是关于外在世界的知识。对知识论这样的看法,显然具有新实在论的特色……知识论这一学科的对象无疑是知识。知识可进一步分为先验知识与经验知识。从知识论发展的历史来看,知识论对象主要是经验知识。于是,顾名思义,知识论要回答的根本问题也就是什么是知识。那么,究竟什么是知识呢?对这一问题在哲学史上应该有定论的,尤其是在1963年之前。好像是在哲学史上的任何一个问题都无定论,但关于何为知识是个例外。柏拉图在《泰阿泰德篇》与《美诺篇》中曾经讨论过什么是知识这样的问题,所以什么是知识的问题又可以称之

---

① 马亚男:《唐君毅知识论思想研究》,北京:中国文史出版社,2006年。

第三章 心灵九境论中的知识之界定

为"泰阿泰德问题"。从柏拉图与泰阿泰德的讨论过程中,我们可以看到所谓的知识应该具有这样的三个要素,这就是知识首先是信念,其次是真的信念,最后也是最重要的是经过证实的。所以什么是知识的问题也就有了答案,即知识是经过证实的真的信念。①

如果说知识的定义在知识论史上有着比较一致的看法,且在唐君毅《哲学概论》(1957—1959)成书之前就已经有共识,即知识就是指"经过证实的真的信念",那么唐氏为何没有采用这个概念,甚至都没有提及和讨论它?② 个人以为,其问题可能出在:唐君毅认为知识论的研究对象是知识,但是他强调的知识是人类已有的知识——知识当然是人类已成、已有的知识,即经过证实的部分,他没有对知识进行界定,也没有看到他使用过这个共识性的定义,其原因就是他所认为的知识不是知识论中对知识进行定义意义上的知识,而是唐认为的普遍的、常识意义上的所谓科学知识。他可能会认为这些知识具有自明性,而对这些知识门类的理解需要通过人类的反思活动而确定,因此,知识论并不会像独立学科一样坚挺,而是跟随人类反思活动而呈现出不同的知识论面貌。这种看法的结果就是:对知识的界定不会只有一个,而是可以有很多个,于是,他所说的知识论就呈现出相对的暂时性面貌。对于知识的理解与解

---

① 马亚男:《唐君毅知识论思想研究》,北京:中国文史出版社,2006年,序言第13—14页。

② 类似的情况在中国近现代哲学中比较普遍,比如:一、张东荪在《知识与文化》中认为知识本身就是生命,知识是生命的放大,是生命的扩张,知识表现生命,生命由知识而显现。知识即生,在人的认知过程中,知识作为认识的结果,作为一种完成式,具有静态特征,认知过程同时也是生命的开展过程。二、成中英在《中国哲学中的知识论》中认为中国哲学所说的知识建立在长期而广泛的经验基础上,它将诸多关系视为统一整体,在涉及所有关系的完整体系的意义上把知识看做是整体的东西。三、以知识论研究著称的金岳霖在其《知识论》中认为"知识是什么"不能直接回答,也未进行定义,只说"有知识就是能够断定真命题"。总之,中国近现代境界论哲学中的知识并没有严格界定,它通常与哲学家的思想体系相关联,涉及生命、整体、觉悟、修养、体验等,它与现代分科治学意义上的科学知识以及知识论中的经典定义("知识就是证实了的真的信念")不同。

决在一定条件下才能成立,于是,知识的相对性与不确定性就这样产生了。这一点在唐氏心灵境界论中的论述体现得尤其充分,知识或说知识论并不具有独立性,因此,也没有根本性的答案,它们只是心灵活动在一定的境界形态中展示出来的相对性意见。

我们只有在这个认识的基础上,才有可能理解唐君毅在《生命存在与心灵境界》中说他要处理知识论与形上学问题,可是在知识论的讨论中却没有任何关于何谓知识的清楚定义,这在知识论的研究者看来简直是匪夷所思,如果我们结合上述的看法,就大致可以明白其中的缘由。至于唐氏这样做以及他能否证明自己的观点难免让人生疑:讨论知识没有明确的知识定义,如何可能引出相关的结论?如果知识只相对于不同心灵状态下的人而呈现出真理性,那么知识的确定性如何可能得到保证和说明?

在唐君毅看来,知识的界定不一定只有一种情况,而是可以有许多可能的情况,他对知识的定义并没有兴趣,也不想从何谓知识的定义出发去讨论知识,他最关心的事情是理解知识产生的过程以及这个过程与他的心灵境界论之间的关联。也就是说,当我们对已成的知识门类进行一般性的理解时,我们所谓的知识到底是怎么形成的,它与什么东西最相关?

(二)知识与知之指向

当我们在唐君毅的心灵九境论中找不到知识的定义时,我们要理解他所谓的知识就只能根据他的整个论述的内容来进行归纳和总结,如果说唐先生在《哲学概论》中讨论过知识论上所谓先验知识与经验知识,那么,他在心灵九境论中则把这两类知识合起来,放到知识的大类之下,这个所谓知识的大类就是指笼统意义上的所有人类已成的知识门类及知识形态。然而,他没有对这些知识构成的条件、要素、普遍特征等进行描述,而是要为这所有客观知识的形成过程找到一个根据。这个根据就是"知之指向"。他认为知之指向是形成人类知识的关键所在,他对知之指向有如下描述:

> 然吾人之知,缘此中任何不同方向次序而活动,以有其所指向

之事物时,皆同可依于此不同之方向次序之辨别,而亦辨别此所指向之事物之不同之位,更定之为不同之个体……

此种唯依吾人之知之活动之指向,或知之指向活动之有不同方向次序,以思其所指向之事物之位,即可各定之为一个体……

吾人之知之指向活动,即初非表象某性相,或更抽离之而出,以形成种种观念、概念活动,更初非综合观念、概念,以形成判断,而成就知识上之理解之活动。而是以此知之指向活动,直彻入于其性相之中,由相入性,出性入相,"如于诸性与相之夹缝中,曲折旋转"之活动。此"知之指向活动"遂如一"曲折旋转之线,欲往缚诸性相,而其自身亦如转为此诸性相之所缚,以成一纠结"。由此知之指向活动所成之每一纠结,自其异于其依次序向另一方向而指时,所成之另一纠结言,其中初无直接之通路;只分别显为不同之纠结,亦即分别显为对不同之个体物之知。此上只为一总喻。

对此上所说,如更分析而论,则于此知之指向活动所对之相,自其为显于此知之指向活动者而言,即初直接呈现于此活动之前者。此在一般西方哲学,称为"给予"(given)。①

所谓知之指向活动,在唐君毅这里就是知识形成的根源。知之指向活动有几个特征:第一,知之指向活动最初并非为理解知识而出现,它只是人类心灵活动的一种本性使然;第二,知之指向活动出入于性、相之间;第三,知之指向活动有几种确切的方向,"知之指向"指向不同的方向就形成关于不同对象的知识;第四,知之指向活动所指向的"相"就是指知识论中所谓的"给予"(given)。

如果从上述几个主要特征来看,唐君毅所说的知之指向活动透露出来的信息就是:一般所谓知识的形成过程主要是由认知的不同向度而导致。这四个特征结合起来看,其主要意涵就是:一、知之指向活动应该有一个承担者,或者发出者,这个发出者就是心灵,因此,知之指向活动就与心灵联系起来;二、知之指向活动有不同的方向,心灵指向不同的

---

① 唐君毅:《生命存在与心灵境界》,第60—63页。

方向就分别形成不同的知识;三、知之指向活动出于性、相之间,知之指向活动本身就是活动,或说作用,这又是其体、相、用三维一体的说法的另一种表述,知识的形成就在这三者的互动之中;第四,人类知识的形成后起于知之指向活动,当讨论知之指向活动所面对的给予(given)时,应该首先讨论知之指向活动。

如果知之指向活动只是心灵活动的另一种表述,也就是心灵"知、情、意"三种方式中"知"的这一面,那么,知之指向活动就不神秘了,他只是把知识论要处理的知识定义推向了对认知主体的考察上来,而对何谓知识则避而不谈。

（三）知之指向与心灵三向

知之指向无疑是指向心灵活动本身,事实上所谓知之指向活动就是心灵活动。心灵活动的三个方向在知之指向活动上仍然是适用的,在他看来,知之指向活动仍然会分别向"左右、前后、上下"三个方向展开认知活动,所谓左右向,就是指对横向在心灵中同时呈现出来的种种"给予(given)"进行认知,这是关于"相"的认知;所谓前后向,就是指心灵对按时间顺序发生的事情进行一致的、融会贯通的理解,这是关于"用"的认知;所谓上下向,就是指心灵对纵向的人类目的、理想、价值、神圣事物的认识,这是关于"体"的认知。

心灵活动表现在认知上就出现了知之指向的三个向度。也就是说,知之指向活动的考察最终还是对心灵活动自身的一种考察与认知。这是唐君毅对认知主体的一种判断,也是对心灵活动的另一种说明。

（四）心灵三向与知识类型

如果我们把知之指向活动还原到心灵活动,那么心灵活动就是认知活动的最终表述,而在唐氏看来,认知的不同方向也是由心灵三向决定的,因此,知识的类型也自然可以从这三个方向区分出来。

知识类型与心灵三向的关系,实际上就是唐君毅在试图为知识的分类找到某种划分依据,具体内容下文会提到,此处不赘述。虽然我们觉得他的这种分类依据并不明确,也不像知识的定义方式一样给出几个知识的核心要素,然后依据定义进行逐条对照,看是否符合要求。唐君毅的心灵三向,或说在认知意义上的知之指向,由于可以指向左右、上下、

第三章　心灵九境论中的知识之界定

前后三个不同方向,从而致使知识似乎就分别呈现出了关于"相"的知识、关于"体"的知识、关于"用"的知识。关于"体"的知识有如历史、地理知识,关于"相"的知识有如种类的概念、数的知识,关于"用"的知识有如因果关系、目的与手段关系之类。

也就是说,在唐君毅看来,心灵活动在认知发动之时指向不同的方向,就分别得到不同的知识类型。这种关于知识类型的判定与我们一般所说的知识分类有些区别,我们在知识论上一般把知识区分为经验知识与先验知识两大类,而不是按照学科意义对知识进行门类划分和归类寻根,从唐君毅的思路来看,他的目标非常宏伟,那就是他试图把人类已成的所有知识门类都安放到他的心灵境界理论中去,并在各境界中为它们找到相应的境界论根据,即用他的心灵境界说统摄和说明人类不同知识门类是如何产生的。这种想法实际上是在对人类不同的知识门类进行融会贯通的解释,同时,还要把这些知识门类与心灵境界理论联系起来。总之,唐氏不是要通过建立一门知识理论来评判何谓知识,而是要通过一种方式去把人类不同的学科内容及知识门类贯通起来,安置到其心灵九境中去。因此,我们可以把他的知识理论当作是对人类知识的个人理解,这样可能更为合适。但是,唐氏这样做的风险就是:迄今为止,人类已取得的知识如此宏富,进步和更新速度如此快捷,个人如何可能对人类所有知识都了如指掌?如果说我们不能理解和掌握人类所有知识,那么这样的做法其本身需具备的知识储备与思考前提就是值得怀疑的。也就是说,一个人不能完全掌控人类知识所有可能的情况下,却坚持对人类知识的所有形态进行评述与贯通,那么这样的情况就会使得他要么因为知识储备不够而无法继续讨论,要么就只能以一己之言去裁量自己并不了解的知识门类。虽然我们不否认唐先生知识储备之丰富,但他这样做的风险仍然是存在的。唐先生最后选择了后者,即用心灵境界说去评述人类知识的所有情况。

唐氏这种对人类知识形态进行判断的想法是有根可寻的,他在《文化意识与道德理性》一书中有如此说法:

在各种知识中,吾人可谓经验科学、历史科学、应用科学之知识之真理价值属于较低层次,几何、数学之知识较高,而逻辑、哲学知识最高……然吾人之所以仍可定各类真理知识之高下如上述者,则吾人须知吾人今之应用此原则,乃纯应用于吾人求各类真理之原始意识或原始意向,而非应用之于所得之各类真理知识之成果也。①

在他看来,知识价值是有着不同层级的,而对于这些不同层级的知识的判定标准终究在原始的求真意识上,也就是说,唐氏这里所说的知之指向活动是由不同的心灵方向所决定的。唐氏在不同的地方对人类不同的知识部门进行过划分,但是不论怎么划分,知识似乎总是呈现出等级差别,即知识并不是具有同样的真理价值,而是由于其具有不同的功能和内容而呈现出不同的层级次序。这种情况到他的心灵境界理论中得到了最充分的表达和最终的完成,知识的讨论在他看来由于客观、主观、超主客观的境界区分而有了所谓客观知识、主观知识、超主客观知识的区别。这种关于知识层级的讨论便牵涉到知识的分类与心灵境界的关系问题。

3.2 心灵境界与知识分类

我们知道,在唐君毅这里,他对知识类型进行判断不是依据一定的知识定义进行区分的,而是与所谓知之指向活动这样一个东西相联系的,实际上这样一个东西又是心灵活动在认知上的另一种表达,因此,知识的分类其实就是心灵境界的划分,心灵境界的划分就是心灵活动的区分和认定。也就是说,知识分类最终的依据在于心灵活动的自我认定与自我区分。

一、心灵境界的类型与知识类型

由于心灵在原初上有三个不同的活动方向,心灵活动按这三个方向运行时需要经历客观、主观、超主客观三个大的阶段,因此,也就是说,心

---

① 唐君毅:《文化意识与道德理性》,第374页。

灵活动大致要经九种境界形态,同时,心灵活动在此过程中会与九种知之指向活动的对象相接触,从而形成九种不同的知识类型,这九种知识类型分别属于客观知识、主观知识、超主客观知识三大类。

这就是唐君毅的知识分类逻辑,他所谓的客观知识、主观知识、超主客观知识可能不是一般意义上我们对知识的看法,甚至也不是指一般的科学知识,因为知识通常只可能有一种性质,不存在所谓客观知识、主观知识、超主客观知识之分。

知识的性质在唐君毅这里与心灵境界的形态是相关联的,知识的真假与成立是在一定的程度与视角下发生的事情,而这其中最关键的因素就是心灵活动的状态与其到达的境地,它是决定知识类型与知识真假的根本性因素。

由于心灵活动是知识分类与知识真假的决定性因素,因此,心灵活动的方向与方式更为确切地关系到知识的性质与知识的分类。心灵活动有三个方向,心灵活动向体、相、用三个不同方向运行,各自经历客观、主观、超主客观三个大的阶段,因此,有所谓关于体、相、用不同的知识,同时有关于"体"的客观、主观、超主客观之知识,也有关于"相"的客观、主观、超主客观之知识,还有关于"用"的客观、主观、超主客观之知识。

在唐君毅的客观、主观、超主客观三分的标准之下,我们看到的可能并不是人类认知活动的一般顺序,而是唐氏自己设定的"成己成物、下学上达"的一种顺序设定。按他的看法来说,人类的认知是遵循这样的程序进行的,因此,知识必定也会有客观、主观、超主客观之分。另外,在体、相、用三分的前提下,体、相、用又必定有各自不同的客观、主观、超主客观,总之,唐氏所谓的知识由此就势必呈现出一种十分复杂的局面。

尽管如此,如果唐君毅把他整个心灵境界理论当作一种知识体系的安排,那么他就要接受严格论证与否之考察,可是,实际上他并不是要建立一个关于心灵境界的知识体系,他甚至觉得不是所有人都要接受和阅读其《生命存在与心灵境界》之书,以及接受其中的观点,这种态度显然是与知识的普遍性与强规定性相违背的。因此,我们就只能按照唐先生的思路简单梳理一下其知识分类的情况,而至于其中隐藏的问题自然也会显现出来。

（一）客观知识与客观境界

在唐君毅这里，客观知识的存在与成立只是心灵活动最初级的状态所致，也就是说，如果按照他的思路，人类认知是从客观的到主观的、再到超主客观的这三个层次不断上升的，那么，当心灵活动停留在对外在事物及其自身的认知与观察上，并把其当成唯一的真实存在形态时，心灵活动，或说知之指向活动就只能看到所谓客观的世界，这时形成的认知结果就叫做客观知识。也就是说，唐君毅所说的客观世界和客观知识不是我们通常所谓的客观真实之说，而是指个体的心灵活动自行认定的客观真实，甚至心灵活动把人自身也认作是与外物一样无差别的东西。

在这种客观的前提下，唐君毅认为心灵活动由于向上下、左右、前后三组往不同方向运行进行观察，所以分别产生了：一、对"体"的认知，即关于客观的时空观下关于历史的、地理的知识；二、对"相"的认知，即关于客观的类概念与数的概念的知识；三、对"用"的认知，即关于客观的因果关系、目的手段关系的知识。

在唐氏看来，由于人们在客观境界中把外在世界及其自身当成是唯一的、无差别的客观真实，所以由此形成的关于历史、地理、类与数、因果与目的手段的认知就被当作是客观真实的、不可更改的。而在唐君毅看来，这种看法仅仅是由于心灵活动停留在客观境界中才会出现，如果当心灵活动反观自省，发现在对外界与自身进行评判时有一个更为重要的、截然不同的因素，即心灵本身参与其中，那么人们就进入了主观境界，而在主观境界中产生的认知就是所谓主观知识。

（二）主观知识与主观境界

所谓主观知识，是相对于客观境界中的客观知识而言的，因为客观境界中人们对客观知识执其为唯一的、客观真实的、不可更改的，因此，当人们认知到这些所谓的客观知识只不过是认知主体参与策划的结果，那么客观境界与客观知识就轰然倒塌了。此时，唐君毅认为人们就进入了所谓主观境界，此时产生的认知就是主观知识。

所谓"主观知识"又有体、相、用的不同，关于"体"的"主观知识"涉及心身关系、感觉与时空的依存关系等；关于"相"的"主观知识"涉及语言文字、文学艺术、数学几何、逻辑哲学等学科知识；关于"用"的"主观知识"涉及道德实践、人类德行的道德学说。

我们发现,在唐氏的心灵境界理论中,人类纯粹学术的部分几乎都可以找到相应的论述,而让人感到疑惑的是:他认为这些知识部门与学科类型涉及的东西竟然都是主观知识。

如果说唐君毅把人类学问中大多数被公认为人类知识大厦的根基部分当成是"主观知识"已经让人十分困惑,那么当他谈到这些内容失效的条件时则更为彻底。他觉得这些知识或观念只是人们在主观境界中的认知结果,它是相对于客观境而言方为主观的,这些知识并非终极性的,它只具有相对的真理性,当人们一旦发现心灵活动既能认识客观,又能认识主观,既可以把外在世界与自身当成是客观的,又可以把它们当成是主观的时候,人们就会发现真正自由主宰的心灵活动自身,它可以超越主观、客观,而不是仅仅为客观或主观的。认知活动所得出的结论只是对心灵本身的一些侧面的认知,而不是全部的认知,更不能最终指认为客观或主观的,知识不能规定境界和限制心灵本身及心灵活动,毋宁说所有的客观知识、主观知识都是由心灵本身与心灵活动而流出的。

(三) 超主客观知识与超主客观境界

唐君毅认为,当人们认识到心灵本身与心灵活动的超越性,把一切主客之分、境界之分都归之为心灵活动的特定状况之不同而出现时,那么,这就立刻进入了唐氏所说的超主客观境界,而此时所产生的认知就是超主客观知识,人类知识的最高形态与最终目标就是期待这样的知识(或说智慧)之出现。

在超主客观境界中,认知仍然可以分为对体、相、用三类不同的认知。我们看到,在这三个大类的境界形态中,与其说唐君毅在谈论人类知识的最高形态,还不如说他在分判与梳理人类宗教的三种形态。在关于"体"的论述中,他谈到了基督教,尤其是关于上帝的论证与定位问题,他进行一些论述和梳理,并提出了全知、全能、全善的上帝观念之出现是人们为了补足现实的不圆满而塑造出的理想形态。在关于"相"的论述中,他论述了对佛教的理解,尤其是对因果报应说的解释,以及"证空成佛"如何可能的问题,他提出了慈悲心与普度众生的结合问题。在对"用"的讨论中,他谈到了儒家的天人性命之学,即如何理解个体此世的生命,以及关于礼乐教化、成圣成贤、天德流行等的安身立命之学。

唐君毅心灵九境论的终极目标,从他的超主客观境就可以看出一些眉目:他实际上是要对世界上影响巨大的宗教形态重新进行定位与分判,或者按他自己的说法是进行判教,这样做的目的非常明显,那就是为中国传统的儒家思想在当今之世找到一个适当的位置。唐先生讨论了三种不同境界代表了三种不同教化形态在认知与教化路径上的侧重点之差别,并且认为它们各有优长,同时,他还讨论了三种形态的教化体系之间的关联。当然,如果我们不仅仅局限于基督教、佛教、儒教三个具体形态,而只是把它们当成观"体、相、用"不同侧重的构思形态,那么世界上其他的宗教信仰也可以相应地按其观点而划归其中。也就是说,宗教信仰的判定与处理是唐君毅心灵境界论的极限,这也表明了他终极的学问底色与个人倾向。

我们且不论唐君毅对世界各大宗教的"判教"方式及相应的划分标准是否能够得到普遍认同,我们现在只要把他所讨论的问题展开分析就会发现:如果我们按知识的标准来看,关于宗教信仰与个人信念之类的东西如何可能成为一致的、普世的内容,这的确是个问题,且这个问题极其困难和难以简单解答。我们当然不能说这些信念与信仰不存在认知的问题,它的确需要认知参与,但是,这种广义的个人信念或许难以成为我们所要讨论的知识之对象,尤其是按照"知识就是证实了的真的信念"之标准来看,在认知中个人信念肯定是有的、且非常重要,但是,如何证实信念本身,以及确证信念是否为"真"本身就不简单。因此,我们接下来在讨论唐氏心灵境界论对知识的定位与性质时将不以这些内容作为直接的考察对象,而是以前六种境界相关的部分作为主要考察对象进行讨论。按照唐君毅的考虑,由于前四境主要是处理知识论问题,所以我们尤其以前四种境界考察为主。但是,我们这样做又不得不面对这样的局面:唐氏的终极看法在最后三境,所以我们在讨论时又不得不参考后三境对知识的终极看法。

二、境界论中的知识问题

由于我们认为唐君毅在讨论知识问题时主要集中在前六境,唐君毅认为尤其是前四种境界关系最为密切,即"万物散殊境、依类成化境、功能序运境、感觉互摄境",但是,我们以为真正讨论纯粹知识的部分则主要为第五境"感觉凌虚境",这样的判断似乎会带来冲突,所以我们在具体讨论时将分为两类来考察:一类为客观境中的知识形态,另一类为主观境中的知识形态,前者包含前三境,后者包含后三境,且我们主要考察后三种境界中的前两境,即"感觉互摄境、观照凌虚境",至于"道德实践境"比较复杂,离知识考察稍远,则不作过多讨论。

(一) 客观境中的知识论问题

客观境有"万物散殊境、依类成化境、功能序运境"三种,这三种境界要处理的问题上文已有提到,详细来说,它们讨论的问题主要涉及几个方面:一、客观境中的个体如何可能?二、客观境中类概念如何产生及变化?三、哲学史上所谓的因果关系问题如何解决?

从个体、类、关系这三个方面来讨论问题,唐君毅则似乎参照了罗素《数理哲学导论》①中对数的定义以及类、关系、序的相关看法,唐先生自己也承认他读过罗素此书,受到过其启发,我们虽然不能找到二者之间的一一对应关系,甚至两人讨论的问题与目的也各不相同,但可以肯定的是:唐君毅对"类、数、关系、序"在心灵境界理论中重点讨论过,且地位很是重要,他在讨论客观境的问题时,就是依次从"个体、类、关系"上进行讨论的。

1. 客观个体的存在:客观的时空与历史地理知识

唐君毅在"万物散殊境"中讨论的问题严格来说并不是关于知识的问题,而是关于客观意义上的个体如何可能的问题。也就是说,在客观境中人们怎么理解个体的存在及其存在形态。在他看来,由于客观境中人类的认知只是把一切都当成是纯粹客观的东西,因此,客观的存在就得有一个基本的评判标准或依据。这个标准就是:要在空间上占有一定位置,在特定的时间中出现过,即可以在时空上进行确切定位。如果一

---

① 唐君毅自己也承认他受到了罗素数理哲学的影响,其中罗素关于"数、类、关系、序"的观点被唐氏采用比较明显,具体可参看罗素《数理哲学导论》。〔英〕罗素著,晏成书译:《数理哲学导论》,北京:商务印书馆,1982年)

个事物可以进行时空定位，那么它就是客观存在的，反之则不存在。因此，客观存在的事物是以时空来进行评判的，时空是客观存在事物的存在形态之基本依据。当然，这里需要简单提到的是：此处所谓的时空是特指的，此处的时空是绝对存在，是相对静止的，它属于牛顿经典物理学意义上的绝对时空观。因此，在这个意义上来说，唐君毅认为对于客观位置进行确切定位就促成了人类的地理意识之形成，从而形成了关于地理的知识；关于时间的定位就促成了时间意识的形成，从而形成了关于历史的知识。历史、地理知识的出现实际上只是人类史地意识的外在表现，史地意识的表现只是为了对客观存在的事物进行描述与确定，对客观存在的事物进行描述与确定只是为了判断事物的客观存在。

在唐先生看来，"万物散殊境"中所表现出来的事物都是并立的，此时，人与万物并没有根本性的差异，人也只是把自己当成如同万物一般的东西，因为在此境中人们看待事物与自身，只会从其是否具有客观的时空形态来判断事物的客观性，不承认无形迹、没有时间性的东西，所以一个事物或一个人存在，就是说其物质形态与个体肉身出现在一定的时空中，说其不存在，就是指其物质形态与个体肉身消失了。

在唐君毅看来，"万物散殊境"中的个体认知世界的方式之凭借就是所谓客观的时空形态，但凡没有时空形态的东西概不承认，包括人类心灵、精神世界等等内容。唐君毅认为这种思考方式就是最初的观"体"之方式，此处的"体"即个体，主要包括人体、物体两大类。观个体的方式就是绝对的时空存在形式。

由于此境中看待世界的方式是以绝对时空为标准，时空定位之下，世界中只有一个个的物或者人，因此，对于物与人的认知最初就产生了相应的人物和事物之记录与描述，由此形成的结果就是历史、地理知识。反过来，由于人们产生了历史、地理知识，且以此为标准进行认知，就会持续地维持和肯定此客观境界的存在。这便是唐君毅"万物散殊境"的基本思路。

我们可以发现，唐君毅并不是在对历史、地理知识形成的真实过程做史实性的考察与分析，而是对这两个门类的知识形态进行意识分析，更确切地说，是要把它们与境界的形成与心灵活动的自觉联系起来。历史知识与地理知识的形成,其动力与原因以及具体的形成过程当然不会如同唐君毅所描述的一般,但是我们知道,唐先生此处对历史、地理知识进行讨论并不是就事论事,而是试图对人类已有的历史、地理知识本身进行反思,并把它与人类心灵活动的层级联系起来。所以,严格来说,它既不增加历史、地理知识,也不关心事实上历史、地理知识如何生产,更不是要考察历史、地理知识本身的问题,而是要把它们与人类心灵活动的原初方向与境界层级联系起来。

2. 类概念与类型的变化

(1) 类概念的产生与分类活动

在唐君毅看来,在客观境界中由于观"体"的缘由,产生了历史、地理知识,这是由于心灵活动纵向观察的结果。当人们对个体事物观察认知时,他并不是凭空就能够得到关于个体的知识,而是要通过观察个体事物给予人们经验的方式而获得关于个体事物的认知,在唐君毅看来,这种获得认知的方式是通过归类或分门别类的方式进行的,比如说视觉现象,当它发生了,人们看到一种色泽,当视觉转移时,另一种色泽出现,人们判断它与之前的那种色泽相同或不同,这其中就有一个归类的活动以及类概念包含于其中。我们如果简单地把第一次发现的色泽称为颜色A,那么唐君毅认为只要下次发生视觉现象时就会主动把A当成先行的东西而比对后出现的色泽B,通常,此时只有两种可能的判断,即后出现的色泽B相同或不相同于色泽A,如果同于A,我们便把A与B当成是一类的,如果不相同,则视A、B为不同类。唐先生以为,这便是客观境中的类概念产生之过程。

由于这种分类思维在面对所有情况时都可能如此活动,因此,人们在此境中看事物的方式就是以属于某一类或者不属于某一类作为最基本的认知方式。也就是说,人们会把碰到的所有事物都依据上面所说的类概念产生过程把它们归到不同的类中去,此时,人们眼中除了属于同类或不同类的东西之外,一无所有。

唐君毅认为观察事物所得到的经验,由于只有相类或不相类之区别,所以,类就是依类成化境中人们判断认知事物的唯一方式。

（2）依类成化与类概念的变化

所谓依类成化，也就是说，依类的不同而产生不同的判断。如果我们继续以 A、B 两种不同的色泽为例子来说明问题，那么所谓依类成化的意思就有几层：一、当对两种色泽 A、B 相同或不同进行判断以后，人们又可能遇到第三种、第四种以至于更多的色泽，于是，与之相应的就会不断地出现同于 A 或不同于 A 的 B、C、D 等等其他可能的颜色，人们观察事物的方式就随着这不同的类之展开而不断变化其颜色之概念及命名；二、当两种颜色 A、B 已经分判出来，我们发现颜色 A、B 只是视觉参与下的效果，当我们听到一种声音甲时，此时我们关于颜色 A、B 甚至所有的关于色泽的判断都没有与之相同的内容时，我们发现或许声音根本上应该不同于颜色，此时，关于颜色 A、B、C、D 等的分类活动就停止了，而是必须使用颜色这个更大的类来统摄所有 A、B、C、D 等小类，从小类到大类的过程，即依类成化的过程。反过来，从大类到更小的类之区分，也叫依类成化。总之，所谓依类成化就是指这两个方面的、不同方向的类概念之判断和产生过程。

（3）类概念的变化与数的产生

在类概念的产生过程中，仍然以颜色 A、B 等的区分过程为例，如果说我们第一次面对色泽 A，然后相对于它有 B、C、D 等不断出现的色泽概念，唐君毅认为当我们对 A、B、C、D 等不同的类进行计数时，就出现了原始的数字 1、2、3……当我们把这些类的出现按顺序进行排列，就出现了第一、第二、第三……唐君毅认为数就是这样产生的，它是产生在类概念之后的，或者说它是与类的产生紧密相连的。

当然，唐氏这种关于"类与数，以及数学"的产生过程只是他的一种看法，这种看法实际上并没有数学史或科学史的依据。

（4）类、数的繁多与心灵的虚位说

我们如果按照唐君毅类概念产生的过程及其结果的说法来看，就会出现人们忙于进行各种分类或归类的认知过程，不论是关于类，或者是关于数，都会出现许多的类与数，唐君毅认为在众多的数与类面前，似乎心灵装不下或者不能容下如此繁多的数与类，因此，他认为心灵活动中必须有虚位，此所谓虚位就是数字零的起源。简单说，一个数、一个类都有一个相应的心灵位置供其摆放,否则各种类或数就会错乱。这便是唐氏关于心灵的虚位说。所谓心灵的虚位说,联系唐君毅对心灵的基本规定以及依类成化境中的情况来看,它的意思大致为:第一,心灵虚位实际上就是指心灵活动不陷溺于一定的类概念形态,而能够流动起来的心灵状态;第二,对应的各种类概念,实际上并不只是对外物进行一种分类,而是可以让人们在心灵中找到其对应的位置,或者说心灵可以容纳如此众多的类型之存在;第三,心灵之虚位实际上就是上文提到的"虚明灵觉"的另一种说法。唐君毅关于数与心灵虚位的关系之看法实际上是要为数学的形成和存在找到心灵的初始根据,他这种看法也不同于柏拉图关于数学与理念世界的关系之论述。①

唐君毅认为依类成化境中的类概念,或者说分类的思想是统摄性的,由于心灵的分类活动与"观类"的思维方式所致,人们便对世界整体产生了一幅网格状的世界图景,网格上的每一点则表示事物是以类的形式存在。

在此境中,唐君毅讨论的对象主要是类,而讨论类的同时牵涉到数或者说数字的起源,但是,他讨论这些内容似乎并不是要对类概念或数学本身进行考察,而是要对以类型看世界的方式进行总体性的描述和解释,其解释的思路大致如上所述,但是值得怀疑的是:他把心灵的虚位与数字"0"联系起来,这种看法极容易让人觉得数字只是心灵某种特定状态下的产物而没有客观性,如果心灵之虚位本身没有得到更进一步的说明,那么虚位如何就成了数字零的源头就是令人起疑的。

3. 因果关系与功能

如果说依类成化境中以类作为对象进行讨论,那么,在唐君毅看来这无疑是心灵从观"相"的角度发生的事情,也就是说,类型或种类实际上是作为共相的角色出现的。所谓观"相"的角度,在依类成化境中就是

---

① 柏拉图的理念世界虽然是现实世界的模本,理念世界也更为真实,数学是通达理念世界的重要方法,但是柏拉图关于数学的看法与唐君毅对数学的看法仍然是不同的,尤其是唐君毅关于数字"零"以心灵虚位的看法,这与柏拉图理念世界下的数学性质有相当大的距离。

指人们横向观察和比较由经验所得的对象,在命题中就是通过对谓词后的宾词所表现出来的事物之性质与特点进行归纳的结果。而"功能序运境"则是要从关系这个角度来讨论心灵活动在客观境中的最后一种情况,它似乎直接与谓词本身相关。

在"功能序运境"中,唐君毅是要处理因果关系问题与目的手段关系问题。也就是说,他在此境着重考察的问题是回应自休谟以来对因果关系之追问和质疑的问题,同时,他认为因果关系问题与目的手段关系问题是一体相连的,所以他把二者放在一起予以考察。

因果关系由于休谟的质疑(休谟问题)引发了对因果关系范畴的性质、经验知识的确定性、归纳方法的完全与不完全、概率等一系列有争议而富有成效的结果,总的来说,这些后果都是偏向从科学或逻辑学的角度对经验知识的确切认知以及逻辑推理的严密性这两个主要方向来予以回应。但是,唐君毅对因果关系问题的考察,其目的与方向却不在于此。他虽然在谈论因果关系问题,也对西方哲学史、甚至东方的因果关系思想史都有回顾和论述,但是他的目的是为了用中国传统思想的阴阳乾坤理论来解释因果关系、目的手段关系,从而把因果关系问题形上化、中国化。这个倾向显然与自休谟以来的从科学的、逻辑的角度回应因果关系之质疑是截然不同的。在实现把因果关系形上化的过程中,唐君毅用了"功能"这个概念来做中间环节,他试图用功能来沟通因果关系与乾坤阴阳之间的联系,也就是说,唐君毅认为功能实际上就是因果关系的本质,乾坤阴阳是功能得以运行和表现的依据。

(1) 何为功能序运?

所谓"功能序运境",简单来说,就是指以功能为中心的理解世界的思维方式,以及由此而形成的世界图景和世界观。在此境中,按照唐先生的意思,心灵的主要关注点在功能上,其重要的表现就是对因果关系问题与目的手段关系的瞩目与运用。

A. 功能

功能是经典物理学中的重要概念,它是指事物之间相互作用时所包含的质能之大小。虽然唐君毅关于功能的概念有这一层含义,但他关于功能的所指范围更广,并不局限于物理学上所说的质能关系、力的相互作用这个方面,他在"功能序运境"中所谓的功能是指世间万物、思维运行等一切存在都有的一种相互作用关系,此类相互作用关系就是由功能来维持的。唐君毅说:

> 此所谓功能序运境,乃指任一事物或存有之功能,其次序运行表现,于其他事物或存有,所成之境。此所谓功能,与能力、效能、力能、效用,皆可视为同一义之语……此功能之概念,即自始为一关系于不同之个体物、不同类之物之一关系性之概念。①

在唐君毅这里,功能的概念至少有两个维度:一者为物理学上可加以测定的相互作用之力能,二者则为流转于存有之间的、不能测定的、具有形上意味的功能。关于功能的形上内涵之描述,在唐君毅解释因果关系的过程中表现得相当充分,至于他为何采用"功能"这个核心概念来言说此境,除了可能与物理学以及遍布社会学、心理学、文化人类学等领域中的功能主义(Functionalism)之思想相关外,它可能更多的隐含着佛学唯识宗的种子与现行的思想,,而且,他直接受到了熊十力关于功能之说②的影响。此处所谓的功能,有"体用说"中的"用"之一面的含义,唐君毅的"功能序运境"就是讨论体、相、用三维一体中的客观境界中"用"这个方面的内容。

B. 序与功能运行

由于功能是世间万物及思维存有的维系者与推动者,功能的运行应当是川流不息的,唐君毅认为功能的运行虽说是流动不息的,但它不是无序的,而是依秩序运行的。所谓依秩序运行,就是指功能运行在时空中有一定的先后秩序与相应节律。

我们知道,他在关于心灵活动三向的规定中明确指出了心灵活动有

---

① 唐君毅:《生命存在与心灵境界》,第 129 页。
② 熊十力在《新唯识论》关于功能的论述中说:"恒转者,功能也。一曰:功能者即实性,非因缘……二曰:功能者,一切人物之统体,非各别……三曰:功能、习气非一……一者,功能即活力,习气有成型。功能者,生之宝藏。"(熊十力:《新唯识论》,上海:世纪出版集团上海书店出版社,2008 年,第 42—46 页)

顺向(即前后向)活动这一维,所谓顺向活动,就是指心灵活动按照时间顺序进行的这个维度。功能的运行作为关系出现,在唐君毅看来是与心灵活动的顺向活动一致的,准确地说,是由于心灵活动的顺向活动,所以才有了关系与功能观念的出现。

(2) 功能序运境与因果关系

由于心灵活动顺向按时间顺序对功能予以关注与重视,人们就会自动把功能当成是客观存在的、唯一理解和看待世界的依据,会认为事物之间的关联是通过功能表现出来的,具体来说有两个方面的意思:第一,在客观事物之间,它是通过因果关系表现出来的;第二,在人与人之间,它是通过目的与手段关系联系起来的。也就是说,功能的表现落实到物质世界是通过因果关系得到理解的,而在有思维与目的之存在者身上,即人群之间,则是通过相互间选择一定的手段、满足各自目的的"目的与手段关系"来实现的。因此,唐君毅认为在"功能序运境"中存在两个大问题:一、因果关系问题,二、目的手段关系问题。唐氏认为,因果关系的寻求是由于人类有一定的目的,且能够运用相应的手段去达到目的,目的手段关系的达成本质上是人们对因果关系的把握,甚至唐君毅认为目的手段关系在本质上与因果关系是一样的。总之,因果关系与目的手段关系是唐君毅"功能序运境"中关注的中心问题。

所谓因果关系,在唐君毅那里是分成两个部分来看的,一个是原因,一个是结果,原因与结果的理解有几个前提性的观念:一、原因不同于结果,但二者性质不能相异,二、原因先于结果,原因与结果的关系不是单线的。因此,所谓因果关系问题就是指对因果关系的有无、因果关系性质的理解和判定之纠结。在他看来,西方哲学中的理性主义与经验主义对因果关系的理解都有问题:他认为理性主义者纯粹从逻辑推理的角度去解释因果关系,经验主义者单单从经验事实去推定因果关系的性质,这二者都存在难以避免的困难。因此,他主张把二者结合起来理解因果关系问题。唐君毅认为理性主义者与经验主义者对因果关系的理解有问题,其主要理由是:理性主义者从"纯粹逻辑的、非经验性"的形式推演中不能完全应付和吻合经验世界中因果不相应的例外、甚至出现反例的情况;经验主义者从经验事实的不确定性关联中试图推翻因果关系的客观性、必然性,这是因噎废食的思维方式。也就是说,唐君毅的意思是要在逻辑上、理性思维中承认因果关系作为范畴的客观必然性,同时还要接受来自经验事实的提醒与确证检验。唐君毅因果关系理论的基本看法是:一、果必有因;二、因无定果;三、因果同性;四、因果本质上是功能的运行。

A. 果必有因

在唐君毅看来,一个事物的存在不可能没有形成的原因,也就是说,任何事物的存在不是无缘无故的,它一定有先行的条件和缘由。至于事物的存在是什么原因造成,有多少可能的原因都是可以探究的,它是科学研究的任务。但是可以肯定的是:如果我们把现有的一切都视作结果,那么,习惯性的思维就会认定其中必有先行的原因存在;反之,如果对现有的存在物视作没有理由的、没原因的,这是理性思维无法接受的事情。因此,唐君毅建立在这个观点上,认为事物的存在或形成必有原因,这是理性思维必须肯定的基本范式,否则,现存的外在世界与人类自身就无法得到理解。于是,他认为结果的存在必然预设着原因的存在。实际上,他认为这种肯定和信念并无来自经验事实的理由,而只能从理性自身去追溯原因,他认为这是理性的本性使然。而此处他所谓的理性已是本体化的理性,与逻辑、经验事实等都拉开了距离,也与康德所谓的知性中的因果范畴不同。

B. 因无定果

如果我们从结果去追溯原因,或如唐君毅所说,没有原因的世界(结果)简直是个不可想象的灾难,这在唐君毅看来,它只是寻求因果关系的一个方向,即按时间顺序向曾经发生的事情追溯。当我们从现有的事物向未来的方向寻求时,即把现在发生的事情当作未来事件的起因,那么我们发现,我们的确难以确定地从现有的经验事实来推断将来必定会出现什么结果。这便是说,我们只能经验到现在的东西,尚未经验到的事情由于没有经验,因此我们不能做出确定的推断。从经验的角度来说,我们甚至不能知道明天的太阳是否会升起,因为我们目前尚未有关于它的经验。唐君毅从经验这个角度承认了因无定果,结果的确认必须通过经验来加以确证这个观点。其实,他这里所谓的结果是指具体的事物与特定的情况,即可用经验来加以确认的事情。在这个层面上,唐君毅认为理性(此处的理性与经验相对,主要指推理过程)并不能确定地推出未来的事情或结果,在此只有经验能够说明问题。

C. 因果性质相同

唐君毅肯定因果关系的存在,它是从理性思维本身中寻找根据,但是,他在客观境中的看法却是把因果关系当成客观的一种存在关系,有如实体一般。同时,他又把因果关系拆分为原因与结果两个部分,因此,因果关系似乎又不是一种关系性的范畴展现出来的,而是由两个不同的部分构成的,即原因和结果构成因果关系。因果关系由于有了这样一种先行的划分,所以他认为因果关系要成立,还必须是原因与结果在性质上完全一致。也就是说,原因与结果应该像分析命题一样,结果已然包含在原因之中了,从原因中可以推导和分析出结果。这便是他所说的原因与结果性质相同,原因与结果只是以不同名称表示出在不同时间段内出现在因果关系之中的内容。正是基于这种看法,唐君毅认为只有这种封闭一致的因果同质的关系,才可以保证因果关系无论是作为关系范畴,还是分成原因与结果两个部分,都是可以在理性上推断的。然而,原因与结果如果是不同时空中的连续状态,那么二者如何可能封闭一致、结果如何包含于原因之中就令人疑惑。

D. 因果与功能

当唐君毅将"因果关系"分为原因与结果两个部分,同时他还把原因与结果定位为性质一样时,他希望达到的目的是试图从理性上可以说明的方式必然地描述因果关系,但事实上我们立即发现两个问题:第一,如果因果关系的性质是一样的,是可以如同分析命题一般,结果包含在原因之中,那么他所谓经验事实的例外与确认就显然是不需要的和缺失的;第二,如果原因与结果性质一样,即便性质一样,原因与结果仍然是两个不同的东西,那么从原因到结果的变化与过渡是如何实现的?

两个质疑在唐君毅那里并不是没有回应的,他也知道这两个问题的存在,所以他开始使用"功能"这个概念。当他说原因与结果性质是一样的,并不是严格地指逻辑的、命题理论意义上的一样,而是一种对原因与结果做了功能化处理后的一样。也就是说,原因与结果的联系或变更实际上是以功能的运行变化来实现的,当我们说原因时,原因是以一种功能性的内容存在的,当我们说结果时,仍然是一种功能性质的东西存在的,从原因到结果,其间的变化与实现,只是功能依秩序运行变化而已。在功能的意义上,原因与结果的性质是一样的,从原因到结果的变换,只是功能以不同的形态自我展示而已。

如果说原因与结果的划分需要做一个整合的话,那么,唐君毅就是通过功能这个概念来试图重新统一原因与结果,建立他所谓的因果关系。此时,因果关系的性质已经发生变化,他不再是知识论上需要加以考察的一个范畴,而是一个形上意味的概念。唐君毅说:

> 然此以形而上之功能为现实存在之物之因,此功能为存在之说,唯依功能自表现为现实存在之物之果之生,而向于此果之生而说……由是而此为果者之内容,亦只是为其因者之内容。其因是功能,此果只是此功能之表现;而此果之自身,亦只表现为其因者之功能。则此因之实体即此果之实体,而因果贯通为一实体……由是而此形上实体,与其所生之现实存在之果,即皆有为因之义,亦皆有为果之义。由此因之生果,而果由不存在而存在,及果由存在而不存在,以还归于其因。此即形上之实体世界与现实事物之存在世界,回环交互为因果之历程。①

也就是说,因果关系实际上即功能在形上世界与现实世界之间的往返变动关系,唐君毅对功能的讨论彻底改变了因果关系的性质,因果关系论因而变成了所谓形上因果论,因果关系问题成了形上学问题。而这个变化的根本原因就在于唐氏对功能概念的引入以及对因果关系功能化的性质判定所致。

E. 功能与乾坤阴阳

如果说"功能"往来于形上世界与现实世界是因果关系的另一种说法,那么,唐君毅并没有在功能这个概念上停下来,他进一步把功能与易

---

① 唐君毅:《生命存在与心灵境界》,第 166—167 页。

学中的"乾坤阴阳"观念联系起来,他认为功能的运行变化就是乾坤阴阳的运行过程。

所谓乾坤阴阳,简单地说,在唐氏这里就是指功能的表现有进有退、有隐有显,他把功能变化的不同状态用中国传统思想中"阴阳"的概念来予以说明,即认为退与隐的一面为阴、为坤,进与显的一面为阳、为乾,总合起来就是所谓"一阴一阳"的变化过程。他认为功能的变化就是按照一阴一阳的顺序运行的。所以,功能就是乾坤阴阳,所以因果关系的本质就是乾坤阴阳,因果关系的运行过程符合一阴一阳的道理。"一阴一阳之谓道",这出自《周易系辞》中的话,就这样变成了因果关系的本质规定。

(3) 因果关系问题与目的手段关系

唐君毅对因果关系问题认知的思路大致如上所述,他在"功能序运境"中主要讨论因果关系问题不假,但是他讨论因果关系问题最终是要过渡到对目的手段关系与功利主义的批判上去。也就是说,因果关系问题的讨论只是一个桥梁,他的用心却在于对专注因果关系之寻求与功利思维方式之瞩目予以批判。

唐氏认为,因果关系问题的出现,是由于人们的心灵只专注于事物之间的相互关联,希望从一个角度去说明和获得事物间的因果关系,所以出现了各种吊诡与偏差,归根到底,这是由于人类会持有一定目的,能够利用一定的手段,去达到相应的目的,于是,对但凡能满足于个人目的的东西和途径就特别关注,因为它有利用价值。因此,当人们推而广之,推向极致的时候,世间的任何事物都可以成为个人利用的手段,甚至包括个人目的之达成、理想价值等等,都会成为其他人的手段。也就是说,目的与手段关系的轮转就像因果关系一样无处不在。

当唐君毅如此看待目的与手段关系时,他做了另一个判断,即由于目的与手段关系就是相互作用或相互利用的过程,其中目的与手段相互之间的不断变化,就是一种功能的转换。所以,他认为目的与手段关系也是功能的一种表现,目的与手段关系就是一种功用关系。因此,他在因果关系与目的与手段关系之间画上了等号,认为二者本质上是一样的。甚至他还在有的地方认为:因果关系的不同看法就是由于人们对目的与手段关系的不同看法影响而形成的,不同的目的与手段关系之定性与认识,就会产生不同的因果关系理论。因果关系、目的与手段关系在唐君毅看来是一表一里,紧密相连的,两者在功能与功用的性质上是相通的。

正是因为唐君毅的如此看法,所以他便引出了对功利主义的批评,在他看来,功利主义的问题就在于把一切都功能化、功利化,而把一切功能化、功利化的原因就在于"功能序运境"中的人类心灵只对因果关系做客观判断,并把它当成了一切思维的前提。在唐君毅先生看来,人类的目的按其性质不同本应呈现出高低不同的层次,高层次的目的不应成低层次的目的之手段,反之则可以。因此,功利主义的功能化与功利化在人类价值高低的评判上就需要做出限定与批判。

(4) 对唐君毅因果关系理论之反思

上文对唐君毅因果关系问题的梳理与解释,如果我们对于他的目的及其思路清楚了,那么我们的问题就是:他这样对因果关系问题进行处理可有值得商榷的地方? 简单来说,唐氏的因果关系理论可能存在几个必须加以讨论的问题:第一,因果关系问题到底是属于知识论中的话题,还是属于形上学的范围? 第二,功能与因果关系到底能否通约? 功能这个概念是否只是把因果关系引向形上因果论的工具? 第三,因果关系问题如何可能与目的与手段关系通约? 第四,从因果关系最终能否引出对功利主义的批判?

唐君毅的因果关系理论,试图在东西方不同的因果关系学说基础上进行归纳总结,从而提出自己的因果关系理论,并试图指出以功能为中心的因果关联式思维的局限与边界。唐先生的这种思路符合他境界论的整体风格,但是,他可能把一些问题的视域混淆了,或者说为了达到他想要的结果,他做了难以逾越的发挥和阐述,个人以为,对唐氏的因果关系理论需要加以说明的地方有:第一,因果关系问题的出现实际上在西方哲学史上就是由知识论或说认识论的推进而出现的问题,在清晰思维与确定性的寻求上,人们越来越意识到必须对经验知识的成立本身进行考察,进而发现:原来人们在使用因果关系范畴时并没有对因果关系范畴本身进行反思与考察。因此,当这个问题(休谟问题)一旦提出来,因果关系范畴本身就岌岌可危了。所谓岌岌可危,不是指人们的思维不再以因果溯源的方式进行,也不是要否定事物之间因果关系的客观性,而是要在更准确、更谨慎的意义上运用因果关系范畴和寻找因果关系,这便是因果关系问题讨论推动概率论的出现,以及理论模型与精确实验二者之结合对认知科学的重大影响与重要意义。也就是说,我们并不是要简单地回归到自圆其说的方式去解释因果关系问题,而是要从知识的精确性上去回应因果关系问题所提出的要求。第二,功能这个概念作为唐君毅解释"功能序运境"的核心观念,以及这个概念所肩负的境界论使命,各种解释倒也不奇怪,只是当他把功能与因果关系以及目的手段关系进行连接时,始终让人觉得其中难以实现相应的过渡,更不用说从二者过渡到对功利主义思维方式的批判上去。至于他用中国传统的乾坤阴阳观念来解释功能概念,从而说明因果关系问题或许更不相关。唐氏的意图当然是要用中国传统思想的"阴阳易道"观念去化解他认为问题百出的西方因果关系理论,但是这种想法显得过于急迫,反而没有理解和解决因果关系危机所提出的真正问题。另外,他的因果关系理论所要确立的因果观念似乎也不仅仅是要对中国传统的阴阳观念作一个注释,他在"我法二空境"中还要谈到因果观念,他在那里要说的因果观念是放在佛教的"因果报应说"中来讨论佛教三世轮回的问题,而在解释因果报应与轮回学说的时候,他用的因果关系理论又有不同,他认为因果报应以及生死轮回可以"由人类原有的赏善罚恶之心、之理"来加以说明。[①]这种看法与他在"功能序运境"中对因果关系的看法又有根本性的区别。所以,唐君毅对因果关系的看法实际上有不同的判定,甚至可以说没有一个确切的答案,在他看来,因果关系问题只是由于心灵活动的限制而造成的,所谓解决因果关系问题就是对人的偏见合适处理的意思。

唐君毅在"功能序运境"中讨论了知识论上重要的因果关系问题,此境中他认为所有的科学研究其实都是以寻求因果关系为目标,所以在此境中心灵活动对作用与关系的关注,以及心灵活动按时间顺序的运行(顺向)就是唐氏所谓的所有科学研究追寻因果关系的根源与心灵活动

---

① 唐君毅:《生命存在与心灵境界》,第465—469页。

所停留的境界。而对因果关系与目的与手段关系的寻求与认定实际上就是维持"功能序运境"不断存在的原动力。

（二）主观境中的知识论问题

客观境界中的知识论问题，在唐君毅看来有着共通的一面，即心灵活动只关注外在世界与自身的客观存在形式，或者说把这些观察到的东西当成是客观的，即关注客观的个体、物体(体)，客观的类与数(相)，客观的因果关系与目的手段关系(用)，客观境中人们把这些东西当成是客观存在的承担者。正是由于心灵从不同的方向只关注外在世界与自身的客观形态，却没有意识到心灵活动在参与认知世界时的重大作用，也就是没有从主体的角度去深入考察自身，所以客观境中的知识和知识论唐君毅认为并不究竟，相关的问题也不是实质性的问题，这些问题在主观境界中会以另外的形式或说更真切的方式表现出来。这便牵涉到主观境界中的知识论问题是如何展开的，它与心灵活动的关系是怎样的，表现在一些具体学科知识上是怎么可能的及其限制性条件。

1. 身心、时空与感觉

"感觉互摄境"是主观境界的第一重境界，"感觉互摄境"讨论了身心关系、时空关系。所谓身心关系，就是指主客二分的条件下身心如何沟通的问题；时空关系的讨论，唐君毅有自己的思考，但他并不是要建立一个物理学意义上的时空理论，而是希望通过主体的感觉来说明时空的存在以及客体、主体间的相互关系。

（1）身心二元与主体的存在

身心关系是哲学史上的老问题，也是认识论上的老话题，基本的问题点在认识主体的存在、身心如何沟通等方面。在关于这方面的看法中，笛卡尔的身心二元平行说属于比较典型的看法。当然，也有所谓唯物一元、唯心一元的说法，甚至有多元论的看法，唐君毅身心关系的问题意识出现得比较早：

> 大率去北平后（注：唐君毅十七岁去北平）所思之哲学问题，首为心灵生命与物质之问题。此乃兼由当时之心理学之论心身问题来。吾当时之想法，是物质的身体，对人之心灵生命，乃为一束缚，

物质乃一生命心灵以外之存在,而生命心灵既入于物质,则恒求超拔,以还于自身。此物质身体与心灵生命之二元论,吾初以为颠扑不破。以心能自觉,其所觉之物不必能自觉,二者即应有本质上之不同。对此心之能自觉一义,吾于十五岁时,即见,终身未尝改。故对唯物论,亦终身未尝契。然吾当时虽不信唯物论,亦深信事物必有因,为其存在之理由。①

唐君毅对身心关系的看法形成得比较早,他所谓的"心之能自觉一义,终身未改",这倒可以从他的心之本体说与心灵活动的规定之一致上看出来。所谓心物问题、身心问题,唐氏的意思比较明了,即身心、心物在本质上是不同的,他有专门以心物关系讨论为名的《心物与人生》(1941年)②一书,在此书中他讨论了物质与生命的不同、生命存在的意义与形态,人心的存在与人心在自然中的地位,心灵和精神世界的存在之客观性与人文世界的形成等,他大致的想法是要论证生命与心灵的真实存在以及它们高于物质形态的理由。但不管怎样,当唐君毅做出这样一个判断时,他首先要说明的可能不是谁优谁劣的问题,而是心灵怎样存在以及如何认识与其本质不一样的身与物,即他必须要面对心物关系与身心关系如何沟通和协调的问题。

心物关系严格来说包含了身心关系,当他强调心身关系或者把身心关系与心物关系分开来说时,他要区分的是身心不同、心物不同,同时身与物也不同——因为在他看来,身是与有生命的存在形态相关的,生命形态与无生命的物质形态是有区别的,至于区别大到什么程度,是否与物质本质上不同,这似乎是不可能的:因为身体与物质有较大区别,身心、心物在本质上不同,那么,身体、物质、心灵就出现了三分,这应该不符合唐君毅二分之界定。因此,在唐君毅看来,身物虽不有同,但只是程度上的,而心与身、物的不同则是根本性的。所以,使用心物关系可能包

---

① 唐君毅:《生命存在与心灵境界》,第670—671页。
② 参见唐君毅《心物与人生》一书。(唐君毅:《唐君毅全集》卷二之一,台北:台湾学生书局,1989年)

含更广。但实际上唐君毅在《生命存在与心灵境界》中却使用了身心关系这一概念,也就是说,他重点关注和强调的是具有生命形态的人类心灵与其身体的关系,而不是广义的心物关系,这与其《心物与人生》之书的看法有重大区别。

如果是这种情况,那么唐君毅就会碰到几乎所有心物二元论者都会碰到的老问题,心物如何共存,心灵如何与身体沟通。在唐君毅这里,问题有时会以另一些说法表现出来,即心灵具有理想性、自觉性、能动性、超越性,它为何要接受此等笨拙的肉身与物质世界?唐先生在一些地方说:他有时感觉到他的心灵渐渐脱离这个世界而去,等等诸如此类,这都是把超越性的心灵从物质世界中剥离出来的想法和体验。其实,他只要坚持心灵的优先性与客观真实性,他就必须要处理身体与物质世界如何协调的问题,如何可能脱离物质世界而去肯定和认知心灵的存在?这是他始终都不能回避的问题,因为只要坚持:一、心物二分;二、心灵的优越性与客观真实性,那么心灵的存在与认知,以及身物的处置,就不是个细枝末节的问题,而是根本性的问题。在唐君毅早期的心之本体说以及心灵境界论中都有这个问题,心灵的存在与真实性如何得到说明?

唐君毅意识到了这个问题,他的"感觉互摄境"试图解决这个问题。

他的解决思路有两个重要前提:一、主观境界理论。也就是说,他把心身关系问题放到"感觉互摄境"。"感觉互摄境"是主观境界,这本身就意味着心灵要反向观察自身,这与客观境界向外观察外物与身体的方向、方式不同。二、直接肯定主体的存在。这两个前提是隐含的,他在说明身心关系的时候是以这两个看法为基本出发点,否则我们无法理解他关于身心关系的看法。

在唐君毅看来,在主观境界中,心灵对自身进行观察与理解,人们意识到心灵的存在与心灵活动相较于客观物质世界具有更为根本的地位,他实际上就是肯定了心灵的存在,而心灵的存在在境界论中是通过心灵活动来予以确认的,心灵活动则是通过感觉来直接实现的。

(2) 主体的存在与感觉

这其中的思路是这样的:一种存在者有感官、有感觉,感觉是一种心灵活动,心灵活动可以说明心灵的存在,心灵的存在就证明了主体的存在。

　　这里的感觉和感官，并不是说在客观境中人们就不曾有、不曾用感官与感觉，而是说，唐君毅认为只有从主观境界开始，人们才会意识到拥有感官的人类认知活动之中，感觉会起到相当大的作用，甚至有的地方会认为只能从感觉来说明自身的存在。

　　从个体的感觉体验来看，每个个体实际上只能感受到自己的感觉，也就是说，感觉对于每一个特定的个体来说都应该是独特的，我们虽然可以通过言语向他者表达自己的感觉、感受，但实际上只要一经表达出来的东西，它就已经与原初的感觉不是同一个东西了，而应该是某种共相，或者说普遍性的东西。所谓"如人饮水，冷暖自知"，我们每个人在特定时空下所经历的事情，如果从感觉发生的那一刻来说，那么人的所有感觉世界，或许只能各自体验自己的感觉。虽然人类可以通过各种仪器来测定相关数据，但是，这些测出来的数据也只能是一些共同的东西，它没有办法穿透和概括不同的个体，以及说明独特的个人感觉和体验。在唐君毅看来，这种对于不同个体而言呈现出封闭状的感觉世界就是个体反身自求时的唯一真相。巴克莱主教说"存在即被感知"，在"感觉互摄境"中，唐君毅会认为巴克莱是对的，也就是说，在感觉的世界里，任何事物的存在都必须通过被感知的形式得到确认，否则就会无从知晓，或者不能肯定其存在与否。另外，唐君毅要说明的还有：在这样一个感觉的世界里，所谓外在世界其实是不重要的，重要的是能感知、能把握的感觉主体之存在。如果说"感觉互摄境"中"感觉"是确认自身与世界的唯一方式，那么能感觉的感觉主体就具有更为根本的地位。也就是说，在感觉与存在者的关系中，有几点是唐君毅所坚持的：一、感觉是"感觉互摄境"中心灵活动的表现形式；二、感觉的存在证明心灵活动与心灵的存在；三、个体的感觉世界是封闭的，个体只能体会到自己的感觉世界，他者的感觉与感觉世界之存在只能通过推理而获得。

　　正因为唐君毅认为感觉是一个封闭的体系，它只能被个体唯一地感知和体验到，因此，第一，感觉者对自身的感觉是可以确认的，感觉者通过感觉统摄外物与自身；第二，感觉者与感觉者之间的关系由于感觉的封闭性而无法互通和确知。所以一般而言，个体只能一方面通过感觉而确认有另一个个体的存在;另一方面通过推理,即在相同条件下通过感觉观察到的另一个体应该与自己一样,有一个能统摄的感觉之心灵存在。这便是唐君毅所说的感觉互摄,也就是说,在"感觉互摄境"中,我们必须通过感觉与推理相结合才能确知另一个主体的存在,另一个主体的存在以及相同条件下其他主体的存在都需要通过感觉这条途径来确证。这便是唐君毅所说的心灵此时所处的"感觉互摄境"。

(3) 感觉与时空三相

如果"感觉互摄"是指两个主体之间的关系,那么,我们首先要问的就是:需要通过感觉来确认的感知主体,它到底是如何建立起来的呢?也就是说,感觉如果只是一种独特的个人体验,它还封闭于个体之内,那么实际上我们除了感觉到自己的感觉之外,不能再做更多的推断了,即我们既不能推出一个感觉主体,也不能推断另一个主体的存在,因为这样的推论已经超出了感觉的范围。换句话说,感觉如何可能把感觉主体确立起来?

人类作为感觉者,是一个兼有物质形态的存在者,唐君毅认为感觉要顺从物质形态的感知而展开,人们可以通过视觉观察到物体有一定的形态、大小、方位等,观察的时候需要在一定的时间顺序中展开,于是时间便被考虑进来,唐君毅说:

> 依吾今之意,则此时间之三相,皆由人之自觉反观此时间有过去位、现在位、未来位之分,而于此过、现、未,更平视之为一时间位,而观其相继、延续,亦各有其同时而建立。时间之相继相,即一感觉与其所感之所居之时间位,其先后,皆有不同之时间位,为不同之感觉及其所感之所居,而见得之时间相。此时间之相继相,乃初由人反省及其先时之感觉与其所感,不同于今,更知今时之感觉及其所感,应不同于后时,遂于此过、现、未之时间,见一更迭的相继相。时间之延续相,即一感觉与其所感,所居之时间位之由暂而久,而其时间位延续至其后继之感觉与其所感,所居之时间位,而见得之时间相。此时间之延续相,乃初由人反省及其先时之感觉与其所感,能延续至今,其今时之感觉与其所感觉,亦能延续至未来,遂于过现未

之时间,见一贯的延续相。时间之同时相,即一感觉及其所感与其他感觉及其所感,分别各在其时间位者,亦可视为同在一时间位,而见得之时间相。此时间之同时相,乃初由人于现在之一时间位中,反省及其中有不同之感觉与所感,相并生起,而后知其有过去与未来之感觉与所感时,各有与之同在一时间位中相并生起者在。此时间之三相,正与空间之三相相对应。空间中之有广延相,即与时间中之延续相相对应。空间中之有同在一地位之同位相,即可与时间中之同时相相对应。而由空间方向之次第转移所见之邻次相所成之秩序,即当与由时间之相继相,所成之秩序相对应。①

在唐君毅看来,感觉的出现,感觉者对自身感觉的反思便产生了时间三相与空间三相,所谓时间三相,就是指"相继、延续、同时",空间三相就是指"邻次、广延、同位"。时空三相有着对应关系,即时间的"相继、延续、同时"依次对应空间的"邻次、广延、同位"三相。

时间三相,简单地说,就是指时间有先后、有绵延、有同时三种相状,三种状态各有所指。相继相,是说时间的发生是有先后顺序的,比如说时间的过去、现在、未来是依序发生的;延续相,是说时间可以分为不同的时态,比如过去、现在、未来,而在时间的延续与同一性上都是时间范畴;同时相,是说一定的时间内可以视为相同的时态,发生在此时间内的事情叫做同时发生的,是为同时相。

空间三相中,广延相是指物体有广延的特性,物体的广延性就是空间的广延性;同位相是指不同的物体可以同时存在,占有相同的空间;邻次相指物体之间的相互邻近。

时间与空间的联结以及各对应"相状"之关联在唐君毅这里是通过感觉来实现的,具体来说,一、对于感觉与时间的关系,感觉者对于现在的感觉进行确认,然后对比过去的感觉(比如记忆中的感觉),想象未来可能的感觉(这种情况是怎么发生的是个问题),于是时间有过去、现在、未来三个维度的区分,主体内在地体察各种感觉的生起与持续不断,于

---

① 唐君毅:《生命存在与心灵境界》,第225—226页。

是有时间相继性的认识;尽管感觉有不同的种类,但感觉是同样的,它持续不断地发生,所以有时间的延续性的认识;感觉的复杂性与各种感觉一齐涌向接受感觉的感知主体,使得各种感觉一时并现,有所谓时间的同时性认识。二、对于感觉与空间的关系,感觉者只能对被有形体的物体刺激感官而使得感觉发生,所以感觉者对有形体之物的观察与认知首先通过接收来自对有形之物的上下左右的各种维度的观察,对来自各种维度相邻的感觉就是所谓的空间的邻次性,它与时间的相继性一致;对于物体的广延特性是通过一定的时间内感觉到物质的持续存在而得出的,也就是说,物体持续地刺激感官,感觉者不断地收到来自感官的各种对于同一事物的感觉,于是产生了关于空间的广延之特性;最后,感觉者对于不同两物的感觉持续不断地同时传来,于是产生了关于空间同位特性之看法。总之,感觉是时空观念产生的原因,通过感觉可以发现时空的三个向度。时空三相按照唐君毅的排列可以用如下图示简明地表达:

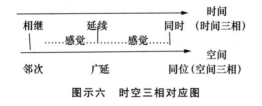

图示六 时空三相对应图

(4) 唐君毅时空观念的疑点

唐君毅在"感觉互摄境"中借助时空的讨论,实际上同时表达了他的时空观念,或说时空认知。时空问题是一个非常有趣而又相当艰难的问题。对时空的研究现在已经属于专门的学问,当唐氏把时空学说从物理学中抽取出来,单独进行考察时,他要做的事情不是建设物理学或科学上关于时空宇宙的学说,但是,他又不能不参考物理学以及相关哲学家关于时空的看法,唐氏的时空观念具有极其明显的个人特色。

我们可以追问:到底何谓时空?时间、空间是怎么联系起来的?人们的时空意识是如何确立的?谈到时空问题,我们似乎不能离开物质的存在来讨论它,也就是说,时空离开了物质形态实在难以想象,也难以成为研究的对象,或许也没有意义。所以一般而言,人们会把时空当成物理学的研究对象。但是,关于时空的研究离开了人类表象世界的方式似乎也不太可能,也就是说,时空的表现形式、或者说人类的时空观念是不是对于所有的存在物都适用？这本身就是个问题。如果说时空只是人类表象世界的一种特殊方式,康德认为时空是人类这种特殊主体的先天感性形式,这种形式应该具有一定的局限性,它是否受到类本质的制约,抑或受其他条件的限制也未可知。

唐君毅提出的时空观念并不是想对这些认知条件或人类的时空局限性进行可证实性的研究,而是要构建从属于境界论下的心灵空间。他说:

> 吾人复可说:吾人之能感觉之能,在无所感时,此能感之能,即已有其虚位,能容其所感。此一虚位,即此能感自身中之一虚一空,而更可容所感以实之者。唯由此能感中,有此一虚一空,更可容所感以实之,然后有次序之所感,居此虚此空,而有次序感觉之在时间中生起。故此虚此空,即为时空之共同之根源所在之一虚一空,今于此时间之他义,暂不及,则可说此能感中有此虚此空,即此人所感之实,所居之虚位之所在。此不同于前说数之虚位,为数之所居;而只为一能感中之虚位,为所感觉之所居者。①

感觉不断地产生,在唐君毅看来,这需要在能感觉者中有一个虚位对应于它,否则各种感觉似乎太过拥挤,从而没有办法一起安顿,所以感觉者的心灵要有一个虚位。而这个虚位就是他所说的时空之根源。这个说法与其在依类成化境中关于数与类的看法有些相似,类与数字零的存在,其依据是心灵能容之虚位,但他认为二者不一样,至于不一样在什么地方,他没有做出进一步解释。唐氏唯一可说的是:关于"类与数字零"的根据在"依类成化境",而关于时空根源的虚位则存在于"感觉互摄境",前者是客观境中讨论客观性相的问题,而后者则是讨论主观境中的主体问题。这样的区分是在唐君毅境界论的既有框架下进行的,实际上我们很难发现唐氏在虚位的意义上对二者做出了更进一步的规定与

---

① 唐君毅:《生命存在与心灵境界》,第214页。

区分。

唐君毅的时空解释虽然与感觉直接相关,但是,他认为时空的根源在心灵之虚位,当提到心灵之虚位时,我们要理解其时间就变得异常困难了,心灵的虚位如何规定,它怎么与时空意识联系起来,这是未可知的,我们唯一可以联想到的是他对心灵"虚灵明觉"的说法,或说"不陷溺而能一念自返"的规定,从而联系起来说。但是,这种心灵状态如何与时空观念联系起来却是不清楚的。

除了把时空的根源与心灵的虚位进行勾连之外,唐君毅的时空说还有另外三个主要的疑问:一、当唐君毅在"感觉互摄境"中讨论时空观念的时候,他所说的时空观与"万物散殊境"中讨论客观时空的史地意识有什么区别?二、当唐君毅在对感觉进行言说时,他所说的感觉到底是指具体的个人体验,还是指可以通过具体的科学——比如说心理学上讲的感觉(视觉、听觉、触觉等),作为依托展开讨论的对象?或者它仅仅是用来表述纯粹抽象的感觉之名相?这三者是不同的。三、时空问题在哲学史上是有讨论的,时空到底是什么样?它是否只是主体感官作用的产物?

A. "感觉互摄境"中的时空观念与"万物散殊境"中的时空说之差异

"感觉互摄境"与"万物散殊境"中的时空观念总体来说与唐氏体、相、用三维一体的体系架构中的"体"相关是无疑的,更具体地说,唐氏试图要说明的是在客观境界与主观境界中主体的存在形式都是与时间观念相关的,也就是说,"体"的存在与成立是与时空形式紧密相连的,客体的确认与主体的确立都是通过时空形式表象出来的。所以,在这两种境界中讨论时空观念的共同点就是要通过时空来说明"体"的存在,或者更确切地说,心灵对外物的确认以及对自身的确认都是通过时空的方式表象出来的。如果从唐氏心灵活动产生境界的角度来说,这两种时空观念的存在只是由于心灵活动的层次与方向各异而导致的,但是,这二者终究都是心灵观"体"的结果。

唐氏会认为两种时空观念的不同是心灵活动的层次与方向的不同而产生,也就是说,史地意识是客观境界中心灵活动观"体"的结果,身心关系、感觉与时空的关系是主观境界中心灵活动观"体"的结果。这是按照唐君毅境界论思路的整体构想来看的。但是，如果我们一定要问这两种时空观念有何不同，这便是一个比较麻烦的问题了：一、两种时空观念只是心灵活动不同的层次与方向的结果，那是否意味着在更高的层次上，或更低的层次上还有另外的时空观念？二、时空观念如果只是境界论的产物，那么，我们通常所说的时空意识是否本身就没有客观性，而只是一个有待否定的形态？对于第一个问题，唐氏没有明说，按他的设定和思路，他必然要承认这一点，如此一来，他最终把时空问题推向更高的、更难以说明的境地中去是可以预见的，时空最终会成为超时空的一个梯子。这个判断在他的超主客观境中可以得到印证。其实，他所说的超主客观境，其中三种境界在一定意义上都是超时空的，即永恒的。这便把时空问题推向了信仰层面，从而使得我们无法再在经验知识的层面继续讨论。对于第二个问题，它是第一个问题的延伸。如果时空只是境界论的产物，那么时空意识随着境界的提升自然会改变，那么这样一来，实际上它就取消了时空的客观性，因而我们要对时空进行客观的科学研究就不可能，也没有必要，甚至这样一来，我们日常生活中关于时间、空间的计量都是没有道理的，时间的计量与空间的测定也是不可能的。这一点显然违背常识，无疑也难以说服我们。

B. 感觉与独特的个人体验之不同

唐君毅在"感觉互摄境"中对感觉进行了论述，感觉可以说是他此境的中心概念，但是，他并没有对感觉进行清楚的分类说明，因此，当他使用感觉这个概念时，常常会让人想到三个层面的感觉所指：一、独特的个人体验，二、具体感官对应的感觉，如视觉、听觉、触觉等，三、作为共名或共相的感觉。

我们发现，唐氏所谓的感觉，其实三种情况都有，只是他所强调的感觉有所侧重：

第一，当他强调感觉的封闭性与独特性时，他说的是第一种情况，即属于纯粹私人的、转瞬即逝的、只属于自己体验到的感觉。当他这样说时，他似乎并没有指具体的感觉，比如视觉、听觉等。我们知道：这些独特的感觉是要通过各种感官与具体条件才能实现的，如果说在我们的私人体验中这些感觉无法完整地、准确地传达给他人,这可能没有问题,但是,当他完全把这些东西视作仅属于纯粹私人的领域时,或许我们可以说,这些感觉产生的条件还是可以通过研究而得知的,它们是共同的,假设抽掉这些主客观条件,那么所谓独特的个人体验则是空洞的,无法存在的。因此,严格来说,他所说的私人体验恰恰是感觉这个层面上难以关注的问题,它依附于主体与客体的各种条件而存在。黑格尔曾经对这种情况有过比较中肯的评价,他说:

> 那最初或者直接是我们的对象的知识,不外那本身是直接的知识,亦即对于直接的或者现存着的东西的知识。我们对待它也同样必须采取直接的或者接纳的态度,因此对于这种知识,必须像它呈现给我们那样,不加改变,并且不让在这种认识中夹杂有概念的把握。感觉性确定性的这种具体内容使得它立刻显得好像是最丰富的知识,甚至是一种无限丰富的知识……但是,事实上,这种确定性所提供的也可以说是最抽象、最贫乏的真理。它对它所知道的仅仅说出了这么多:它存在着。①

也就是说,按照黑格尔的说法,唐君毅所谓属于独特的私人体验的感觉只能是最抽象、最贫乏的模糊存在,我们完全无法当作知识对象进一步研究。

第二,当他讨论感觉与时空的关系时,他所谓的感觉不再是独特体验意义上的封闭性的感觉内容,否则,他如何可能通过语言来描述和表达其感觉与时空的关系?显然,此时的感觉就是可以传达的了,它的内涵明显是偏向于作为共同的感觉这个方面的内容,它并不是指特定的感觉类型,更确切地说,此时的感觉更像知识论中通常所谓的 Given(所与),或说 sense data(感觉材料),即外界刺激而呈现给主体的经验杂多。这个感觉则偏向于抽象意义的、不同于具体感觉形式的(视觉、听

---

① 〔德〕黑格尔著,贺麟、王玖兴译:《精神现象学》,北京:商务印书馆,1979年,第 71 页。

觉、触觉等)共相或共名概念。但是,很清楚的是:这个意义上的感觉不是凭空产生的,它必然要受限于具体的感觉形态,或者说,离开了具体的感觉形态而谈论它是不可能的。因此,唐氏不加分析和研究地直接讨论感觉则显得有些空洞。我们可以引一点心理学上对感觉(sensation)的认知:

> 首先,感觉提供了内外环境的信息……其次、感觉保证了机体与环境的平衡……再次,感觉是一切较高级、较复杂的心理现象的基础,是人的全部心理现象的基础。人的知觉、记忆、思维等复杂的认识活动,必须借助于感觉提供的原始资料……感觉是神经系统对外界刺激的反应,它和一切心理现象一样,具有反射的性质。感觉不仅包含了感受器的活动,而且包含了效应器的活动……我们平日说,人有五官,因此,有五种感觉。事实上,人的感觉远远不止五种,根据刺激物的性质以及它所作用的感官的性质,可以将感觉区分为外部感觉和内部感觉。外部感觉接受外部世界的刺激,如视觉、嗅觉、味觉、肤觉。其中,视觉、听觉、嗅觉接受远距离的刺激,又中距离感觉。内部感觉接受机体内部的刺激(机体自身的运动与状态),因而又叫内部感觉,如运动觉、平衡觉、内脏感觉等。①

感觉是比较具体的,它与各种主客观条件紧密相关,甚至比较有意思的是,感觉在心理学上有所谓"感觉剥夺"("感觉剥夺实验",Bexton, Heron & Scott, 1954)②,也就是说,通过一定的实验条件,把人们来自内外界的刺激进行限制或取代以后,人的感觉就被剥夺了,非常有趣的是:此时人会变得焦虑不安,无法适应。也就是说,离开了感觉条件,我们不光在认知上没有办法获得正常的感觉,甚至可以从"感觉剥夺实验"中进一步推断说:不能正常地获得感觉,人连正常的生存都是有问题的。

更有些令人吃惊的地方是:在心理学上,人们关于时间与空间的认

---

① 彭聃龄,《普通心理学》,北京:北京师范大学出版社,2003年,第78—80页。
② 同上。

知是放在知觉里进行的,即空间知觉与时间知觉:

> 空间知觉是对物体的空间关系的认识。它包括形状知觉、大小知觉、深度与距离知觉、方位知觉与空间定向等。空间知觉在人与周围环境的相互作用中有重要作用。如果人们不能认识物体的形状、大小、距离、方位等空间特性,就不能正常地生存……我们知觉到客观事物和事件的连续性和顺序性,就是时间知觉(temporal perception)。时间知觉具有四种形式:(1)对时间的分辨……(2)对时间的确认……(3)对持续时间的估量……(4)对时间的预测……时间知觉依赖于人脑对事物或事件的连续性和顺序性的分析和综合,它的发生与大脑的广大脑区有关。①

时间知觉与空间知觉都是有比较确定的方式与内容的,甚至与一些固定的参数相关,比如空间知觉中的大小知觉,物体大小与物体在视网膜上投影的大小有关系,网像的大小服从几何投影的规律:距离远,同一物体在视网膜的投影小,反之则大,用公式则表示为:$a=A/D$(a指网膜投影大小,A指物体大小,D指对象与眼睛的距离)。②

对于时空的观念到底与感觉有多大关系,心理学的解释并不充分,而只是把时空与时空知觉联系起来。但是,知觉与感觉终究有本质的区别。

C. 时空的性质与感觉的关系

如果感觉与时空观念在过渡上并未有足够的心理学支持,那么,对于唐氏把时空与感觉联系起来进行讨论就值得进一步考察,时空的性质与感觉到底有没有关系? 唐君毅试图从感觉中推演出时空观念,如果心理学的结论是把时空观念当作时空知觉,那么似乎时空就不太可能纯粹从感觉中推演出来。因此,这至少牵涉到感觉与知觉、感性与知性两个

---

① 彭聃龄:《普通心理学》,北京:北京师范大学出版社,2003年,第142—160页。

② 同上书,第148页。

不同方面的内容。其实,对于时空的性质以及时空与感性、知性的关系,康德在"先验感性论"中有一个比较适中的看法:

> 通过我们被对象刺激的方式获得表象的能力(感受性)叫做感性。因此,借助于感性,对象被给予我们,而且惟有感性才给我们提供直观;但直观通过知性被思维,从知性产生出概念……我们将从经验的直观中把属于感觉的一切都分离开来,以便只留下纯直观和现象的纯然形式,这是唯一能够提供先天感性的方法。在进行这一研究时,将发现两种作为先天知识原则的感性直观纯形式,即空间与时间……我们的一切直观无非是关于显象的表象;我们所直观的事物并非就自身而言就是我们直观它们所是的东西,它们的关系也不是就自身而言就具有它们向我们显现的那种性状,而如果我们把我们的主体、哪怕是仅仅把感官的一般主观性状去掉,客体在空间与时间中的一切性状、一切关系、甚至空间和时间本身都将消失,它们作为显象不能就自身而言、而是只能在我们心中实存。对象就自身而言、与我们感性的这一切感受性相分离,可能具有一种什么样的状况,依然是我们完全不知道的。我们所认识的无非是我们知觉它们的方式,这种方式是我们特有的,但尽管必然属于每一个人,却并不必然属于每一个存在物。我们只与这种方式打交道。空间和时间是这种方式的纯形式,一般感觉则是质料。我们只能先天地、即在一切现实的知觉之前认识这种纯形式,所以它叫做纯直观;但感觉却是我们的知识中使得它叫做后天知识亦即经验性直观的东西。①

从以上引文可以看出,康德对时空的界定有两点非常具有启发性:第一,时空是属于主体表象外物的纯形式,它与经验性的感觉材料(或说质料)是有区分的,我们不可能从经验性的感觉中找到时空产生的原因;第二,感官被刺激,产生感觉,感性直观只提供给认知一方面的内容,而

---

① 〔德〕康德著,李秋零主编:《康德著作全集》第 4 卷,第 23—37 页。

认知要完成,必须有知性概念的参与才能实现。相对而言,唐君毅要把时空与感觉直接关联起来,在他看来,似乎时空是感觉的产物,他有把时空观念混同于感觉经验材料的嫌疑。如果时空作为纯形式是感性表象世界的基本形式,那么它与作为质料的感觉经验应该有本质区别。但是,康德这种区分与判定对于时空只是一种性质上的判断,他除了对时空在先验感性论中进行了形上学的阐明与先验的阐明之外,他似乎没有再作更多的说明。

  时空问题对我个人而言是个非常有吸引力的话题,也是一个比较艰难的问题,我们通过一般性的物理学知识似乎可以获得两种所谓的时空观念,即一种属于牛顿经典物理学意义上的绝对时空观,另一种为爱因斯坦以来现代物理学意义上的相对论下的时空观。这二者到底是如何区分的、如何过渡的?他们对时空的理解与判定给我们展示的是怎样的一个时空宇宙图示?史蒂芬·霍金在《时间简史》一书中说:

> 1915年之前,空间与时间被认为是事件在其中发生的固定舞台,而它们不受在其中发生的事件的影响。即便在狭义相对论中,这也是对的。物体运动,力吸引并排斥,但时空和空间则完全不受影响地延伸着。空间和时间很自然地被认为无限地向前延伸。然而在广义相对论中,情况则完全不同。这时,空间和时间变成为动力量:当物体运动,或者力作用时,它影响了空间和时间的曲率;反过来,时空的结构影响了物体运动和力作用的方式。空间与时间不仅去影响、而且被发生在宇宙中的每一件事影响。正如人们没有空间和时间的概念不能谈论宇宙的事件一样,同样的,在广义相对论中,在宇宙界限之外讲空间和时间也是没有意义的。
>
> 在以后的几十年中,对空间与时间的这种新理解是对我们宇宙观的变革。旧的宇宙观被新的宇宙观取代了。前者认为宇宙基本上是不变的,它可能已经存在了无限长的时间,并将永远继续存在下去;后者则认为宇宙在运动、在膨胀,它似乎开始于过去的某一个

时间,并也许会在将来的某一个时间终结。①

也就是说,按史蒂芬·霍金的理论物理学观点,时空观由绝对的时空观向相对的时空观的转换实际上伴随着人类对宇宙认知的巨大变革,就相对论以来的时空观而言,时空结构与时空中的物体运动与作用方式是相互影响的,时空似乎只能在时空产生以后才能予以谈论,而直接追溯时空起源的想法在根本上会出现问题。

相较之下,唐君毅试图建立的时空观念与康德的时空观念不同,甚至与现代物理学上的时空观念也有相当大的出入,这一点是比较明显的。

2. 意义与观照之方法

唐君毅在"感觉互摄境"中讨论了身心关系与时空关系,以及身心与感觉的关联,感觉是此境中的核心词汇与切入点,我们可以看出:他处理身心关系与时空关系不是以产生知识为导向,而是要把时空观念一直溯源至心灵的虚位处。他要通过感觉来建立起主观境界中的主体形态,而时空只是主体自我观察的一个附带结果。如果说"感觉互摄境"是唐君毅体、相、用三维一体的结构中心灵活动观"体"而形成,那么,唐君毅在主观境界的第二境,即"观照凌虚境"中则是要观察事物及其自身的纯粹性相。比较难以理解的是,如果都是观察事物与自身的性相,那么"观照凌虚境"中的观相与"依类成化境"中的观相又有什么不同呢?唐君毅认为这两者的不同在于:在依类成化境中,人们把自身与事物的性质归属于客观事物的属性,离开了一定的承担客体就无所谓客观属性;而在观照凌虚境中则不是这样的,唐氏认为在心灵观照之下,"相"的属性内不属于主体,外不属于客体,而是独立自在的,按唐氏的说法为"凌虚而在"。唐君毅说:

> 吾人之所以名之为观照凌虚境者,其意在将此境,自上所陈之

---

① 〔英〕史蒂芬·霍金著,许明贤、吴忠超译:《时间简史》,长沙:湖南科学技术出版社,2006年,第33—34页。

第三章 心灵九境论中的知识之界定

感觉互摄境升进说来。人在感觉互摄境中,有所感觉时,即对事物,感觉到其性相之一表现,如上述之红蓝是。然人在感觉此性相之时,同时觉此性相乃由在外之物体之一功能、一作用,及于我而致。故此性相,外由于物体有一使我之心知,知此性相之作用,而内则又由我之有此心知之作用,以知有此性相。则此性相在内外皆有所挂搭,此时即不见其为一纯相、纯意义;而继此感觉而起之判断,更直下将此性相向外投置,以附于物之体,以形成一般之有实物可指之知识。一般之自然社会之知识,即循此途,以次第形成。人之由此感觉境界,以上升至纯意义之世界之道,则首在将所感觉之物之性相,一方如推之而出于其主观感觉之外,与其感觉心灵,游离脱开,一方如提之而上,自其所附属之客观实体,游离脱开,而更自升起其心灵,与此性相之位平齐,再与之形成一距离,而就其如何如何,或如是如是之纯相而观之,更有一向此所观之一意向。①

也就是说,同样是观"相",但"依类成化境"观的是客观性相,此性相被认为是属于客体自身的,而"观照凌虚境"中的观"相"则认为此性相可以自成一世界,它与客体与主体都保持了一定的距离,不能认为是属于客体和主体的属性。

既然是观察如此这般的性相,那么现在就有两个问题:第一,纯粹性相所指何意? 第二,如何观察纯粹性相? 所谓纯粹性相,在唐君毅这里就是指纯粹意义,有时直接指意义;观察纯粹性相或意义的途径或方法就是观照。

(1) 纯粹意义与观照

所谓纯粹意义,在唐君毅看来是这样的:

> 人之由一般之判断与世间知识中,减除去其指物之意义,而只观其所表示之纯相上之关系,则为由一般之判断,世间知识,升至一

---

① 唐君毅:《生命存在与心灵境界》,第252—253页。

直观此纯意义之世界,或纯相之世界之一上升之心灵。①

纯粹意义也就是在唐氏看来与世间知识,或者与一般对事物判断不同的知识。这似乎比较抽象,唐君毅想要表达的纯粹意义,实际上就是指不关涉到具体事物,也不需要通过外在事物之经验来证实或否证的各种纯粹的关系和关联。在他看来,逻辑学上的命题与命题之间的关系,哲学上的概念与概念之间的推演就属于纯粹意义的范畴。唐氏认为属于纯粹意义范畴的主要有语言学、文学、数学、几何学、逻辑学、哲学这些学科讨论的内容。至于他认为的这些学科研究的内容是否符合其关于纯粹意义的定性则值得考究。

要达到唐氏所谓纯粹意义,要对它们进行研究与考察,在唐君毅看来可以通过一种途径实现:观照。

唐君毅所谓观照,我们在上文分析唐氏证明心灵本身和心灵活动的存有时提到了相关的内容,即"观法"。总之,唐君毅的"观照"这个概念有几个方面的内容需要注意:第一,观照与直观、静观似乎并无本质区别;第二,观"某某"境是唐君毅认为的不同心灵境界产生的缘由,也就是说观的角度、方向、层次不同,观得的境界类型与境界形态就不同,而观者则是心灵,观得者为境界,观的方法是为观法。观照是心灵的一种方法或途径。第三,观照的对象在唐君毅的境界论中专指观"相",而他所谓的"纯相"是指纯粹性相、性质、意义等,它也是唐氏体、相、用三分中的"相"。第四,观照的概念与佛学中的观空说似乎有所吸取,并试图对西方哲学所谓的共相理论进行统摄性说明。

尽管唐氏在观照凌虚境中主要表达的是通过观照心的开显达到对纯粹意义世界的理解,但是,他并没有对何谓观照、怎样观照、观照的方法与步骤等进行清楚界定和划分,也就是说,对于此境中的核心方法与概念并未过多说明。

总之,唐氏所谓的观照,总结起来有几个要点:第一,观照是一种与事实判断无关、与世间功利无涉的一种观法;第二,观照的对象既不属于

---

① 唐君毅:《生命存在与心灵境界》,第252页。

第三章 心灵九境论中的知识之界定

客体,也不属于主体,而是存于主客之间;第三,观照仍然是一种心灵活动。简单地说,观照就是人们与所观察的对象拉开一定的距离后,不做事实性的判定,也不做功利上的推想,而只是对其呈现给心灵的各种关联与共相进行描述,从而形成一致的、连贯的、统一的世界观。

实际上,在唐氏看来,要获得一种观照的心灵并不容易,因为这种心灵状态比较特别,一般而言,对于通常人的意识来说,人们只对有用的、可以交换的东西感兴趣,而对于各种纯粹的、非功利的、离现实世界比较遥远的东西则不太能够产生兴趣,在唐氏看来,只有在纯粹的、非功利性的、离现实世界较远的地方,人们由于难以对这些东西加以利用或把控,所以才可能产生观照性的思维。因此,获得观照的心灵一方面与个体的天资与初始追求有关,另一方面与个体的心灵修为紧密相连。唐氏认为,在与这些领域和对象之交往中,纯粹意义就产生了,纯粹意义的产生实际上也就是人类纯粹知识的领地之开掘。

(2) 纯粹知识的产生

虽然我们不能获得唐氏对观照的具体界定,但是,他却认为观照的心灵产生的对象是纯粹意义,观照对象的系统研究所得到的结果就是纯粹知识的领地。他说:

> 此所谓纯粹知识,乃指一不必求应用于判断实际事物,或改变实际事物之知识,唯亦可依之以成判断实际事物,或改变实际事物之知识者。此类知识,只表示实际事物之性相意义上之同异,或相涵等关系,而此关系只须为可理解的,即无实际事物之存在,仍可由理解而陈述之。此所谓意义,即只是一内容的意义,而非其外指的意义。对此内容意义之认知,初纯为直觉的,或直观的。①

我们可以从唐氏的原话中得知:纯粹知识在他看来不属于经验知识的范围。如果说纯粹知识不是经验知识,那么它是否属于通常所谓的先验知识或说先天知识? 唐君毅在此境中着重讨论了语言学、数学、几何

---

① 唐君毅:《生命存在与心灵境界》,第250页。

学、逻辑学、哲学,他认为这些学科就是研究纯粹知识的。实际上,通常人们比较有共识的部分是数学、几何学、逻辑学被认为是属于先天知识,而至于语言学与哲学则可能有争议,甚至包括何谓哲学、哲学研究的对象是什么——迄今为止仍然众说纷纭、莫衷一是。我们暂且不论这些分歧,在唐君毅那里,他到底是如何说明这些学科与纯粹知识的关系的?

A. 语言文字与表义方式

唐君毅把语言放到纯粹知识领域,这与非功利性、非事实性的关联显然有矛盾,语言文字的出现与变化,历史地看应该是与人类的功能性活动相关的,它是人类为了更好地认知世界和相互交往而创造的一种工具,从这一点来说,工具本身的功能性就已然与事实相关了。唐君毅把语言文字当作纯粹知识的对象实际上包含两个前提:一、语言文字之所以成为纯粹知识的对象,是因为他不从历史的、实用的角度来说明语言文字的产生;二、语言文字成为系统的学科有其内在的发展逻辑。唐君毅实际上提出了一种关于语言哲学的特别思考,他说:

> 吾今所拟提出之一语言哲学,则为根本不自语言的行为或语言之声形之本身看,看其何以能积极地表义之故。因此,只可感觉之语言之声形之本身,原可无其所表之超感觉以上之义故。吾亦不自语言与心意中之义之习惯上之一定的连结上,看语言之能积极地表义,因人用语言之自由性与创造性,即使此不能亦不当全是一定之连结故。吾将说明:语言之表义,初非是积极的表义,而唯是消极的表义。此所谓消极的表义,先略说大旨。即一语言之表义,初唯是以一语言之行为,消极的遮拨其他之语言行为,或其他行为,与其他之境物,以显一心意中之境,与此境中之义。不同之语言之行为,唯以其所遮拨者不同,更互相限制其所表之义,而各有其范围内之相对的一定义。由此而不同之语言之表义,皆只是达其心意,以通于境中之义,以成其自己心意之前后之通达,及己之心意与人之心意之通达之事。其表义只是达义、通义。于是,一切语言,皆当视同于一桥梁、一道路,以载人之心意,通达于种种境义;而不同之语言,只是若干纵横交错,往来通达之不同桥梁道路;而除为此道路桥

梁之外,即无有其他内容者。①

在他看来,语言文字的形成主要是由其表义结构决定的,当人们用一定的语言指一定的对象时,虽然我们可以认为它约定俗成或存在其他可能,但是却可以从不同的方面进行理解。比如说桌子这个词的命名和表义:

a. (这是)桌子。

在唐君毅看来,这个命名可以理解成这样:

b. 这不是杯子、椅子……

他这样理解的意思是说:当人们指向桌子的时候,我们不仅仅是看到了桌子和对桌子进行确定性的命名,而是排除了其他称谓的可能性,这样一来,各种命名之间似乎就通过"并非……并非……"而得到一种纯粹的关联。他把这种关联就当作是纯粹意义的对象,从而通过这种方式判定语言文字之学从属于纯粹知识领域。

实际上,唐君毅这样理解语言文字,只是用逻辑学的谓词转换对语言文字进行了另一种诠释。其实,唐君毅这样做的目的倒不是要对语言文字进行精确的规定,而是相反,他要把各种已然形成的名称推向一种模糊的相互关联之中。假如说我们从来没见过桌子,也不知道桌子长什么样,那么,即便你告诉我们再多关于"这不是什么"的信息,我们都可能无法清楚地判断哪个是桌子,桌子对应的是什么。唐氏的意思并不在对具体事物进行命名或认知,而是要把语言文字还原到一种命名行为与行为的意义中去。也就是说:第一,人们当初对事物进行命名时,即语言的雏形出现之际,人类形成一定的语言或名称是相对随意的,其间并没有多少必然性;第二,当人们形成任何约定俗成的语言文字或称谓时,它包含着命名行为的特定用意,这便是语言文字和命名的排他性,一旦一个特定的语言文字或称谓出现,它不光有积极的指代含义,还有间接的强制性:是 a,而非 b。唐君毅想从这个角度来说明语言文字最终的作用是把人们认知的心思集中于某一点,比如命名的事物或事件或行为等。因

---

① 唐君毅:《生命存在与心灵境界》,第 258—259 页。

为在唐氏看来,一旦一种称谓出现了,它就会排斥其他可能性,那么这相当于间接地把其他可能性都消除了,从而把人的心灵活动集中到一定的行为、事件上来。这便是唐君毅真正要表达的意图:他认为语言文字有消极的"遮拨功能"。所谓"遮拨功能"就是通过去除一些内容,从而让人心集中的功能。同时,这种"遮拨功能"是通过"并非……并非……"的形式来实现的。这种方式让人心有更多的与"纯相"打交道的机会与可能。唐君毅说:

> 综此所论,则此人之以相继之语言行为,以次第拨除其感觉性之行为与事物,可说为语言之第一度向。——语言在时空中各有一分别而相排斥之地位,可说为语言之第二度向。而其自身之可由代替而终被通过而超越,或直接被通过而超越,以使人达其所表之意义之世界,即为语言之第三度向。故吾人亦必须自了解此语言之第一度始,而至于其第二、第三度向之了解,然后知此语言之可使人由感觉性之世界,升进入超感觉性的意义世界之故。①

唐君毅的终极意图在于把语言文字归结为通向"超感觉世界"的桥梁和途径,语言与感觉事物之间的对应关系也好,语言之间的"相互排斥"与"遮拨功能"也罢,它们终究只是通达"超感觉世界"的一个途径和步骤。所以,我们可以比较肯定地说:唐君毅对语言文字的观点并不是要确立一种更为精确的语言与符号指代系统,毋宁说他是要解构这种语言文字的功能,从而到达超越语言文字的纯粹意义世界。他的这一想法或许可以通过他所谓的"并非……"的"遮拨功能"来具体操作,从而把人们导向一种否定性的、更不确定的指向之中。可是,我们能否说这种指向必然满足他所谓的语言的第三向度或"遮拨功能"则未必:比如说桌子,它并非椅子、杯子……面对这种情况,我们可能不会去玄想这个并非椅子、杯子等的东西,而是会尽量在熟悉的经验范围内找一个对应物,或者规定何为桌子,然后解决一切问题。这样的结果是:我们有可能没有

---

① 唐君毅:《生命存在与心灵境界》,第266页。

生发通往"超感觉世界"的思维与行动,而只是在感觉的世界里作了更为确切与细致的规定。

唐君毅提出的语言哲学与多数西方语言哲学家的思考倾向相违背,近代西方哲学有所谓语言哲学转向,他们的看法是把许多哲学问题归咎为语言的不清晰、不明确而导致,所以他们试图要实现的目标就是把语言进行严格的归类和厘清,由此出现了所谓规范的人工语言与日常语言的重大区分。无论如何,人工语言的出现对于许多问题以及许多新兴学科的推动意义重大,因为它更为明确和规范,也易于操作。另一方面来说,日常语言的模糊性与不规范性虽然不能予以消除,但它自有其功能和用途,我们也无需过于苛责,但是对它的使用范围却需要严格界定。唐君毅在这个问题上并没有做出区分,在他的语言哲学下,人工语言自然要受到排挤,因为它无法让人们通达超感官的世界;至于日常语言,或许可以为唐氏所容,但问题在于:日常语言通常与经验性的东西相关联,它也不一定能满足唐氏所谓的通达"超感觉世界"的目的。也就是说,唐君毅所谓语言的三个向度中,从语言的第一、第二向度过渡到第三向度是存在困难的。

语言的表义结构在唐君毅的论述下并没有很好地向我们指示出一个通向纯粹意义世界的路径,但这似乎并不影响他从语言文字向语言文学的过渡。在他看来,文学语言的出现与文学形象的描绘正是他所谓的语言文字的第三向度的最好表达。也就是说,文学语言所使用的词汇通常不是确切的经验事物,毋宁说文学语言所依附的具象只是一个跳板,通过它们,指示一条通往美的意象之路径。此时,我们就清楚了:唐君毅所向往的语言文字无非是能表达美的境象的语言文字。显然,这是一个诗人对语言文字的要求,理性的哲人或许不会同意这一点,因为清晰概念难以满足此等要求。

唐君毅所说的文学语言是这样产生出其美的意境的:如果 a 指向一定的意境,那么与 a 全然不同的意境 b 如果出现,这两种巨大的反差就形成了强烈的冲突之美感;如果意境 c 与 a 相类似,那么,a、c 之间就出现和谐之美感。按唐君毅的原话说,人们就是在"类与不类的比较与直观中产生了美感"。这种看法,我们很容易想到美学上所谓的崇高与优美这两个美学概念,崇高就是巨大的反差而造成,优美则与和谐的比例相关联。唐君毅实际上认为"类与不类",或者说"相似与不同"是产生美感的原因。也就是说,在各种"意象、意境"之中,相同与不同总是心灵对比观照心中对象的结果,这便是他所谓的纯粹意义,但是唐君毅所谓"类与不类"或"相同与不同",他想说的是:语言文字终究只是一个指示纯粹意义世界的路标或桥梁,心灵不可以在这个桥梁和路标上停止,更不能把它们当作终极目标。如此看来,这种观点仍是他心灵"不陷溺而念念自返"的另一种表达。

B. 数学运算与数字零

当唐君毅在把数字"0"放到"依类成化境"中讨论时,他就已经做好准备,要把"类"这个概念再次运用去解释数的形成、数学公式的有效性等数理哲学问题。

"类与不类"营造出来的和谐一致或强烈对比之"境象"——对于文学语言来说很重要,同时,他认为数学上也存在一种"类与不类"的美感与运用。他甚至认为"类与不类"可以解释一切不同类之数如何形成,以及各种数学公式如何可能。他说:

> 人依理性之序,而形成各类之数后;即可用之以定一类物中之个体物之数,吾人于依类成化境之论数,即以数之此义为中心而论。此为数之哲学一面。数之哲学之另一面,则为关于不同类之数之如何次第构成,其次第构成之历程之相类处不相类处何在,表数之关系之数学之公式如何形成,以使数之种种运算成为可能之问题者。在前一面之数之哲学中,以数指个体物之意义为中心,故可论之于依类成化境。在后一面之数之哲学中,则初唯以种种数之如何构成,与其关系,为所观,而于数亦不须连于人心中其他类概念,而有指物的意义以说,则种种数,只存于一观照凌虚境矣。①

唐君毅对数理哲学的论述有两个地方:第一个地方是在"依类成化

---

① 唐君毅:《生命存在与心灵境界》,第272—273页。

境"中,即他关于类、数字零的起源与形成的看法,在此境中,他认为"数"与"类"都需要与其他物象相联系才能进行论述;第二个地方是在"观照凌虚境"中,他在此境则认为可以纯粹就数字的形成、数学公式的内在联系进行考察,无须参照具体的物象。

实际上,唐君毅在关于数的哲学的两个地方的讨论其实只有一个主题:数的形成过程。所谓数或数学的形成过程,唐氏是就他所了解与研习过的数学知识所进行的一种数理诠释。在依类成化境中,我们发现他把数字零的形成追溯到心灵之虚位的存在,这种做法看起来是在谈论数字的形成,实际上是把数理哲学的讨论推向了本体论的领域,因此,这个过程非但没有让我们更清楚地理解数字零的意义以及更多规定,反而让原有的数学知识也变得模糊不清了。其实,在观照凌虚境中,这个问题同样存在。

唐君毅在讨论"数"的形成时有两个支撑性的观点:一、一切数学运算或数理根据都是出入于零中而成;二、数的形成过程蕴含相类与不相类的特点。

对于观点一:比如说,他认为自然数的形成,就是依次加一于零而形成,即 $0+1=1, 0+1+1=2, 0+1+1+1=3, 0+1+1+1+1=4\cdots\cdots$,$0+1+1+\cdots\cdots+n=n$,这是他所说的出入于零的一个例子。那么,如果把等号左边的加一全部移到等号右边,则相当于用右边的数字减去左边的数字之和,左右同时归零;反之,把等号右边的数字全部移动到等号左边,那么结果也一样,也为零。他认为这个过程就是所谓"数字出入于零中"。唐氏认为一切通过等号连接起来的运算都有同样的效果。

对于观点二:比如说自然数 $1、2、3、4\cdots\cdots n$ 的形成,他认为这个过程既可以视为依次加一而次第形成,具体如上一条所示,同时这个过程还可以以不同的形式展示出来:a、它可以表示为相乘加一而形成,即:$0\times1+1=1, 1\times1+1=2, 2\times1+1=3, 3\times1+1=4\cdots\cdots(n-1)\times1+1$,这便是所谓的相类的情况,即在"加一"的形式上体现出了相类。b、当自然数用相乘关系来表达时,则有:$1\times1=1, 2\times1=2=1\times2, 3\times1=3=1\times3, 2\times2=4, 5\times1=5=1\times5, 3\times2=6=2\times3\cdots\cdots$在这些数中有的等于一乘以其自身,比如说 $1、2、3、5\cdots\cdots$,这便是数学上的素数,不等于一乘以其自身的如4、6等,就是非素数,在这些数字中由"等于一乘以自身"与"不等于一乘以其自身"就区分出了两类不同的数字。这便是所谓的不相类。

对于相类与不相类的观点,唐君毅用类似的办法对自然数、整数、分数、有理数、无理数等都做了几乎同样的处理。在他看来,数字的丰富与变化无非就是从相类与不相类这两个方面来推演与规定的。实际上,所谓相类与不相类,就是指种类相同与不相同的数字之间的区分与相互演算。

至于出入于零中的看法,则直接导源于相类与不相类的观点,所谓相类与不相类,并非绝对,在他看来,不相类者可以化为相类者,相类者从另一个角度可以以不相类的面貌出现。就像上面举的例子一样,同样是自然数系列,在数字之间的关联上看:一、相类的方面(相同)则是可以从加一于零,或说加一的形式上体现出来;二、不相类的方面(不相同)则可以从"乘以一是否等于自身"上区分出素数与非素数两类。因此,数字的形成演变可以从相同到不同、从不同到相同,而这其中重要的表现就是这些数字都是随时可能与零打交道,比如加减乘除、移项等都是围绕等号与零而展开运算及其推演活动的。这种情况就被唐氏称为"数字升降出没于零中",他说:

> 吾人若本此一观点,以看人之一切数之演算,与在数之演算历程中之数之世界,则此整个之数之世界,即为一吾人由观照数之关系,而依之以演算,以见其"不相类者,皆可化为相类者,相类者皆由不相类者来"之一"无穷的,则不相类而相类。而相类者自其其由不相类来处看,又不相类",之一"类与不类、相与为类,而其相类者,又皆可由相减,以等于数之零"之一世界。于是一切数之演算之事,皆可说是"出没升降于一零之世界中"之事。①

至此,唐氏对其数学哲学两个重要的观点之间的联系似乎就建立起

---

① 唐君毅:《生命存在与心灵境界》,第280—281页。

来了:类与不类之间的相互转换过程就是数字世界升降出没于零中的过程。

如果我们仔细检查唐氏所说的数字零的描述,那么,我们发现它并不是别的新内容,就是心灵活动"不陷溺而念念自返"的另一种说法,此处他只是以数理知识的面貌重新表述出来。而所谓类与不类的说法,只是告诉我们不要局限于一定的物相形态,因为相类与不相类并不是老死不相往来的,而是可以用一定的方式打通的。这才是唐君毅数理哲学所要表达的真实意图,至于他所提到的一系列例子和论述,他不是要严格地从一两个基础命题去推论出一个严谨的数学知识体系,他只是用各种已有的数学知识去佐证他的两个基本观点:一、一切数学运算或数理根据都是出入于零中而形成;二、数的形成过程蕴含相类与不相类的特点。这两个观点不是进行数理演绎的前提,而是他对心灵活动的规定在数学领域中的一种体现或佐证。

如果以上的判定大致不误的话,我们对唐氏的数学哲学就有以下两点质疑:一、对唐君毅来说,数理哲学的出现到底有什么意义？二、唐君毅的数学哲学观点有什么意义？罗素在《数理哲学导论》中有这样一番话:

> 我们对于自然数虽是熟悉,却并没有了解。什么是"数",什么是"0",什么是"1",很少人严格解释过,更不用说下定义。不难看出,任何0以外的自然数能够从0开始,由重复地加1得到,但是何谓"加1",何谓"重复地",它们的意义是什么,我们必须加以定义。这些问题可不容易解决。直到最近,人们相信算术的基本概念中至少有一些由于过于简单和基本而不能定义。因为所有被定义的概念是借助于其他概念来定义的,显然,为了有一个作定义的起点,人类知识必须接受一些易明的,没有定义的概念,以此为满足。至于是否必须有不能定义的概念,这一点不清楚:可能在作定义时,我们由一个定义追溯到在前的一个定义,一直下去,无论我们后退多远,我们总还可以趋走得更远。另一方面也可能当分析进行得够远时,我们能够达到一些概念,它们实在是简单,因此在逻辑上不容下一

种分析的定义。这个问题我们不必解决；为了我们的目的,只需注意,由于人类能力有限,我们所知道的定义必须从某些概念开始,这些概念虽则或许不是永远不能定义,但在当前还不曾定义……在把所有传统的纯粹数学归约到自然数的理论后,逻辑分析中的下一步骤是将这理论本身归约到最小一组前提和未定义的概念,而这理论即从它们演绎出来。这件工作为皮亚诺(Peano)所完成。他证明：除加上一些纯逻辑的概念和命题外,整个自然数的理论能够从三个基本概念和五个命题演绎得出。这三个概念和五个命题因而似乎可以代替全部传统的纯粹数学,假使它们能由其他的概念和命题来定义或证明,全部纯粹数学也能。①

罗素的意思比较明确：第一,数理哲学的使命就是要对传统的、熟悉的数学概念进行反思与再界定,比如什么是 0、什么是 1 等,虽然对这些概念进行界定有困难,但要深入地研究数学问题,必须从这些常见概念的重新界定开始反思；第二,这样做的结果是导向由几个基本概念与命题推出全部的纯粹数学；第三,皮亚诺已经证明了可以从三个基本概念(0、数、后继)与五组命题(一、0 是一个数；二、任何数的后继是一个数；三、没有两个数有相同的后继；四、0 不是任何数的后继；五、任何性质,如果 0 有此性质,又如果任一数有此性质,它的后继必定也有此性质,那么所有的数都有此性质②)推导出全部纯粹数学。

对唐君毅来说,虽然他也提到了诸如自然数由加一于零而形成之类的看法,但是他对数理哲学的理解与处理显然与罗素完全不同：一方面,他或许没有想过要对这些基本概念重新进行定义和厘清,也没有从几个基本概念和命题去证明和推导出纯粹数学体系；另一方面,他谈论数学哲学,似乎只是想借助罗素等人的看法来进一步得到他想要的结论,比如零和虚位。无疑唐氏的做法从初衷到结论都是有问题的,它与现代数

---

① 〔英〕罗素著,晏成书译：《数理哲学导论》,北京：商务印书馆,1982 年,第 3—4 页。
② 同上书,第 5 页。

理逻辑和数理哲学的总体方向是违背的。因此,他的数学哲学观点要成立就几乎是不可能的事情,而数理哲学对他来说顶多只是一个可用来说明其心灵境界论的工具或旁证。

C. 几何形量与点、零

自然数是数学的基础,而几何学之基础在于形量。这是唐氏从数学过渡到几何学的基本判断之一。所谓形量,分两个部分:一部分是指图形,比如几何学上的点、线、面等;一部分指数量,即图形的大小长短等。唐氏以为,几何学的研究对象就是"形量关系",即图形间的数量关系。

既然几何学的基础在形量,研究的对象是"形量关系",唐君毅进一步把"形"的基本单位与"量"的出发单位指出来:一、形的基本单位是点,二、量的出发单位是零。实际上,在对几何学进行论证时,唐君毅并没有讲出更多的东西,如果说唐氏对数学的讨论中提到的观点"数量升降出没于零"是其基本看法的话,那么在几何学的论述中则有三个方面的主要观点:一、图形都是由于点的伸缩进退而形成;二、图形的大小都是随着"点"的伸缩进退而变化出没于零中;三、类与不类的变化在"形量关系"中仍然存在。这三个观点其实都可以参照唐君毅前面对数学两个基本观点的相关证明,他想说的是:几何学如同数学一样,都可以由"类与不类"及"升降出入于零"这两个判断来描述,而这个观照"几何形量"的心灵本身之虚位与观照纯粹数学的心灵之虚位是一样的。心灵活动在对"形量关系"的观照过程中,不可陷溺于特定的"形量"之中,而只能让心灵活动流行不息。

唐氏还讨论了一些相关的几何学问题,但是,无一例外的是他都要借助这些讨论和例子来导向其先行的几个判断,而不是从这几个判断推出后续的结论。这种思路与他对数学的讨论如出一辙,因此,我们不再就其思路进行过多的讨论与评价,我们对其数学哲学的观点之质疑适用于他对几何学的看法。

D. 逻辑命题与虚寂之心

逻辑学在唐君毅看来与数学、几何学有根本不同,其不同既有研究对象的不同,又有思维方式的不同。所谓研究对象的不同,唐君毅是指数学、几何学以数或形量,及其间的关系为研究对象;逻辑学则以命题为基本单位,研究逻辑规律与推理的有效无效等。所谓思维方式不同,似乎前二者在唐君毅看来不是如逻辑学一般推敲命题之间的关系与性质,甚至后者有时要通过经验事实作为依托。总之,唐君毅认为逻辑学与数学、几何学不同,不论是研究对象还是思维方式。

尽管在唐氏看来这三个学科之间有所不同,但是,他认为它们之间的相通之处却是比较明显的,逻辑学的基本单位是命题,命题的真假、肯定否定、全称特称等仍然是与心灵活动相关的,甚至可以说观照逻辑命题与推理方式的心灵活动之性质与数学、几何学是一样的。

唐君毅在对逻辑学进行讨论时,他的基本支撑观点有几个:一、逻辑学的基本单位是命题;二、命题之间可以通过一定的形式进行相互转换和推演,它有类与不类的特点;三、逻辑命题之转换对应于虚寂之心。

我们可以看到,这种说法与他对数学、几何学的看法高度相似,唯一不同的是他用命题取代了数字、形量,"零"由"虚寂之心"取代。他对逻辑的整个思考方式依然没变,还是由"相类与不相类的变通"及"出入升降于心灵之虚位"的总体看法作支撑。

其实,我们仔细考察唐氏关于逻辑学的看法,就可以清楚地看出他所有的观点都是建立在对传统形式逻辑的理解之上,而更为确切的是他关于逻辑学的观点几乎都是来自命题理论的部分以及传统逻辑的三个定律(同一律、矛盾律、排中律)之上。因此,只要清楚了唐君毅对逻辑学讨论的范围与内容,我们来评价唐氏的逻辑哲学就比较容易了:一、唐氏以命题作为基本单位的看法,透显出逻辑学的发展演变在数理逻辑上取得的成果在唐君毅那里几乎没有涉及;二、即便在传统的形式逻辑中,逻辑学也不仅局限于命题理论与几个定律;三、传统逻辑的问题与数理逻辑的产生显然不在唐君毅的视野中,逻辑学与数学的结合及其广泛的应用空间也不在唐氏的考虑之中。

需要简单提到的是唐君毅所谓的虚寂之心,这个概念似乎是新出现的,唐君毅说:

> 至于此可能有之命题之世界,与其中之真假关系其所以必不能自成一客观实在之世界者,则在吾人对此中之一切命题,唯在设定

其一或若干为真或为假时,方得说其余命题为真或假。然人亦可自始不设定任何一或若干命题之为真或假,则其与命题世界中其余命题之真假关系,即初无可说。此即可谓之为始于寂。吾人既设定任何一或若干命题之为真或假,而说其与其余命题之真假关系后,亦可还自其初之"可不说";而以此"可不说",消除其"所已说",而无此所说,以归于寂。自此始于寂,与归于寂处,看命题之世界,则不能说有命题之世界之客观实在。一切人之说命题,而见其有真假关系之事,即皆自此"寂"而出,亦还归于此"寂",而由此"寂"中出入者。此即正类似数之世界中之一切数与其关系,皆在零中出入,一切形量与其关系,皆在无量之量之点中出入,如前此所论。①

唐君毅所说的虚寂之心,就是指心灵中无命题、无判断之时的状态。他所谓的"寂"就是指心灵的空寂之状。虚寂之心在唐氏看来可容逻辑命题升降出入于其中,有如数学中的数字、几何学中的"形量"一样,虚寂之心可容其升降出入,有如数字升降出入于零中一般。自此,我们又看到了唐君毅为逻辑学设定形上根源的影子,更为麻烦的是:他其实并不相信有所谓逻辑世界的客观性,即逻辑学上所谓真假命题等都不过是人类设定或不设定真或假而带出的某种结果。这个看法就像一个致命的毒瘤,它不仅会窒息逻辑学的客观真理性,而且会把唐君毅对逻辑学的信心以及其他建立在逻辑基础之上的学科知识之客观性一并取消。这种思考方式及其后果是如此明显和消极,可是对于唐氏之类的中国近现代哲学家而言,仿佛这并不需要深入加以反思和予以彻底否定,有时竟成了他们建立自己学说的基础和荣耀的资本,并为人们称颂与接受。这是令人十分忧虑的现象,也是值得警觉的事情:如果说一切业已建立的学术门类和各种知识体系,以及为一切学术门类奠定稳固基础的理性事业,不过是毫无客观性可言的东西,那么人类知识与人类理性之发展自然就终结了,而这几乎是不可想象的事情。

---

① 唐君毅:《生命存在与心灵境界》,第 306 页。

E. 哲学观点与观照之心

如果说语言学、文学、数学、几何学、逻辑学是具体学科对观照之心的注脚，那么在唐君毅看来，但凡不是导向于实践的学术都是观照心之下的结果，哲学也是如此。在对哲学进行讨论时，其实唐君毅是在对哲学本身进行追问和定位，因此，唐君毅本人对哲学的最终看法也在此处体现出来。唐君毅说：

> 哲学可导归实践，亦可止于一宇宙观人生观知识观之形成。在哲学只止于观之时，则哲学之思维，亦根于一观照中之境界。哲学之思维，与其他专门之学之思维不同，在不以宇宙人生中一范围内之事物为对象，与题材内容，以形成专门之知识。其不同于逻辑学之思维者，在非只以反省人之一切逻辑性思维之概念公理推论规则，或此逻辑思维之形成之纯形式条件为目标；而必本若干具体存在事物内容之普遍概念，形成一根本观点，以观宇宙人生中之一切事物之意义，而形成一观境；于此观境中见不同专门知识各在其范围中成立，而其意义则可互相照映，合以形成一知各种知识之相辅相成之智慧。此智慧即直观的理解，亦可如菲希特之名之为知识的知识。一切哲学，自其皆多少对不同事物之意义之互相照映，有一直观言，则哲学皆属于一观照境。一切哲学之观事物，重在观其意义，故其观事物之存在之实体、作用，亦是观其为具存在之意义，及此实体作用之意义自身，或化一切存在为其意义之和，而不见有一般所谓存在，以使此意义凌虚，而呈现于此哲学之观照心灵。故哲学之事当属观照凌虚境也……
>
> 故哲学心灵，即为无对特定的概念、观点之肯定，而恒有一普遍性的"对概念观点之存在之有所肯定"，而自运于此一一概念观点之更迭的相继之肯定，而由之以观世界之心灵。此亦即能取任何观点以观世界，而又不为此观点所必然限制，不使其观世界为一定观点所限，而能"于观点之采取上无碍，以见所成之观景中之世界之无碍"之一心灵。而此亦即可称为"能充观照的心灵之量，能自不断收

回其观点中世界,以归寂"之心灵也。①

唐君毅对哲学的看法有几点代表了他对哲学的定性与基本态度:第一,哲学讨论的对象是宇宙、人生、知识,但哲学研究的方式与诉求与具体学科研究的方式及诉求不同,具体学科是为了形成专门知识,而哲学则是追求对各种知识的融会贯通;第二,哲学观点并无永恒的真理性,它只是以一定的观点从不同的角度与侧面去观察世界而形成的认知结果,不同的哲学观点可以围绕其核心观念形成一定的世界观与认知图示;第三,各种哲学观点和哲学体系之间虽有不同,但观点之间此消彼息、往来于观照之心的运转方式却是一致的,哲学只是观照之心的产物。

对于什么是哲学以及哲学研究的对象是什么,这应该是所有哲学家都需要回答的问题,但又不是所有哲学研究者都能够回答的问题,因为对哲学研究对象与范畴的界定实际上就指出了哲学研究的领域与前进方向。唐君毅对哲学的如此看法其实并不新鲜,对他而言,哲学就是一种关于宇宙、人生、知识的会通之学。也就是说,哲学并不研究具体的知识,而是对于已形成的知识门类进行反思与溯源,从而获得会通的、关于知识的知识,即智慧;对宇宙人生形成基本的看法,获得一种特定的宇宙观、人生观。因此,唐君毅的判定中,哲学研究的对象为宇宙、人生、已有的知识,其目的在于形成系统的宇宙观、人生观、知识观。哲学是一种会通之学。关于这种看法,他在《生命存在与心灵境界》的导论对"哲学之任务""哲学之目标"的论述中有如此说法:

> 故人之心灵活动之求遍运,必求元序以为本,大类以为干,大全以为归。而求知彼足以为元序、大类、大全之概念义理,以说明宇宙与人生者,此即一切哲学者所为……
> 故凡哲人之言说,初虽是说其所学,而其归宿,则皆是以言说成

---

① 唐君毅:《生命存在与心灵境界》,第312—317页。

教。故说所学非究竟,以说所学成教,方为究竟。①

也就是说,唐君毅为自己规定的哲学任务是求得元序、大类、大全,并以之为依据来说明宇宙人生的种种情况;哲学的目标是以所学所说(已形成的宇宙观、人生观)来成就教化(所谓成己成物)。这种观点与日本近代哲学之父西周"把论明天道人道,兼之教法的 Philosophy 译名哲学"的看法相近,这种思路与冯友兰"新理学"从"理、气、道体、大全"出发来解释宇宙人生的方式基本无异。

如此一来,唐君毅对哲学的看法就可以分为两个部分:第一,形成一定的宇宙观、人生观、知识观,这就是他在观照凌虚境中所讨论的哲学;第二,用相应的哲学观点去指导人生实践,这一点他在观照凌虚境中没有讨论,甚至他认为在观照境中的哲学恰恰缺失这一部分,他认为这是此类哲学家与哲学形态的不足。于是,唐君毅对哲学的态度与追求就体现出几个方面的特点:一、所谓元序、大类、大全的追求显然是一种形而上的诉求;二、而唐氏形上诉求的目标在于促成个体人生的安顿与人生实践的顺利进行;三、知识只有在这样的宇宙观、人生观之下才能得到安顿,而不能从知识去推出相应的宇宙观、人生观。

关于哲学,我们最常见的说法就是世界观、人生观、价值观的系统组合,像唐君毅一样,试图建立一个完整的世界观、人生观、价值观的思想家和思想体系在近代中国思想史上也屡见不鲜,只是事到如今,我们回过头来反思整理他们的思想时,是否需要质问一下:哲学是否仅仅是为了形成一个世界观、人生观、价值观这样的目标而存在?这个问题的意思有两层:第一,唐君毅等持类似看法的中国近现代思想家,他们在给哲学定性时,他们所理解的西方哲学家到底有几分是真实的和可信的?是否有取其所需和借题发挥的偏向嫌疑?第二,哲学的目标是否真的在于

---

① 唐君毅:《生命存在与心灵境界》,第 11—16 页。

成教①？有没有可能它只在于追求真理？如果哲学的目标只在于形成一个关于宇宙、人生、知识的看法，那么是不是说任何人的任何看法只要系统的与此相关，他们就是哲学家，他们就算有了哲学？个人以为：哲学如果如此简单，那么它要么太过扭曲，要么太过肤浅，扭曲的哲学形态没有价值，肤浅的哲学未免过于廉价。

我们以为，哲学家有不同的观点和体系这不足为怪，甚至可以有不同的研究对象之规定，但是，如果说哲学就由此而可以随心所欲，各种观点都可以成立，都能够成为宇宙观、人生观、价值观、知识观，那么，这种结论似乎太过草率。实际上，这样的观点是一种世界观哲学，胡塞尔在《哲学作为严格的科学》一书中对世界观哲学有一种批评，他对哲学有一种判断，或许可以说明哲学的任务与发展方向：

> 世界观哲学的理想目的可以始终纯粹地是世界观，而世界观按其本质来说恰恰不是科学。世界观哲学在这里不应受那种科学狂热的误导，这种狂热在我们这个时代实在过于流行，它将所有无法"科学—精确"证实的东西都评价为"不科学的"。科学是在许多其他的、同样合理的价值中的一个价值。我们前面已经说明，尤其是世界的价值，它完全是坚定地建立在自身基础上，它应当被认作是个别人格性的习性和成就；但科学则应当被认作是各代研究者的集体工作成就。正如这两者具有不同的价值来源一样，它们也具有不同的功能、不同的作用方式和传授方式。世界观哲学的传授就像智慧的传授：人格性求助于人格性……

---

① 这种观点涉及一个非常重要的问题：哲学的目标到底是什么？如果说"哲学"一词在西周翻译的时候就是以宋明理学为基本背景，那么西周理解的"哲学"当然包含宋学的成教之义于其中，西周对哲学的理解对中国近现代思想家理解哲学的影响是直接的(包括唐君毅)。西周认为哲学有"成教"之义，然而，日本学者西村茂树质疑西周将学问与宗教相混淆，西村茂树指出"哲学"本是西洋的学问，认为"哲学"的宗旨在于探究真理，哲学与儒、佛诸贤长于学德、追求修身养性截然不同。哲学的目标是什么与人们对哲学的理解是直接相关的，然而，自哲学诞生的那一刻起，"爱智、求知"，或者说追求真理就是其血液中最重要的成分。

只有当这一种哲学和另一种哲学在时代意识中得到透彻的决定性的区分,我们才能考虑,使哲学接受真正科学的形式和语言,并且将那种在科学上受到多重赞扬甚至受到效法的东西,即深邃,认作是不完善。深邃是混乱的标志,真正的科学要将它转变为一种秩序(Kosmos),转变为一处简单的、完全清晰的、被阐明的秩序。真正的科学在其真实的学说领域中不包含任何深邃。深邃是智慧的事情,概念的清晰和明白是严格理论的事情。将那种对深邃的预感改变为明确的、合理的构形,这是严格科学之新构造的一个本质过程。精确的科学也曾有过漫长的深邃时期。正如它们在文艺复兴的战斗中一样,哲学——我敢于这样期望——在当前的战斗中将会从深邃的层次挺进到科学清晰的层次……

但哲学本质上是一门关于真正开端、关于起源、关于万物之本(ριζωματα παντων)的科学。关于彻底之物的科学必须在其运行方面也是彻底的,并且从任何一方面看都是彻底的。首先,它在获得它的绝对清晰的开端之前不歇息,这种开端是指:它的绝对清晰的问题、在这些问题的本己意义上所预示出的方法以及绝对清晰地给出的最底层工作领域的实事。①

在胡塞尔看来,哲学作为世界观只属于特定个人的性格与习性之成就,甚至它的传授方式也只能求助于人格性本身;哲学与世界观需要做出严格区分,哲学要成为科学必须抛弃深邃与混乱,它要求明确清晰的概念与简单完全的秩序;与唐君毅一样,胡塞尔也认为哲学本质上追求万物之根本、起源、开端,但是他对哲学的要求是首先获得一种清晰明确的开端,以及由此开端给出的清晰的方法论以及绝对明确的研究领域。

相对而言,唐君毅所建立的世界观哲学,其意义与定位或许只属于唐氏本人以及其人格养成,他对哲学的界定最缺的就是清晰明确的概念与通达其域的方法,当然,他可能也没有想过或者不认为需要把哲学做

---

① 〔德〕胡塞尔著,倪梁康译:《哲学作为严格的科学》,北京:商务印书馆,2010年,第66—69页。

成一个严格的科学类型。

唐君毅在观照凌虚境中对语言文字、数学、几何学、逻辑学、哲学都进行了讨论,他讨论的内容虽然涉及这些门类的相关知识,但是他的出发点是把这些知识门类用一定的观点进行诠释,比如"类与不类、升降出入于零"等,而最终的目标是把这些知识门类与观照的心灵进行链接,从而完成他知识与境界的讨论。在此境中,人类许多重要的知识类型(纯粹知识)他都提到了,他对这些知识的分析与判断大同小异,归结起来可以用下图表示:

学科(知识门类)	出发点	过渡点	观照点	根据(观照心)
语言学	文字符号	类与不类	语言遮拨功能	心灵之虚位
数学	数字	类与不类	零	心灵之虚位
几何学	形量	类与不类	零与点	心灵之虚位
逻辑学	命题	类与不类	寂	心灵之虚位
哲学	观点	类与不类	寂	心灵之虚位

图示七　观照凌虚境中的知识类型与观照心的关系及其过渡

从上表大致可知:唐氏之所以把这些知识类型放到观照凌虚境中进行讨论,是因为他已然判定这些学科门类与知识类型具有大同小异之特点,他对此进行了简单分析,认为它们有相通之处,其具体的思路与可能会遇到的困难上文已经有所分析。唐君毅在主观境中对知识的讨论几乎达到了极致,在此境中人类先天知识的形态几乎都涉及了,需要注意的是:他对这些知识门类进行讨论的背景或者说指向只有一个,即把它们与心灵境界联系起来。他认为这些知识的产生是由于"观照心"的充量开展而形成的。

第四章　知识在心灵九境论中的定位及作用

知识对于唐君毅来说是个可大可小的词,尤其是放到心灵境界论中来讨论更是如此。一方面他所谓知识包含广义的认知,另一方面,知识还指狭义的人类已经形成的知识门类。无论如何,他在心灵境界论中没有对知识进行清楚而严格的界定,这给我们讨论他的知识理论带来了太多不确定性和麻烦,因而我们首先需要对其知识的所指进行概括和归纳。对于知识,唐君毅在境界论中至少有几种用法:第一,广义的认知,所谓广义的认知就是指人类所有的求知活动与认知过程,这种情况使用得比较多;第二,狭义的人类已形成的知识门类,比如数学、几何学、逻辑学等;第三,从人类已经形成的知识门类中归纳总结出来的关于知识的特点以及他个人对知识的看法。一般而言,对于知识的讨论,我们可能会涉及以上三种情况,但是在知识论的探讨中可能会有所侧重:首先,对人类广义的求知活动与认知过程都予以讨论似乎有点不可能,而且对于这种意义上的知识本来就有专门的学科分别对此进行研究(比如心理学、行为认知科学等);对于第二种情况,在唐君毅的视线中更多的是以例证的形式出现,它是用来佐证其主要观点的,对于普通人来说,尤其是在学科分工日益精细化和专门化的情况下,我们也没有可能对人类已经形成的所有知识门类都掌握,因此,这种意义上的知识一般情况只可能是个大概了解;对于第三种情况,对人类知识进行反思并提出自己的看法,这种情况与人类的认知活动以及已有知识紧密相关,但又一定程度地不同且独立于人类具体的知识门类,从而可以形成个人关于知识的系统性看法,它属于知识论探讨的范围,但如果属于这种情况,关于知识的讨论首要的问题就是关于什么是知识的界定,可是这一点在唐君毅这里又是不清楚的,或者说他根本不关心这一点,所以,当他试图以第三种方式来言说知识时,实际上他并不是严格地在第三种意义上进行的讨论,而是在第一种与第二种意义上进行的关于知识的讨论。

不对知识本身进行界定的知识论探讨实在让人匪夷所思,但是,实际上唐君毅就是以这种方式在心灵境界论中讨论知识问题。只有清楚了这一点,我们才可能对唐君毅在心灵境界论对知识的定性有一个清楚的认知。也就是说,他没有想过在心灵境界论中建立一个关于知识的理论,也不对知识进行单独讨论,但同时,唐君毅又说他在处理知识论与形上学的问题,所以我们比较怀疑的就是:他如何可能进行下去?

我们暂且放过对知识明晰性界定的要求,而只是跟随唐君毅的思路来看看他所谓的知识(认知活动与已有知识)在其心灵境界论中的定位和作用,也就是他认为的知识在境界论中到底处于什么样的地位以及有何作用。关于这一点,我们在唐君毅对具体的知识论问题的讨论中已经有所触及,但是比较零星,或者有时只是从他的一些观点引出一些质疑,因此,我们从整体上来看,唐君毅理解的知识(认知活动与已有知识)对其境界论到底有何意义仍然是需要深入分析的。

4.1 知识之限与境界的升进

一般而言,我们通常的意见中知识是一个有限的东西,尤其是当面对境界、心灵之类带有形上学意味的对象时,知识似乎更是应该就此止步。唐君毅对这种看法表示认同,但是他又是保留性的认同:一方面他也认为人类用形成知识的方式去反观产生知识的人类心灵本身是有问题的、是行不通的,所以心灵境界的开展不全是知识的产生过程;另一方面他又觉得认知是人类的重要活动,它是人类心灵活动的重要方面,通过逐步认知的过程是可以对一定的境界形态予以认知和把握的。他的这样一个态度决定了知识在他的心灵境界理论中的地位十分尴尬:一来它是从属性的,二来它又是不能少的。那么知识的地位就自然与境界拉开了一大段距离,同时,它又一定程度地与境界的升降相关联。

一、知识分类与知识形成的根据

唐君毅没有对知识进行界定,可是这并不影响他对知识进行分类,只是非常让人不解的是:如果没有知识的界定,知识的范围都不清楚,如何可能进一步对知识进行分类呢?我们需要回到唐氏对知识一词的使用上来理解,知识在他的使用中主要指两方面:一方面指人类认知活动与认知过程,另一方面指人类已有的全部知识。因此,这样一来,他似乎就有了分类的标准或依据。

(一)知识分类的标准

由于唐君毅对知识的使用主要有这两个层面的意思,所以他对知识的分类实际上含有两个不一样的标准:第一,依据人类的认知活动与认知过程,唐君毅回到他自己设定的人类认知活动、认知过程与心灵活动的体、相、用三分的构架上去,即知之指向这个标准;第二,依据人类已成的知识部门进行划分,它沿用知识论中常用的经验知识(他有时也叫经验事实的知识)、先验知识(他有时又叫理性逻辑的知识),或者有时使用分析知识或综合知识,这种划分是知识论史上常见的划分。

后一种划分比较常见,它是知识论的常用说法,但是,在两种标准中,相对而言,唐君毅的前一种知识划分对他来说更为根本,它是统摄性的和主要的。他把历史知识、地理知识放到客观境界中,把语言、文学、数学、几何学、逻辑学放到观照凌虚境中,以及诸如此类的关于类、数、因果关系等的讨论分别放在不同的境界,他所依据的全都是他关于"知之指向"与"体、相、用三位一体"的前提预设下所做出的区分。

(二)知识分类与知之指向

知之指向如果说是唐君毅心灵境界论中对知识分类的真正依据,那么,唐氏的知识分类与知之指向具体是怎么联系起来的呢?

其实在关于知之指向的讨论中,我们就提到了知之指向的特点与功能,知之指向其实就是心灵活动的一个指向性内容,它是心灵知、情、意三个不同功能内容中的重要方面,对于何谓知之指向,我们在前面的讨论中其实没有给出一个确切的说法,在此,我们仍然没有办法给出一个确切的界定,原因就是唐君毅的知之指向活动太过宽泛、模糊和笼统,我们只能大概地说:它是人类认知活动的一般过程。人类认知活动如此广泛、如此复杂,我们或许只能大概知道"知之指向活动"与人类的认知活动相关。另外,知之指向活动还有一个特性,就是他有三个方向,即所谓横向(左右向)、纵向(上下向)、顺向(前后向),这三个方向与人类心灵活动三个方向是一样的。如果我们大致了解了唐氏所谓的知之指向活动是与人类认知活动相关的,且有三个确切的方向,那么我们就可以理解唐君毅在心灵境界论对相应的知识门类进行判分的主要理由与基本方式。

正因为知之指向有三个方向,历史、地理知识是由于知之指向活动指向"客观境界"中的"体",所以形成了关于"体"的历史、地理知识;由于知之指向活动指向"主观境界"中的"相",所以形成了关于唐氏所谓的纯粹意义之学的语言学、文学、数学、几何学、逻辑学。至于知识论中碰到的问题,在唐君毅看来则是由于知之指向活动所指向的体、相、用的层次与角度在人们的认知中发生了错乱和混淆所导致的结果。因此,唐君毅用他的知之指向活动似乎就解决了知识分类与知识论的判分问题。

(三) 知之指向与知识根据

知之指向活动是与人类认知活动相关的心灵活动,唐君毅认为它就是人类知识形成的重要根据。但是我们知道,唐君毅所谓的知识主要有两个方面的意思:一是人类认知活动与认知过程相关的心灵活动,另一个是人类已成知识门类的大集合。唐君毅试图在两者之间做一个勾连,也就是把人类已形成的知识门类还原到人类的认知活动与认知过程中去。如此一来,似乎就只剩下人类认知活动与认知过程这个唯一的知识所指了。唐氏这样做的目的就是要从不论广义的人类认知,还是狭义的人类知识部门,都把知识放到人类认知活动与认知过程去处理知识问题。这样的结果就是所有的知识都指向一个根据,即所谓的知之指向活动,所谓知之指向活动就是心灵活动的一个内容,换句话说,知识只是人类心灵活动的产物,心灵是知识的终极根据。

心灵是知识的终极根据或者说知识为人类心灵所产生,这种观点似乎太过平常,也没有告诉我们更多东西,但是唐君毅为了走到这个观点上可谓费尽心力,其间的曲折在上文对其知识论相关问题的讨论中就可以看出来。唐君毅试图要做的就是为知识找到一个根据,这个根据就是纯粹的心灵本身和心灵活动。只要清楚这一点,唐氏对知识无法下一个确切定义,或者说他无意进行界定的缘由也就明白了:一方面他做不到,另一方面似乎也不必要。做不到是由于心灵活动内容过于丰富,无所不包,这样的东西实在无法界定;不必要的意思是似乎知识只要找到这个源头一切就大功告成了,至于中间的界定与推论则无关紧要,因为它只是个手段,是次要的。

至此,我们可以确切地说,唐君毅的知识分类只是个结果,而不是原因性的逻辑起点,他的知识分类说只是在为知识寻找一个心灵的根据,他不是要为知识找出一个清晰的分类标准。

二、知识的界限与求知目的

当我们谈论知识的界限时,它包含着康德式的理性批判内容,或许只有知道理性思辨的范围与功能,我们才可能触及知识的性质与界限。唐君毅对理性的讨论具有多重含义,他虽然接受了康德对理性思考的范围做出限定的看法,但是在唐君毅那里,理性更多的是个万能的词汇,其所指甚多,因此,当他使用理性一词时,不同的情况下会选择性地使用不同的含义,关于这一点,我们在上文已有详细分析,此处不赘述,我们需要注意的是:在唐氏那里,理性诸多含义同时存在恰恰表明了理性是没有受到过严肃批判与相应限制的,甚至是处于无法无天的状况。唐君毅对理性如此使用及其暗含的意思并不是说人类理性可以不受限制或者无法无天,而是说唐君毅并没有真正接受康德对理性的批判以及对理性活动范围进行划界的批判思路。举例来说,在唐氏那里,性理、理、性、心灵、心之本体等都是接近本体的概念,唐氏理所当然地把它们看成可以通过一般的认知方式达到。唐君毅对知识的性质之判定以及对知识界限的看法是与其理性观相一致的。因此,唐君毅讨论知识的界限时就自然会与其心灵境界论及境界论的终极目的一致。

(一) 已成知识的界限

唐君毅就像多数对工具理性深怀芥蒂的人一样,认为知识有诸多问题与毛病,其中最主要的反对意见就是知识对象与应用范围有特定的限制性。也就是说，人类知识只能是关于特定对象的知识，虽然已有知识可以普遍性地运用，但是知识始终是关于某某东西的知识。这一特点决定了以知识来解释与考察一个对象，就难免有其特定的封闭性与局限性。比如关于脑出血的医学知识，在现有的医学认知范围内其原因是什么，结果是什么，手术怎么进行，等等，诸如此类都有比较清楚的说法与方案，这是知识所带来的明晰性和确定性，人们可以在这些已有的知识范围内进行咨询、研究或行动，但是，当我们突然问医生：手术之后病人会如何？大脑能否恢复正常状况？或者遇到更远一点的问题：手术会不会损害身体其他部分的功能，会不会导致严重后果？病人适不适合手术？诸如此类的问题医生常常难以回答，甚至他们觉得这些问题是毫无所指的。他们唯一能够回应的就是他们有过许多成功的案例，也有过不成功的案例，已有经验告诉他们如何做等等，这样的回答对于那些看起来外行的问题似乎是敷衍了事，或无可奈何，实则是已有知识本身的局限性所致。

专业的医生或医学家只研究一定的病理或医学对象，由此形成的医学知识当然只适用于那些特定对象。比如心脑血管的病理及相关知识，这方面的医生只能说和做与之相关的事情，由于肠胃炎或糖尿病等不在他们的研究范围和既有的知识体系之内，则他们可能暂时不能回答或完全不了解。因此，这样一来，人类业已形成的知识部门与知识体系就似乎总是有其特定的适用范围和对象。如果把知识总有适用范围与适用对象的特点称之为知识的界限，那么人类所有的知识都存在这个问题：某类知识在关于特定对象的知识体系内部或许可以一致和延展，可是在另一个不同的知识对象上则可能完全不相关。这似乎就是知识的封闭性，知识的发展看起来在不断地往前推进，实际上随着它的分工与对象的精细化，人们越来越觉得知识只适用于知识体系本身，而对于外界和其他不同类别的知识则处于封闭状态。

唐君毅在对人类主要的知识形态进行分析时，他试图要做的就是将人类各种知识门类予以重新诠释与会通，实际上，他面对的问题与内在的担忧与以上所举医学中的例子是一样的，由于他不满足于知识门类的这种分裂割据状态，于是他想把人类已有的、分门别类的知识类型之间的封闭性予以打通。当然,他并不是从专业知识的内部去讨论和拓展交叉性的学科,而是要从外部的反思与比较中去解释问题。唐君毅这样做就会碰到一个为人诟病的质疑:如果不从专业知识内部去讨论问题,我们如何可能打通不同的知识门类?如果说知识的封闭性是知识发展演进的一个必然方向,那么所谓打通知识门类之间的封闭性是什么意思?也就是说,当我们讨论具体的学科知识之间的关系时,其前提似乎是对两者都有充分的研究和把握,才可能知其共性,找出二者的关联;如果不能同时掌握两者的知识,那么所谓的打通就是不可能的。这种情况我们在唐氏对数学、几何学、逻辑学的讨论中就可以看出专业知识不足带来的问题。而如果说知识的专业化与分工特点必然会造成知识体系之间的隔行如隔山,而且这种趋势会一直延续下去,那么知识体系之间的隔阂和跨度也势必会越来越大,在这种情况之下,要掌握人类所有知识部门而打通其封闭性就几乎不可能。因此,从知识体系内部去打通学科之间的关系,这种做法对于在人类知识越来越丰富的时代已变得十分困难,甚至是不可能完成的任务。因此,总括性地谈论人类业已形成的知识部门和认知活动,以及为其在人类生活中寻找一个位置,就成了唐君毅不得已的选择和唯一可能的会通路径。

(二) 知识之限与心灵活动

当我们谈论知识的限度时,又出现了同样的困难:要么我们从具体知识的内部去看特定对象的知识之限度,要么笼统地讨论知识的共同限度。对于前者,我们似乎比较容易达成一致,就像医学知识的对象是疾病,那么医学知识就只限于人类的疾病问题,而不能适用于人类的建筑术。对于后者而言,所谓知识的限度就比较抽象了,我们可以建立在对具体知识限度这个判断之上说人类知识有其限度,这是个归纳和总结,当我们抽象地谈论知识的限度时,实际上更多的是不知所云。唐君毅在讨论知识的限度时两个方面的内容都有:一方面是指具体学科知识的限度,另一方面则是他对知识的一般性看法。对于前者的评判,我们在其举例说明相关学科知识时可以看出来;对于后者而言,他更多的是从人类认知过程、求知活动与心灵活动的关系来讨论的。也就是说,人类的认知活动与知识的产生是心灵活动的产物,这一点我们普遍承认,但是唐氏认为：我们如果用已成的知识来限定和说明心灵活动和心灵本身就会有问题。在他看来，心灵与心灵活动应该是无限的，而知识则是有特定所指的，二者不在一个层次上。因此，他主张知识有限度，而心灵无限度。所谓普遍性的知识限度在唐君毅那里是相对于心灵与心灵活动的无限性而言的。然而，唐君毅并没有解决这两个问题：第一，心灵与心灵活动的无限性本身的证明缺失，心灵与心灵活动的无限性是他的个人信念；第二，知识的限度如果是相对一个不清楚的无限而言，其实也谈不上限度，知识的限度在这里仍然是未知的。

（三）心灵活动与求知目的

唐君毅极力把知识还原为认知过程与求知活动，他的目的就是把知识与心灵活动联系起来。一般而言，心灵活动与认知及知识本身的关联是没有什么障碍的，一般人们也会认同知识是心灵的产物之类的说法，但是唐君毅所谈论的心灵与一般意义上所说的心灵不太一样，他的心灵含有体、相、用三位一体的精神空间，更是有着理想、理性、自觉的特点，也是知、情、意三个内容同时存在的复合体，知、情、意三者各有三个不同的方向，因此，知识与求知只是心灵活动中的一个内容，其范围相当有限。

我们如果把唐氏判定的心灵活动中知、情、意三个内容作一个分析，就会出现如下情况：一、知、情、意各有三个方向，因此，"知、情、意"似乎各不相统属；二、知、情、意三者同时存在，其间必然需要进行相互关联。因此，在唐氏心灵活动中认知是一个重要方面，它与其他两方面的内容也是有联系的。这个联系是通过求知的目的来实现的。简单地说，就是我们为什么要认知？

一般而言，从亚里士多德所谓"求知是人类的本性"这一观点来看，人类的认知是由对未知事物的好奇心所驱动，所以求知是人类本有的天性。这种意义上的求知或认知是广义的说法，它没有一个先行的目标或其他更高的目的之驱使，因此，认知对象可以五花八门，认知结果也不能预先知道。可是，对于唐君毅来说，所谓的认知除了广义上的认知之外，他着重讨论的是认知与心灵活动的关系以及认知对心灵本身的反省和促进作用。也就是说，认知的功能有两个：第一，形成广义的知识；第二，通过对这些知识的认识来甄别各类认知的价值高下。第一个功能比较容易理解，即人类在认知过程中获得的一些成果；第二个功能则来自人类合目的性的特点，以及不同性质目的满足程度之不同。也就是说，对于第二个功能来说，人类有一定目的，知识的价值就是通过人类对知识能否满足其目的性及目的之高下来区分的。简单来说，在唐君毅看来，人类认知活动的最高形态就是对人类心灵的理想性的自觉之认识，知识的价值与认识的意义也在于促进人类心灵的理想性之自觉及其完善性这个目的上才是正当的、合理的。质言之，知识的价值与求知的目的是由人的心灵境界之升进与高下来衡量的。

（四）知识的价值与定位

正是由于知识的价值与求知的目标是由心灵境界之升进与高下来衡量的，因此，在唐君毅的心灵境界论中知识的地位就比较清楚了：它是从属性的，是服从于心灵境界的拓展与提升的。如此，对唐君毅来说，知识在心灵境界论中的定位就不是中性的或者独立的，而是由心灵境界的提升与否来确定的，知识的价值及其高下由其推动心灵境界升进的力度与强度来决定。从境界论的角度来说，并不存在绝对的知识形态，知识并不具有客观性，知识的形态只是由于人类心灵或说个体的心灵境界所达到的层级来决定与表现的。这话所包含的意思是：似乎只要到达了一定的心灵境界，相应的知识形态与知识类型也自然会为个体所把握和创生。

正是基于这样一个信念，唐君毅的境界论对知识的看法及其定位也表现为两个主要的观点：第一，知识和求知过程对于境界的升进是可以有所助益的，知识的价值也在于帮助人类心灵境界的提升；第二，境界的升进并不必然由知识和认知推进，反之，离开了境界的提升，人类知识的获得与认知的进行会受到必然的限制。

唐君毅在许多地方都提到过认知开展之前，或者说求知开启之前，人们是可以做一些更基本、更细微的工作的，这就是清扫心灵的各种不善、不美、不真的习气、杂念、欲望等，在他看来，这是在做更为本源的工作，或者说，这种工作为人类的认知提供了一个必要的求知状态。关于这一点，我们有时可以同意唐氏的看法，这样的做法以及为人类的认知提供一个更好的求知状态,唐君毅的建议是有益的,因为我们很难想象:一个杂念与欲望缠身的人如何可能进行正常的认知与理性思考,更不用说纯粹艰深的求知活动了。但是,唐君毅的这种看法面临两个深层的质疑:第一,认知之前各种清扫心灵的工作以及一个纯粹的认知心灵是否必然带来相应的认知结果? 第二,事实上人类知识的产生与发明也不时与一些德行不好、甚至声名狼藉的个体相关。按唐氏的观点来看,这是相当意外的事情,因为这实际上并不符合心灵境界对认知和知识价值的统摄,那么这种意外情况到底是怎么发生的? 一定程度来说,唐君毅这种对知识的定位所面临的质疑是所有希望用价值理性去统摄或排斥工具理性的人都可能会面临的问题。唐氏只是把问题推向了极致,完全从境界论或者说价值论的角度来讨论知识问题,因此,他要面对的质疑就更为彻底。

如果说境界对知识具有统摄性,那么实际上在唐君毅的境界论之下,境界对于知识或认知的意义就体现在他整个心灵境界理论的论述过程之中。也就是说,他要说明知识与心灵境界的关系,以及心灵境界对知识的意义与作用,这是知识与心灵境界关系的一个方面;同时,我们还要关注另一个方面,这就是知识对心灵境界的作用与意义。只有从这两个方面结合起来看,我们才可能较为全面地理解唐氏境界论中知识与心灵境界的关系。

三、知识与心灵境界的关系

所谓知识与心灵境界的关系,简单来说就是指在唐君毅看来,在知识与境界的关系中,一方面,知识对心灵境界升进中的作用与意义,另一方面,心灵境界的拓展对人类知识的形成与扩展有何作用与意义。

(一) 认知与境界的扩充

在唐氏所讨论的知识诸义中,实际上最后都可以还原到人类认知活动与认知过程上去。唐君毅所谓的知识并不是从严格的定义以及对知识进行独立考察这个角度来进行的,他对知识问题的讨论都是把知识放在与心灵境界的关联和描述中进行说明的。唐氏所说的知识在境界论中最终就是指认知,既指广义的认知与知识生产,又指对各种人类价值理想的把握,总之相当宽泛。但无论如何,他所说的知识或认知最终是以境界的拓展和提升为目标的。也就是说,在他这里,可能并不存在纯粹而独立的认知活动,因此,也就没有所谓纯粹客观的知识,所有的知识与认知活动都是由心灵活动的目的性、理想性引导的,世人所谓的纯粹客观的知识以及认知过程,在他看来,要么是人们没有看到心灵的目的性与理想性的内在主导,要么是不理解心灵本身的理想性与目的性。因此,在唐君毅看来,所有认知活动与知识体系的根本使命是通过心灵活动中的认知过程反省出心灵本身的无限性、理想性。所谓认知有两种:一种是直接通达心灵的认知,比如通过直觉、直观等方法;一种是通过人类的各种求知活动与知识成果来间接达到对心灵的认知。通常,唐氏认为前者是资质较高的人才具备的能力,人群中较为少见;后者则是大多数普通人可以依靠的对心灵的认知方法与基本途径。在唐君毅看来,他的心灵境界理论当然是针对大多数人的,所以他要通过人类的知识成果与认知过程之反省而进行,从而透显出人类心灵的特点,最终确立起人们对心灵本身无限性、超越性的信仰。正是基于这种强烈的信念,唐君毅才在他的心灵境界论中把各种他所能想到的知识门类与认知成果逐一分类,从而把它们与相应的境界形态联系起来,其目的在于告诉人们这些知识的存在对人类心灵境界的认知与提升有什么具体的意义与功能。比如说历史、地理知识,数学、几何、逻辑知识,语言、文字知识等,它们都是对人类心灵境界的标识与认知途径,通过他的论述,试图逐渐让人们层层上升通达他所设想的心灵境界之类型。

(二) 境界层级对认知的影响

如果说知识在唐君毅的境界论中所起的作用比较确定,即促成境界的认知与提升,那么这其中有一个非常关键的问题:人类知识成果的学习与把握是否必然促成心灵境界的认知与提升?实际上这个问题包含两个小问题:第一,人类知识的学习与把握与心灵境界的认知与把握有何不同,是否一致?第二,人类知识的习得是否必然促成心灵境界的提升?

1. 知识的习得与境界的认知之区别

对于第一个问题,人类知识的习得与心灵境界的认知与把握的方式是否一致,这个问题是说知识的习得与心灵境界的认知能否相通。如果知识的习得有其独立专门的方法与路径、对象与任务，那么实际上从知识外旁支出的东西都是不允许和不需要的。比如说，研究精神错乱症，实际上我们只需要弄清楚精神错乱症的特点、表现形式，生理与心理基础，以及可能的纠正方法等，我们只要弄清楚了这些内容，这项工作就差不多完成了，在这个过程中，我们并没有涉及唐君毅所说的心灵境界的认知问题，它既没有关涉研究者的心灵境界之认知，也没有关于精神错乱者心灵境界的认知问题。

我们通常所说的心灵境界的认知与我们纯粹知识的习得与把握分属于两个不同的领域，方法与对象可能会截然不同。可就是这样一个事实，唐君毅可不这么看，他认为这其中是有心灵境界认知问题的。他会把人为什么会研究精神错乱症作为一个入口来回应，他认为研究者在研究人类的精神错乱症时包含的对人类的同情以及对真理的求索等潜在意向与价值确信应该是存在的，它们的存在就足以让人们反省到此过程中心灵的无限性、完满性，进而认识到相应心灵境界的开显。尽管我们的研究者在研究过程中可能完全没有唐氏所说的反省与自觉，或许也没有自觉的同情和求索精神，但唐君毅认为这应该是有的。因此，这个问题在唐君毅这里就不再是一个纯粹的认知与学习问题，而是一个价值自觉的问题，或者说为人类认知安装上一个价值导航系统的问题。当然，至于人们能否同意唐氏的看法则是另外的问题，我个人的疑问在于：如果所有的求知过程只是不断地安装价值导航系统的过程，那么这种附加给求知与知识本身的东西是否会添加一些不必要的东西，甚至麻烦呢？当然，我们如果从唐君毅的担忧，或从人们对更加广义的知识爆炸带来的负面影响之担忧来看，唐君毅或许是想为人类知识的发展增加伦理道德之维的约束。这种想法似乎也无可厚非，它也的确是一个重要课题，尤其是在知识大爆炸的时代，面对"指数级"的知识增长以及知识带给人类生存之威胁时，似乎需要给无所适从的普罗大众和无法无天的科学研究者给出可能性的药方和限制，只是问题在于：这种方案对于知识本身的发展有何内在的说服力与约束力则是不确定的。

2. 知识的习得不必然促进境界的提升

对于第二个问题，即人类知识的习得是否必然促成心灵境界的提升,如果这个命题是合理的,那么必然意味着知识越多、越精深的人其心灵境界就越高。可是非常遗憾的是:反例常常出现,一些知识水平高的人并不见得心灵境界就高于常人,甚至有的被认为低于常人。正是因为这种情况的出现,人们常常把知识定义为中性的,认为它与人们的道德水准及心灵境界等并没有直接的和必然的联系。可是,在唐君毅的心灵境界论中,这种情况是不可想象的,也是不允许的,似乎这种反例的出现只是由于人们没有认识到客观知识与心灵境界的关系而导致。也就是说,当人们反省到知识与心灵无限、完满、神圣这方面的联系时,就不会出现知识水平高而心灵境界与道德水准低的人了。

3. 知识层级的划分与境界

严格来说,唐君毅认为认知仅仅在纯粹知识的程度上是不够的,它必须反省到知识与心灵道德性一面的关联时才算完成任务。也就是说,在唐氏这里,纯粹知识根本不是追求的目标,通过知识来认知心灵本身才是目的,按他的思路,甚至有时他不承认有纯粹知识这种东西。为了达到对心灵的认知这个目标,唐君毅常常会从一些与知识相关度不大的情况中引申出超出知识范围的判断与命题。

由于人类成熟的知识部门都有其相对确定的原理、方法、内在逻辑,这种确定而坚固的知识构成常常令唐氏在解释其与心灵之间的关系、突显心灵活动与心灵本身的无限完满的理想性与神圣性时遭遇尴尬:一方面在有些知识与境界的关联实在不明显时,从知识到境界的过渡就会显得非常别扭;另一方面,由于境界有高下之别,知识或许只有真与不真的分别,因此,同样为真的不同知识门类如何会产生层级不同的效果或作用,评判起来甚是为难。尤其是后者,如何把不同的知识门类与不同的境界联系起来是需要特别加以说明的,但是,这一点却非常难以从不同知识同样为真的情况下做出境界高下的判断。尽管唐氏想极力说明境界本身并无绝对高下之别,不同境界只是由于观察的角度与延展的范围有所区别而已,但是他并没有充分证明这一点,当然也难以对不同知识之高下做出合理的判断。

面对知识与境界之间的巨大差异,唐君毅不是从知识这个角度来说明其提升境界的可能性与原因所在,而是反转过来从境界的视角来说明知识与境界的关联,从而消解知识与境界之间的不洽之处。也就是说,这种方式的转变不是建立在已经证明的基础之上,恰恰相反,他所要说明的东西又被用来当作前提来进行论证,这种方式已经出现问题。

尽管如此,我们来看看唐氏从境界论角度说明知识的产生与知识类型的心灵境界之依据时,他会在多大程度上改变这种境况。

正是由于知识的真与境界的层级高下区分存在着难以对应的状况,因此,唐君毅从境界论来看待知识时做了三个方面的准备工作:第一,为知识划定从高到低的金字塔分级;第二,把评判知识与真理的标准用善或道德性的标准来取代;第三,模糊知识的客观性。其实,后两点是一致的,由于真的标准与知识的客观性是相对独立的,它与人的主观评判状态有相当大的差距,也与道德学领域相距甚远,因此,如果唐君毅不对它们进行改造与重新定义,那么他不太可能对知识本身进行层级划分。可以说,唐氏的真理观是他的知识层级划分的基本前提。在他看来,所谓客观的、纯粹的"真"不存在,只有善的才是真的。① 正是基于一点,唐君毅对不同的学科知识之高低就有了自己独特的划分,这其中所包含的实际上是一种价值判断。关于知识层级的划分,在他代表性的著作中至少有三种略有不同的说法:第一种是《哲学概论》中的说法,即依次从语言文字知识,历史地理知识,名物定理知识,数学、几何学、逻辑学等纯形式知识,应用科学知识,哲学知识这些不同层级的知识②;第二种是《文化意识与道德理性》中的说法,即经验知识,推理形式的知识,形数知识,历史知识,应用科学知识,哲学知识,形上学知识,道德学知识③;第三种为《生命存在与心灵境界》中的说法,即历史地理知识,类型知识,因果关系与应用科学知识,时空知识,语言文字知识,数学、几何学、逻辑学、哲学知识,道德学知识,这些知识可以笼统地称为客观知识、主观知识、超主客观知识。我们从这三种不同的知识分层中可以发现几个疑点:一、对

---

① 唐君毅:《文化意识与道德理性》,第 312 页。
② 唐君毅:《哲学概论》,第 212—222 页。
③ 唐君毅:《文化意识与道德理性》,第 262—318 页。

于道德学、形上学、哲学,在他不同的划分标准中有时是知识,有时不是,这其中表明的是他对这些对象的性质判定采用的标准是变化的,然而,他最终的看法到底是什么? 二、排序的不同表现出来的不是简单的知识门类之罗列,从而可以随意更换,而是表明了这些知识类型的层级是依次上升的过程,那么在不断上升的知识序列里,排列与划分的依据是什么呢? 面对这样两个方面的疑问,唐君毅有自己的解释,比如说第一个问题,他会认为只是由于人们采取的角度不同,从而使得哲学、形上学、道德学与一般所谓的知识区分开来,关于这一点,后文仍会提到。但不管怎样,我们从这种排序与区分层级中可以看到:第一,唐氏对知识价值高下的看法是有变化的,而且有些举棋不定,但是,他最终在《生命存在与心灵境界》给出了定论(他认为《生命存在与心灵境界》一书在处理形上学与知识论的关系问题①);第二,他给出的答案中背后都是他的道德学以及境界论在支撑和主宰。也就是说,他是按照自己的境界论为依据来分判出知识价值与层级高下的。在唐君毅这里,知识的高下、优劣、有无取决于心灵境界,离开了心灵境界来谈论知识在唐氏看来简直无法进行。因此,境界层级与境界高下之分别及其标准就不只是事关心灵境界本身的事情,甚至可以说事关人类知识有无价值,关涉哪些知识值得我们追求等的判分依据与终极标准的问题。

4. 心灵境界对知识的意义

由于境界层级的高下事关知识与认知价值的判断标准,因而心灵境界对于知识的意义就不言而喻了:一方面它决定认知与求知的方向,它是评判知识价值有无的依据,即心灵境界是知识或广义认知的终极裁判;另一方面,认知与求知活动要展开,知识体系要建立,在唐氏看来,必须与心灵境界的拓展与升进直接挂钩,没有心灵境界的拓展与升进,知识体系的建立、真理的发现、认知的进行简直不可想象。更进一步说,知识体系的建立,所有认知活动的开展,最终指向的并不在此知识的产生和建立,而是在于对心灵境界本身的认知与推进,知识存在的空间是由心灵境界所赋予的。

---

① 唐君毅:《生命存在与心灵境界》,自序第1页。

4.2 境界层级对认知的影响

唐君毅坚持认为心灵境界以及境界的提升对于认知以及人类知识的生产非常重要，甚至至关重要，然而，如果我们不从唐君毅这种观点与立场来看待人类知识，实际上就会认为唐氏很多对知识的看法比较外在，甚至觉得唐先生有些观点简直不值得批判。可是，或许我们只有从他境界论的立场与思路来考察分析，才可以理解唐君毅的心灵境界理论中提到的各种知识门类的真正作用及其地位。

唐君毅心灵境界理论中"境界"对于知识具有绝对的优先性，因此，在我们考察其知识的作用时，也应该对其境界论的优先性进行分析。总之，唐君毅所谓的心灵境界对他所说的知识以及认知活动的影响具体表现为三个方面：一、心灵境界的层级对认知对象的把握与人类求知活动有指导性、决定性作用；二、心灵境界层级高下是衡量人类所有知识有无价值、价值高低的依据；三、人类知识并不存在与心灵境界相脱离的情况，知识并不具有绝对独立性，知识体系的成立与真理呈现是相对层级不同的心灵境界而出现，心灵境界的自我认知与把握可以推动知识门类的建立与前进。这三个基本观点贯穿于唐氏《生命存在与心灵境界》一书关于知识与境界的关系的论述中，尽管我们可能不同意唐君毅这些看法，但是这就是唐君毅对知识的基本态度与主要观点。至于其中他的观点是如何展开的以及其中的困难所在则需要细致地从其内在思路来加以分析。

一、心灵境界对认知对象与求知方向的影响

我们上文已经提到，在唐君毅对知识的诸种使用中，他着重关注的是人类认知过程与人类既有的知识体系这两层含义的考察，总括起来，他真正着意的是要把人类既有的知识体系还原到人类的认知过程中去。因此，我们看到，唐君毅在分析他提到的各种知识门类时，总爱从认知过程去分析此类知识如何，俨然一个认知过程之心理学描述。在他对"知识"一词的使用中，其知识之义主要是指广义上的认知活动。对于此类

认知活动,他有一个专门指代的词,即知之指向活动。不论我们如何看待唐君毅对知识的理解,他这样做的目的还是比较明确的,就是把认知活动、求知方向与不同的心灵境界联系起来。

(一) 不同心灵境界与不同认知对象的把握

唐君毅的心灵境界论,具体地说是由其体、相、用三位一体的构架来挺立的,当我们谈论唐君毅的心灵境界说时,涉及细致的问题时,他的境界说实际上就变成了心灵活动对体、相、用不同侧面与认知程度的考察了。因此,在唐君毅这里,心灵境界虽然仍然有待于考察,但是他认为不同心灵境界的形成是由于人们对心灵"体、相、用"不同侧面的观察方向错乱而导致。

在唐君毅的心灵学说中,他认为心灵本身有体、相、用侧面不同的分别,心灵活动自身有横向、纵向、顺向三个基本伸展和活动方向,如果人们对心灵的认知从心灵活动本来的方向去观察就可以形成正确的心灵之认知。反之,则形成各种虚假境相。由于人们混淆体、相、用的不同以及错置了对心灵的正确认知方向,于是便形成了高低不同的心灵境界。

也就是说,在唐君毅看来,似乎境界本身的形成也与认知有莫大的关联,我们暂且不论境界的认知与通常所说的认知之间有何区别,但需要首先注意的是:唐君毅所谓的不同境界是由认知问题导致的。唐氏所说的对境界的认知有些特别,它有待于进一步分析,但是我们可以肯定的是:这种对心灵境界的认知不是通常所谓的知识意义上的认知,它可以简单地称为"前知识"的认知,即对人类知识形成之前个体认知心理与认知条件的认知。唐氏认为它实际上引导着人类求知的方向与一般所谓知识的建立及其认知过程。

唐君毅认为正是由于对心灵活动的认知存在着诸种不同情况,从而形成了不同的心灵境界,于是,在不同的心灵境界之下,人们便专事于一定的境相而着力,这才形成了通常意义上我们所谓的科学知识。比如说在客观境界中,唐君毅会认为:由于人们着眼于外在世界,把带有精神性的人类自身当成是与外物无差别的东西,因此,顺着心灵活动的体、相、用以及纵向、横向、顺向的不同认知方向认知,人们便分别形成了关于"体"的历史、地理知识,关于"相"的类型知识,关于"用"的因果关系与具体学科的知识。再比如说在主观境界中，唐君毅会认为：由于人们把人类的精神与非精神性的外物区分开来，着眼和关注人类心灵本身，因此，顺着心灵活动的体、相、用与纵向、横向、顺向三个不同的方向而进行认知，便依次形成了关于"主体存在"的时空形态之知识，关于"纯粹形相"的语言文字、数学几何、逻辑哲学等知识，以及关于"用"的道德实践知识。按唐氏这样的看法，什么样的境界，似乎必然与一定的知识形态相联系，在什么样的心灵境界中，似乎就能够达到相应的知识水平或者说创造相应的知识体系。这样一来，心灵境界的不同，实际上就决定了人类求知的对象与基本领域的不同，不同的心灵境界标示的是不同的认知对象以及对认知对象把握的可能性及预期成果。

（二）心灵境界对认知方向的指引与认知范围的规定

正是由于不同的心灵境界对应着不同的认知领域与认知对象，因此，一定的心灵境界实际上划定了相应的认知范围与求知方向。也就是说，在特定的境界形态下，人们只可能认识到相应的知识形态，在此境界形态之下，他的求知方向与认知范围也相对确定。举例而言，对于唐君毅来说，比如人的心灵停留在客观境界中的"万物散殊境"，那么人们自然形成历史地理知识，换句话说，对于此境中的人们来说，由于他们只把外物以及人类自身用客观可量度的时间、空间来确定和把握，所以他只能形成关于人在一定的时间与空间之下所有事迹的历史认知，只能形成关于外物距离远近及其特定的地理位置与生存环境的地理认知。那么顺此思路下去，这种心灵境界中人们只能在历史地理知识上有所发展，至于其他的知识形态则暂时对他"隐而不现"，他只有超越了"万物散殊境"，他才有可能走向其他的知识形态。

由于心灵境界对于人们的认知活动有着方向性的指引，因此，唐君毅认为这种指引不光是促成人们接近相应的认知对象，更进一步说，它还规定了相应的认知边界与认知范围。也就是说，在一定的境界形态之下，人们可以认识到的知识是有限形态的，在相对低层的境界形态中，人们不可能认识到属于更高的境界形态才能认识到的知识，比如说，在"万物散殊境"中的人就不太可能产生和理解"感觉互摄境"中的时空理论问题，在"依类成化境"中的人则不可能真正明白关于纯粹形相的数学、几何学、逻辑学知识等。反之,一旦他能明白关于纯粹形相的数学、几何学、逻辑学知识等,则说明他已然进入了"观照凌虚境"。如果按照这种思路下去,心灵境界对认知范围的规定就比较严格了:因为一旦人们一直处在相对较低的心灵境界形态之中,那么有些知识我们就不可能认识到。现在我们的疑问是:一、处于较低层级心灵境界中的人,他没有办法理解更高境界形态中出现的知识,反过来,处在较高形态的心灵境界之中的人,他是否可以理解和认识较低层次的知识? 二、按唐氏的看法,人们似乎总是处在一定的境界形态之下,而事实上人们的认知过程与认识对象却经常发生变化,如果说处在一定境界形态中的人们只能够认识范围相对确定的知识,那么超出这个范围的认识是否可能发生?

对于第二个问题,从现实中发生的认知现象来说,情况似乎是:人们对各种知识的接触与认知情境很难找到一定的程式和模板,如果说一定的境界只能认识到一定类型的知识,那么就很难理解现实中如此发生的现象:比如说一个学生,他既要学习历史地理知识,同时又要学习数学、几何学知识,按唐氏的看法,这简单是不可想象的,他如何可能从"万物散殊境"中的知识之把握一下子跳到高出许多的"观照凌虚境"中的数学几何知识之学习? 这种现象在唐君毅的解释里或许只有一种可能,即认知者的心灵境界已经发生改变。也就是说,该学生的心灵境界瞬间从"万物散殊境"跳到了"观照凌虚境界",甚至更高的境界。按照唐氏的思路,人的心灵境界是会发生改变的,相对较低的心灵境界可以通过一定的方式通达更高的心灵境界;反之,较高的心灵境界也可能下降至相对较低的心灵境界。但是,我们此处的问题在于:例子中的学生如何可能在短时间内,或者几乎在同一天内,甚至几个小时或更短的时间内,心灵境界就发生如此剧烈的升降与变化("万物散殊境"为第一境,为最低的境界形态,"观照凌虚境"为第五境,属于相对而言较高的境界形态)? 这实在让人难以置信,因为普通人的心灵境界之提升其实并不容易,假如要用顿悟来解释这种现象就更加离奇了。除非唐氏所说的境界是一个泛指的心灵状态,否则,心灵境界与认知状态变化的对应就很难成立。

对于第一个问题,如果说一定的心灵境界规定了相应的认知范围,那么相对于特定的境界,在其他的境界中才可能认知与把握的知识形态如何可能被认识？换句话说，较低层级境界中的心灵有没有可能认识到高层级境界中才可能认识的知识；反过来，在较高层级的境界中的心灵有没有可能认知到较低层级境界中才能认识的知识？唐君毅虽然会说心灵境界有升降变化，升降变化有循序渐进的，也有越级而行的，比如说，从"万物散殊境"上升到"依类成化境"，或者从"依类成化境"下降到"万物散殊境"，此二者为循序而发生；而至于从"万物散殊境"上升到"观照凌虚境"，或者从"观照凌虚境"下降到"万物散殊境"则为越级而行，这些变化在唐氏看来是存在的，也是承认的，似乎在他看来，高层级境界形态中的心灵是可以理解与认识低层级境界中的知识的，反之则不行。可是，我们如果严格按照他说的一定的境界形态规定了相应的认知范围与对象，那么实际上推导下去，即便是高层级的境界形态中的心灵仍然是没有办法认识到低层级境界中的知识形态的，因此，这便出现了一个非常荒谬的局面：如果是这样，那么心灵境界的提升对于认知而言有何意义？如果一定的境界形态规定了相应的认识对象与认知范围，那么除了让心灵境界不断地流转之外，人类似乎就没有办法发生各种认知行为，但是，如果心灵境界不断地流转才成就了认知活动的发生，那么确定性的知识也必然随着心灵境界的流转而无法建立起来；而且，各种知识之间显然也是相互外在和隔绝的，如此，它就一方面与唐君毅认定的各种知识之间的会通矛盾了；另一方面，也与我们通常所追求的知识之确定性与知识体系内的确定性相违背。因此，唐君毅说特定的境界形态必然呈现相对应的知识形态与知识论领域的观点就有着内在的、不可解决的矛盾，而这个观点是唐君毅在《生命存在与心灵境界》中关于知识与知识论问题的基本信念之一，他在"九境之陈述"中说：

  此境之为如何，及与之相应之生命心灵之为如何，则为吾今之此书首将论之第一境。凡世间之一切个体事物之史地知识，个人之自求生存、保其个体之欲望，皆根在此境，而一切个体主义之知识论、形上学与人生哲学，皆判归此境之哲学……

  第二境为依类成化境……一切以种类为本之类的知识论、类的形上学，与重人之自延其类、人之职业活动之成类，之人生哲学，皆

当判归此境之哲学……

*第三境为功能序运境……一切专论因果之知识论,唯依因果观念而建立之形上学,与一切功利主义之人生哲学,皆当判归此境……*①

不光是客观境界中的三种境界中他是如此看待,而且在"感觉互摄境、观照凌虚境、道德实践境"这三种主观境界中他仍然持相同的看法,也就是说,不同的心灵境界对应相应的知识与知识论所涉及的问题,但是从上文的推论来说,这个看法显然是难以成立的。

二、心灵境界层级作为知识价值高下的依据

如果说心灵境界为认知活动规定基本范围与认知对象有着内在的难解之矛盾,这其中的问题或许是由知识本身的领域划分有其内在的逻辑与延展过程以及认知活动初始义上的目的之不定性与心灵境界的自觉性、目的性、理想性设定之间的冲突造成的。换句话说,唐君毅把心灵境界的呈现与相应的认知学科联系起来,并把相应的学科知识之能否把握归属于心灵境界的高下不同所致,这其中他一开始就带有应然性明显的价值设定。认知过程对于多数人来说或多或少,有意无意地受到价值理想的指引,但是,认知过程的复杂性与其内在逻辑却并不总是与一定的价值系统相符合。因此,唐氏的心灵境界说当然难以融洽地解释所有的知识门类与认知活动的发生或者说知识学问题,而唐氏一直在试图说明知识应该如何统摄于心灵境界之下。最后,一旦唐君毅试图用心灵境界去解释相应的认知活动与知识门类时,我们所看到的更多的是他关于知识评判的价值分级,而不是为认知对象与认知范围划定界线,或许他也无意无此。也就是说,在唐君毅那里,心灵境界的层级是作为各类知识之价值高下的背后依据而存在,唐君毅就是在用心灵境界的层级来区分各种知识的价值高下的。

所谓知识的价值高下,也就是指相对于人类而言,知识对于人类的

---

① 唐君毅:《生命存在与心灵境界》,导论第22—24页。

重要性与优先级之排序。为知识划定价值表,这种工作随着人类求知活动的进行和深入推进,它一直都是人们比较热心的事情,因为无论是从人类共同体来说,还是从个体的生存来说,这种工作都具有重要意义:一方面,对于人类整体,或者任何共同体来说,判定何种认知或知识具有重要意义,它意味着何种类型的知识与学科首先为社会所认可,具有社会性的研究之必要,从而获得整个社会的认同与推动;另一方面,对于个人来说,何种知识,以及何种认知兴趣比较重要,这种标识对于个人来说提供行动优先级的标准,何种知识或认知被判定为没有价值的,或者对个人来说价值评判较低,这影响的是个人的认知过程与认知对象之选择。因此,知识价值的高下之判定实际上更像是生活计划的前奏。但无论如何,它与知识或认知本身有一定的距离,或者可以把它称为一种认知态度。对于唐君毅来说,知识价值的高下之排序在他的一些著作中经常会提及,这表现为他在一些著作中对一些学科知识的价值高下评判之不同。而在具有终极性观点的《生命存在与心灵境界》一书中,他着重从不同的知识门类在相应的境界形态中呈现出来,从而表明知识价值之高下可以从心灵境界的层级高下来予以区分。简单地说,心灵境界的层级实际上成了唐氏划分知识价值高下的又一种形式以及评判标准。

虽然唐氏没有在《生命存在与心灵境界》中明确地这样论述过,说心灵境界的层级高下是知识价值评判的依据,但实际上层级不同的心灵境界中的知识之价值当然有高下之分。当他把不同的知识门类归到相应的境界中去时,他就必须要面对这样一些非常具体的问题:一、心灵境界到底有没有高下之分?二、人们到底要如何认识各类心灵境界都没有提到的知识门类与学科体系以及其地位如何?三、各类心灵境界中提到的知识门类被依次放在不同的心灵境界中进行讨论意味着什么?这三个问题是唐氏试图说明知识与知识论的问题与心灵境界的关系时必然会遇到的质疑。第一个问题唐君毅必须明确地回应:不同的心灵境界到底有没有高下之分?第二个问题是唐君毅虽然提到了不少人类知识成果以及对相应的认知发生过程有所解释,但是对于在心灵九境界理论中没有提到的、但又被人们普遍承认的知识成果(比如计算机科学)与心灵境界到底是什么关系,如何处理?第三个问题是由前两个问题衍生出来的,如果心灵境界有高下之分,并且高下不同的心灵境界对应着相应的知识体系与学科类型,那么,唐君毅的心灵境界论表现出来的是一种对不同知识形态与学科体系高下不同的价值评判与个人设定,如果这个看法成立,那么心灵境界的层级作为知识价值的评判标准就需要说明。尤其对于不同心灵境界之区分是否意味着人的不同存在方式有高下不同的等级之别则受到了质疑:

> 唐君毅结合境界对这些不同类知识的考察同时揭示了知识所对应的不同生存方式。对于科学知识,他尽管仍然停留在对其静观特征的揭示上,但他承认其所具有的独立意义,也同时承认拥有独立的心灵境界,这就建立了科学知识与人的存在之间的相关性。境界不仅与知相关,而且还与行相一致,即与"整个的人"这样具体存在的全我相对应。承认科学知识在心灵境界中的独立地位也就承认了科学知识与人的存在及人的生活的直接相关性。这些探索表明,不同的知识表现的是人与世界不同的交往方式;与知识对应的人的存在都是整体的人,包括常识、科学知识在内的不同知识对应的是具有不同存在方式的整体的人而不是像理智、不全的人格等脱离人的整体的独立部位。这表明,与不同知识对应的人的存在只存在方式、存在类型及合理与否的差异,而没有整体与部分之间的绝对差别。但是,不同的存在方式之间是否像冯友兰、唐君毅等人所规定的存在着高下等级差别依然是一个有待讨论的问题。①

(一)心灵境界有无高下之分

对于心灵境界有无高下之分,除了把心灵境界认作是障碍、界限而要予以打破和消解——从而无所谓境界高下之分外,另有两种基本看法:一种是心灵境界无高下之分;第二种则坚持心灵境界必有高下之分。如果说心灵境界无高下之分,那么面对的最主要质疑就是:如果各类心灵境界没有高下之分,那么境界的养成与提升就可能没有必要,即各种

---

① 贡华南:《知识与存在》,上海:华东师范大学博士论文,2002年。

境界养成的实践功夫则是多余的;另外,如果所有境界都一样,那么区分圣贤不肖的标准似乎就消失了,对于有成圣成贤诉求的人来说,人生终极目标就被否定了,个体人生似乎就迷失了方向;同时,特倡教化导向的目标就会显得无足轻重,而这些结果是唐君毅所不能和不愿接受的①。因此,另一种情况,即相反的观点就可能是唐氏唯一可以接受的观点了,即心灵境界必有高下之分。但是,即便坚持这个观点,处境可能并不会好太多,它仍然会受到相应的质疑:如果说唐君毅认为心灵境界有高下之分,那么唐氏类似"判教"性质的心灵境界理论就自然通过其境界论中不同境界排列的顺序与心灵境界的终结形态表明了心灵境界的高下轻重,以及最高的境界形态是什么。这样一来,唐君毅表现出来的非常明确的立场和倾向就由其心灵九境论的展开顺序表现出来,儒家在其心灵境界理论中显然居于最高地位与终结性的境界形态。这种立场和倾向具体表现在两个方面:一方面,在他的心灵境界理论中终结的境界形态为表现儒家思想与儒者心灵境界的"天德流行境";另一方面,具体到客

---

① 唐君毅心灵境界理论的最后一境是儒家的"天德流行境","天德流行境"几乎可以肯定是唐氏认可的最高境界,"天德流行境"追求的当然是成圣贤、君子,关于最高人格目标,可是有的境界论者却未必同意,比如冯契就认为:传统的"境界"论以力求培养"圣人人格"或修得"圣人境界"为终极目标极,冯契认为他的"境界论"终极旨趣在于培养"平民化的自由人格"。冯契认为:平民化的自由人格是近代人对培养新人的要求,与古代要人成为圣贤、成为英雄的目标不同。这一新的理想人格体现着人的类本质和人与历史的联系,不要求大家成为全智全能的"圣人",也并不承认有终极意义上的觉悟和绝对意义上的自由。现代人所追求的真、善、美统一的理想境界,并不是遥远的、高不可攀的形上学的领域,而是普通人通过努力都可以达到的现实状态。(冯契:《人的自由和真善美》,上海:上海人民出版社,第309—310页)冯契把"境界论"中的理想人格强调为"平民化的自由人格",这个观点比较有启发,也与冯友兰、唐君毅等人的传统境界论中的圣贤、君子的理想人格之设定不同,正如学者所言:"在冯先生看来,美要以真善为前提,而且美与真善之间是互相促进的,在人的精神境界上能够体现'真善美统一'的恰恰是活生生的'平民化的自由人格',而不是理想中的永远做不到的圣人。这一点,使得冯先生的'境界论'充满着中国化的马克思主义哲学的现代性气息,与王国维、唐君毅、冯友兰等人的多少带有古代士大夫气息的'境界论',颇不相同。"(吴根友、王博:《试论冯契的"境界论"思想——兼与王国维"境界论"之比较》,《华东师范大学学报(哲学社会科学版)》2016年第3期)

观境界、主观境界、超主客境界三分之中,在此三类大的境界形态之中,同类的三种境界中最后的境界形态分别为"功能序运境、道德实践境、天德流行境",这三种境界都是用儒学和儒家思想来分析与统摄相应的心灵境界的。因此,这样一来,同时被他讨论到的中西古今各类哲学思想、宗教观念等都自然可以被认为是处于儒学与儒家思想之下的。关于这一点,即便唐君毅不承认自己的心灵境界有高下之分,他也必须面对其他宗教信仰者提出的对他在《生命存在与心灵境界》中这样一种整体的心灵境界结构设定之质疑。也就是说,唐君毅很难否定自己的心灵境界有高下之分这样一个无处不在的论述形式与思想观念。尽管唐君毅有时并不承认他的心灵境界说有对各种学说进行高下不同的分判之嫌疑,甚至提出过几个方面的理由来说明心灵境界无高下之分,但是只要我们逐一分析其理由与思路就会发现:心灵境界无高下之分的判断对于他的心灵境界理论整个思想体系来说完全是不相容的。

1. 唐君毅对心灵境界无高下之分的辩解之一及其问题:心灵境界与认知

唐君毅对心灵境界高下的看法在有些地方比较明显地表达过,但是,他认为心灵境界的不同只是对心灵活动及心灵本身"体、相、用"三维从"纵向、横向、顺向"三个不同方向的认知错乱而导致,因此,无论侧重于体、相、用三个方向的任何一个方面的认识与把握,都会形成相应的心灵境界,对体、相、用三者不同程度的认知就自然形成关于同一种对象的不同看法的心灵境界形态。因此,从认知上来说,不同的心灵境界对应于不同的认知水平,这其中并无高下之分,只有深入程度与侧重点不同的区分。这是唐君毅对心灵境界无高下之分的辩解理由之一。

唐君毅体、相、用三位一体的心灵结构与心灵三向的设定如果当成是认知的对象,那么,我们对于不同侧面的认知形成的知识只有真与不真的问题,而没有高下之分,这样一来,唐君毅的心灵境界理论似乎就完全变成了认知问题,如果是这样,那么问题倒也简单了,心灵境界理论就变成了认识论问题、甚至关于心灵境界研究的具体科学。但是无论如何,如果我们从认识论的角度来说,认知对象的区分要么是经验的、可证实的;要么就是先天的、逻辑上可演绎推导、可形式化的。总之,我们要求认知对象与认知方法应该是清楚明白的。可是,如果从唐氏心灵境界论所提到的理想性的心灵本身,以及心灵活动及其心灵三向等设定来看,这些内容显然又不属于认识论或知识论的范围,唐氏也没有丝毫把心灵境界论变成关于心灵境界理论的科学研究的意向。另外,唐君毅一直试图做的工作就是把认知与知识成果与心灵境界的认识和把握区分开来,这也就意味着心灵境界的通达不是我们通常所谓的认识论问题,因此,唐君毅对于心灵境界无高下之分的认识论辩解就是无效的,甚至是与他自己的一些看法相矛盾的——有如我们前面分析到的,在唐君毅的境界论体系中不同知识的价值层级是非常清楚的。

2. 唐君毅对心灵境界无高下之分的辩解之二及其问题:心灵境界的缘起

从心灵境界的认知角度来辩解是唐君毅试图从其心灵境界理论的总体框架来说明心灵境界并无高下之分所做的努力,但实际上,如果仅仅从认识的角度来说明问题,他很难把自己对心灵境界的认知与近代哲学以来高扬的认识论、知识论问题区分开来。也就是说,如果从认识来谈论心灵境界问题,那么心灵境界可否证实以及如何展开有步骤的认识就是他必须要回答的问题,因而来自认识论立场的批评是唐氏实在难以应付的。因此,唐君毅可能会在认识这个问题上提出另一种辩解方式:他把对心灵境界的把握区分为两种,一种为心灵境界缘起性的认识;另一种则是在一定的心灵境界形成以后的认识。在唐氏看来,对于后者而言,便是我们所谓的认识论、知识论问题;而至于前者,则不属于通常我们所说的认识论范围。从认识的角度来说,或许他能够接受后一种意义上我们对他的批评,而前一种情况他会认为不在批评之列。也就是说,在他看来,心灵境界形成之前的阶段人的心灵状态具有更为原初、更加重要的认知意义,因此,对它的把握与认识就具有与众不同的特点,因而他会认为这种意义上的认知我们要区别对待。

他认为特定的心灵境界形成之前人的心灵状态对认知具有重要意义,这种观点与他的一个看法分不开:即特定的心灵境界之所以形成,从根本上说,是由于一些偏颇的认知而导致。换句话说,他认为所有的心灵境界都有一定的局限性,而所有的局限性都是由于人的偏颇或错乱的认知所导致,因而从根本上说,我们无须把特定的心灵境界当成是终极的追求目标,而应该认识到:境界是应该随着心灵的自觉而不断提升和流转的,从而让心灵突破一定的境界形态之束缚,进而达到无特定境界所限的心灵之自觉及心灵境界的理想高度,而这个过程则是永无止境的。因此,唐氏更为推崇相应的心灵境界形成之前的人类认知与心灵状态,他认为只有把一定的境界之来处及缘起察看清楚和充分自觉,才可能达到正确的心灵认知,从而达到使心灵运转无碍、无限圆满、处处外显的目标。这种信念对于唐君毅来说是相当坚固的,在唐氏的思想体系中,这种想法可以认为是"不陷溺而念念自返"的核心观念之影响,它体现在唐氏思想的方方面面,正是由于这样的看法,所以当把种思考方式推到极致,否定所有已成的境界形态以及不同境界形态有高下之分也在情理之中。从这个方面来看,唐君毅所谓的认知就很难说是通常我们所说的知识领域内或认知科学意义上的认知,它实际上是唐君毅个人的一种未说清、未道明的信念,没有经过严格论证,而是作为一种无处不在的、无须说明的基础信念而存在,它更多的像是一种植根于唐氏心底的个人生命信念。唐君毅坚持这样一种信念与唐氏个人的性格特点或许是相关的,唐君毅认为自己性格中有凝滞胶着的一面①,他提出"不陷溺而念念自返"或许就是针对自己的主要特点而说的,而他希望自己的心灵始终无凝滞胶着和运转无碍就显得顺理成章。如果唐氏这样的理解与信念就是胡塞尔所说的世界观哲学,那么它作为一种洞见和人生智慧而存在于个人心中倒也无可厚非,但是,如果想进行一种理论性的说明,那么唐君毅这样的想法和做法很难说是理论性的和论证性的。因此,要用它来构成一种对心灵境界无高下的理论辩护就显得不足。

正是由于这种观点的存在,我们不时地看到这样一种现象:唐君毅似乎不满足于任何一种知识与哲学形态,或者说不相信任何一种知识与认知的确定性,他不断地肯定一个观点,然后又推倒它,用他自己的话说是超越它,对他而言,似乎流转性的意义远远高于任何确定的"城邦文明"。可是,唐君毅并没有否认一些关于语言、概念及相应的学科知识、

---

① 唐君毅:《生命存在与心灵境界》,第 676 页。

哲学理论,以及各种文明形态中确定不移的形式与内在准则,或许这是由于已然成型和存在的东西很难被虚灵化吧!对于唐氏而言,从这个角度来辩解就存在两个方面的小问题:一方面,如何把这些缘起性的认知与后起的心灵境界中的认知联系起来,这本身是个问题。也就是说,如果缘起性的认知正确到位,是否意味着根本就没有心灵境界生起之事?如果没有心灵境界生起之事,那么相应的心灵境界中的知识形态与认知活动对于人类来说是否会发生?另一方面,这些缘起性的认识,如果不进一步深入说明,那么它就仅仅是一种个人信念,我们很难把它当作心灵境界无高下之分的这个明确判断的理由。

3. 唐君毅对心灵境界无高下之分的辩解之三及其问题:作为桥梁的哲学

对于唐君毅来说,他认为心灵境界无须区分高下,这样,或许他如何定性其心灵境界之层级和序列似乎都是可以的和允许的。但实际上,一旦各种心灵境界经过排列与排序,其固定的顺序与特征就已经具有了相对不容更改的形式和内涵,因而不能随意变更,否则就会出现自相矛盾的情况。可是唐氏对此似乎并不认同,他说心灵境界有高下之分,他又说心灵境界无高下之分,总之,从符合其论述需要的角度,这两个对立的观点在他那里似乎是并行不悖的,其中的矛盾丝毫不影响他的各种说法。但是,对此"是又不是,对又不对"的看法,我们很难理解作者到底想要说什么,想说明什么问题,以及真正的看法是什么。

虽然对于本体领域的对象,相悖的观点同时存在的现象时有发生,这或许跟本体论讨论的对象之特性有关,但是,唐君毅并不认为他所谈论的对象由于属于本体领域,所以就没有办法进行正确的认知与把握,他把各种不同领域的对象打并成一体的做法带来的后果就是:他要面对更多的质疑以及给出更多的解释。

唐君毅对于心灵境界无高下之分的最后一种可能的辩解是从他自身的哲学信念来进行的。在唐君毅的心灵境界理论中,他所提到的中西古今各类哲学在他的心灵境界理论中都可以安排一个适当的位置,也就是说,唐氏所构建起来的思想体系看起来对整个哲学史进行了史无前例的整理与反思,中西古今各种重要思想形态都被吸纳与批判,唐君毅的论述体系表现出来的目标似乎就是:他要综合和超越所有被其提到的思想观点与学术流派。唐君毅所建构起来的思想体系与其对哲学史上相应的思想观念进行的整理在形式上与论述中的确体现了这一点,但是唐君毅又不愿意承认这一点,他说他无意于此,而且认为现实中没有人能这样做,因为在他看来,所有人的哲学思想只不过是通达心灵境界的桥梁或道路之一,他的哲学也不例外,也是桥梁或道路,因而,他的哲学观点不是超越和剪裁其他思想观念的标准,他无心于此,也无力为此,唐君毅说:

> 吾之观此诸哲学的哲学,亦初无意更为一诸哲学的哲学之哲学,以囊括此诸哲学的哲学。此囊括乃不可能之事。此诸哲学的哲学,亦不待有此囊括,方得其位于此囊括之内以俱存。西哲康德之自谓于昔之一切哲学问题皆已解决,黑格尔之谓其哲学为绝对精神之最后表现,皆为慢语。东方哲人皆不如此也。如知上来所谓哲学为一历程之义,则终无人能作此慢语也。若有人能作此慢语,谓我将造一哲学,以囊括一切哲学,此即欲收尽一切哲学于此囊中而尽毁之,此乃一哲学世界之大杀机,而欲导致一切哲学之死亡者。一切哲学固未必因此而死亡,而此杀机已先使其哲学归于死亡。此决不当有者也。然此中亦有一大问题焉。即吾欲通吾所知之哲学而论之,吾必以吾心包涵此所通者,包涵之,即似乎无异于囊括之。而此通之之念与包涵之之心,即似亦潜存此一大杀机。然则为哲学者,又将如何而可?吾亦尝为此起大惶惑。终乃恍然悟曰:吾之为哲学,以通任何所知之哲学,此通之之心,虽初为一总体的加以包涵之之心,然此心必须化为一分别的加以通达之心。此加以通达之心之所为,唯是修成一桥梁、一道路,使吾心得由此而至彼。此桥梁道路,恒建于至卑之地,而不冒于其所通达者之上。由此而吾乃知崇敬古今东西之哲学,吾不欲吾之哲学成堡垒之建筑,而唯愿其为一桥梁;吾复不欲吾之哲学如山岳,而唯愿其为一道路、为河流。循此再进以观古今东西哲学之形同堡垒之建筑或山岳,吾亦皆渐见其实

第四章　知识在心灵九境论中的定位及作用

只为一桥梁、一道路、一河流。①

在唐君毅明确认定所有哲学思想都只是桥梁或道路时,他实际上就暗示了所有哲学观念本身无差别性的一面,即无高下之别,这样一来,相应的哲学思想与观念形态反映出的心灵境界自然也就无高下之别了。从哲学思想的无高下之别来说明与论证心灵境界无高下之别,这是唐氏可能的第三种对心灵境界无高下之别的辩护。我们可以看到,他这样的辩解,其理由就是对所有哲学思想进行规定:第一,没有可以囊括一切哲学的哲学;第二,所有哲学都只是一个道路或桥梁。建立在这两个基本判断之上,他似乎可以引出心灵境界无高下之别的断言。

但是,我们仔细分析就会发现,这其中有一些问题比较明显:第一,唐君毅自己也承认,虽然说没有可以囊括一切哲学的哲学,但是,当他试图建立自己的哲学时,他无可例外地要对哲学史上的哲学思想进行反思性与囊括性的说明,那么如此一来,这种即便是从自己出发进行谦卑性理解的哲学形态,它如何可能不是一种囊括性的哲学?从而成功地避免囊括之嫌与终结者的形象?第二,即便是桥梁和道路,在通达不同的山岳与城堡时,显然仍会有难易与高下之别,如何可能无差别地对待?第三,如果所有的哲学都是桥梁与道路,那么何来山岳与堡垒之分?因此,唐君毅实际上并不能把他对其哲学作为桥梁与道路的性质之判断一直贯穿下去。也就是说,当我们在进行一种哲学反思时,反思的对象与边界一经发现,那么我们已然超越反思对象之事实就不言自明;另外,彻底解决问题的思路与想法并不必然带来哲学的死亡,也不一定就是唐氏所谓"慢语与傲言",而恰恰相反,它可能是一种容不下丝毫未决问题存于精神领域之中的严谨及严苛的哲学精神。因此,在追求真理的道路上,一种哲学高于另一种哲学,或者说一种哲学比另一种哲学更接近真理,或者两种不同哲学分别揭示了真理的不同方面,更有后起的哲学家推翻前人的看法,这本属于再正常不过的事情,为什么哲学领域中发生的这些事情就不可接受?哲学为何不能有高下之分?哲学史不就是思想英

---

① 唐君毅:《生命存在与心灵境界》,导论第15页。

雄展开较量以及推动学术问题不断深入讨论的过程吗？窃以为，唐氏从哲学作为桥梁与道路之定性的角度来平等看待各种哲学，无论是从其内部的冲突来说，还是从哲学史的发展过程来看，这个判断以及其中的问题都是比较明显的：哲学史上不同哲学之高下与不同哲学家达到的问题之深广度有区别，这应该是有共识的，也是一目了然的。我想，并非所有的意见或想法都叫哲学，当然也不是什么人都可以称作哲学家，更不是所有的哲学家与其思想的重要性都是一样的。如果我们认为哲学本身是有高下之分的，那么按唐君毅的思路来说，哲学形态的高下自然可以分辨出心灵境界的高下，因此，心灵境界无高下之分的第三种辩护也是不能成立的。

唐氏对心灵境界无高下之别的辩护，不论是从其整体的哲学架构中心灵境界与认知的关系来说，还是从境界的缘起性认知来看，或者是从他对哲学的桥梁之定位来分析，三者都有相应的问题以及难以避免的内部、外部冲突，因此，唐君毅的心灵境界很难说是没有高下之分的，恰恰相反，唐君毅不论是从其思想倾向，还是从其心灵境界论的形式和内容，他都充分表明了心灵境界的高下层级是一个无须争辩的事实。而此处我们却如此着力地梳理和回应其对心灵境界无高下之别的辩解，其主要原因有两个：第一，从心灵境界高下之判断的问题切入可以分析唐氏心灵境界论中存在的整体性问题，以及揭示出他思想体系中不可避免的内在矛盾。这个问题所包含的矛盾对他的其他观点以及看法有相当大的影响。第二，心灵境界有无高下之别的判断实际上影响着我们接下来要讨论的问题。如果心灵境界必有高下之别，那么建立在这个判断之上的许多问题就会浮现出来。也就是说，对"心灵境界"有无高下之别得到一个确切的判断，这是我们继续讨论其心灵境界理论与各类知识价值的依据和前提。

（二）心灵境界理论中没有论述的人类知识之价值评判

如果说心灵境界有高下之分，那么在唐君毅所论列的各类心灵境界依次升进的境界形态中，我们可以从其中讨论到的知识形态来判断相应的知识之价值高下。也就是说，在较高境界形态中论述到的知识体系与学科部门的价值就高，在较低的境界形态中论述到的知识体系与学科部门其价值就低。姑且暂时不论这种看法能否成立,我们先把问题往前推进一步:如果心灵境界的层级意味着知识价值的高下,那么,被人类普遍承认的、却没有被唐君毅在心灵境界理论中讨论到的知识体系与学科门类有没有价值？显然,唐君毅的心灵境界论中讨论到的知识类型与学科知识是非常有限的,即便加上他在《生命存在与心灵境界》一书之外讨论过的知识类型与学科体系,他仍然没有穷尽人类所有的知识成果,因此,这便出现一种令人十分困惑的局面:唐氏的心灵境界层级既然意味着相应的知识之价值高下,他没提到的知识门类如何判断其价值高下？这种情况从唐氏的思路来说,无非只有一种情况,即这些知识类型与认知成果可能没有价值,或者说够不上有价值的知识之资格。然而,这样的判定显然与人类普遍认可的、分工越来越细、学科越来越专业的认知状况与认知成果相违背,同时,似乎也与唐君毅本人在心灵境界论中讨论的知识,即广义认知义上的知识内涵相违背。

没有出现在其心灵境界理论中的知识不能算是知识,或者说没有价值,这个判断是从心灵境界与认知的关系及心灵境界层级作为知识价值判定的依据中推导出来的,而这个推断显然与认知领域不断涌现,新的认知成果不断显现的情况不相符合。也就是说,唐君毅自信地认为他的心灵境界说能够解释和说明人类的各种知识形态,并能够从其心灵境界的层级中推导出各种知识的价值高下,但是实际情况却是:一、他没有可能穷尽所有的知识形态,无论在他当时所处的时代环境之下,还是在现如今所处的时代之中,知识的日新月异必然令其境界说难以覆盖和说明所有的认知问题,而唐氏却在试图说明所有的认知问题与心灵境界的关系。第二,即便唐氏不承认、不认可没有讨论到的知识形态,然而它们被人们广泛承认与使用的事实一直都在,因此,对其无价值或认为其无知识资格的判断并不能使人信服。因而,心灵境界之层级要对所有的知识进行价值高下之定位与判定就显得理由不足,或者说覆盖面不够。

(三) 心灵境界作为知识价值评判的依据能否成立

唐君毅的心灵境界论中没有讨论的知识形态与认知科学不能根据其境界论进行价值判断,这是比较明显的,也就是说,这些知识已然超出唐氏心灵境界说的范围。按理来说,这种情况在唐君毅看来是不可能发生的,但是实际上它发生了。因此,这之间的矛盾就凸显出唐氏所讨论的知识与心灵境界之间的龃龉不合,而不是如他所想:心灵境界与知识之间圆融一致。

如果说唐君毅心灵境界论中没有讨论到、而被人们普遍承认的知识是存在的,那么说明唐君毅把心灵境界作为相应的知识形态呈现的必要条件之看法则是不成立的。因此,从这个方面来说,心灵境界层级作为知识价值判断的依据就难以成立。

我们上面讨论的是唐君毅心灵境界论中没有论述到的知识如何处理的问题,其价值高下以及认知是否必要,按唐氏的理论则不能对其进行判断。实际上,即便回到唐君毅在心灵境界论中讨论过的知识类型来进行分析,我们仍然发现可能存在一些困难的问题。

1. 心灵境界分层的依据与标准

从唐君毅心灵境界论中讨论到的知识类型与学科部门来看,他把这些知识形态放到心灵境界论中进行论述,并且是放在层级不同、高下有别的境界中进行讨论,这其中所蕴含的对知识门类进行价值分级与评判的目的是相当明显的,他在《生命存在与心灵境界》中对不同知识的境界论处理表明:知识的生产与价值的评判是与心灵境界的层级紧密相连的。如此一来,对于唐君毅来说,心灵境界的层级与知识价值的高下就紧密地联系在了一起。

如果心灵境界的层级对于知识的价值大小起着评判依据与评判标准的作用,那么心灵境界的分层与标准又是什么?如果说心灵境界本身的分层及其标准不清楚或不成立,那么,实际上从心灵境界的分层来评判各类知识的价值高下就是不能成立的。

我们在上文讨论到,唐君毅对心灵境界的高下有两种截然不同的看法,第一种认为心灵境界并无高下之别,相应的他有一些自己的辩护与说明,但是我们认为就已经对其进行的分析来看,他提出的理由与辩护可能存在严重困难;第二种观点是认为心灵境界必有高下之分。

如果我们暂且不深究唐氏对"心灵境界无高下之别"的判断中存在的问题,仅就唐氏"心灵境界无高下之别"的观点来看,在他的辩护理由中:第一,从境界的缘起性认知来看,知识产生的条件实际上是不具有的,因为如果心灵对自身的认知及对其活动的三个方向把握正确,那么实际上并不会产生相应的心灵境界,因此,我们认为其实在相应的心灵境界中出现一定的知识类型就从根底上取消了。因而,心灵境界实在与知识相去甚远,或者说属于两个世界中的事情。于是,心灵境界显然不能成为所有知识的评判标准与依据。第二,从心灵活动的三个方向以及体、相、用三维的架构中,心灵境界的产生是由于心灵的自身认知之偏颇而造成的,也就是说,在实际生活中,心灵境界的存在是必然的,没有人一开始就能完全正确地认识和把握心灵自身,所以相应的心灵境界之出现在所难免。因此,唐氏所谓在一定的心灵境界中出现的知识形态必然随着相应的心灵境界之出现而出现。如果不同的心灵境界只是认知的角度与对自身把握的侧重不同,那么在所有这些境界中的知识形态,严格来说是无所谓高下之分的,就像所有的境界平等一样。因此,这时我们可以说:心灵境界与知识的价值之评判仍然是不相关的。这是第一种情况,即顺着唐君毅对心灵境界无高下之分的角度来推论,就会发现:其实唐君毅所说的心灵境界与知识的价值评判实际上没有什么联系。

我们从对唐君毅"心灵境界无高下之分"的判断中分析发现了诸多问题,因而,我们认为他的这个判断是不能成立的。假如从心灵境界无高下之分的角度去看心灵境界与知识的关系,一经推导,我们就明显地看到:一方面心灵境界与知识根本没有关系;另一方面,心灵境界也没有办法成为诸类知识价值评判的标准。这个结论可谓是具有颠覆性的,如果这个看法能成立,那么唐君毅在他的心灵境界论中对一些知识门类与心灵境界之间进行勾连与判定所做的工作就证明是完全不成立的和不相关的。这是唐氏如果坚持心灵境界无高下之分会带来的一个他不愿意接受的结果。

如果唐氏不接受"心灵境界无高下之分"这个判断带来的诸多结果,那么,我们可以考虑唐氏能选择的另一个观点:"心灵境界有高下之分",现在我们推定唐氏认为心灵境界有高下之分,且认为这个看法才是他更为主要和可能的观点,那么是否从这个观点出发情况就会好一些呢?也就是说,如果心灵境界有高下之分,那么,心灵境界的层级又能否成为心灵境界论中谈到的各种知识的分类依据与价值高下之标准?

首先，心灵境界本身分层的标准与依据是什么，这是需要明确的，否则我们无法讨论心灵境界之层级与知识价值的分级问题。所谓心灵境界的分层，有两种情况：第一种是唐氏整个心灵境界论中所有境界的排列顺序，也就是从起始境界到终结境界的依次上升过程中诸境界之排列顺序；第二种是客观境界、主观境界、超主客观境界内的各自分别包含的三种境界的排列顺序。

从第一种情况来说，这是唐君毅整体的思想架构与境界判定下的基本立场与态度表达，从他整体的境界论排列顺序来看，其主要意思至少有：一、超主客观境界最高，它高于主观境界，主观境界高于客观境界；二、在对体、相、用三维的把握上来看，对体、相、用的认识和把握之价值等级中，对"用"的把握最高，对"相"的把握其次，对"体"的把握最低。

从第二种情况来看：一、在同一大类的境界中，即从"体、相、用"三维与"纵向、横向、顺向"三个方向之把握中，对"用"的把握所形成的境界高于对"相"的把握所形成的境界，对"相"的把握形成的境界高于对"体"的把握所形成的境界；二、对体、相、用三者之把握分别有所谓的客观的把握、主观的把握，超越主客观的把握之高下分别。

综合以上两种情况，我们发现心灵境界高下的判定中其实存在两个明显不同的标准：一个是判定客观、主观、超主客观的标准，一个是关于体、相、用的标准。举例来说，在"天德流行境、道德实践境、功能序运境"三者中，"天德流行境"比"道德实践境"高，"道德道德实践境"比"功能序运境"高，这三者都是关于"用"的境界，而"天德流行境"最高，这个判断是由于"天德流行境"属于超主客观境界，而其他两种境界则属于主观境界与客观境界。再比如说，在同一个大类的境界中，诸如在客观境界中，"万物散殊境"则低于"依类成化境"，"依类成化境"低于"功能序运境"，其原因是"功能序运境"属于对"用"（关系）的认知与把握所形成的心灵境界，而其他两种境界则属于对"相"（类型）与"体"（个体、物体）的把握形成的心灵境界，因而，"功能序运境"高于"依类成化境"，"依类成化境"高于"万物散殊境"。除了例子中提到的心灵境界之外，唐氏所有的心灵境界高下分判都可从这两个方面结合来进行，具体情况如下图所示：

第四章 知识在心灵九境论中的定位及作用

从下至上价值依次递增	从左至右的价值依次递增 →			
	超主客观	归向一神境	我法二空境	天德流行境
	主观	感觉互摄境	观照凌虚境	道德实践境
	客观	万物散殊境	依类成化境	功能序运境
		体	相	用
	从左至右的价值依次递增 →			

图示八　心灵境界高下分判的两个标准与心灵境界具体的排列组合

于是，分辨心灵境界高下之时，便有两个标准浮现出来：一者为对体、相、用的认识，其价值依次上升；二者则为客观、主观、超主客观的把握，即三种不同类型的认知价值依次上升。只有当这两个标准取交集时，我们才可能判断出相应的心灵境界处于心灵境界论整体中的位置及其排序。换句话说，判断心灵境界高下如何，是由这两个标准之组合才能断定的。即：一方面，判断这类认识是对心灵活动的哪个侧面的认知，关于用、相、体的认知和把握，其价值依次下降，或说对关系、性相、体（个体、主体、本体）的认知价值依次递减；另一方面，超越主客的认识高于偏重或客观或主观的认识，而主观境界的认知高于客观境界的认知。

这两个标准虽然作为唐君毅分辨心灵境界层级高下的依据而存在，但实际上，二者本身并不清楚，或者说再往下分析的时候，它就变得模棱两可了。

首先，对于客观、主观、超主客观这个标准，在唐君毅这里到底如何分判？客观、主观、超主客观怎么区分？其实，我们并没有看到唐氏对这三者进行细致区分，唐氏也没有提出相应的界线与判断标准来，在他看来，这个问题似乎是不言而喻的。但是，我们认为"什么是客观的、什么是主观的、什么是超主客观的"实际上非常复杂，它们极其需要说明。因而，唐君毅先生在这个问题上没有深入论述是令人感到十分困惑的，毕竟"客观、主观、超主客观"如何可能、如何区分是他对客观境界、主观境界、超主客观境界评判的重要依据。总之，唐君毅"客观、主观、超主客观"三分的基本看法表现为几个方面：一、人们的认识普遍遵循的认知程序是从客观开始，再到主观，再到超主客观。二、所谓客观，是指人们把人类自身和外界事物当成纯然客观的,忽视认知主体的参与作用;所谓主观则是人们意识到主体在认知中的作用而进行认知时的状况;超主客观则是无主客之分别,主客打成一片的情况。三、主客二分的架构并不是所有的认知情况中都存在和都需要的,它只是在一定的范围内需要和存在。四、超主客观的提出表明客观与主观都只是相对的,在超主客观的视野下,实际上客观就是主观,主观就是客观,主客观之间并无泾渭分明的界限。

如果以上判断大致符合唐君毅的意思,那么,按唐君毅关于主客认定的基本看法来说,分辨主客、超主客实际上就成了个无解的悬案:一方面他不赞成把主客打开,作泾渭分明的辨析;另一方面,他只是零星地在其心灵境界论中讨论到主客关系时简单地对主客有过一些描述①,然而,他并未提到何谓主观、何谓客观,主观和客观的分界标准是什么,更没有明确地指出何谓超主客观。如果情况是这样,那么把这个不清楚的标准作为区分心灵境界层级的凭据之一,它就只能是唐君毅安排其心灵境界时一种任意的关于心灵境界之排列顺序,这个顺序并未与主客、超主客搭上关系。但令人非常困惑的却是:在他整个心灵境界体系的安排中似乎暗示了一种关于客观、主观、超主客观的标准存在,可是实际上却不存在这个标准。

其次,从体、相、用的认知和把握来看,其价值高下依次上升,也就是说,体、相、用本身就包含了一种价值分判在里面。我们仔细分析唐君毅对体、相、用三维的安排与设定时发现:一、所谓体、相、用三维的架构是唐君毅对心灵本身的一种设定,它已经是基本前提了,也就是说,体、相、用的出现是心灵对自身的把握之侧重不同而出现的,到底何谓体、相、用,尽管我们在前文已经提到了,但实际上却并不能再进一步界定其内涵了,除了"体"与"个体、主体、物体、本体"相连,"相"与"类型、性质、相状"相关,"用"与"作用、关系、实践、流行"相连之外,我们并没有获得更多关于体、相、用的信息与界定。因此,要以这三者作为依据来分辨其他东西实在太困难,打个不恰当的比方,这相当于告诉一个问路的人,以他

---

① 唐君毅:《生命存在与心灵境界》,第160页。

从来没有走过的路作为参照系去认路一样。二、体、相、用是心灵活动三向与心灵本身之把握的结果,它作为一种认知,不论是何种意义上的认知,它如何区别出了高下? 通常而言,性质不同的认知应该没有办法比较,性质相同的认知又如何可能区分出价值高下? 三、体、相、用三维是唐君毅对心灵本身的一种设定,可以说这是唐氏心灵境界论中最基本的概念和范畴了,因此,要对其再进行分解实际上不可能了,也就是说,一谈到体、相、用时,我们实在是没有可能再进一步追问唐氏这其中的区分之依据了。所以综括起来说,我们认为:唐氏的体、相、用三分其实没有办法再进行辨析,也就是说,事实上唐君毅关于体、相、用三分的看法很难成为心灵境界层级的判分之依据。因此,唐君毅从心灵境界层级的高下不同而分辨出相应的知识形态之价值高下,即便是对于其心灵境界中提到的知识类型,这种标准也是难以成立的。

2. 心灵境界的分层与各类知识的价值

尽管心灵境界的层级划分本身存在依据不清和标准不明的问题,但是唐君毅却对相应的知识类型进行了判分,即把不同的知识部门与学科类型划归到了高下不同的境界形态之中。至于唐氏在哪些心灵境界中讨论了哪些知识类型,这在上文已经详细分析过了,现在我们只需要明确地认识到一点:唐氏这样做出的知识分类及相应的价值判定并没有太多的内在逻辑和依据说明,这只是他比较随意的一种安排或者说信仰体系之表现,事实上我们并不能从其心灵境界说及其最初的概念设定中导出相应的知识分类以及相应的价值分判。

3. 心灵境界的分层与知识价值判断的关联

如果说唐氏的心灵境界分层本身存在一些困难,以及从心灵境界的层级出发并不能有理有据地把相应的知识类型划归到相应的心灵境界之中,那么唐君毅把心灵境界之层级作为知识价值分判的依据就缺乏合理的论证。如果是这样,那么唐君毅极力把知识分类与知识的价值判断与心灵境界绑定起来,其主要用心及其问题意识是什么?

简单地说,唐君毅的目的主要有几个:第一,建立一个统一的世界观哲学,在唐氏看来,他所要确立起的心灵之信仰是包罗一切的,知识或说广义上的认知也不例外,所有的东西都应统摄于其下,这是一个完整的世界观。第二,在工具理性与价值理性的争论上,唐君毅会认为价值理性的优先性是毋庸置疑的,他用尽一切办法去证明知识是出于价值理性的,即便他将价值理性命名为心灵,或说心灵境界等,这都没有改变其基本立场与态度。第三,在近代中国的文化之大变局中,中西方文化的碰撞与对话中,唐君毅对各种文化类型、哲学思想以及宗教信仰进行了大的梳理及定位,他明确表达的是一种价值立场与文化认同,他试图在与异质文明的对话中找到中国文化自身的位置,并用它来贞定个人以及民族的文化信念。这也是那个时代的学者所特有的以及普遍存在的文化心理与价值诉求,只是唐君毅先生把这种冲突与诉求明确地以境界论的形式表现了出来。第四,唐氏对人类知识日新月异的发展带来异己之物的统治十分担忧,从而极力主张人文价值及人类精神的自觉性、理想性、自主性。这种担忧和顾虑几乎是所有人文主义学者共同的特点,它反映在唐君毅这里就是坚持以心灵境界理论来统摄知识与所有的认知过程,从而在坚持心灵的无限完满与神圣自足时,同时警惕知识与工具理性的越界。对于唐君毅先生而言,一旦心灵的完满无缺统摄了所有知识体系以及一切认知过程,这就意味着所有的知识与认识都是被神圣性、自觉性、理想性的大心灵所笼罩和指引,从而没有可能出现唐君毅认为的由各种工具理性带来的诸多问题。可能正是基于这样一些考虑,唐氏的心灵境界说才极力表现出心灵境界对知识的优先性,因而唐氏对知识的各种人为约束、不信任以及限制才显得如此光怪陆离、困难重重。

三、心灵境界自觉推动认知过程和知识的形成

如果说心灵境界在充当各类知识的价值裁判时有着难以回避的问题,那么这个问题是与唐君毅对心灵境界的形成、自觉及其与人类知识和所有认知过程的关系之判断而造成的。在他看来,心灵境界与人类的认知过程及所有的知识体系关系甚密,可以说心灵境界的层级高下与人类的认知过程及知识的形成具有十分紧密的关联。

(一)心灵境界形成之前的认知

唐君毅的心灵境界理论讨论的认知有两种情况,其中与心灵境界相关的内容有两种大的情况:一、特定心灵境界形成之前,心灵无特定境

界所限的情况；二、特定的心灵境界形成以后，在一种或几种心灵境界中流转的心灵状况。相对而言，认知的这两种情况就是对应地指对这两种情况下心灵的认知与把握，即对特定的心灵境界的认知，以及透过特定的心灵境界而返回到对无特定心灵境界所限的心灵状况的认识，或者直接对此无境界状况下的心灵之认知。

我们首先来看看所谓无境界之前的心灵认知，这是一种怎样的认知呢？此类认知到底是怎样存在的以及如何可能的，我们暂且不能追问太多，原因就是这种对心灵本身的体认性的自我认知与把握在唐君毅那里是不言而喻的。在上文对唐氏心之本体的考察中，我们知道唐君毅所说的心之本体具有无限完满、自足自觉等理想性特点，这些特点其实都适用于此处唐氏所说的心灵，这些关于心灵本身的特点与内涵可谓是唐君毅坚定不移的信念，我们此处暂且不对这些关于心灵本身的特点与内容进行评述，现在我们要面对的问题是：唐君毅的这些信念并不仅仅止于信念，同时他还要把此类信念与人类的普遍认知关联起来，也就是说，唐君毅试图告诉我们：一、关于理想而完满的心灵本身也是需要认知的；二、对于理想而完满的心灵本身之认知先于特定的心灵境界形成之后的认知和学科知识；三、对理想而完满的心灵本身的认知不同于特定的心灵境界之下产生的对心灵的认知和知识体系。简单来说，在唐君毅这里，所谓先于境界的心灵认知就是指对心灵本身完满自足的自觉与认定。这样的认知直接针对心灵本身，它可以不通过特定的心灵境界之把握来进行。

所谓不需要通过特定的心灵境界而直接把握心灵本身，这是源于唐氏的一个信念：特定的心灵境界之形成是由于对心灵本身的"体、相、用"三维不同侧面的关注以及对其"纵向、横向、顺向"活动的认知错乱和混淆而导致。因此，如果人们一开始就正确地区分心灵活动的三个不同方向以及不局限于体、相、用三个侧面中的任何一个，那么在唐君毅看来，心灵境界就没有生起的理由与土壤，甚至没有生起的必要。因而，我们就可以更快捷地直达心灵本身，切中要害，从而无须通过翻越重重艰难的境界之障壁而认识到心灵本身的无限完满性。但是或许在唐氏看来，实际上生活中大多数人由于其天资或其他方面的原因而总是处于一定的心灵境界之中,不能一开始就达到无境界的心灵状况,因而人们无法在初始状态就摆脱特定的心灵境界之限制,所以,这才有了唐氏所谓三向九进的心灵境界之形成,而大多数人的认知都是在一定的心灵境界之下进行的。

正是相对于特定的心灵境界,唐君毅从来没有忘记还有无特定的心灵境界之限时的原初状态与出发点,对心灵这种状态的认知与把握是唐氏念念不忘的。如果按唐君毅在《中国哲学原论》中的说法①,翻过各种心灵境界而层层上达心灵本身是一种"下学而上达"的过程,那么对心灵本身直接的把握与认知则是另一种截然不同的思路与方法,有如顿悟或直指本心一般。但无论如何,这二者一致的目标是清楚的:即指向对心灵本身的认识与把握。

尽管我们清楚地意识到唐君毅有这样一个目标以及思路,它们与通过翻越心灵境界层层上达的方法与思路不同而独立存在,但是由此带来的问题却是:一、这样先于心灵境界的情况与认知到底是唐氏最初的设定,还是他通过翻越重重心灵境界后领悟到的内容?二、对于翻过层层叠叠的心灵境界而达到对于心灵本身的认知与把握,在这种情况之下,如何可能让人们同时领悟到一种他未曾经历过的方法与途径,以及这种认知与他经历过的方法与途径所达到的目标与认知结果是否是一样的?三、如果说对于没有能够翻过层层叠叠心灵境界的人们来说,他如何可能达到心灵本身,以及领悟到另一种途径与之殊途同归?四、对处于特定心灵境界之中的大多数人来说,或者说在一定的心灵境界中认知和谈论相关问题的人们(受到特定心灵境界限制的人们),他们又如何可能知道在没有心灵境界之前的状况,以及讨论和把握无心灵境界时的状况之认知?

以上四个方面的疑问,总括起来就是说,只要唐君毅坚持有先于心灵境界之前的对纯粹的心灵本身之认知,他就必然面临这样的问题:这种认知是什么意义上的认知?他如何可能与心灵境界产生之后的认知相区别?他必须告诉我们这样的认识如何发生及如何把握?只要是一

---

① 唐君毅:《中国哲学原论导论篇》,第 225 页。

种人类的认知行为,无论性质如何,它应该都可以清楚明白地展开,而不能停留于点到为止。但非常遗憾的是:唐君毅在心灵境界理论中着重讨论的却是在一定的心灵境界形成之后的认知,关于心灵境界形成之前的认知,这种在唐氏那里可能更为原初、更为根本的认知却只是只言片语,他并未给我们提供除了"它是对心灵本身的直接把握"以及"它先于各种心灵境界而在"这两个信息之外更多、更清楚的内容。因此,或许所谓对心灵境界形成之前的认知可能就只是唐氏的一个理想或原初设想罢了。

(二)心灵境界的形成与知识体系的建立

如果说心灵境界的形成本身是带着局限和偏颇来的,那么在唐君毅思想的视野之下这并不是什么奇怪的事情,而是属于大多数人的正常状况。正是基于这样一个判断,唐君毅在心灵境界理论中讨论的知识与认知活动从一开始就被赋予了消极的含义,所谓消极的含义是指:一、心灵境界的形成是由于对体、相、用三维一体的某一方面之侧重以及对心灵活动三向把握之错乱和混淆导致,心灵境界在一开始就带有相对性与局限性;二、由于心灵境界的相对性与局限性,相应心灵境界中形成的知识类型与学科门类也自然是相对的"真"以及局限于某一方面;三、为了心灵境界的提升与上达,人们必须认识到特定心灵境界中的知识成果与认知活动是极其有限的,它们对于心灵境界的依赖是十分明显的。因此,这样的看法就似乎使得知识的局限性与相对性在心灵境界的原初义与缘起义上获得了一个根据。

对于心灵境界的形成与知识体系的建立之关系,从唐君毅一开始定下的基调来看,知识的相对性与局限性是由心灵境界本身的相对性与局限性造成的。那么境界形成以后,心灵境界与人类知识是怎样一种关系?心灵境界的局限性是如何影响到知识体系的形成和建立的?对于唐君毅来说,基本思路是一样的,每一种境界讨论的知识类型与认识活动都是这样与心灵境界关联起来的:一、在体、相、用三分的判断中,以个体、物体、本体等作为主要考察对象的,其认知活动与认知成果属于对"体"的认识;对类型、性质、性相等作为考察对象的,其认知活动与研究成果属于对"相"的认识;对于功能、关系、实践等作为考察对象的,其认知活动与考察结果则属于对"用"的认识,这三类认知活动与认知成果是心灵活动某一方面的反映。二、人们在认知过程中对心灵本身三个活动方向有时会颠倒和错乱,按唐氏的设定来说,对"体"的考察就应该是纵向的,对"相"的考察应该是横向的,对"用"的考察就应该是顺向的,可是有时候人们对"体"的考察横向进行或顺向进行,如此就会造成错误与错乱,其他情况也一样。三、心灵本身以及心灵活动的三个方向虽然会错乱颠倒,但却是可以回归正途的,所谓回归正途,思路很简单,那就是顺着心灵活动原初的三个方向来把握心灵本身,即遇"体"则"纵观",遇"相"则"横观",遇"用"则"顺观"。在唐氏看来,心灵本身是有这样扭转乾坤的能力与需要的:因为一方面,心灵本身只有回到正确的认知上来它才最终符合了其完满自足的本性,才会最终得到安顿;另一方面,只要心灵活动一旦反观自觉,它就能够回到正途当中。在此过程中,知识也随之产生和形成。

  举个例子来说,比如客观境界中的"功能序运境",按唐君毅的思路来看,此境是讨论因果关系与目的手段关系的问题,划归于"用"的讨论范围,属于客观境界,因此,在此境中的人们会这样思考问题,也应该会这样思考问题:一、把一切东西都功能化、功用化,或者目的手段化,而且深信这是客观存在的事实。二、正因为把一切都功用化,事物之间的关系就由因果联系来得到表达和理解,体现在人与人之间的关系则由目的手段关系来理解。也就是说,在功用的意义上,因果关系与目的手段关系性质是相同的。三、由于因果关系属于唐氏所谓"用"的范畴,因此,它应该要"顺观",也就是从时间的展开维度来进行。但是,历史上的因果关系理论往往会把本应顺观的因果关系纵观或横观,纵观的代表性理论是上帝与被造物之间的创世说,横观的代表性理论有佛家的缘起性空论,而唐氏认为只有中国传统的"阴阳乾坤说及生生之易论"才真正体现了顺观的真正精神,此为"观用"的圆融的因果关系理论。四、目的手段关系由于侧重从人类作为有目的性的存在者出发来讨论问题,因而对事物之间的因果关系之寻求是从人的目的性存在中引发和建立起来的,唐君毅认为因果关系最初就是人们根据人的目的与手段关系为模本而得到阐述和认定的。① 比如说,唐氏认为在人类早期的认知中会认为宇宙是以人类为中心的,认为地球是宇宙的中心,因而那时的因果关系理论就是依据这种目的论预设而思考问题的;再比如说,人能制造工具,于是人们便会想起:是否存在一个能制造一切东西——包括创造人类在内的更高的存在者,这便是上帝的最初原型。总之,唐君毅认为因果关系理论是由于人类有了一定的目的和手段之意识后才出现的。这样一来,唐氏就认为因果关系问题统摄了人的目的与手段关系问题于其中。五、不论是因果关系还是目的手段关系,都存在着唐君毅所说的"一阴一阳,乾坤开阖"的特点,对于因果关系来说,是以"因化果生、生生不息"的形式而呈现的,对于目的手段关系来说,是以"目的隐而手段现,手段隐而目的出"的方式呈现在人类的思想与行动过程之中。因此,因果关系问题以及目的手段关系问题都可以用中国传统的"阴阳易道"之说来进行化解和阐明。六、最终,由于"功能序运境"只侧重从客观的因果关系与目的手段关系来理解这个世界,因此存在着两方面的问题:一方面是把一切功用化以后,人们就会抹杀和否定人类社会诸种不同价值之高下的情况,也就是说,这种思想就会把人类创造的文化价值全然功利化和虚无化;另一方面,仅仅从客观存在的角度来理解人及其存在的方式是有非常有限的。因此,根据这两个方面存在的问题,唐氏认为我们解决问题的方式与思路就应该是:一方面必须要跳出全然功能化或功利化的思维方式,即跳出用简单的客观"功用"的思考方式去讨论问题,从而以功德代替功利,以功德作为更高层级的讨论范畴与精神追求;另一方面则要把人与万物区分开来,看到人与万物的不同,从而把人精神性的一面考虑进行,即把主体挺立起来,从而跳出客观境界,而向主观境界迈进。七、唐氏认为,他在对因果关系理论进行梳理和解释的过程中,因果关系理论得到了重新理解与阐述,因果关系与目的手段之间的关系得到了说明,关于人的目的手段关系的使用及其限度也得到了说明,关于人类在求知过程中追寻事物之间因果关系的合理性及其限度也得到了说明,关于因果关系与人类寻求因果关系获得因果知识的方式(唐氏所谓

---

① 详细参见唐君毅"功能序运境"中的论述。

的经验事实的方式与逻辑理性的方式)也得到了说明。

从上面的例子中我们可以看到,唐氏在"功能序运境"中讨论因果关系问题以及因果关系知识的问题就是按照他"判定体、相、用→混淆体、相、用→纠正对体、相、用的混淆→知识"这样一个基本思路来进行的。从心灵活动与境界的关联角度来说,即"心灵活动——认知错误——心灵境界——心灵自觉——知识——心灵境界提升"这样一种思路。这种方式在其他境界中也是一样的,心灵境界与知识体系的建立及其形成过程的大体思路就是这样。

尽管我们可能并不同意唐君毅对因果关系理论以及目的手段关系的处理方式,甚至会发现有许多可能说不通的地方,但是对于唐君毅来说,他要达到的目的还是比较清楚的:即把心灵境界与相应的知识体系建立起关联,把已有的知识成果与人类的认知过程与心灵境界建立起具体而微的联系,从而说明心灵境界如何统摄人类知识与认知活动,进而通过心灵境界与知识类型的互动来说明心灵本身的自足完满,流转不息。

虽然我们说唐氏为了达到以上目的,不惜一切代价地把人类各种知识类型合目的性地进行剪裁有许多问题,但是,我们如果仅仅从他这些看法中找出其论证最关键的一点因素来看,或许我们可以同意他这样一个观点:人类精神的自觉,或者说理性的自觉是人类认知的重要前提。唐君毅极力想说明的就是心灵本身的自觉对心灵境界的提升以及人类认知的重大意义。

(三) 心灵境界的自觉对认知的意义

心灵活动的自觉是心灵境界自觉的前提,心灵境界的自觉则是唐君毅的整个心灵境界理论试图展示给我们的方向,他之所以能对各类心灵境界进行分辨与讨论,在他看来,是因为他对心灵活动与心灵境界有所自觉。只有对心灵境界的自觉,人们才可能对各种心灵境界进行分辨与描述。

所谓对心灵境界的自觉,唐君毅是指人们对特定的心灵境界之分辨与把握,具体的表现就是能够清楚地意识到此类心灵境界中人的思考方式与思考视域,能理解此境中涉及的人类认知过程与知识体系与此类心灵活动的关联。此处的认知有几个方面的意思：第一，对一定的心灵状态之下人的整体思考方式之把握；第二，对于此种思考方式的归属之分判；第三，把人类一定的认知成果进行分类，并囊括到相应的心灵境界之中，使人类既定的知识成果成为人们一定心灵境界之下才可能产生和出现的成果之证明。如此一来，所谓心灵境界的自觉实际上就是这样的：唐君毅一方面描述特定的心灵境界之内容及其特点，另一方面他再把人类特定的知识形态划归其中。这个过程是为心灵自觉的具体表现与基本内容。

因此，在这样规定的心灵境界自觉之过程中，心灵境界的自觉一方面就是心灵活动的自我认知与心灵本身的自我回归；另一方面，心灵境界的自觉就只是从一定的视角去理解世界与自身的过程，包括人类既有的知识成果。在心灵境界自觉的两个方面中：一方面人们是从心灵境界自觉中去上达心灵本身，从而不断地追求自我完善、自足、自证的过程；一方面则是理解现有的知识成果及人类认知过程与认知活动的关联与开展情况。这里所谓的认知更多的是指一种理解方式，更多的是带有目的性地对心灵活动及心灵结构原初设定之自省。只有这样来理解唐君毅所说的知识、认知，以及心灵境界对认知与知识的意义，我们才可能理解他到底在说什么，也只有这样，我们才可能发现唐君毅在心灵境界理论中讨论到知识时碰到的各种问题的症结所在。如果认识只是局限在对心灵境界的判分以及相应的知识体系的理解与再认识之上，那么，所有的知识与认知过程的命运就只能是心灵境界的附属物，从而作为心灵境界的注脚而存在。但是，如果心灵境界本身的层级划分与评判标准，以及心灵境界的形成条件可能存在相应的困难，那么从心灵境界对人类知识与认知过程出发谈论心灵境界对知识的统摄与主宰，以及讨论从心灵境界的升进对人类知识的生产与认知过程的推动就会存在相当大的问题，甚至可以说，心灵境界与知识这两个论域实在属于不同的论域范围，难以统合在一起。

尽管唐君毅把心灵境界对知识的优先性与统摄性作了相应的规定与判分，但是实际上心灵境界的升进与流转对知识与认知的作用与意义仍然是受到质疑的，理由上文已有相应的分析和论述，与此同时，另一些相对的问题也随之浮现出来：何谓心灵境界？心灵本身是否需要认知？知识对于心灵境界的提升与流转有没有作用？知识的积累与增长是否必然意味着心灵境界的扩充与提升？这几个问题都指向心灵境界与知识的关系的另一个维度：知识对于心灵境界的作用与意义，或者说，唐氏所谓广义上的认知对于心灵境界有何意义。

4.3 知识对心灵境界的影响

唐君毅认为心灵境界对于知识以及广义的认知具有重大意义，甚至可以说具有决定性意义，他的基本观点就是：心灵境界是特定知识呈现的前提，知识形态的出现以及认知方向与认知范围的把握，认知过程的顺利开展，知识的价值及其评判标准等等，这些都是与心灵境界的存在与提升紧密相关的。但是，我们在考察心灵境界与知识的关系时却发现：要证明心灵境界对于知识或广义的认知有以上积极意义与作用，可能存在相当大的难度以及难以回避的问题。对此我们需要解决和回答几个问题：第一，总的来说，到底何谓心灵境界？心灵境界到底如何界定与把握？第二，对于心灵境界，甚至包括心灵本身，我们对于二者的把握有没有认知问题？第三，广义的认知对心灵境界的作用与狭义的知识体系对心灵境界的作用有什么区别？第四，唐君毅所理解的知识对心灵境界的作用与意义，与我们通常所谓的知识以及知识论上界定的知识对心灵境界的影响有多大差距？第五，什么意义上的知识能够促进心灵境界的提升？知识到底能否促进心灵境界的提升？

以上五个方面的问题，主要针对唐君毅对心灵境界与知识的关系以及他对心灵境界、知识二者分别的描述而来：

首先，虽然唐君毅讨论了九种心灵境界形态，但是唐氏所谓的心灵境界到底能不能界定，以及如何进行总括性的界定，这从一开始就是不清楚的问题。

其次，唐氏所说的知识主要指人类既定知识成果以及人类所有的认知过程，因此，知识的范围以及内涵无论在定义上，还是在具体所指上，都与心灵境界一样相当模糊，所以当我们讨论知识能否提升心灵境界时就不得不涉及两个方面的小问题：一方面，唐君毅所说的人类既定知识成果到底能否促成唐氏所谓的心灵境界之提升与流转？另一方面，从知识的角度来看，从特定的知识体系出发，或者知识论出发，我们有没有可能走向境界论，或者说，从通常意义上所说的知识出发，是否能导出心灵境界理论？就第一个问题而言，如果从唐氏描述的知识出发能够到达其境界论，那么这表明唐君毅心灵境界理论的内在逻辑是成立的；反之，我们就会认为：如果他所谓的知识不能通达相应的境界形态，那么他所说的知识与相应的境界之关系就是不畅通的，因而从认识的角度来说，这意味着要么他对知识之界定出现了问题，要么他对知识与境界之间关系之认定存在问题。就第二个问题来说，如果从特定的知识体系或者知识论、认识论的观点出发，那么它最终能否导向心灵境界——这在目前看来仍然是未知的。

总之，知识到心灵境界之间的通道，从目前的分析与考察来看，仍然是不明朗的。其中的问题可能在于心灵境界与知识这二者的定性与界定仍然没有得到彻底的考察。

一、何谓心灵境界

（一）唐君毅对心灵境界未加定义性的描述

唐君毅在《生命存在与心灵境界》一书的开篇就对"何谓境、何谓界或境界"有过一些描述性的说明①，但是在我们的考察中却发现，唐先生对境界的看法实在不是通过严格定义的方式来描述的，他是在与西方哲学中的相关概念以及其他哲学观念的对比中对境界进行了描述性的说明，他对境界的描述大致包括了几个方面的意思，总之，唐先生所谓的境界有如下几个方面的特点：一、境为心所对。"境"可以统摄"物及意义"之类的东西。也就是说，"境"，比我们通常所谓的"物类、物体"含义更广；"界"为界域，即边界之意。二、境界兼虚实。也就是说，境界不是如实物一般的僵硬之存在，境界可以与心灵所思考、所感受、所体验的对象相关联，同时，境界还包含空间与虚位在其中。三、境界有不同的种类。

---

① 唐君毅：《生命存在与心灵境界》，导论第2—3页。

境界虽然统虚实,但又是可以进行判分及划界分种类的,在唐氏看来,境界的种类非常多,事实上并非只有九种。不同的境界之间的区分也是可能的。四、境界不同于西方哲学的对象或客体(Object)之概念,而是近于世界(World)或眼界(Horizon)①。也就是说,在唐氏看来,境界不是认识论意义上主客二分中所谈论的客体。尽管境界有以上几个方面的特点,但是,对于迫切想知道何谓境界的人们来说,我们仍然一头雾水,因为我们没有从唐君毅关于境界的描述中获得关于"什么是境界"的一种明确界定与答复。

简言之,境界为心灵所对,境界含虚实,境界有不同种类,境界类似于世界或眼界,唐君毅对境界的描述大致如上,但是我们如果要进一步考察何谓境界时则陷入了极大的困难。唐君毅虽然在《生命存在与心灵境界》一书中主要讨论心灵境界,但是他没有对境界进行确凿的界定,这就为我们理解其境界的具体内涵与确切所指造成了相当大的困难。

(二)如何界定和描述心灵境界

对于唐君毅的心灵境界说,我们在上文虽然已有许多相关的讨论,也对唐君毅的思路及其论述进行了考察,然而对于最关键性的问题,比如何谓心灵境界,事实上我们却并没有正面地真正展开讨论,这其中的原因有:一、对于唐先生来说,心灵境界虽然表现为各种各样的具体形态,然而,唐氏没有对心灵境界进行总体性的、确凿的界定;二、如果从一开始我们就直接讨论唐君毅的心灵境界为何物,那么我们很可能根本就没有办法进行下去:如此一来,一方面我们难以进入唐君毅的具体语境与思想体系;另一方面,我们也不能确定用严格的界定与逻辑推演的

---

① 对于"境界"与英文中的对应词义,王国维认为境界可译为 state,牟宗三把它译成"vision form",对于境界的译法比较多,除此之外还有译为"realm""level""boundary"的等,总之,这些关于境界的译法在唐君毅看来都是不够的,它只能表达境界某方面的意思,唐氏认为"境界兼虚实"这一点在西方哲学中没有对应概念,所以尽管他选取了"World""Horizon"这两个词,但他还是认为英文中的"World""Horizon"这两个词也只是大致与境界相近,然而却不是完全合适(唐君毅:《生命存在与心灵境界》,导论第2—3页)。

方法是否适用于唐氏的心灵境界说。有鉴于此,我们主张采取的办法是尽量不先入为主地进行概念性的设定,然后外在地进行评判,而是先顺着唐君毅先生自己的思路进行分析,从他的概念与推演体系中详细进行考察,在我们大致把握了唐氏的思想以后,再从其思路出发进行推演,看我们能否从唐君毅思想的起点处走到他想要达到的目的与最终的结论上去。如果我们可以走到其结论上去,这表明他的思路就是可行的;反之,则表明其中必然有相应的问题,然后分析有问题的地方。我们认为,对于有问题的地方,有两个可能的原因:一种是唐君毅思想的内在逻辑出现了问题,另一种是唐氏所谓的认知与我们通常所说的科学知识发生了冲突。但是无论是哪一种情况,只要出现了问题,对出现问题的地方进行反思与揭示就是必要的。这一方面是为了指出唐君毅思想的问题所在及其可能的原因和出路;另一方面则要彻底否定唐氏坚持的一些与人们普遍承认的具体学科知识相冲突或者不能成立的观点。正是基于这样的方法与态度,我们在未对唐氏的心灵境界说进行彻底考察时可能会从唐君毅对心灵本身或心灵活动等关联性较大的论述迂回地进行讨论,这并不是我们要回避他的问题,而是我们要在着手对其核心问题进行考察前做一些准备性的工作,即在进行主要考察之前对外围性的问题或相关度较大的问题先行把握而采取的一种暂时性的办法。现在,当我们对唐氏的心灵境界与知识相关的外围问题已然考察的情况下,即在有了背景性的分析及整体性的把握之情况下,我们可以对唐君毅的心灵境界说进行彻底考察了。那么,唐君毅所谓的境界到底是指什么?何谓心灵境界?心灵境界能否进行界定和描述?心灵境界如何进行认识和把握?

1. 心灵境界能否认识和把握

心灵境界一词所代表的含义及其确凿意义在唐君毅那里没有清楚

界定,这样一来,如同中国近现代许多境界论者一样①,未清楚界定的"境界说"留给了后人一把双刃剑:一方面,对于境界如何认知和如何进入问题,由于对境界的判定各不相同,不同境界论者之间的差异与分歧简直让人无所适从,不同境界论哲学之间孰真孰假亦难以分辨;另一方面,境界论的影响与境界一词的广泛使用,又使得人们似乎对境界有一种莫名的轻松与不约而同、似是而非的确信和认可。这二者的并行不悖似乎显得境界论之间没有矛盾似的,可是实际上却隐藏着诸多问题。对于中国近现代境界论哲学的兴趣、发展与性质,甚至包括唐君毅先生的境界论,蒙培元先生在《人·理性·境界——中国哲学研究中的三个问题》②中认为:

> "境界"这一范畴虽然出现于佛教经典文献,但是,境界论作为一种哲学形态,是包括儒、道、佛在内的中国哲学共同具有的。境界不是单纯的认识问题,而是存在的问题,确切地说,是心灵存在的问题。
>
> 真正讨论中国哲学文化中的境界问题,是从近代开始的。这与中西文化冲突与交流所引起的自我反思有直接关系。在中国近代学术史上,首先提出境界问题的是精通西学而又同情中国文化的王

---

① 在中国近现代境界论哲学中,人们对何为"境界"基本上都是描述性的或者大体的说明,比如:(1)在冯友兰看来,境界是指人对于宇宙人生某种程度上的觉解,宇宙人生对人有某种意义,即构成人的某种境界(《新原人》)。(2)牟宗三在《中国哲学十九讲》中认为境界是由主体的心境修养突显出来的,主观上的心境修养到什么程度,人所看到的东西就达到什么程度,境界为主观的意义。(3)宗白华认为"境界"是大自然的生命节奏与人内心的生命节奏之契合,是有限与无限的直接统一(《美学散步》)。(4)蒙培元在《心灵超越与境界》中认为境界是指心灵超越所达到的一种境地,其特点是内外合一、主客合一、天人合一,境界是心灵的存在方式。(5)冯契在《人的自由和真善美》中认为"境界"是"意"和"境"的结合,"意"就是实现了的、表现了的理想,"境"则是有意义的结构,境界是价值领域的分化,包括艺术、道德、哲理、宗教、事功等。

② 蒙培元:《人·理性·境界——中国哲学研究中的三个问题》,《泉州师范学院学报(社会科学)》2004年第3期。

国维。王国维虽然是在词学研究中提出了境界说,但是,它的意义不限于词学或美学,而是接触到中国哲学的根本性问题。王国维提出的境界论,既是词学的,又是哲学的。

冯友兰先生第一个明确地从哲学上提出了境界说,并将境界问题作为他的哲学体系的核心内容来论述,在其一生的哲学论著中从未放弃。

唐君毅先生的"九境说"是个包罗万象的体系,把中西各种类型的哲学都包括在不同的境界之中,但是这样一来,实体论与境界论的区别就很难显发出来,亦即中国哲学的特色没有显发出来。牟宗三先生主要是实体论者,他的道德形而上学以承认道德实体、心性实体及宇宙实体为前提。但他确实提到"境界形态"的问题,承认境界是一种哲学"型态"。他强调境界是一种主观"心境",具有"主观意义"。这有相当深刻性,突出了心灵问题的重要性,而且将境界与修养联系起来。

事实上,中国哲学所说的境界,确实是一个心灵的问题,具有很强的主观性……境界是心灵存在的问题,不是认识论的问题。认识是有主客对立的,但心灵存在是没有主客对立的,但是包含了真理性的认识。唐君毅先生把中国哲学的境界归之于"天德流行之境",意在说明主客统一,很符合中国哲学的精神。但是,如前所说,他并没有明确指出,境界哲学同西方的实体论哲学具有形态上的不同……中国哲学的境界论,不仅讲主客合一、心物合一,而且讲天人合一,这就不是逻辑分析和认识论的问题,而是存在论的问题。它既不是对客观存在的认识,也不是主观心理的结构,而是心灵的存在状态,或心灵存在的方式。其中既包括认识又包括情感和意志,但更重要的是主体的修养实践。

就具体的个人而言,境界既是看待世界的方式,也是对待世界、对待他人的"态度",这种"态度"不仅由自身的生命存在所决定,而且与世界的存在息息相关……境界是一个过程,虽然有"暂住性",但不是固定不变的,只有"天人合一"境界才是终极的存在状态,但这只是一种目的追求。因为天是生命的最后根源,也是生命的最高价值。"天道流行,物与无妄","心无内外,性无内外",即打通一切主客、内外的界限,与宇宙生命合而为一,这是中国哲学境界论的基本特征。

也就是说,在蒙先生看来,中国近现代的境界论哲学讨论的境界问题"不是单纯的认识问题,而是存在的问题,确切地说,是心灵存在或说存在方式的问题"。他同意牟宗三的看法,认为境界是一个主观性很强的范畴,并且认为中国的境界论哲学与西方的实体论哲学不同,认为"唐君毅先生的'九境说'是个包罗万象的体系,把中西各种类型的哲学都包括在不同的境界之中,但是这样一来,实体论与境界论的区别就很难显发出来,亦即中国哲学的特色没有显发出来"①。主张"主客合一、心物合一,而且讲天人合一,这就不是逻辑分析和认识论的问题,而是存在论的问题",追求"打通一切主客、内外的界限,与宇宙生命合而为一"。如果境界主要是关于人的心灵存在方式的问题,那么,不同境界论者之间的区别意味着心灵存在方式的不同,因此,不同存在方式之间的差异也是自然而然的,如果境界问题不是逻辑分析和认识论的问题,而是存在论的问题,那么我们如何理解境界?不同境界论者间的心灵境界之不同到底如何理解?

对于境界与境界论的考察我们常常会碰到如此质疑:由于境界是与

---

① 蒙培元先生认为唐君毅先生的"心灵九境"理论把西方哲学的各种实体哲学安置在"心灵九境"理论中,从而认为唐君毅哲学没有把中国哲学的境界论特色发挥出来,他这个看法可谓从根本上把唐君毅的心灵境界理论否定了。尽管蒙先生认为唐君毅的"天德流行境"符合中国哲学的真精神,但是如果整体上唐君毅的"心灵九境论"没有突显出中国哲学境界论的真精神,那么,唐氏"心灵九境理论"中一境又如何可能符合和突显中国哲学的真精神?我们认为:唐君毅的心灵九境理论试图囊括中西古今各种哲学思想,我们且不论唐氏做得如何,在唐君毅看来,人类一切哲学都可以理解成特定心灵境界中的产物。同时,唐氏还认为心灵境界的不同是由于人们对心灵自身与其活动方向观察角度的不同而产生,由于"体、相、用"的侧重不同与"客观、主观、超主观"的认知阶段之差异,才展现出心灵境界三向九进的不同境界形态,因此,唐君毅并不认为实体哲学只有西方才有,中国也同样有实体哲学,而中国哲学虽然侧重"用"的方面,但这并不意味着西方哲学没有关于"用"的哲学。

人的修养、个人的心灵深度相关的,对于没有达到相应层次的某某人来说,似乎就没有资格谈论境界,或者他被认为根本无法体贴到境界的高妙之处,因而,对于没有达到相应境界的人来说,对高于人们心灵状态的境界之认知与把握就是不可能的,因而这种人的讨论与发声都是没有意义的,甚至有人会极端地认为境界完全无法从普遍性的认知角度来考察。这样一来,它似乎就给对境界论进行研究的人们人为地制造了一些门槛。但是,如果持这样的看法,那么在对境界论进行研究之前,我们首先就要讨论几个问题:心灵境界或境界,到底能否普遍地被认知和把握?境界是不是少数人的专属产品?这似乎不是一个简单的态度问题,而是对所有的境界论者及其信仰者非常关键的问题:如果心灵境界不能被普遍地把握和认识,那么当任何一个人声称境界如何时就是不可能的,也是无意义的,或者是自相矛盾的,因为任何主张一定境界的人在没有公度的情况下,他声称的境界之内容都可能是假的或无效的,或仅仅是私人的体验。当我们坚持认为心灵境界说只能是少数修行闻道之士的专属产品,那么境界论是如何在他们之间达成共识的,他们又如何可能被认为获得了相应的境界?特定的门槛一旦被认可,境界论就成了少数人的秘密,这样一来,其困难仍然是一样的:当他们讨论境界时,仍然会碰到同样的质疑,你所说的境界能否为我所识和达到?你的境界是不是假的?境界在你我之间如何可能传达?因此,只要坚持心灵境界没有办法把握和普遍认知,或者认为境界只能为少数人把握和认识,那么,无论如何都会在根本上存在逻辑矛盾。因此,对于大部分的境界论者而言,都应该认为心灵境界是可以普遍把握与认知的,而且不能认为只有少数人能把握和认识心灵境界。实际上,我们只有建立在这个前提上,才可能进行下一步的讨论。对于唐君毅而言,他当然会认为心灵境界是可以被把握和认知的,他甚至会认为普遍性的认知是切入心灵境界的主要途径。相对而言,我们认为通过认知,确切地说通过"可教授、可推广、可普遍化"的知识学方式来把握和传达"境界"似乎更合适,唐君毅"心灵九境论"所建构起来的境界论体系事实上就是用知识学的方式来表达境界论的一种尝试。有学者认为与唐君毅一样以境界论著称的冯友兰也是通过可普遍性的知识路径来解析境界的。①

我们认为境界是可以普遍认知的,但是,对于持心灵境界是可以被普遍认识与把握的人来说,其中又有分歧,其中,分歧大致说来有三种可能:第一种认为心灵境界虽然可以认知,但是认知的方法与途径与一般的认知不同;第二种则认为心灵境界的认知可以纳入一般的认知范畴;第三种则不太关心如何认知其心灵境界,也不在乎通过什么方式达到对境界的把握,而只是简单地向往心灵境界这个名相所给出的"某种世界图景",他们对心灵境界持一种类似信仰的态度。对于这三种不同的观点来说,最后一种我们无须讨论,因为它会从根本上取消心灵境界的可把握性与可认知性,从而滑向心灵境界不可认知的立场。另外,这种观点还有扩大与混淆心灵境界范畴的嫌疑,因为对于他们而言,什么都是心灵境界的内容,什么都叫境界,心灵境界本身是无需进行考察的,只要人们相信,境界就存在了,这类人完全不介意、也不在乎他所谓的境界到底是什么,如何达到他所谓的境界,也不知道他所设定的境界诉求真正意味着什么。因此,对于第三种情况,我们不再予以讨论。实际上,我们真正争论的焦点在第一、第二两种观点之间,即对于任何一个认为境界

---

① 徐建勇认为:冯友兰还借助于西方主体、客体二分法来分析境界。他认为觉解是个体自为,是主体创造性的思维活动。主体对于客体的觉解程度不同,因而客体对于主体的意义不同;主体客体相互作用的结果是形成了主体不同的主观精神世界,因而形成不同的境界。冯友兰深刻认识到了中国传统学养观的这一缺陷,因此他所说的人生修养虽然沿用了程朱的功夫和境界,但它们已经在两个方面包括知识或者说需要知识:其一,必须有关于知识的积累,才能达到一定的境界。他说:"上所说的哲学底观念,虽是形式底观念,但人之得之,亦必借助于经验。我们虽不能知,亦不必知,宇宙间所有底事物,都是什么,但我们必须对于有些事物,有些知识,然后可有宇宙的观念人必须先有知识和经验,然后才能觉和敬。可以说,知识不仅是达到境界的必要条件,也是逻辑的先在。在这一点上冯先生通过知识的引入,对于传统的境界不仅进行了形式和内容的区别,而且对于境界的达到进行由低到高的分级,并对每一级进行了概念清晰的定义。因而对于传统的修养论讲得更加清楚。其二,可验证性是现代知识观的一个最重要的特征。只有具有可验证性的知识才能成为科学的知识,才具有普遍的意义。可以说,只有具备普遍性,这种知识才具有教授、推广、普及的价值。(徐建勇:《传统的承续与现代性的培育——冯友兰建构"新理学"的基本思路》,《渤海大学学报(哲学社会科学版)》2013年第4期)

可以被认知与把握的人来说,心灵境界如何认知与把握从来都是众说纷纭,而现在我们的问题是:对于认为心灵境界的把握与认知与一般的认知不同的人来说,他们需要向我们证明这二者之间的不同之处在什么地方;而对于认为心灵境界的认知和把握与一般的认知是一样的人来说,他需要说明的是用通常的认知科学或者人类已有的知识体系,在同样的方法和条件之下,为什么借助这些知识或方法不是把人们导向一定的知识体系或认知科学的成果,而是导向相应的心灵境界理论。也就是说,对于存在争议的两种观点来说,他们都有一些需要解决的问题,第一种是如何分辨心灵境界的认知方法与一般的认知科学方法的不同,第二种是如果从认知科学或其他已有知识体系出发,我们为什么导出的是境界论,而不是学科知识下的认知成果。

(1) 对心灵境界的认知是与一般认知性质不同的认知?

对于坚持把心灵境界的认知区别于一般的人类知识或者通常所谓认知,这种观点过于流行,以至于它仿佛具有无可争议的正确性。但是,这种观点真的无可争议吗?如果说坚持这种观点的人认为对心灵境界的认知是不同于其他认知形式的,那么这种观点的意思就是:一、他知道一般的认知方法与认知对象,同时他还知道境界的认知方法;二、他可以对二者进行比较,并指出其中的不同。否则,他如何可能说对心灵境界的认知与一般意义上的认知有所不同?但是非常遗憾的是:对于持这种观点的人们来说,他们或许太过自信和轻率,因为一旦被要求从以上两个方面说明这一点时,他们的表现或茫然,或震惊,或愤怒,因为他们觉得我们是在刁难他们,或者认为提问者的火候不够,或者修养有问题。我们暂且不讨论这种态度,只要仔细想一下以上两点质疑,问题的答案并不是那么明显。因为如果要回答我们的疑问,它其中包含的意思就是:一者我们要对心灵境界以及其他认知方法有所把握,二者我们还必须对两种把握方法或方式的不同进行比较。这两个方面在我们看来显然不是不言自明的,而是存在相当大的难度的:首先,所谓对其他认知方法或方式的把握是比较抽象的,它到底是对心理学、哲学、数学、管理学等的认知方法之把握,还是对逻辑学、物理学、化学等的认知方法之把握?这其中是不清楚的,对于唐君毅来说,他努力地把他了解的各种学科知识以及方法体系都囊括进其境界论体系中,但最终的结果是:他仍然不可能穷尽一切人类知识与方法途径。因而,当有人说对心灵境界的认知与其他认知方式不同时,他实际上就陷入了一种窘迫的、不完全归纳的境地(而且,这里还假定了有人对我们所谈到的学科知识与方法认知都正确的前提下,但是实际上这很难)。其次,对于心灵境界的认知一直是个未知数,因为一方面唐君毅先生没有给出一种明确的方法与途径,更没有给出一个统一的、被普遍认可的境界论认知对象。再次,建立在前二者的基础之上,一个是不完全归纳,一个是不清楚的认知对象,那么,我们要对它们进行方法论和认知途径的比较,并确切地找到它们之间的不同,这简直是异想天开,对于一个不完全归纳者以及另一个不清楚者进行比较在根本上是不可能的。因此,对于这种盲目自信的观点,我们完全有理由不予进一步讨论。

这种观点的出路还不在于一开始就判定心灵境界的把握与认知如何与一般的认知方法不同,而是应该把心灵境界的认知对象和认知方法提出来,也只有这样,我们才可能说对心灵境界的把握方法具有怎样的性质,以及相较于其他方法途径而言它的不同之处在什么地方。这个问题我们接下来还会继续讨论,暂不赘述。

(2) 相同的认知方法如何导出境界论,而不是知识?

与持第一种观点的人面对的问题有所不同,认为心灵境界的把握与认知可以借助一般认知意义上的学科与方法来展开心灵境界的认知(有如冯友兰早期试图用所谓正的方法,即"逻辑分析方法"来通达境界论的方式),那么他们要回答的问题就是:为什么借助一般的认知科学或人类已有科学知识来展开对心灵境界的认知,却不是产生相应的认知成果或知识体系,而是所谓与人类知识有所不同的"境界论"? 举例来说,唐君毅在"感觉互摄境"中讨论了感觉的问题,假如说我们用心理学的视角与方法来讨论人的感觉,那么无论是心理实验的方法,还是生理解剖的帮助,我们所寻求的就是为人类相应的感觉机制,或感觉的发生机制可能会受到什么制约和影响因素寻找一个比较确切的、可以证实的认知结果,这样一来,我们得到的结论很可能就是:我们研究听觉,最终需要研究清楚的是耳朵的生理构造与听觉功能,听觉的传导机制与中枢神经机制之间的关系,以及声音与人的听觉机制发生关联的影响因素有哪些等。这种思路显然越来越趋向于具体的现象研究,而不是导向唐氏所说的主体之间的"感觉互摄"如何可能发生的问题。因此,如果我们坚持认为境界的把握与认知可以借助或者类似于一定的学科知识体系与方法论,那么相同的认知方法怎么可能会导向性质完全不同的结果?这是个非常令人困惑的问题。

如果坚持认为对心灵境界的认知不论是从方法,还是从结果都是以知识的形成为导向,那么这样就会把心灵境界的认知与把握完全推向认识论与一般认知科学的范围。这样做的话,我们就难以避免把心灵境界的认知推向关于心灵境界的知识及学科之建立。而这样的结果又是许多持境界论倾向的人们所不能认同的。至少,在唐君毅以及中国近现代以来许多境界论研究者与信奉者那里,他们是无法认同这样的结果的,甚至他们苦心孤诣地标举出"境界论",似乎就是为了专门区别境界论与知识论或认识论、认知科学等之间的不同,从而传承和彰显中国传统哲学的真精神。正是因为境界论的不同以及境界的特定导向,所以境界论者才极力主张境界论对知识的统摄与主宰意义,否则境界就只是知识研究的一个特定内容。知识与境界的不同在他们看来是无须分辨的,可就在他们要借助和依赖人类已有的知识成果与认知科学来帮助人们提升心灵境界的时候,我们发现:人类已有的认知成果通过其特定的方法与认知途径并不是直接导向境界或者境界论,而是倾向建立相应的知识体系与认知科学。通常我们认为,人类的心灵境界,并没有随着人类知识的进步而提高,更没有在知识体系日趋完善的情况下使得人们普遍地提高了相应的心灵境界。这是让所有持第二种观点的境界论者困惑的地方,按理来说,人类的认知方法与认知途径越来越精细和丰富的情况下,通往心灵境界的路子应该是更为宽广了,那么相应的人们的心灵境界应该会越来越高才对。可是让人惊讶的是:事实上却并非如此!因此,坚持认为心灵境界的认知与把握的方法与途径同于一般的认知科学的人们,就必须回答这个问题:同样的方法,为何对心灵境界的认知不是导向知识和关于境界的科学,而是性质完全不同的境界论;而对境界的认知为什么不能是知识,为什么不可以形成知识。

(3) 心灵境界研究中对象与方法的困惑

其实,我们从以上两种持心灵境界可以被认知与把握的观点来看,各自的困难是比较明显的:第一种情况是坚持心灵境界的认知不同于一般意义上的认知,事实上光有这样一个判断显然不够,有了这个判断以后,必须要做的事情是把心灵境界的把握方法与认知步骤标示出来,否则,这样的坚持是无法获得认可的。在第二种情况下,坚持心灵境界的把握和认知与一般的认知相同,人们对心灵境界的认知与把握可以借助其他学科的方法或知识成果,这种观点与信仰者们在方法论上不独立的局面就很难避免这样一个质问:同样的方法,为何对心灵境界的研究和认知不是形成关于心灵境界的知识体系?事实上,只要严格按照一定的研究方法去操作,只要考察对象确实存在,那么形成的结果必然是相似或相同的东西,而不可能出现与境界论者所坚持认为的与知识完全不同性质的境界之知。

总之,这两种情况遇到的难题简单来说:一个是由于自身的方法体系不清楚、不明确,或说没有建立起来,因此,不能一贯地坚持心灵境界虽可认知,但是此类认知的性质不同于一般的认知;另一个是由于认可了其他学科的认知方法,却不愿意承认相应的认知成果是属于别人的。如果把这两种情况简单比较一下,它们之间的相同之处远远大于它们之间的不同,它们的共同之处就是认知方法的缺失或不独立,以及研究对象的不清楚。如果在第一种情况下,境界论者建立起了相应的方法体系,那么他要论证和说明心灵境界的认知与其他认知方式的不同就可以进行下去。如果在第二种情况下,境界论者清楚地知道自己的认知对象是什么以及其性质如何,那么使用别人的方法时,即便他不承认会形成关于境界的知识,也至少能给出一些理由来论证和反驳对境界把握的知识性诉求,或者他可以回过头来否定对心灵境界的一般性认知方法及其途径,或者指出境界作为认知对象与一般的认知对象真的有什么不同。但实际上境界论者很难做到这样,大多数情况下他们甚至觉得没有必要这样做,我想,这其中的问题可能不是别的,其原因正是对心灵境界的认知缺少独立的研究方法与明确的研究进路,以及作为认知对象的境界本身的不清晰、不确定性。因此,个人以为,如果我们要真正推进境界论的研究,捷径是没有的,光是否认对心灵境界的把握方法与一般的认知方法不同,以及不承认借来的方法只会形成关于心灵境界的知识,这都是没有用的。也就是说,彻底地研究和建立一门关于境界的学问,确立起独立的境界论研究方法,以及厘清境界论真正的研究领域才是唯一的出路。否则,境界论者就只能在上面两种情况中左右为难,不知所云。因此,对于这二者而言,如果坚持对境界的认知性质不同于一般的认知,那么,他就只有建立起自己的认知方法与标明自己的不同之处;如果坚持认同境界的认知同于一般的认知,而且可以借助或使用其他学科的方法,那么,他就只有放弃境界论的取向,接受对心灵境界把握的知识性诉求。

2. 心灵境界认识和把握的途径

对于心灵境界的认知与把握,作为境界论的信奉者与研究者来说,他们最常碰到的问题就是境界如何进入以及从何处开始的问题。中国近现代以来的思想家们在标明了"境界"这样一种特殊的思想形态时,仿佛一下子把国人许多的忧愁感伤、理想情怀、人生出路等全部予以安顿。我想,没有人会反对中国近现代以来的"境界论"是与中国近代以来国人的宇宙人生、世界图示、理想信念等相关的,但是令人感到困惑的事情是:无论对于什么人,一旦真正问起"何为境界、个体的心灵境界如何认知与把握"时,人们仿佛一下子又全部失语了,没有人能真正回答。

对于近现代中国的思想家来说,他们似乎异口同声地赞同一点:境界论研究、境界之表述,不能用主客二分、主客对待的方式来进行,境界应该主要与个人的"躬行实践"所获得的某种状态或东西有关。有学者说:"中国哲学的境界论则追求内外合一、体用合一、道器合一的超越之境……中国哲学境界论从不注重主客二分,相反,主客交融、天人合一才是追求的旨趣。中国哲学境界论在天人合一、主客交融的思维模式下,既不注重对外部世界之本质的研究,也不注重理性认知功能的发挥,相反,它孜孜以求的是如何成就人生之道,何以进达生活的理想境界,怎样才能成全自我的完善人格。这是一种'亲证'的'生命'历程,依靠那种纯粹客观的、超然物外的逻辑演绎或理性认知的方法是不可能实现的。它需要的是感受、体悟、直觉,是身体力行,心领神会,是把自身的知、情、意,真、善、美全部投入进去才能达成的。"①主张感受、体悟、直觉、身体力行等,否定依靠纯粹客观的、超然物外的逻辑演绎或理性认知的方法,这基本上是境界论哲学家的一致看法。但是如果我们进一步追问:除了认为境界与人生实践以及所得相关、且不能以某种方式进行研究之外,就可能没有更多可说的了,或者说能说的就只剩下"心领神会、拈花微笑"了。这便是境界论者在近代中国思想史上留下的一个巨大难题:一方面他们极力主张各种境界说,另一方面他们又没有明确地建立起关于境界论研究的方法与领域。因此,境界论者总是停留在对个体人生某种信仰的残垣断壁或零星片断的论述之中,或者体现在一些思想家个人信仰般的独自吟唱之中。② 因此,严格来说,没有任何一位近代中国思想家对如何进行境界论研究,以及确立起认知和把握心灵境界应该有怎样的路径做出过明确的规定与真正严肃的考察,也没有认真考察过境界论到底如何可能。对于境界论这个中国本土的思想果实,最终落得如此一个下场和安顿,这实在让人可惜与不解!中国近现代以来,有的人满足于关于境界的一些条目或信念之持有,然后就开始批评或者指导自己或他人的人生实践,仿佛境界可以不用认知,或者是境界不需要进行研究和通过一定的功夫修养就可以随意获得一样。因此,境界论所讨论的对象与研究的方法始终是个没有获得重视与深入探讨的问题。正是因为这样,才出现了关于境界的各种自相矛盾和众说纷纭的观点,才会出现有所谓相对知识而独立的、超越性的境界论。现在看来,如果境界可以作为一般的认知对象而存在,那么它就要经受到认识论的考察,就要接受或可经验,或可论证的形成知识为导向的基本诉求。如果境界不是我们通常所谓的认知对象,那么它就要标明它自身的领域与可以接近的方法与途径,而不是模棱两可,众说纷纭。

3. 心灵境界的界定与描述

对于境界论者来说,境界当然是心灵的境界,或者更具体一点来说,

---

① 胡伟希、田薇:《本体与境界:中西哲学之比较与沟通》,《学海》2001年。
② 唐君毅就认为他的心灵境界说属于个人的信念之表达,他人如无相应的问题及困难,则完全可以不读其书,也可以不接受其境界论的说法。

心灵境界主要是人的心灵境界,心灵境界可以简称境界,心灵境界理论可以称为境界论。

(1) 唐君毅心灵境界说的研究思路

由于境界论本身的对象与方法不清楚、未确立,心灵与境界相连的时候,心灵本身带来的形上意味也自然地传递给了境界论者。现在看来,似乎要进行心灵境界的研究,就必须要把对心灵的研究也连带地包括进来,也就是说,境界是心灵的境界,要研究境界,不对人类心灵本身进行探索与考察,就没有办法进行心灵境界的研究与考察。

这种思路对于唐君毅来说是不言自明的,但是现在的问题在于:如果先对人类心灵本身进行研究,然后再对心灵境界进行考察是什么意思?这就是唐君毅的境界论构型的用意,他对人类的各种认知成果逐一考察,也就是说,通过这样的考察似乎就对人类各种心灵作用的成果以及心灵活动本身进了全面考察与逐个研究,由此似乎就可以通达人类心灵的深处,把握人类心灵的全部面貌。再由此推进,就会发现人类心灵围于一定的知识形态或认知成果的具体证明,因而就可以最终发现人类心灵作用与活动的边界与限度,是为境界。

我们可以看到,唐先生这样的思路与目标是清楚的,他的宏伟蓝图与高远理想由此可以略窥一二,但是这种思路的问题有几个:一、人类心灵的研究如何得到完全的、整体性的把握?二、是否对人类已有认知成果所做的逐个考察就可以最终推定唐先生所说的无限完满、神圣自足的心灵之存在?二者是不是同一个层次上的东西?三、是否对于心灵所做的一些考察而得出的关于人类认知或知识的界限就可以反映和说明心灵境界的高低深浅?对于这三个问题,前两个问题涉及唐先生的个人信念:第一个是唐氏认为心灵本身(无论是相对个体而言的心灵,还是相对形上而言的大心灵)是存在的,是可以进行总体性把握的;第二个是他认为对人类心灵各种活动与认知成果的把握与对完满自足的心灵本身的把握之间是可以沟通的,是可以相互援引和说明的,二者之间没有根本上的障碍和矛盾。基于这两个信念,唐君毅对人类各种知识成果的考察才最终与其对心灵本身完满自足之设定联系起来。对于这样两个看法,牵涉的问题比较复杂,上文也有一些讨论,其中的困难与问题此处不再讨论,我们只需要知道这两个信念是唐君毅境界论与知识论的连接点就行了。

现在我们着重考察第三个问题:如果按唐先生的思路,要考察境界,就要先考察人类心灵,要考察人类心灵,就要考察作为人类心灵具体外化的人类认知成果;人类认知成果的各种界限与对象的限制性使得人类知识有特定的界域,因此,人类心灵在各种认知成果的指引下会呈现程度不同的偏重、甚至偏差,各种偏重与偏差导向心灵本身的侧重与限制,由于心灵的侧重与限制,从而形成各种心灵的障蔽与界限,这便是心灵的界域,或曰境界。也就是说,境界的考察要从心灵开始,心灵的考察要从认知开始,认知的考察则可以集中于人类已有知识体系与学科类型之上。按照唐君毅先生的思路来说,心灵境界的界定与考察从来只是跟随其他考察而来的一个结果,而不是一开始就拥有一个什么对象,需要进行一个明确的界定,甚至他会认为,一旦所有的认知都正确或者原初义上没有偏差,那么心灵就不会受到一定的认知成果的限制,因此,根本上就不会形成什么境界了,于是境界就没有什么可说的了。境界从根本上是一个次生性的东西,没有什么可以研究的特定对象,因而自然也谈不上对心灵境界有确定性的研究方法与讨论路径。

(2)唐氏境界说对独立研究方法缺失与明晰研究对象缺乏之可能回应及其问题

唐君毅对心灵境界的性质及其起源有过比较明确的说法,其主要观点有两个:一、心灵本身是自足完满的,心灵活动有三个方向;二、心灵活动的认知与把握如果不是顺着心灵本有的三个方向前进,或者说侧重于体、相、用三者之间的某一方面的认知就形成了境界,境界是后起的东西,它是对心灵活动本身的限制的另一种说法。

对于这两个观点及其具体内容上文已经有过较多讨论了,唐君毅及其辩护者要回应上文提到的人们对境界论无独立的研究方法或路径、无明确的研究对象之指责时,他就可能会如此辩护:第一,由于心灵本身才是最终要认识的对象,心灵本身的完满自足及其自证才是需要达到的目标,因此,如果不是指向心灵本身,而是要确立起研究特定心灵境界的方法与划出作为流转形式中一个表现形式的境界类型之领域,那么这样实际上是舍本逐末,从而与最终的目的南辕北辙。也就是说,批评者的看法从一开始就是错的,最终也不可能达到相应的目的。第二,心灵境界的形成已然是由于偏差与侧重所致,如果再不回到正确的认知上来,或者不能通过特定心灵境界的超升而认识到心灵本身的无限完满,那么至少应该看到特定心灵境界的主要限制与问题所在,从而让心灵不沉溺于特定境界而自然流转。这也是为什么唐氏在不同的心灵境界类型中标明一定的知识类型之后,他又不满足于此种类型的知识与认知方式,而总是试图指出这种心灵境界的超拔之路及超越方向在什么地方。尽管在唐君毅对特定境界的边界及局限之论述中,有的地方我们可能不认同他的论述方式,但是他的总体思路是清楚的。也就是说,在这样两个观点之下,似乎唐君毅就对境界论方法之缺失与境界研究领域不明的批评及指责进行了有效的回应。

我们看到,唐先生的上述思路对于境界论者以及境界论的信奉者来说,他们似乎已经比较完整地回应了我们对其没有独立方法与明确认知领域的批评,可是我们以为,这样的回应本身有太多值得推敲和商榷的地方:一、心灵本身的完满自足,即唐氏"心之本体说"中对心灵本身的定性与描述,它到底是一个悬设,还是别的什么(比如实存)?唐君毅对此给出的证明中有诸多问题,上文已有详细分析,唐氏的"心之本体说"除了以信仰的形式最终予以确认之外,唐氏其他的论述确实难以让人信服。二、人的心灵到底能否完满自足?什么意义上人的心灵可以完满自足?有限的个体生命如何可能具有类似于"神"一般的完满自足,对此持相反看法的人从来不乏其人,唐氏要如何说明这一点本身不容易,更不用说与其他人达成一致了。三、如果心灵本身完满自足,它又如何可能陷入现实的种种境界之中?唐君毅认为这是由于认知的偏差与个体的沉溺所致,但无论如何,完满自足的心灵陷入特定的境界形态之中,并且是由于认知不足所导致,这其中所表现出来的矛盾就是:这样的一种心灵能称作完满自足的心灵吗?完满自足的心灵怎么可能出现认知上的不足?四、完满自足的心灵与受境界所限的、受特定认知影响的心灵之间有相当大的距离,二者如何可能一致,后者如何向前者复归?五、如果心灵受到限制而处于一定的境界形态之下,这样才与特定的知识与认知科学相联系，也就是说，这些心灵的迹象与认知成果实在是心灵受限而生，生而限制心灵的，那么，所谓的认知成果与人类知识实际上从一开始就不是一个正面的东西，毋宁说是人类的消极性产品，人类知识对人的心灵之影响也是消极的，那么这种消极性的东西如何可能帮助人们达到对心灵本身的完满自足的认知或体认？即便说只要认识到一定的知识类型与学科体系受限于特定的研究对象与研究方法，我们仍然有一个问题：知识类型与学科体系的不足为什么不是在知识领域或认知范围内得到完善与解决，不是推动相关研究方法之完善，以及推进特定研究对象之精细准确而解决？而是相反，要否定知识本身或者认为知识本身是有问题的，从而对科学知识为人类带来的各种福利与正面影响却视而不见。六、我们按照唐氏的思路来说，心灵本身如果源头上对其自身认知正确，那么我们可以从一开始就直达心灵本身，因此，人们完全没有必要等到心灵境界形成之后再来返本溯源，破除心灵境界的种种限制，从而认识到心灵本身的完满自足。这样一来就有三个方面的后果：第一，现实世界的学科知识与认知成果在唐氏看来实在是退而求其次的结果，如果人的天资够高，或者说有人可以直接把握到心灵本身，那么对他来说，根本就不需要有现实当中的各种认知活动加以辅助；第二，这样的说法意味着心灵可以有一种完全不与现世经验发生关联的状况，可是，人们如何知道这样的心灵状态中的认知是怎样发生的？它是借助什么来进行的？旁人如何可能认识它？第三，如果大多数人都处在现实世界中，且形成了一定的心灵境界，认知的失误就必然会发生，那么处在特定心灵境界中的人怎样来达到一种他完全没有可能体验到的心灵状态，并且确认他超越了所有的心灵境界形态之后，他达到的那样一种状态与境界形成之前的心灵是相同的？简单来说，如果心灵境界形成之前的认知更为本源、更为重要，那么如何处理绝大多数情况下在一定的心灵境界中所形成的认知？

　　唐君毅对心灵境界论无独立的方法与研究领域的回应及其回应中包含的问题表现出来的是唐氏整个对认知和知识看法的矛盾：一方面，他坚持认为认知不光是对境界未形成之前的对心灵本身的认知，还有对境界形成之后对心灵的认知，认知始终是存在的，他也认为是由于认知

第四章 知识在心灵九境论中的定位及作用 | 271

问题导致了各种知识上的错误与人世的问题；另一方面他又坚持认知有一个导向，即心灵本身的完满自足，也就是说，对于所有的认知成果而言，只有能够帮助人们认识到心灵本身的完满自足的认知成果才是真正的认知和知识。唐氏认为只有能够帮助人们认识到心灵本身的完满自足的认知成果才是有意义的，因而他才会把知识分成三六九等。在唐氏看来，知识的意义在于心灵境界的提升，而至于认知与知识本身到底能否帮助人们提升其心灵境界，能否使人们认识到心灵本身的完满自足在唐君毅那里是理所当然的事情。于是，这才出现了一切以心灵本身的完满自足为导向的认知方向，而至于认知的方法和途径实在是微不足道的。但是，当我们把唐氏的这一做法顺其思路推导下去时，必然导出的结果就是：一切认知和知识都是心灵本身的注脚，知识对于心灵的意义只在于让心灵本身自觉到其自身的完满自足。因此，对于心灵境界的界定及其描述实在是不值一提的小事，甚至所有的人类知识，在它不能帮助人们认知到心灵本身的完满自足时就可以弃之如草芥。

尽管我们理解唐氏的总体想法，但是，毕竟他的心灵境界理论主要是谈论特定的心灵境界中发生的事情，也就是说，这是在心灵受到一定的认知影响以后才有的事情，所以他的心灵境界论又不得不集中到对认知或知识对心灵境界的影响进行讨论。换句话说，正是由于认知的偏差与侧重形成了心灵境界之限，所以只有从认知与知识的角度来观察心灵活动的来龙去脉、进出路径，我们才有可能超越一定的境界形态，从而回到唐氏所设定的心灵本身的完满自足。一定的境界形态势必与一定的认知失误相联系，这样的看法是指无论人类哪种认知方式与知识成果都有其相应的限制性与特定对象，因此，认识到这样一种认知方式本身的问题所在，就可以突破一定的认知形态之限制，从而打破特定的境界形态，最终回到心灵本身的完满自足之认知上来。简单说，唐氏的心灵境界说就是一种从认知角度来突破特定境界与促成心灵自省与自我复归的过程。于是，认知或知识成果就成了十分关键的内容，各类知识的讨论及分判才成了他心灵境界论中的重要内容。

二、知识对心灵境界的影响

既然对唐君毅来说,认知或知识对于心灵境界来说具有如此重要的地位与作用,那么唐君毅对于知识有什么样的看法?他对知识的理解是否能与其对心灵本身的设定合理地关联起来?唐氏所谓的知识与广义的认知、知识论上所谓的知识以及通常所说的科学知识有什么不同?它们对于心灵本身的认知与境界的提升有没有帮助?

(一) 唐君毅对知识的界定

从上文对唐氏心灵境界理论中的知识概念之梳理中我们发现,唐君毅在心灵境界论中对知识并没有进行确切的定义,他所讨论的知识主要指两个方面的意思:一方面是指人类已有的各类学科知识,另一方面是指人类的各种认知活动与认知过程。确切地说,他对两个方面的内容的处理是这样的:对于人类已有的知识门类,这是唐氏讨论相关境界时的例证与切入点,对于人类的各种认知活动与认知过程的分析或许更为主要,甚至他把人类已有的知识门类也还原到人的认知过程与认知活动中去。因此,这样看来,唐君毅的心灵境界论中的认知或说认识就是一根贯穿整体的主线。也就是说,所谓心灵境界的高下与升进纯然是由于知识或认知水平的不同而导致。

唐君毅对知识没有界定,而是直接把知识当成一个常识性的东西予以接受,认定知识就是人类的各种知识门类,这样的态度与做法使得我们根本没有办法进一步分析其知识之界定。人类知识的纷繁复杂使得我们不可能就人类所有的知识部门逐一考察,因此,唐君毅对知识的看法实际上是通过一种似乎是共识性的东西取代了严格的界定。也就是说,他把人类知识的具体内容与存在形态这样一个包含甚广的东西不加以普遍性的界定就进行讨论,从而,当他讨论到知识的时候就只能落实到一些具体学科知识的讨论中去,而当他讨论到具体的学科知识时,由于个人专业知识本身的限制以及讨论知识的目的所限,他又把具体知识的讨论还原到人类认知过程与认知活动的特点中去。因此,知识在这里就完成了一个由名词到动词的转换,知识就变成了认知或说认识,本来确定的学科知识与认知形态由于认知过程与认知活动的动态化,就使得知识相应地变成了一个流动的、不确定的概念或内容。这是唐君毅心灵境界论中知识论的重要特点与基本观点。因而,唐氏认为知识论可以有各种不同的形态,知识并不具有特别的确定性,这似乎就成了一个顺理成章的结论。

(二) 知识与认识的区别

唐君毅把知识与认识进行联结,其思路大致是这样:知识——人类已有知识门类——人类已有知识门类的认识——认识。这其中的转换与连接似乎十分清楚,但是其转换过程及其中存在的问题也十分清楚:第一,由于没有对何谓知识进行普遍性的界定与说明,因此,当他讨论何谓知识时就没有一个坚实的出发点,所以在讨论知识时就只能把眼光落到具体的人类已有的知识成果上去。这几乎是唐君毅没有其他办法时的一种选择。第二,知识论中所谓知识当然与人类已有的知识类型与学科体系有关,但是二者之间有相当大的距离,知识论有其特定的研究对象与思考范围,它并不是以人类特定的学科为对象,也一定程度上与相关学科保持了相当的距离。因此,在唐君毅从"知识"到"人类已有知识门类"的讨论之转换过程中实际上是讨论对象发生了转移,可以说他一定程度上偏离了知识论的讨论,尤其是当他把知识与知之指向、心灵的体、相、用三维以及心灵纵向、横向、顺向三个方向联系起来讨论时,知识论问题俨然变成了本体论问题。第三,对人类已有知识门类的讨论本身就是件工作量极大的事情,如何可能遍考人类一切知识而后已,这本身就是个难以完成的事情。对于人类各种知识进行考察如果仅仅是浅尝辄止,从而试图得出一些结论,这也难逃肤浅的质疑。第四,对人类已有知识的考察与认识,即还原人类认知过程与考察人类认知特点,这是个动态的过程,也可以通过认知科学的相关知识来予以确认与把握,纯粹从认知的角度来看,唐君毅在心灵境界理论中所做的还原性考察始终不是认知科学意义上的做法,唐氏仅仅从他认为的"此类认知应该如何"的角度来讨论问题。第五,从知识到认识的转换过程中,知识一开始就是指具体的学科知识,此时的知识是一个静态的、可证实或证明的、相对确定的内容,当最后还原到认知过程与认知特点时,它就变成了一个动态的、非证实性的、难以把握的东西,这其间的转换实在是被把握对象本身及其性质的重大转变,这显然难以成立。

唐君毅认为知识与认识是一回事,或者说知识与认知或认识是有极大关联的,我们不否认知识是人类认知的结果,但是,认识与知识之间的区分应该也是比较明显的:一、如果按照知识论上对知识的经典定义"知识就是证实了的真的信念"来看知识,那么知识显然是已经确定了的人类认识成果;二、认识的含义则相对广泛些,认识可以是知识,也可以不是,认识可以是动态的,也可以是静态的,知识多指静态的,已完成或确证过的东西。总之,没有人会把知识与认识截然分开,但是直接把知识与认识等同起来应该也是有问题的。

如果唐君毅不对知识进行界定只是为了泛泛地谈论人类认识倒也显得一贯,这为他心灵境界的认知问题撕开了一道自由进出的口子,但是,当他把所有认知都与一种认知联系起来时,问题就出现了:人类认知最终是心灵活动的结果,所有的认知都是为了认识到心灵本身的完满自足,并自觉到这一点。可是,当人类认知出现了不指向心灵本身的自足完满,或者仅仅是为认识某种对象,有的认知甚至与心灵本身自足完满相反的方向时,这类认知或知识还是不是认知,抑或是别的什么?比如说心理学上对犯罪心理及变态者的研究,这类认识如何处理?也就是说,知识,或者广义的认知、认识,它并不必然指向心灵本身的自足完满时,这样一类认识我们如何处理?这样的知识与心灵境界的提升有什么关系?

三、知识能否促进心灵境界的升进

我们在上文的分析中发现唐氏把知识与认识等同起来有问题,这样做也是他讨论知识时没有其他更好办法的结果,我们如果姑且承认他对知识所做的广义性理解,知识即认识,那么,他对认识所做的理解与诠释能否与心灵境界的把握与认知发生实质性的关联?也就是说,如果认识就是唐君毅所说的知识,那么认识对于唐君毅的境界论有什么意义,它对心灵境界的把握与改变有什么实质性的影响?

或许我们只能暂时承认唐氏对知识所做的认识之理解,因为只有这样,我们才能知道他说的知识对心灵境界有什么影响。否则,如果从一开始就不承认他对知识的说法,那么要讨论唐君毅所说的知识对心灵境界的影响是什么,这实际上就是不可能理解的问题,也无法进行下去。因此,当我们讨论唐君毅所谓的知识对其心灵境界有何影响时,实际上是在广义地理解认识对于心灵境界的改变有什么影响的问题。

由于认识是一个相当广义的概念,它既可以指认识的结果,又可以指认识的动作或过程,而且,认识论问题本身就是哲学史上重要的问题,认识的发生需要怎样的主客观条件,认识的内在机制及认识方法如何,诸如此类的问题牵涉甚广,唐君毅面对认识这个问题时并不是不清楚近代以来所谓认识论中涉及的问题,而是清楚诸如主客二元架构等的认识论、知识论问题,甚至他要做的工作中很重要的一部分就是试图找到一种超越主客二元对立的思维模式,因此,他才有所谓客观境界、主观境界与超主客观境界之分。此处我们需要知道的是:没有理由与迹象表明唐君毅对认识论没有研究,在涉及认识的问题时他是有自己的看法与论证的,他甚至有专门的知识论著述,但是就像对待知识一样,他同样不对认识进行界定,也没有专门考察境界认知产生的各种主客观条件,以及认识如何发生等问题,而是直接肯定人类有各种认识能力,诸如理性、感性、知性能力等,在他那里,概而言之,认识包含广义的人类把握自身和认识世界的过程、能力及相应的结果等内容。无论如何,唐君毅所谓的认识不仅不是认识论意义上的认识,甚至我们会发现:他所说的认识与认识论意义上的认识相差甚远。

在唐君毅这里,认识是一个含义甚广的词汇不假,他所谓的知识实际上就是认识结果中的一部分,但是唐氏所谓的认识却不仅仅是知识形态的认识。简单来说,唐君毅认为认识可以分为两种:一种是特定心灵境界形成以后的知识或说认识,一种是未形成特定心灵境界之前的认识,前者可以称为知识,后者则只能泛称为认识或智慧了。也就是说,认识在唐君毅这里有两种不同情况,一种是对没有受到特定境界形态干扰的纯粹自足的心灵本身之认识,这是对本原状的心灵之认识,对这类心灵状态的认识可以称作"前知识"的认识,因为在此时心灵本身还没有与特定的知识或认识形态打交道;另一种则是形成了特定心灵境界时的认识,比如"万物散殊境"中所谈到的历史知识、地理知识。总之,这两种不一样的认识在唐君毅那里是并存的。

(一) 所谓"前知识"的认识

所谓"前知识"的认识,就是指在没有形成特定心灵境界时对心灵本身的把握与认知。在唐君毅看来,"前知识"的认识一直都是存在的,它是心灵境界形成之前的认识,这种认识与心灵境界形成之后的认识之关系是:如果一开始对心灵本身的把握与认识就是正确的,那么根本就不会形成心灵境界,也无所谓对特定心灵境界之认识,以及相对于特定心灵境界才呈现的知识形态。也就是说,如果"前知识"的认识正确,那么心灵境界中的认识可以不用发生。在唐君毅看来,正是由于人们在原初的认识上出了问题,所以我们才需要在一定的心灵境界中进行认识,才需要通过心灵境界的认识与把握回到心灵本身的认识上来。

所谓"前知识"的认知主要有两个方面的内容:一、心灵本身的直接把握与确认;二、心灵活动方向的辨认。

1. 心灵本身的直接把握与确认

"前知识"的认识主要有两个方面的内容:一个是对心灵的直接把握与确认,另一个是对心灵活动及其活动方向的认识。

所谓对心灵本身的直接把握与确定,在唐君毅这里是特指的,他所说的对心灵的直接把握与确认,与一般所谓通过来自感官的有如视觉、听觉的感知确认不一样,对心灵本身的直接把握与确认主要有以下几个方面:第一,心灵对自身存在的直接感知与认定;第二,对心灵本身自足完满的体察与认可;第三,对心灵超越特定境况而与一般的经验性内容相区别的确认;第四,对于心灵存在与自身无限完满的信仰与自觉。概言之,唐君毅经常谈到的对心灵本身的认识,主要就是指这四个方面的内容。在他那里,心灵是一个纯粹无对的存在,它被赋予了太多赞叹与溢美之词,无论如何,对心灵本身无限完满的认识与自觉,以及对其建立充分的信任与信仰,这是唐君毅整个思想脉络中最为核心的一条。他所谓的认识,根本上就是对心灵本身的认识以及根据此类认识建立起对心灵本身的充足信心与完全的信仰。对这个认识对象及其具体内容,我们在对唐君毅的心之本体说进行评述时已经有过相关讨论,此处不赘述,对于我们来说,这个对象本身的存在与其性质以及其证明在唐君毅先生的表述和论证中存在相当大的困难,而且,这并不会因为唐君毅对心之本体或对心灵本身的信仰之说就可以令他规避掉这些问题。

2. 心灵活动及其方向的认识

对于唐氏而言,心灵本身的存在及其完满无限之特性是毋庸置疑的,认识到心灵本身的存在及其完满无限的特性是终极目标。同时,在唐君毅这里存在另一个十分相关的问题:如果心灵本身是纯然无对的完满本体,那么他是静态的还是动态的?按一般观念来说,至高无上的东西应该是静止的,或说不动的,比如说第一推动力,因为只有这样的存在才是一切动的东西的源泉与原动力。可是,在唐君毅的心之本体说以及其心灵境界说中,心灵显然不是一个纯然静态的东西,他似乎更有意让心灵本身活动或流转起来,甚至当他把此说推向极致时,他只承认心灵本身的流动不息。

我们说动也好,静也好,动静之范畴对心灵本身的规定在唐氏看来并不能形成对心灵本身的完整认识,他有时候又坚持另外两种看法:心灵无所谓动或静;心灵又是动的,又是静的。因此,这样一来,对心灵本身的规定和描述就呈现出四种不同的看法,即心灵是动的,心灵是静的,心灵无动无静,心灵又动又静。我们完全不用惊讶这四种对心灵本身的不同描述和意见之差别,但是,当这四种观点同时出现在唐君毅的思想体系中时,唐氏如何把它统一起来就成了个难题。如果我们对唐君毅的心灵说存在质疑,那么这些问题实在可以不予讨论,我们只需要明白一点就可以了:对心灵本身的规定与描述在唐君毅这里实在有太多未说清的东西,无论他如何谈论心灵之动静,只要涉及心灵本身就变成了相当困难的问题。

在唐君毅对心灵本身的四种看法中,他当然会认为这四种看法都是对心灵本身的认识,或者说是对心灵不同侧面和不同程度的认识。至于这四种认识何者正确,为什么正确则完全不在考虑之中。

在唐君毅看来,心灵本身是流动的,这种观点在唐氏的表述中所见甚多,心灵之活动表现为"体、相、用"三位一体中所谓"用"的层面。如果从动的角度来谈论心灵,唐君毅认为心灵不光是流动的,而且有三个方向,即所谓纵向、横向、顺向三个方向,在"前知识"的认知中,对心灵活动三个方向的直觉性把握就是两个重要内容的其中之一。这是继心灵本身之确立与确信之后发生的事情,当心灵对其活动的三个方向有了自觉与把握之后,那么随之而来的就是对心灵本身有所谓体、相、用三维结构的自觉,而这就进入了心灵境界的认知范围。

3. "前知识"的认识方法与途径

对于"前知识"的认识是如何发生的以及怎么可能的,一直受到不断的质疑,但无论如何,在唐君毅看来,它几乎是确定无疑的,而且是不需要加以讨论的,那么,在唐君毅看来这些认识是怎么发生的?我们通过什么途径来达到这样的认识?

无论是对于心灵本身存在与性质的把握,还是对心灵活动的自觉,唐君毅都认为是不言而喻的,而其中对这些内容的认识与把握就是依靠人的直觉或说直观。

直觉与直观的说法在唐君毅的思想中作为一种方法体现在方方面面,不论是在他的"超越的反省法"这样一种明确被提出来的方法论中,还是在他解释其他哲学方法的过程中,甚至在他的核心观念的提出与确认中,直觉或直观总是形影不离、若隐若现地跟随唐君毅的论述。比如说,心灵本身的存在及其活动,我们在上文的分析中发现,到了不能再予以分析与追问的时候,我们被告知对对象的把握与认识只能放下分析的方法,直接诉诸直觉和直观。所谓直觉或直观,似乎就是在想象中或者在其他情况下对一种似有若无的东西的直接感知和确认。唐氏套用笛卡尔"我思故我在"的说法,从心灵中发生的最基本的事实出发,比如说我思、我感,从而推定出一个我在,这个我就是心灵,就是本体。而对于此类活动的认可与反思是为直觉的或直观的,或者按唐氏的看法叫做"我直觉故我在"。

"直觉说"在中国近现代的思想家中论述有不少,直觉与直观本身是很不一样的[①],直觉可能偏向官觉和动态的一面,而直观则可能偏向静态和内省的一面,在唐氏这里,这两者的差别可能没那么大,两种意义他

---

① 对于中国现代直觉论的研究,具体参见《现代中国直觉论研究》。(胡军:《中国现代直觉论研究》,北京:北京大学出版社,2014年)

都在使用,比如对心灵本身的存在及其性质以及心灵活动的方向等认识,他会偏向直观的说法,而对于心灵活动则倾向使用直觉一义。

直觉或说直观,作为一种哲学方法与思想方式,唐君毅虽然在用,他也在其《哲学概论》中讨论过直觉与知识、哲学的关系,但是他并没有把直觉或直观这种方法当作一种核心的方法论进行细致的讨论和分梳,因此,当他在使用直觉或直观的方法时,更多的像是一种想象性的描述,一种唤起形象而后已的表达与致思方式,他对这种方法本身的长处与适用范围没有反思与规定。也就是说,当他在非常关键的地方使用了这样一种事关成败的直觉或直观方法时,他却没有对方法本身及其内容进行细致的分梳与研究,那么当他一旦使用这样一种方法时,由这种方法带来的认知结果与其把握到的对象是什么就常常令人生疑。因此,从方法与认识对象的联结这个角度来看,所谓"前知识"的认识在唐君毅这里遇到的困难是相当大的,这样一种在唐氏那里理想的认知方式由于其方法本身以及适用对象的不清楚,再加上适用的对象把握的难度之大,这就使得这样一种认识变得难以置信了。有如康德提出的批评,如果我们人类没有办法在认知意义上对本体有经验性的直观或直觉,那么事实上我们根本就没有办法对其形成正确的认识,而对于"智的直觉"之类的东西不属于人类所有,因而我们不可能有上帝一般的全知以及拥有上帝一般的心灵,从而对一些不能形成直观的领域根本不能形成正确认识。唐氏对诸如此类的批评实在没有成功地回应过,他所坚持的心灵本身的纯粹无对、无限完满等等特性无论如何难以避免遭到自康德哲学以来从认识论角度对"心之本体说"的致命性批评。

(二) 特定境界中的知识

所谓特定境界中的知识,在唐君毅这里就是指在特定境界形成以后认识的具体内容与发生过程。其中,这类认识包括三个方面的内容:第一,对体、相、用三维之设定的先行认知;第二,对特定境界的分辨与判定;第三,对特定心灵境界下的知识形态的认识。这三类认识汇成了唐君毅所谓的心灵境界形成以后的知识之内容。实际上我们可以发现:这三种情况各不相同,首先,对体、相、用三维的认识是唐君毅哲学架构的自我描述与认定,它要成为一般意义上的认识对象尚需进一步说明;其次,对于特定境界的分辨与判定则是一件更难入手的事情,尽管唐君毅提出了两种判定标准(体、相、用三分与客观、主观、超主客观三分结合的标准),但是如上文所说,这类标准本身的分际以及作为标准应有的清晰性与明确性尚待阐发;最后,至于特定境界中的知识之把握则不是对特定学科本身的直接认知,而是通过它们作为例子来分析反省它们与特定的心灵状态的关联,以及证明心灵本身的完满自足。因此,特定心灵境界中的知识呈现出来的问题又是另一种类型的、完全不同于境界形成之前的认识。但是有一点必须清楚:唐君毅所谓特定境界中的知识仍然是他广义上所谓的认识,而不仅仅指人类已有的知识成果与学科体系。

1. 对体、相、用三维的认识

在对心灵本身的直接把握与认识中,可能还没有提到心灵"体、相、用"三维的认识问题,只有到特定的心灵境界形成之后,我们才有所谓的体、相、用三维的认识这样一个认知对象。对唐氏体、相、用三维的整体架构之认识又不同于他在特定的心灵境界中属于或体,或相,或用的认识,也就是说,对心灵"体、相、用"三维的认识是境界形成之后才有的认识。但是整体的认识与特定的体、相、用的认识不同,特定的体、相、用之认识实际上就是对一定的心灵境界之认识与辨认,而对体、相、用三维的整体性认识则是先行的,它超越于特定体、相、用之认识。因此,特定的心灵境界中的认识问题首先就是对体、相、用三维的整体性把握与确认。

唐君毅对心灵的体、相、用三维之总体设定与基本架构,这是唐氏心灵境界理论的基本设想与逻辑前提,这样一种设定唐氏在《生命存在与心灵境界》一书开头有过一定的论述,上文也有一定的分析和解释,此处需要指出的是:这样一种设想与前提设定在根本上是难以再进行分解的,因为它已经是唐君毅"心灵九境论"的原初起点了。因此,体、相、用三维一体的整体架设作为一个认识对象,无论唐君毅是通过什么方式获得的,他都没有其他更基础的设定了,这个设定也没有相关学科的理论支撑,我们也不能对其有更多的说法了。

如果结合心灵本身以及心灵活动三个方向的认识,那么似乎当心灵活动对其自身的认识与把握出现了问题才导致了特定心灵境界的出现,这样一来,我们对唐氏认识中"前知识"的认识与特定境界中的认识就在

"体、相、用"三分这样一个连接点上把二者联系起来,"体、相、用"三分当然是特定心灵境界出现以后才有的事情,而心灵存在及其活动却是贯穿始终的,对心灵活动及心灵本身的认识不恰当才形成了特定的心灵境界。也就是说,由于对心灵本身及其活动的直接把握与认识出现了问题,我们才有了"体、相、用"三分的说法,而"体、相、用"三分又是心灵境界说的前提,由此,我们可以充分看出,唐君毅所说的心灵境界实在不是究竟的、终极的目标,心灵境界的产生与出现与生俱来就是带着偏见与错误而来的。因此,对于体、相、用三分的认识也不例外,虽然它是心灵境界说的前设,但是它的问题仍然是比较明显的。如果按唐君毅这样的思路进行理解,那么实际上心灵境界说真正的前提与设定仍然在心灵本身的存在与性质的判定上,这样的基调就为所有的心灵境界之认识打下了一个不确定、非究竟之说的伏笔。因此,如果我们对唐君毅的心灵境界说一上来就直指他最后的或最高的境界,或者从一开始就抱定其心灵境界理论可以帮助人们提高心灵境界而后已,那么,我们可能会失望:因为一方面唐君毅根本就是要取消一切境界,从而达到无特定境界限定的心灵状态,或者说回到心灵本身;另一方面他在特定的心灵境界中讨论到的任何东西,都带有流转性的特点,以及不确定与不认定的态度,几乎所有境界,他都不会从原则上最终予以肯定,毋宁说取消所有境界与前设才是他的意图所在。

体、相、用三维的设定与整体架构当然是我们在唐君毅心灵境界理论中看到的似乎较为基本的设定,但这只是表象,因此,唐氏所谓体、相、用三维一体的整体性认识就只是从"前知识"的认识到特定心灵境界的认识之过渡,它附属于"前知识"的认识,也指向"前知识"的认识,就像心灵境界论整体的指向一样。因此,对体、相、用三维的认识就仍然是与唐君毅的信念体系联系在一起的一种境界论的前设,它是一种什么样的认识并不重要,它是唐氏的信念却是肯定的,但这类信念与普遍意义上的认识或知识有着相当大的距离是无疑的。

2. 对特定境界的辨认

体、相、用三维的架构貌似是唐君毅心灵境界理论的前设与逻辑起点,但是,实际上它仍然是次生的,不过,相对于特定的心灵境界而言,它的确又是前提与起点。

对于唐君毅而言,特定心灵境界中的认识,第二个方面的内容就是指对特定的心灵境界的辨认,即对一定的心灵境界的判别以及这种境界分属于体、相、用三维中的哪一维,以及客观、主观、超主客观中的哪一类。

对于特定心灵境界的分辨和认知,这个问题上文提到两点:第一,判分的标准与尺度是体、相、用三分以及客观、主观、超主客观的三分;第二,判分标准不清楚所导致的问题就是在对一定的境界进行分类时就只能依照唐君毅的特定说法来进行,它带有极大的随意性与个人特点。但是,无论如何,理解其分判心灵境界的类型与层级的思路与标准就是对心灵境界形成之后的认识的重要内容。在唐君毅这里,划定境界的类型与区分境界层级的标准显然是首先需要厘清的,因为从这里就可以看出唐氏的境界区分及其认识是否成立。

(1) 体、相、用三分与个体、种类与关系

如果把体、相、用三维结合唐君毅哲学的整体框架及其相关论述来说,所谓境界判分,简单来说,即人们受制于三种不同的思维模式或研究的三种可能对象:第一种是个体式的,第二种是类型式的,第三种是关系式的。也就是说,在唐氏看来,一般人们看待世界的方式无非是以这样三种可能的形式存在:第一种情况,我们把外在事物与个体本身看作是孤立的,独立存在的,这种方式是关于"体"的;第二种情况,我们把外在事物与自身归入不同的类型之中,存在者只有种类,这种方式是关于"相"的认知方式;第三种情况,我们把外在事物及个体本身当成一个相互联系的整体,从而处在一定的关联之中,因而没有个体,没有类,只有关系存在,这种情况是关于"用"的。换句话说,唐君毅认为所有哲学思考方式无非是这三种情况之中的某一种,人们要么偏重论个体,要么偏重论类型,要么偏重论关系。三者之中,唐君毅认为关系是根本性的、最重要的,因为在唐氏看来,关系之中可以既包括个体,又包括种类,所以关系层级最高;其次为类型,再次为个体,这便是唐君毅"体、相、用"三维依次上升的排序之内在根据。同时,他又认为一般而言,人们对个体、类型、关系的认识之顺序却是反过来的。也就是说,人们往往从关注个体

开始，然后是种类，然后才是关系，因此，他才把关于"体"的境界之论述作为起点，而后是关于"相"的境界，最后止于"用"的境界。唐氏虽然不反对人们从个体或类型开始入手观察和思考世界，也承认各种不一样的情况存在，但是他认为境界的层级与区分的标准应该可以从个体、类型与关系的角度来进行把握：第一，划定心灵境界的类型就是从个体、类型与关系三个不同的视角来进行区分的结果；第二，境界的高下依次从关注个体、关注类型、关注关系而逐渐上升；第三，心灵境界虽然有层级与类别之差，但是对心灵境界的认识以及心灵境界的提升则应该按照个体、类型、关系的顺序正常进行。

在唐君毅的境界论中，个体、类型与关系往往还以另外不同的指称出现，比如个体层面的还有所谓本体、物体、主体等，类型层面的有形相、性质、相状、纯相等，关系层面的有因果关系、目的与手段、阴阳乾坤、道德实践、流行功用等。总之，与个体相关的统称"体"，与类型相关的统称"相"，与关系相关的统称"用"。划分境界类型的标准与境界层级的依据总体上称作"体、相、用"，具体的则由个体、种类、关系来进行区分。但凡关于个体的研究与思考方式则归入关于"体"的境界，但凡关于种类的研究与思考方式则归入"相"的境界，但凡关于关系的研究与思考方式则归入"用"的境界。在唐氏看来，比如说，"万物散殊境、感觉互摄境"是关于个体的研究与运思方式，"依类成化境、观照凌虚境"是关于类型的研究与思考方式，"功能序运境"是关于关系的研究与思考方式，从前至后依"体、相、用"层级而依次上升。

唐氏这样的看法源自他的两个判断：一、世间事物与看待世界的方式只有三种可能，即或个体的，或种类的，或关系的；二、关系优于种类、种类优于个体。

对于第一个观点，从分类的角度来说，关系与种类以及个体当然不一样，但是，当我们说个体之为个体，种类之为种类时，凭借的区分标准又是什么？关系之所以存在，如果它与个体或种类相分离的话，如何可能被发现？也就是说，当我们在区分三者的时候，逻辑上应该就预设了这三者的同时存在与相互关联。当我们说个体的时候，个体之成立是什么意思？离开一定的关系与类型，我们根本就没有办法指认个体，比如说，一个杯子，当我们离开杯子这种类型和观念，以及不比照其他诸如桌子之类的东西，如何区分和指出它是一个杯子？其他情况也类似，所谓的个体、类型与关系是相互关联的，对于这一点，唐氏是清楚的，但是，当他试图以个体、类型、关系来区分开某种哲学形态与认识成果的时候，他就肯定忽略了一点：这些思想形态与认识成果怎么可能离开三者的相互关联来谈论一个侧重的体、相、用呢？也就是说，唐君毅所区分出来的关于个体、类型、关系的不同心灵境界可能并非如唐氏所说的只侧重于体、相、用的某一方面，而是必须相互关联的。那么，之所以出现了唐君毅所谓的侧重点与特定境界形态，原因在于他可能认为个体、类型与关系是可以相分离的。这样的认识显然是有问题的。

如果说个体、类型与关系的认识与把握是难以分开的，那么唐氏把认识入手的角度不同指认为有高下之分，这应该说不通。所以对于第二个判断，即认为关系优于类型，类型优于个体的说法，完全不能够从认知的角度来进行区分，因为这只是认识的不同角度而已，根本谈不上优劣之分。那么，唐君毅所谓的关系优于类型、个体二者，以及关系包含个体与类型的认识到底想说什么呢？个人以为，唐氏这样的想法可能有两个方面的考虑：第一，在他看来，关系，有如因果关系，所谓因果关系必然是指事物之间发生的联系，事物之间的联系必然是相对于不同的个体的，或不同的种类而言的，因此，它似乎已然包含个体与种类的要素在内。反过来，比如个体，当我们描述个体时，可以描述其色彩与形象等性质，它可能会与种类相关，但不一定包含关系的要素；再比如种类，当我们认识种类时，种类一旦划分出来，大类当中必须暗含存在或不存在符合类型的个体，即个体要素似乎已然包括在类型之中了。因此，在他看来，关系是蕴含最广的，最普适的，因此，他可能认为关系最高。第二，在他整体的心灵境界层级中，关系作为整体性的存在，它是高于个体与种类的，这其中暗含的价值意味在于整体的存在优于局部，局部的存在优于个体。这其实是一种价值设定的表现，而至于这个设定是否合理以及如何说服人们则是另外的问题。

相应于这两个方面的考虑，我们的问题是：第一，关系是否必然包含个体与种类于其中？如果是这样，那么关系与种类及个体如何区别？关系是一个比较随意的说法，在唐君毅的关系说中，我们看到的主要指因果关系、目的手段关系、道德实践活动、流转功用等，那么，除此之外的关系如何处理？唐氏所谓的关系有时候不是我们通常意义上所理解的那么一种意思，比如说数学中的运算关系、几何学中的定理关系、逻辑学上的蕴含关系等，诸如此类的关系又不是唐君毅所说的关系，更有些令人困惑的是：唐君毅把诸如运算关系、蕴含关系等数学、逻辑学上的"关系"范畴却划归到了关于"观相"活动形成"类"境界之中，而不是关于"观用"形成的"关系"境界之中。所以唐君毅的"关系说"是一个指代多义的说法，意思并不统一。第二，关系作为整体性的存在，它优于种类，种类优于个体，这种想法并不能从纯粹认识的角度推论出来，因为上文已提到关系、种类、个体的认识是相互联系而又相互区别的。当然，如果把它作为一种价值设定则比较容易理解，我们可以认为这是唐君毅个人的价值取向，即"整体优于部分，部分优于个体"。这种价值取向在当时的中国及其思想家心中存在十分正常，它其中蕴含的家国天下情怀与国家生死存亡的处境是不言自明的，此处我们暂时不置评其价值立场本身，我们只需要指出一点：个人内在的价值设定能否代替普遍性的认知过程？认识的发生能否与价值立场混淆起来？为什么不可以"个体优于类型、类型优于关系"？

总之，如果说唐君毅的两个判断都存在相应的问题，那么，个体、种类与关系作为区分境界形态与相应层级的标准就难以成立，进一步说，"个体、种类、关系"的总体性表述之"体、相、用"三分，用它来区分境界形态的类型及高下之别就是有问题的。也就是说，特定心灵境界之下区分与认识境界类型，对于唐君毅的境界论来说，这样一个十分重要的认知内容实在难以通过我们的考察。

（2）客观、主观、超主客观与主客判分的标准

特定境界形态的区分与判断，还有另一个重要的标准，这个标准就是所谓的客观、主观、超主客观之三分。在"体、相、用"三分之下，按唐氏的看法，照应于"体、相、用"者有所谓关于"体、相、用"分别对应的客观境界、主观境界、超主客观境界。也就是说，在唐君毅的思考当中，他认为相应于体、相、用三分的看法与设定，同时还有客观、主观、超主客观这样

一个依次递进的境界等级之区分。那么,到底何谓客观、主观、超主客观?

所谓客观、主观、超主客观,简单地说是指在唐君毅的思想世界中认识的三种不同状况与认知阶段。他认为在通常情况下,人们是这样认识世界与自身的:首先,把外在世界与个体自身当成纯然客观的存在,忽略思想参与认识的作用与重要意义,甚至把思想当作是物体的附属品,这是第一种认知阶段与认识形态,这类认识之下的心灵存在形态统称客观境界。其次,把外在世界与个体自身的存在形态与认知方式由思想本身来界定,认为思想的存在与认识的作用决定了我们看到的世界图景与存在方式,从而极力彰显人类作为认识主体其思想与心灵的重要作用,此类认识之下的心灵存在形态统称主观境界。最后,当人们发现所谓客观与主观只是人类认识世界与自身时区分出来的一个概念与范畴,并认为在此世界与范畴的背后还有一种超越性的心灵之存在,它才是主客区分的来源,它不受主客二分的限制,因而无所谓主客,从而超越主客,此类认识与心灵状态则统称超主客观境界。这就是唐君毅对人类认识一般过程的基本概括与信念。在他看来,虽然人们不一定按照他所说的步骤进入相应的心灵境界,也不一定会经历他所描述的所有心灵境界形态,但是,他认为这样的认知过程是人类认识与相应境界形态出现的一般情况,而且人类心灵状态的发展大体上存在诸如此类的递进式心灵境界形态。因此,他认为客观、主观、超主客观是人类认识的三种基本类型与认知阶段。虽然唐君毅对这个区分持坚定的看法,但是他并没有对客观、主观、超主客观直接进行区分,而是把这三者放到他认为的人类认知与相应的心灵境界之关联中进行描述。总之,客观、主观、超主客观出现的过程与步骤是他对人类认识的一种个人归纳,实际上他没有严格区分何谓客观、何谓主观、何谓超主客观,因此,客观、主观、超主客观作为一种标准来区分与衡定相应的心灵境界就是一个近似个人信念的东西。

唐君毅之所以没有对客观、主观、超主客观做出明确区分,这与他的一个哲学取向与基本立场是直接相关的:他认为心灵本身的存在及其特性是无限完满的,而所谓的外在世界与个体自身与心灵本身的存在及其性质紧密相关,心灵是超主客观的。现实中由于心灵的认识活动受特定

第四章　知识在心灵九境论中的定位及作用

的认知影响而倾向于两种极端的情况：一种是忽视心灵本身而直接关注外在世界，此类认识在心灵还没有认识到其自身的无限完满时，它就会把外在世界当成唯一真实的存在，从而视之为客观的来源；另一种情况则反过来，它会把一切都归入心灵本身，从而把外在世界当成是心灵创造的结果，这种情况虽然认识到了心灵作为认知主体以及存在的重大意义，但是它忽视外在世界的自存自在。在唐君毅看来，这两种情况都是有问题的，前者是客观境界中的心灵看待世界的方式，遂由此形成了"万物散殊境、依类成化境、功能序运境"三种客观的境界形态；后者则为主观境界中心灵看待世界的方式，由此分别形成"感觉互境、观照凌虚境、道德实践境"三种主观境界形态。实际上，唐君毅认为，如果我们进一步反省就会发现：诸如单纯客观、主观的认知并不究竟，只有当人们反省到正在进行思考的心灵本身之完满无限、流转不息时，心灵才回到了其自身以及对自身的正确认识，而对于心灵本身而言无所谓客观、主观、超主客观之分。只有这样，心灵对自身以及整个世界的认识才达到了一种终极性的认识与真理性的认知。此时便形成"归向一神境、我法二空境、天德流行境"三种超主客观境的境界形态。

简单地说，客观、主观、超主客观之分，完全是一种心灵自我认知与反省过程的阶段性之区分，亦可谓为唐君毅个人心灵体验与哲学信仰的表达。他这里的客观、主观与超主客观实在没有给出更多的根据与说明。如果我们所有的认知都是在心灵当中完成的，不依赖于外在世界，那么在心灵的世界当中，或者说在一个完满自足的心灵面前，我们要说明通常意义上所谓的客观、主观简直是不可能的。在唐氏这里，所谓主客二分根本上不存在，或者说不成立，或者说根本没有办法进行区分，因此，我们可以说唐氏所谓的超主客观也无从谈起。正因为这样，有人批评唐君毅是客观唯心主义，然而，从认识论的角度来看，假如认知必须依赖于人类心灵，那么恐惧这个世上没有任何人不是"唯心主义"，可是当我们批评诸如心灵可以直接生成外在世界这样一类唯心主义时，唐君毅并不在批评之列，他没有持心灵可以直接创造外在世界这样一种看法，而只是在认识上承认心灵或说思想的优先性。可以说，离开人类思想或说心灵本身，我们要认识外在世界，要么是独断的，要么就是不可能的，因此,唐君毅此处的观点个人以为是没有什么问题的。但是,此处关键的问题不是心灵在认识上的优先性这样一个认知立场,而是唐君毅的客观、主观、超主客观三分只是心灵的三种认知状态与反省的结果,这与我们通常所说的主客二分以及主客划分的标准并不太相关,甚至可以说,在唐君毅看来,"超主客观"这样一个状态与终极指向一开始就存在,对于唐氏而言,他会认为人们只是没有充分认识到和自觉到而已。实际上只要人们一开始就自觉到它的存在与性质,那么他就能在认知的初始阶段顺利抵达心灵本身,如此一来,客观、主观、超主客观的区分就无须出现,也不可能出现。也就是说,在一个完满自足的心灵面前,一切认识与体察都可以在这里完成,那么对心灵的自我认知就只是相对的与个体性的问题,即便唐氏提及和区分客观、主观、超主客观,但实际上客观、主观、超主客观也是无法区分出来和不相关的。所以,有的地方唐君毅直接说"客观就是主观、主观就是客观"。他这样的说法不是随便说的,而是在心灵自身的"自话自说、自认自肯"的前提之下,所有的东西都是流动不息、变化无穷的心灵投射,所以唐氏根本就没有办法、或者说没有必要区分出他所谓的"客观、主观、超主客观"。这样的认识与其说与客观、主观或主客二分相关,还不如说它只与个人的心灵体验相关——或者更像个体的心灵旅行,或者时人所说的"心路历程",以及个体心灵想冲破特定限制而直接与心灵本身合一的冲动之诉求。如果这个判断更接近于唐君毅的思想世界,那么他所说的超主客观这个终极目标无非就是在表达与追求"心与理一"[①]的中国传统儒学中"心学"一脉的理想以及相应的人生旨趣。

3. 对特定境界中知识的把握

特定境界中的知识是唐君毅境界论中认识的第三个重要内容。如果说体、相、用三维的整体性把握是唐君毅对境界论出发点之认知,那么对特定的境界之区划与判断则是唐君毅对心灵境界进行具体描述与分类的前提。在体、相、用三维的整体框架之认识下,以及经由个体、种类、

[①] 宋明理学中"心与理"是否合一、如何合一的讨论,是当时学人们在心性认知与修习上的争议性问题,唐氏只是接受和持有了其中的一种看法和立场。

关系三分所代表的体、相、用的具体分判与客观、主观、超主客观的认知过程及相应阶段之区分，唐君毅特定境界中的认识对象就只剩下一种了：特定境界中呈现的人类已有知识成果以及相关学科体系的认识。对于特定境界中人类已有知识成果及学科体系之认识是唐君毅心灵境界论中讨论较多、争议较大的部分，在他的论述中，他广泛地讨论了历史、地理、文学、美学、逻辑、数学、物理学等人类已有的知识部门，并对这些知识类型与学科体系进行了相应的判分与反思。由于他是在心灵境界理论背景下讨论这些知识的，因此，这些知识类型在进入特定境界的讨论中时，我们发现它们出现了三个明显变化：一、由于特定境界的形成本身就是偏见与认知失误所导致，因此，在一定的境界中出现的知识类型在根本上就带有局限性与原罪的嫌疑；二、由于境界是流转和变化的，因而知识类型的客观真理性就只是相对的，即没有恒久不变的真理和知识；三、由于不同知识部门被划入了高下不同的心灵境界，因而知识本身的价值与意义也被区分出了相应的等级。这三个变化是从上文对唐君毅境界论中知识的定性中延伸出来的。我们虽然已经讨论到了他这样处理知识存在的问题，但无论如何他是在这个基础上讨论知识的（或说广义的认识），因此，我们需要明白：尽管我们不认可唐氏在境界论的背景下对知识做出的这种处理，但是，如果要深入讨论唐氏所谓的知识或认识对境界的影响，我们仍需在此基础上继续分析和讨论相关的问题。

从"知识"到"认识"是唐君毅对知识问题讨论所做的一个不太恰当的通约，他把狭义上的知识部门放大到了广义的人类认识，所以他才会坚定地在其境界论中泛泛地讨论各种人类知识，在他看来，似乎知识与认识并无太大差别。因此，唐君毅在特定境界中讨论的知识其实就是一种广义的认识，它包括三个方面的主要内容：一、对人类已有的知识体系与学科部门的认知与反思；二、对特定学科与知识体系的认知还原；三、对人类知识与心灵的关系之认识。也就是说，唐君毅在讨论特定境界中的知识类型时他主要就是从以上三个方面来讨论的。

（1）人类已有知识的认知与反思

对人类已有知识的认知与反思，是唐君毅境界论中讨论知识的重要内容,此处所谓的认知与反思,具体地讲就是指对唐氏视线中的一些人类知识成果之反省:一方面包括唐君毅对他认为重要的知识类型所进行的分类与罗列,另一方面则是唐君毅对这些知识成果和学科体系的整体性看法与个人评判。我们在上文已经提到:就第一个方面而言,受唐氏本身的知识结构与个人倾向的影响,他所举出的知识类型与学科体系相对人类所有的知识门类而言仍然非常有限,他分析相关知识或学科的时候也很难说是专业性的评判,因此,在不可能掌握人类所有分工精细的现代科学知识之前提下,唐君毅对人类已有知识成果的认识与评判就只能是一些外在性的评判和简单罗列。另一方面,由于唐氏对人类已有知识门类的分析不能就具体的专业知识而进行深入考察,那么外在性的讨论或反省就只能是抽象地讨论相关问题,而对此进行的反思最终也只能是个人意见。也就是说,实际上唐氏要对人类已有知识部门进行反思与再认知就是一个比较空泛的意见表达。这尤其体现在他对逻辑学、数学、几何学的考察上。如果说这个方面的内容没有办法深入,那么或许有人会觉得这并不遗憾,因为有人会认为哲学家不一定要兼通科学,因此,人们会倾向于认为唐氏出现这样的问题情有可原。但是,这种体谅对于唐氏来说没有意义,因为唐君毅本人的确是试图从他理解的科学知识出发去反思人类知识之全体的,而且他在"心灵九境"中讨论了许多知识类型与学科体系,可是由于唐氏对讨论到的知识本身的把握与专业性不足,讨论起来就显得难以深入或不得要领,这样一来,唐君毅讨论的内容与过程与其讨论的基本立场与出发点就存在着明显的出入。也就是说,唐氏自认为他是在现代科学知识的前提下来讨论问题的,然而他的讨论却未必如其所说,即他表现出来的对人类已有知识的认知与反思并不能达到他预设的目的。

(2) 特定学科及知识体系的认知还原

如果说唐君毅对特定学科知识的认知本身存在着专业性不足的问题,那么他要对人类各种知识成果进行反思就只能是外在性的。但是,这并不影响他个人对这个问题的讨论,因为唐君毅认为自己的认知与理解是可以成立的。甚至他认为问题的关键不在这里,虽然专业知识可能不足,讨论也可能有问题,但是他并不是要对人类具体的知识部门进行研究,而是要对人类已有的知识部门与学科体系进行认知上的还原,似乎这一点不是一般的知识部门所要研究的对象,而他认为这是极其重要的认知内容。对人类特定的学科知识进行认识上的还原就是唐君毅对人类已有知识进行再认识的另一个重要内容。也就是说,尽管具体的专业知识我们可能不知道或没有进行深入研究,因而无法深入讨论,但有一点是可以说的,这就是人类在认识已有知识时具体的思维过程是怎样展开的,它与什么最相关、有什么特点,唐氏认为这或许可以成为一个专门的认识领域。对于这样一个认识领域,一般而言,我们常常会想到相应的认知科学等,或者说这样的认识领域可以归入认知科学的研究范围,而且,它尤其容易让人觉得它就是属于心理学的研究范围。可是,对于唐君毅先生来说,他的讨论和论述似乎有点心理分析的影子,然而我们可以肯定的是:他不是用心理学的研究方式进行的,也没有以心理学的研究目标为导向,他是要把与人类所有知识与人类认知过程联系起来,从而把知识的形成与人类的心灵活动联系起来。到此为止,他对特定的学科知识之认知还原就到尽头了:当他把人类已有的知识体系与学科类型归结为人类心灵活动的结果时,他的认知还原工作就算差不多完成了。我们在他的心灵境界理论中经常会碰到这样的困惑:唐先生在讨论某类知识时,他经过一连串的分析,其结论总是要把它与心灵活动联系起来,把这些知识的形成与产生化归到心灵的产物之中去,自此他似乎就完成了相应的论述。起初总感觉不得其要领,总觉得他这样做没有什么必要和意义,因为人类已有知识、甚至将要形成的知识肯定是人类心灵的产物,这根本无需过多说明。直到他所有分析结束以后,当他把这些知识与心灵境界联系起来,并且从心灵本身的存在与其自足完满的性质去讨论心灵境界对知识的主导和统摄作用时,我才终于明白:原来唐先生对人类已有知识的认知还原并不是要对人类知识研究有所推动,或说为进一步研究相关知识而做出相应的工作,而是要把知识归属到心灵的统摄作用之下以及凸显出心灵本身的性质之完满自足。也就是说,对人类已有知识的认知还原工作实在只是一个中间环节,它并不是一个独立的认知对象,它的目标在于说明各种不同类型的知识与人类心灵及其性质之间有紧密关系。

(3) 人类知识与心灵的关系之认识

如果说唐君毅对人类知识的认知过程之还原并不是要建立一个独立的认知领域,那么,它这样做的目的就是为了把人类知识与心灵的作用联系起来而做的准备性工作。在唐氏看来,对人类知识的反省与再认识,以及对人类知识认知过程之还原并不是为了别的,而是为了说明人类的一切知识都是与心灵的作用紧密相连的,更确当地说,这一切都是与心灵本身的存在及其完满自足的本性相关的。

正是由于唐君毅描述的心灵本身具有完满、自足、无限、神圣的特点,因此,人类知识存在的意义与合法性就似乎找到了一个终极性的说明与根据。也就是说,认识到人类知识与心灵的根本性关联才是唐氏认为的特定境界中知识门类存在的意义与所有认识的落脚点。单纯从某一知识门类与学科体系来看,似乎知识本身的存在与其演进有一致的对象与一贯的内在逻辑,知识虽与人类心灵有关,但却并不见得知识就是人类心灵及其性质的注脚,大多知识的研究者或许不太关注知识本身是否能与一个无限完满的心灵搭上关系,或者他们也无意于提示人们通过具体的科学知识去反思和自觉到一个无限完满的心灵之存在,在现代分工精细的科学体系背景之下尤其如此。因此,唐君毅所做的工作似乎就显得与现代科学知识之发展背道而驰了。实际上,唐君毅这样做的目的正是试图在现代科学知识日益精深的背景下反省如何对科学知识本身进行一个定位和融通处理的问题。只要明白唐君毅先生苦心孤诣要达到的目的,我们或许就比较容易理解唐先生为什么不断地把一切知识类型与学科体系与一个自足完满、神圣伟岸的心灵绑定起来。在他的理解思路之下,认为只要能够把科学知识归并到一个统领性的完满自足的心灵之下,并且让一切知识的生产与研究最终都导向指引人们认识到自我具足这样一个本来就存在的完满自足的心灵本身,那么如此一来,似乎人类知识对心灵境界的开启与提升就会起到相应的作用。在唐氏看来,心灵境界对知识的管控与导引一旦开启,人类的好日子就会来临,人类社会的一切都会万事大吉。也就是说,说到底唐氏个人坚信知识是可以帮助人们提升与拓展个人心灵境界的:在他的认识范围内,所有的知识必须以认识到人类心灵本身的存在及其完满无限为目的,而且只有这样的认识才是真正的认识;同时,所有真正的知识都是可以促进人们反省和自觉到心灵本身的存在及其完满无限的本性的,所以真正的知识必然可以让人们提升和拓展其个体的心灵境界。基于这样一个认识,即心灵与知识的关系之判断,唐君毅对知识的性质及其定位进一步表明了他对知识的态度以及他对知识内涵的判定是怎样的。我们只要顺着唐君毅的思路往下推,就会发现这样一个思路可能存在几个非常严重的困难,如果这几个困难没有办法解答,那么他要得出知识有益于提升境界这样一个结论就存在相当大的问题:第一,唐氏所说的知识显然存在着多义的情况,所谓知识,既有狭义的人类知识部门与学科体系这样的意思,又有广义上的认识之义,且这样两种意思明显不同,当唐君毅在讨论人类已有的知识体系时,他对一些具体的知识内容与学科体系所做的考察并不是内在的、专业性的,而是整体的、外在性的。因此,这些狭义的知识类型如何可能离开其自身的逻辑转而帮助人们提升和拓展个体的心灵境界,这实际上不是各类学科知识考虑的问题,而只是唐君毅所延伸出来的所谓认识领域。第二,对于狭义知识的反思与再认识如果不是导向知识类型本身的完备与精细化,那么这样反思性的认识显然就还不是知识,也就是说它仍然处于外在的认识阶段,而这正是唐君毅所谓的认识或说知识的主要内容之一。那么这些认识到底如何评判与验证、其真假如何等诸如此类的问题本身就与狭义上的知识不相关。那么,要用这样一些认识来连接和诠解心灵本身,用它来代替狭义的知识而与心灵挂钩,显然存在相当大的困难。第三,唐君毅所谓的心灵本身及其性质自始至终就是一个悬而未决的问题,它并不是一个显而易见的、普遍同意的公理,也没有得到唐氏本身充分而令人信服的论证。因此,如果把这样一个属于个人哲学信念和体系预设的东西用来代替人类心灵、甚至人类心灵的真实存在状态,或者把它当成一个现成存在的前提,这很难让人信服。因此,把人类知识放在这样一个统属性的条件之下进行论述就显得苍白无力。第四,唐君毅把真正的知识归结为促成对心灵本身无限完满的性质之自觉为目的,这样显然就使得人类知识这样一个独立的认知领域被直接取消了。如果认识或知识只是为了达到对心灵本身诸种性质的自觉,那么,不通过特定的知识形态而做到这一点,这在唐氏看来是可能的,唐君毅承认存在"对于心灵本身的直接把握与认识",如此一来,实际上我们所谓的知识就完全可以直接被跳过、甚至无足轻重,这里面包含的逻辑延伸就是:知识与真理的虚无,心灵价值的无限膨胀。可是我们知道,按唐君毅的判断,通过特定境界中的知识来反省和认知心灵本身及其性质却是大多数人都必须经历的途径与方式,如果知识与真理是虚无的,它又如何可能被依赖和被信任呢？第五,尽管唐氏的境界论暗含心灵的无限高扬与知识的虚无之逻辑,但是,当我们需要通过认识来达到对心灵本身的认知与把握时,我们得到的答案和可以凭借的途径却始终是没有界定和明确给出的,如此一来,所谓对心灵本身的认识与把握就变成了一个相对而言的、莫衷一是的意见集合体。默许这样的情况存在,它就可能导致让不同的人都似乎以为他自觉到了这样一个心灵本身,心灵本身则成了一个什么都是、什么都不是的非常模糊的东西。这其中映射出的唐氏体系内部的危机与矛盾决定了唐君毅所谓的心灵境界之提升与知识或认识的关系必然相脱节,认识或知识对心灵境界的把握与促成就只是一个美好的愿望,却没有可行的路径。

如果说我们以上的判断与质疑是有针对性的,即可以对唐君毅境界论中的知识定位及其性质构成实质性的挑战和威胁,那么质疑的所有问题集中起来即一个问题:唐君毅所谓的知识能否促成人类心灵境界之提升？如果我们把唐君毅的境界之提升和拓展理解成这样一个简单的问题,即对心灵本身及其性质的自觉程度的不同就意味着心灵境界的高下,那么,知识或认识能促成心灵的自觉则意味着知识或认识对心灵境界的提升有相应的作用,反之则否,那么我们通过上面的分析就可得出一个结论:如果狭义上的人类知识并不是指向心灵自觉这样一个目的,而且具体的知识部门也无意指导人们去自觉到心灵本身,那么知识对于个体心灵境界的提升与促成就是不相关的。如果广义上的认识对于唐君毅来说存在上文提到的各种问题,那么在唐君毅的设定下只有对人类心灵本身自足完满的自觉认识才促成心灵境界的提升,而这样一类认识基本不属于狭义上的知识范围,而是属于唐君毅个人的哲学信念,因而这类认识如何可能帮助人们普遍地提升心灵境界就仍然是个未知的问题。因此,总括起来说,人类知识或广义上的认识都不见得能够帮助人们提高和转易人的心灵境界。更明确地说，唐君毅"心灵九境界论"认为知识可以提升人类心灵境界的说法实际上并不能成立。

（三）知识与境界的分野

在唐君毅的境界论中，知识与广义认识的位置始终受到心灵本身的性质之约束，知识的作用与意义最终只能通过其能否促成心灵本身的自觉和自我认定而确立。因此，知识在相当大的程度上就成了心灵完满自足的歌颂者与御用文人，离开心灵的存在及其完满自足的性质规定，知识就会一无所是。这大致就是唐君毅境界论中对知识之定位与性质的最终结论了。但是非常遗憾的是：唐君毅要证明这一点却力不从心，他既无法深入地对人类知识这样一个广阔而日趋成熟的独立领域进行中肯的评判，又不能很好地说明心灵本身的存在及其性质如何可能，然而最终却要把二者无缝对接起来，这样做的问题实在太多，也难以实现，因此，我们很难认同唐君毅在境界论中对知识所进行的定位与作用之评判。这其中的原因，我们以为这是由于唐先生不承认知识与境界之间的分际以及混淆二者独立存在的根据而造成的：一方面，人类知识的日趋精细化所带来的结果必然是对其考察对象的深入研究与精细化考察，并主张剔除一些无法证实的设定或去除不必要的假设等，就像"奥康剃刀"所要求的："如无必要，勿增实体"，然而，唐君毅先生在对人类知识进行各种分析时却极力加上一个完满自足的心灵本身，他不是让人类知识研究变得更简单了，相反，是让所有研究进程变成得更加臃肿和复杂了，有时甚至偏离了知识本身。另一方面，唐氏把心灵本身的自足完满这样一个信念当成是其个人的终极归依，它作为一种个人信念本无太多可以苛责之处，只是，当唐氏把心灵本身及其性质当成是知识，或说认知的对象时，他不是增加了一个独立的认知领域，而是把人类知识都变成了个人信念的注脚，这就成了不能接受的事情了，他这样做既有损于科学知识的独立性，又把原本清楚的知识变成了模糊不清的东西，这不是进步，而是倒退。简单来说，在唐氏的思路之下，知识与境界的关系看起来有三种可能性：一、境界统摄知识，二、知识统摄境界，三、知识与境界分立，各有所统属。唐君毅极力坚持第一种情况，即境界统摄知识。但是实际上我们发现：要说明境界统摄知识本身不是件容易的事情，而且境界作为一种非终极性的心灵限制形态,它根本上没有办法承载知识的确定性与超越性。至于后面两种情况,在对唐氏的境界论及其知识观的分析中发现:一、对于知识统摄境界,简单地说,就是从认识论的立场或知识论的立场出发去讨论境界论问题,这样形成的结果或许就是对境界的知识或认识。虽然唐君毅的认识在广义上包括对境界的认识,但是他却不愿意从认识论的立场去讨论境界,因此,他所提出来的关于境界的看法就很难成为一种普遍性的认知或知识,而只能认为是他个人的一种信念或洞见。二、对于知识与境界的分立,二者各有所统,这种观点唐君毅也不认同,他认为知识与境界虽有不同,但是他却不认为知识有其独立性,而是认为它可以放在境界论的关照下进行讨论。如果假定了知识与境界的分立,二者的分野就会在考察对象、考察方法等方面表现出不同,而这种不同又不能简单地通过一定的方式而抹平,所以知识与境界的关系就显得貌合神离。总的来说,唐君毅在心灵境界理论中对知识所做出的定位以及知识与心灵境界的关系之判断很难说是成立的。他既无法令人信服地证明知识受心灵境界的统摄,又不能成功地回应知识论立场对境界论的质疑,以及境界为何不可以与知识分立,从而分属各自不同的研究领域。因此,知识与心灵境界之间的关系也就没能得到很好的说明,这其中所包含的问题与可能存在的原因并不简单,它需要进一步分析和考察。

第五章　知识与境界的内在紧张之原因及真实意蕴

通过对唐君毅所谓的知识与境界的考察以及分析,我们已经比较明显地看到知识与境界在唐氏"心灵九境论"中是有内在矛盾的。也就是说,他所谓的知识与其境界并不是如他所说可以"圆融一致",而是"从知识到境界"与"从境界到知识"一样都难以贯通。所谓难以贯通的意思就是指从唐氏所说的知识或认识出发,并不能通达其心灵境界,即唐氏所理解的知识不一定能拓展和提升个人的心灵境界;从唐氏所说的境界出发,我们既不能顺利地走向人类知识的肯定,又不能为人类知识的生产与推进提供来自境界论的助力。因此,我们分析而得的结论与局面就很难让人接受唐氏所谓的境界说。不过,在此引发的思考就是:除了来自唐氏个人的主观信念与个人偏好之外,知识与境界之间的内在矛盾到底指向什么,以及其中更为普遍性的原因是什么?也就是说,谈论境界的中国近现代思想家中,当他们的体系出现了类似唐君毅的境界与知识之紧张时,其间的共性是否普遍存在的现象,或者说存在某种根本性的视域限制?如果唐君毅极力调和境界与知识之间的关系是他看到了二者本身分歧的同时还有其他方面的考虑,这实际上也未可知。因此,对知识与境界内在紧张的考察,即便放在唐君毅一个人身上,他的体系中所表现出来的倾向与问题也必然具有典型性与普遍性。所以我们从唐君毅境界论中知识与境界之间的紧张出发进一步考察,或许可以发现一些普遍性的问题以及问题指向的真实意图、思维视域等。

5.1　知识与境界的内在紧张之主要原因

　　知识与境界这两个概念,在唐君毅的体系中虽然都是重要的词汇,但是相对而言,对境界的偏重与喜好就像其他一些近现代中国的思想家一样(诸如冯友兰、方东美等),他试图以境界形态的话语来创建一个中国近现代的哲学形态。境界论在近代中国思想家中的勃兴,是一个十分有趣的现象,那么,到底什么是境界论?① 为何境界论会在中国近现代变得十分热门?境界的谈论者如此普遍,以至于不时有人用境界去描述和评判一个人,甚至有时连做人做事的程度和能力都可以用境界去谈论。境界作为一个正面的词汇,对中国人而言,自中国近现代以来其影响与流传远比知识这个词汇来得更为亲切。对于知识,我们总能听到毁誉不一的说法,即便中国人对科学知识的工具性价值推崇备至,但同时也总能听到对知识的负面评价,对知识的负面评价似乎来自对知识的力量以及对知识论立场之担忧,这种担忧明显地存在于唐君毅的思想体系中,对知识的定位与其性质之判定明显传达出来的就是这种对知识的看法。或许正是由于知识的中性与可能性问题,唐氏才认为需要为知识找到一个真正的源头与善的规定,这便是心灵境界。但是他这样做是建立在一个前提之下:知识与境界本不相同。正是基于这样的认识,他才有把二者统一起来的空间与可能,可是,当他把二者统一起来的时候,他却忽略了两个非常重要的问题:一、二者如果不同,不同的地方在哪里?二、如果二者本来不同,如何可能把它们统一起来?

---

　　①　对于何谓境界论,蒙培元先生说:如何对"境界论"下一个定义呢?中国哲学是境界论的。所谓境界,是指心灵超越所达到的一种境地,或者叫"心境",其特点是"内外合一、主客合一、天人合一";境界是心灵存在的方式。境界的实现,既有认识问题,又有情感体验与修养实践的问题。天道流行,物与无妄,心无内外,性无内外,这才是中国哲学境界论的基本精神(蒙培元:《心灵超越与境界》,北京:人民出版社,1998年,第75、76页)。也就是说,在蒙先生看来,境界论就是关于心灵存在方式的研究,它既有认识问题、又有情感体验与修养实践的问题。

一、知识与境界所关注的对象不同

知识与境界的区别,首先体现在各自所关注的对象不同,也就是说,知识与境界各自所所关注与研究的对象不同,在唐氏看来,境界论研究的是纯粹的心灵本身及其性质问题,而知识研究则是关于特定心灵境界下的现象世界之研究。这样的区分在唐氏心灵境界论中比较明显,因而当他这样区分时,他就需要回答一个问题:如果境界论与知识关注的对象不同,那么由心灵境界而来的认识算什么?是不是知识?关于这一点,唐君毅先生可能不把它当作一个问题,因为在他看来,关于心灵境界的认识要高于知识,它与知识不在一个层面,也就是说,在唐氏看来,存在一个高于知识的认识层面,它就是境界论。对于这个观点,实际上就是不承认和不愿意把对心灵境界的认识与普遍意义上的知识勾连起来。尽管唐君毅像其他一些思想家一样希望把境界论与知识、知识论区别开来,无限提高心灵的地位,然而他难以回避的问题就是:如果在相应的境界中知识的出场十分重要,心灵境界如何可能与知识脱离开来而独自超升?如果境界论希望越级而上,越过知识而不同于知识,那么它如何可能摆脱个人主观意见之批评和指责?也就是说,一旦我们说境界论的认知是超越知识的,那么这样的一个说法是不是知识?如此论断属不属于知识论?就像唐君毅在《生命存在与心灵境界》一书中所说那样,知识与境界的关系、知识论与形上学的关系在他的心灵境界论中是不可越过的内容,当我们对境界进行一些认知与断言时,它是否能成为知识?知识与对知识的讨论是怎样的关系?

(一)知识与知识论的关系

唐君毅在《哲学概论》中对知识与知识论,以及知识、知识论与形上学之间的关系有过这样的说法:

> 吾人在知识之分类一章,已提及在知识中看哲学,哲学即为知识;如从知识外看哲学,哲学亦非知识之一语。唯该处只就知识论之讨论亦为知识以举例。知识论可说非知识,而又为一种关于知识之知识。而形上学则为更明显地兼具此两重性质者……

于是形上学之知识之获得,即可不以表诸文字为事,而可直接过渡至种种行为,以增益其种种亲知为事。并以此为形上学之归趣。而此时人之形上学之知识,即为导人入于超知识之境界者。而人之形上学上求知之工夫,亦为直澈入人之形上学的生活行为中,以与之相辅为用者,而形上学亦即成为一超知识非知识之学……

我们以上对形上学为知识或非知识之讨论,可称为形上学之知识论的讨论,但亦可称为站在知识与形上学之上,而对知识与形上学之关系,作形而上学的讨论。毕竟在哲学中,知识论居于在先的地位,或形上学居于在先的地位,亦是值得一讨论的问题。

首先我们似可说:知识论乃居于在先的地位。因如形上学是知识,则形上学只是知识之一种。除形上学之知识外,人尚有其他种种之知识。知识论乃是通论一切知识的,则知识论应居于更高之理论层次。形上学在理论上,必须先成为知识,或知识论所可能讨论之一对象,然后能成立,则知识论居于理论上在先的地位……

以上之说,在一义上,未尝不可成立。但由此以谓形上学必以知识论为根据,则大误。因知识实乃依于实在事物而有。而我们亦可说形上学可先知识论而有,且知识论亦可只为形上学之一章,故形上学乃居理论上在先之地位者。①

在唐氏的思想中,知识与知识论,知识、知识论与形上学的关系比较复杂,它们可以由于讨论的角度不同而得到不同的结论,总的来说,他的大致意思有以下几点:一、知识论可以是知识,又可以不是知识。二、形而上学可以是知识,又可以不是知识。三、知识论可以优先于形上学,此时有所谓形上学知识;形上学又可以优先于知识论,此时知识、知识论以形上学为根据,知识论为形上学的一部分。四、形上学可以导人入于超知识的境地。

这种"是又不是"的观点和看法试图从不同的方面来理解知识论与知识的关系、知识论与形上学的关系,但实际上,从唐氏总体的思想倾向

---

① 唐君毅:《哲学概论》,第448—451页。

来看,在他那里:知识论就不是知识,知识论高于知识;形上学优先于知识论,形上学高于知识论,这才是他真正的立场。也就是说,虽然唐君毅清楚地意识到知识论与知识的发展对形上学构成的威胁与冲击,他也对哲学史上知识论的相关流派及其观点了然于胸,然而,他从根本上不赞同知识论先于形上学的讨论方式。因此,对于知识的分判以及对知识论的批评就已然形成,而对形上学的辩护与保护则为心灵境界的形成和推重打下了伏笔。

把知识与知识论区分开来,有些哲学家可能会同意这样的观点,认为知识论非通常所谓的知识,甚而高于知识或低于知识,但由此带来的困惑就是:如果知识论非知识,那么知识论的导向是什么?知识论所形成的一系列看法是什么、有何意义?如果我们从这个角度来质疑把知识论与知识截然分开,认为知识论所形成的结论不同于知识,知识论也不以形成知识为导向,那么知识论的末日当然会如期而至。更为奇怪的是:如果知识论非知识,它如何与知识进行比较,或高于知识,或低于知识?自认识论转向以来的西方近代哲学发展历程中,不同的哲学家纷纷从认识论的立场去讨论知识与人类认知问题,由此形成了一系列的认知成果与共识性的思考前提,这些哲学家多少都对认识论、知识论的推进有直接或间接的关联,如果这些成果不是知识,那么这些东西的价值似乎就大打折扣。我们更加难以理解的是:在如此这般的非知识的基础上,人类要建造起我们知识的大厦,这岂不是很荒谬!我们更不能接受的是:如果这些从知识论的立场而来的成果构成了近代哲学思考的前提,那么诸如唐氏所谓的形上学优先于知识论、甚而有所谓形上学知识,这怎么可能发生?如此看来,现在所有问题都指向一个疑点:什么是知识?知识论研究的对象是什么?

(二) *知识研究的对象*

对于何谓知识以及知识论的研究对象,我们在对唐君毅心灵境界理论中知识论观点的考察中发现,他并没有对知识给出严格的定义,我们仅仅就其思想中概括出来的内容而言,所谓知识在唐氏那里是指人类已有的知识成果以及人类的认知过程,简单来说,就是指广义的认知和认知过程。正因为唐氏未对知识进行界定,更没有进一步考察知识研究的对象是什么,这种方式带来的问题上文已经讨论到了,因此,要对这个问题继续讨论,我们必须引进另外的内容。

1. 知识的经典定义

所谓知识的经典定义,在上文也提到了,也就是柏拉图在《泰阿泰德篇》中讨论知识是什么的时候引发的关于知识之界定,这就是后世所谓"知识就是证实了的真的信念"这样一个关于知识的经典界定。[①] 从这个定义来看,知识的判断可以从三个方面进行合取,即"信念、真的、证实了的",虽然这三个要素看起来比较简单,但实际上每一个方面都比较复杂,因此,此处我们不能讨论这个定义碰到的各种问题或挑战,而是可以指出一点:在柏拉图看来,知识就是对信念的确定性捆绑。也就是说,似乎知识的对象在原初义上与信念相关,然而,只有加上了证实和真的要素,信念才可能成为知识。信念作为形成知识的基本要件是必须存在的。此处所谓的信念,当然是相对于个体而言的信念。个体可以有各种各样的信念,但是,并不是什么信念都可以被证实而形成知识,只有被证实或系统证明了的信念才可能是知识。我们此处暂且不论信念能否被证实,单单从信念本身来进行考察,作为知识对象的信念,它到底是个体的一般信念,还是个体关于终极实存的信念?

2. 知识的对象:是

柏拉图在《理想国》有这样的一段对话值得注意:

> 所认识的是一个是的东西呢,还是一个不是的东西?是的东西,因为,假如一个不是的,它怎么能为人认识呢?因此,这一点,我们认为,是充分肯定的:不论我们往哪一个角度考察,一个完全"是"的东西是完全可以认识的,反之,一个不在任何意义下"是"的东西是在一切意义下不可认识的。这是十分肯定的。很好。而如果有一个东西,它的情形是它既"是"又"不是",它不是将处于那绝对地是和那在任何意义上都不是的事物之间么?在这两者之间。因此,由于与"是"相配的都是认识,与"不是"相配的就必然是无知,而与

[①] 胡军:《知识论》,北京:北京大学出版社,2006年。

那个完全在这两者之间的东西相配的,它就是一个必须在愚妄和知识这两者之间去寻找的某种东西,如果确实地有这么一种东西的话。你说的很对。是不是我们也说有一种叫做意见或信仰或臆想的东西?有。它是和知识不同的另一种官能呢,还是它是同一种官能?另一种官能。那么,所据以建立或意见或信仰或臆断的是一种东西,而所据以建立知识的则又是另一种东西,是不是两者中的每一种都以那属于它自身所有的官能为依据呢?是这样。因此,知识,按其本性就是与是相对应的,它认知什么是"是",是么?……而知识所针对的是"是的东西",认识"是的东西"如何是其所是。很对,正是这样。而意见,我们说,它是一种相信或认为。很对。而意见之所以相信的,它恰恰地正是和知识之所认识的是同一的东西么?并从而,凡是可认识的和凡是可相信的就将都是一个同一的东西了?还是,这是不可能的?不可能……因此,如果"是的东西"是认识的对象,那么,作为意见的对象的东西,它就必将是另一个东西?另一个东西。……显然,一个"不是的东西",它确切地来说,不该被称为"一个东西",而是应该称为"乌有"。一点不错。而对于"不是的东西",显然,我们只能配之以无知,而对"是的东西",配之以知识。很对。他说。那么意见,它既不是对于"是的东西",也并不是对于"不是的东西"。不是的。那么意见,它将既不明无知也不是知识……那么意见是处于它们两者之间。一点不错。那么,是不是我们在前面说过了,如果有什么一个东西看来是这样的:它既不是"是的东西",也不是"不是的东西",那么,这个东西就是处于那纯粹、绝对地"是"和那完全地"不是"的东西之间的东西,而和这个东西相关的那个官能就既不是认识,也不是无知,而是,我们再说一遍,它是处于无知与认知这两者之间的一个官能。说得很对。现在,我们可以说,正是处于这两者之间的那个官能,我们说它是意见、信仰或判断。①

---

① 〔古希腊〕柏拉图著,顾寿观译,吴天岳校注:《理想国》卷五,长沙:岳麓书社,2010年,第257—263页。

在柏拉图看来,可以被认识的对象是一个"是的东西",而对"是的东西"或者说"是"的认识则是知识。相对的,一个在任何情况下都"不是"的东西是任何情况下都不能被认识的,关于这种东西我们没有办法认识,是为无知。而介于二者之间的东西,即我们常常会遇到的一种模糊的、关于"又是又不是的东西"的描述,关于这个东西的看法我们可以称之为或意见,或信仰,或臆断。其中,关于"是"的东西形成知识,是最清楚的;而关于"是又不是"为意见,清晰性次之;而关于"不是"则完全没有办法认识。也就是说,知识或认识的对象是"是",所谓"是",从以上的描述来看,可以理解为含有这样几个方面的意思:一、它为真实存在的东西,二、它能为个体所认识的,且已经为个体所把握的东西,三、个体对它形成了相应的信念;四、它与意见的对象不同。

结合"知识就是证实了的真的信念"这个定义来看,他所谓的信念应该是关于"是"的东西的信念,因为"不是"的东西没有办法被认识,而关于"是又不是"的东西则不能形成知识,因此,我们可以说知识的对象有两层含义:一、是的东西,即只有真实存在的东西才是知识的对象;二、关于"是"的信念是知识形成的实际起点。如果这个断定是对的,那么我们通常所谓的各种关于"是又不是"的东西,甚至关于非"是"的东西之描述或认识根本上就是不可能的,因为对于它们形成的观点和看法不是此处所说的信念,而只可能是愚妄无知,或意见,或信仰,或臆断。

虽然此处所谓的"是"有一些争议①,但不论我们把"是"当成"存在",或当成判断常项,从它作为知识的对象来说,其指示的方向还是比较清楚的,它指向的是一个可以被确定的对象,即既可以被普遍地理解和认知,又可以被一定的方法或途径断定和证实,而且,它还可以用"什么是什么的"思路进行理解和考察,即通过:或者一、在经验领域中用证实的方式对其进行检验;或者二、在纯粹的推演形式中作为逻辑常项进

---

① 中国学术界关于什么是"是"有些争议,由于对 be 的翻译与判断不同,有所谓"是"与"存在"的分歧等,中国近现代以来人们对"是"的中文译法与看法对我们理解西方哲学中的知识和知识论问题有重要影响(具体可参看张永超:《中国知识论传统缺乏之原因》,《哲学研究》2012 年第 2 期)。然而,这并不影响"是"作为研究对象而存在。

一步考察。因此,"是"作为知识的对象是唯一的,其方向是清楚的,它既不同于"不是",又不同于"是又不是",这一点非常值得我们注意,尤其是柏拉图针对"是又不是、不是又是的"的描述和判断更为切中要害。即便是唐君毅先生,在他的很多论述中,作为认识对象的东西常常被表达为"既是又不是,可以又不可以",诸如此类的吊诡之说,如果从认识的可能性上来说,这样的说法实际上根本不可能,因为一个"是又不是"的东西根本没有可能形成知识,而模糊的意见不会是一种正确的认识。如果说柏拉图对"知识、无知以及意见"的区分至今仍然是有教导意义的,那么,我们的认识就不像通常情况所表现的那么随意,而是有着明确的方向与路径的,也就是说,从柏拉图的观点来看,不是什么随便或任意的念想、想象都可以叫做认识,而要成为知识则更加困难。当从这个角度和思路来考察唐君毅先生的境界论时,我们认为:唐氏要对其境界进行基本的认知与把握,其前提就是:一、境界是真实存在的,是"是"的内容,而不能是"不是",也不能介于"是与不是之间";二、境界可以被认识的,它可以被普遍化地理解和认知;三、人类对它可以形成知识。

(三)境界关注的对象

如果唐氏的心灵境界能够被普遍地认识,那么或许只能在"是"的意义上来进行讨论,否则根本没有办法进行判断。如果像一些研究境界论的人、甚而一些因境界论而成名的思想家所主张的那样,境界不能通过认知方式来把握,甚至把它推向神秘的境地,这对于境界论者而言无疑是说:一、境界论要表达的是意见或无知;二、如果境界论要表达的是意见或无知,那么它源于其对象的错误或误解。因此,在这种情况下,他们要向别人表达和言传境界就是一个不可能的事情,也是不应该发生的事情。所以从本文的观点来看,结合唐君毅先生的思路与总体评判,我们把唐氏的"心灵境界说"当成一个可以被普遍认识的对象来进行讨论和考察可能是唯一的方式。

1. 境界:是又不是?

在对唐君毅的"心灵九境论"进行具体分析和考察的时候我们发现:唐君毅先生描述的境界其实是一个变动不居的、可以更易的、甚而可以消除的东西。因此,境界似乎就有两个基本特点:一、境界在根本上是可以取消的。由于它是心灵本身的认知失误与偏差造成的,因此,它是一个相对心灵的负面存在和限制。二、特定的境界并不具有终极性和确定性,不同的境界之间可以转易与变换。也就是说,对于特定的心灵境界,比如"功能序运境",它下接"依类成化境",上承"感觉互摄境","功能序运境"既可以下降为"依类成化境",又可以上升为"感觉互摄境",甚至"功能序运境"还可以变成九境中的任何一境。如此一来,唐氏所谓的"境界"所传达出来的似乎就是一种"是又不是,可以是又可以不是"的东西。因此,这样一来,我们看起来根本就没有办法对任何一种境界形成确切性的认识和知识。这种观点和印象基本上贯穿唐君毅心灵九境的整个展开过程:当他讨论一种境界时,他似乎有对这种境界的确定性描述,但是,当他进入到此境讨论的末尾时,他又基本上把此境所讨论的东西全都予以否定,从而提出一个似乎更高的境界和方向。这种情况并非偶然的和针对特定的境界,而是九种境界都是如此,即便是最高境界也难以摆脱这样的命运,因为在唐氏看来,心灵境界并不止这九种,九种境界的提法只是他对心灵境界的总体性描述。因而,我们常常会碰到这样的困惑:特定的境界到底是什么,或说意味着什么?特定境界中所提到的知识到底是不是知识?对于特定境界中的描述与论断是不是真正的认识?境界是"是",还是"不是"? 一旦这样质问的时候,我们就可以明确地从其对知识的区分(所谓"前境界的认识"与"特定境界中形成的知识")以及对境界的总体判断中得出结论:单独看唐氏对境界的讨论,境界实际上就属于"是又不是"的范围。而对于"是又不是"的东西,在我们看来它根本上不能形成正确的认识,它只能是意见。因此,对于唐氏讨论境界的看法,我们或许只能当作是他个人的一种意见。

2. 心灵本身及其性质的自觉与境界

如果说唐氏的境界论并不具有正确认识和形成知识的可能,那么这是源自其对境界"是又不是"的断定。事实上,唐君毅对境界本身的看法就含有这样的意思,从上文的分析中,我们至少可以从两个方面说明这一点:一、心灵本身的认知失误和偏差导致了相应境界的出现,这种观点的意思是说,如果人们的认识从一开始就正确,那么境界根本上就可以取消或不至于产生。这是对境界的根本性否定。二、特定的境界并不具有特别的地位与确切性,它是次生的和可以转易的。从前者来说,境界似乎属于"不是"的范围,而对于后者来说则类似"是又不是"的东西。因此,如果把境界排除出认识的范围,或排除出可以形成知识的范畴,那么这是有道理的,我们也可以从唐君毅的论述中得到印证。而从我们对唐君毅境界论的全部分析中也发现:要形成对境界的确定性知识,它一定会自相矛盾或难以实现。

如果不把境界当成认识的对象,或把它排除出知识的可能性范围,它对于一般的境界论者来说似乎是个好消息,但是对于一个真正的境界论者来说,这无疑是个根本的否定和打击。境界如果根本没有办法正确地认识,那么它相当于把任何正确谈论境界的可能性与合理性都取消了。这样理解境界,从认识对象和知识的形成这个角度来看可能没有问题,但是有的境界论者会认为这样做太过偏狭,因为他们会认为:通常讨论境界的人会把境界与心灵连起来讨论和考察,境界只有在心灵的背景下才可能成立。这样的说法是否会让问题有所改变呢?也就是说,境界不单纯是境界,而是心灵的境界,这样就把境界关注的对象定位在了心灵之上,即境界关注心灵本身及其性质。这也是唐君毅可能会有的回应方式,事实上,他的心灵境界说最终就是落在了心灵本身及其性质的自觉上,似乎心灵对其自身存在及其性质的认知与自觉程度之不同就形成了不同的心灵境界。因此,在他看来,境界论所关注的对象就是心灵本身。

如果境界关注的对象是心灵本身及其性质,那么意思是说:一、心灵本身存在,即心灵本身是"是",二、心灵本身的性质是完满自足的;三、所谓境界就是对心灵本身及其性质的自觉程度。当涉及心灵本身的存在及其性质时,我们对照认识或知识的对象,知识的对象也是"是",所谓"是"和"是的东西"是真实存在的,知识的对象可以由证明或证实进行断定,可是对于心灵这样一个东西,其存在和存在形式似乎不断地受到质疑,且对其证明十分困难,尤其在近代认知论、知识论的批评下更加艰难,唐君毅对心灵本身的存在所做出的证明也有相当大的问题,当唐氏对心灵本身的存在进行断定时,他会认为心灵不能用各种范畴,比如"一与多""质与量""整体与部分"等进行断定,而是应该把心灵当成是这些范畴的来源，各种知性范畴可以帮助我们理解心灵本身，但不能认为心灵可以完全受这些认知范畴的限制。但是无论如何，心灵本身的存在对于唐氏来说是毋庸置疑的。唐君毅用各种方式试图说明这一点的时候，值得我们注意的地方有：他把心灵本身的存在由心灵活动来予以说明，也就是说，对于任何个体而言，每个正常人都有心理活动、思维领域，那么只要我们承认这种精神活动及思想领域的存在，我们就不能否定一个活动的主体之存在。这种思路仍然是典型的"我思故我在"的证明方式，从心灵活动的存在与自我确证推出一个心灵或自我的存在。如果仅仅到此为止，我们或许暂时可以接受笛卡尔式的"我思故我在"的证明思路及其基本结论，主体的自我断定的确为我们开启了一个思维的起点思考的基地。但是，唐君毅并没有在这一点上停下来，也就是说，他并不仅仅是在认识的意义上来言说心灵本身及其主体的存在，而是给心灵本身赋予了一个完满自足的性质，而且，所有的心灵活动似乎都是用来佐证这一点的，而心灵自觉与认识的指向在于反省到这样一个心灵本身自足完满的性质。在此我们可以说，心灵本身的断定是境界关注的对象之一，而对于心灵本身自足完满的性质之认识是境界关注的另一个对象。如果说心灵活动可以帮助我们断定一个心灵本身的存在，那么心灵活动却没有暗示一个自足完满的心灵本身之性质。所以，唐君毅需要对心灵活动本身做一个改造，即为心灵活动添上一个流动的、不陷溺的性质，这在唐氏看来实际上是说，心灵活动本身携带有心灵自足完满的本性，因而才能活动，心灵活动已然包含心灵本身的性质之自足完满。至此，唐君毅的思路似乎就完整了：一、他从心灵活动推出心灵本身的存在；二、赋予心灵活动本身以不陷溺的性质，从而推出心灵本身的自足完满之特性；三、自觉反省前二者，导出不同的心灵境界。对于貌似完整的逻辑，我们的问题在于：心灵本身的性质以及心灵活动的特性如何被认识到？境界所关注的心灵本身及其性质与知识的对象在被断定和被认识上有何分别？我们看到，唐氏特别强调心灵本身的性质及其认知，而对于这样的心灵本身之认知似乎与知识对象之把握有着相当大的区别，尤其是当唐氏先行设定了这样一个心灵性质后，我们回过头再讨论它或认识它的时候就比较困难；到底无限、完满、自足神圣等的心灵本性属于个体经验的一般情况呢,还是属于唐氏认可的一个普遍的先验设定?这二者显然不可同日而语。但无论如何,心灵本身及其性质似乎是境界真正关注的对象,而它与知识的对象"是"和"是的东西"似乎仍有相当大的距离,如果心灵本身能够作为"是"而被考察和被认识,那么它就可以形成知识,相应的,关于心灵本身的知识就是境界论真正可能的成果。而对于心灵本身的性质,其自足完满、神圣无限等,如何可能被认识到?它到底是认识的成果,还是主导认识的先行的观念设定或理想信念?个人以为,此番性质应该属于唐氏先行的观念设定或理想信念,它并不属于经验认知的对象,而是主体的价值设定或理性自我立法时所形成的一个理想范式。但是,如果这样定性它,那么比较麻烦的问题就来了:对于这样的东西有没有认识的问题,如何被认识?因为至少在康德那里,这样的东西属于本体界的内容,它并不在现象界里,也就是说,经验序列里根本就不能认识它,它是纯粹理性或说理性实践运用的结果,它是理性之下的理想。这一点唐氏并没有严格区分,或许唐君毅先生更愿意在统一的意义上来谈论二者,他或许认为把知识的对象与理想的对象区分开来以后,人们对于理想的认识和追求就会显得比较窘迫,所以他才极力把理想性的东西放在知识的前面,并把两种认知打并为一,甚至他认为只有趋向于理想性的认知才是真正的认识。如此一来,他的思路似乎就完整了,但是,这样做的结果就是把我们通常意义上的经验认知与实证科学的可能性与独立性取消了。因此,我们认为他解决这个问题的方式令人生疑:如果一切知识和认识都只是完满自足的心灵本身之注脚,那么实际上对心灵本身的认识以及心灵对其他事物的认识就不需要再进一步展开了。如此看来,我们认为理想信念与知识对象的区分仍是必要的,因为不论我们用二者中的哪一种去解释另一种都可能会出现问题。

二、知识与境界所获得的方式不同

如果我们承认知识的对象与个体的理想信念是有区别的,那么我们在认识的维度上如何去说明它,它就转变成这样一个问题:认识的方法与获得的途径是怎样的,即知识的获得与心灵境界的获得二者的方式有什么不同。

（一）知识获得的可能方式

我们如果承认知识的对象是"是"和"是的东西"，那么，知识的获得似乎就可以通过"什么是什么"的方式来进行简单区分，也就是说，按照知识就是"被证实了的真的信念"来看，当一个信念涌现在个体心中时，它要形成正确的认识，或者说形成知识，那么我们可以做的事情中最基本的就是把这样一个信念用一种方式进行证实或证明①，只有在这样的证实或证明的过程中，我们才可能知道它是否真的属于"是"的领域以及"是什么东西"，即是否能成为知识。按照"什么是什么"的思路，我们可以有两种可能的获得知识之方式，一种是与经验证实相关的，它可以表达为经验性的命题，它是有意义和有实指的，它可以通过经验命题来说明；一种是与逻辑推演相关的，它可以用一些符号体系来形式化地进行表达，即它可以依其内在逻辑理路进行演算和证明。

1. "是"和经验证实

(1) 经验命题的证实

"是"的第一种情况是与经验事实相关的，我们可以从两个小的方面来理解这种方式：首先可以从命题这个角度来看，一个经验性命题的特点就是它可以不断地由"什么是什么的方式"来往下说明。当断定"什么是什么"的时候，它一定有所指向，且可以由相关对应事物而确定。举例来说，当我们说"这是一本书"，那么证实这个判断能否成立，只需要借助视觉经验去察看。无论何时，只要我们在正常的感官之下，对于这个命题的证实思路就是比较清楚的，这个命题在一定的条件下总能得到两个判断，这是一本书，或者这不是一本书。只要我们都看到存在一本书，那么这个命题的证实就可能完成了。与此相对的情况就是：对于一些不能在经验的意义上证实的命题，即它们在经验中可能不能予以证实的，比如说"这是上帝的使者"，对于这样一个命题，我们不得不说它实在难以成为经验证实的对象。对于普通人来说，上帝的使者是个什么样的东西我们完全没有经验，因此，我们不可能对这个判断有所证实，即不能形成

---

① 本文参考的知识论中关于证实的问题，具体参见胡军先生的《知识论》关于"证实"的论述。

正确的认识或知识。从这个角度来说,作为最基本的经验性命题与规定,我们顺着"是"的思路往下走,如果能得到"是什么"的确切答案与证实的可能,那么它就可以称作知识获得的方式之一。

(2)现代实验的证实

如果从命题的角度简单地区分原则上何者可以证实和何者不可以证实,那么这只是从经验知识上讨论何者是可以证实的,何者是不可以证实的,即但凡可以从经验角度来予以确认与认定的命题都是可以证实的,即可以形成知识,它能够从"什么是什么"的方式中得到一些答案。

除了从命题的角度来说明经验证实的可能,我们还可以从另一个方面来理解经验知识获得的方式,即现代科学的实验方法。所谓现代科学的实验方法,就是指现代科学中各种专业和学科中所预先设计好的物理、化学、生物等的各类实验。这样的实验虽然与简单命题的证实相关,但是,它更加复杂和系统地面对了这个问题,即任何一个现代实验室及特定的个别实验,它都在实验之前设定有一个需要证实的对象以及实验设想,当不能确切地知道设想,或有待证明的东西能否成立之前,我们不能一开始就断定它如何如何,而是必须通过实验来证实相关对象,如果实验佐证了我们之前的设想,或者我们得到了想要的实验结果,那么我们就可以说它得到了证实,否则就只能说没有得到证实,只有得到了证实的内容才会被确立为知识,而没有得到证实的内容则暂时不能成为知识。因此,现代科学实验在一定程度上为证实提供了一个强有力的说明途径与系统方法,同时,它也是经验证实的成熟形态与有力支柱。科学实验已然成为经验证实的经典范例,这种方式构成了我们获得科学知识的基本途径。

2."是"与形式证明

所谓"是"与形式证明,简单来说,就是指纯粹数学、几何学、逻辑学的方式,即从定义、定理、命题、符号化的体系进行推演的证明方式。在这种情况下,我们发现它与经验证实的方式不太一样,因为在此过程中,我们并不需要时时刻刻借助于经验,恰恰相反,经验事物往往还要符合它才可以更好地被人们理解与认识。这种方式的特点就是:有待证明的命题或论点,我们可以从之前的定义与公理或相关命题中引申出来。也就是说,"是"的新内容其实早已包含在"是"的前设之中了,"是什么"则可以从相关的命题或界定中直接"分析或证明"出来。这种命题通常被称为分析命题,这种方式简单来说就是纯粹数理推演的方式。随着数理逻辑的出现,这种形式中数理化、符号化、形式的取向越来越明显,运算到处存在,它虽然看似远离经验,但是,它甚至成了经验分析之前的基础性事件。"是"越来越被人们数理化、形式化、符号化,"是"可以是什么,它不断地以新的形象展示在人们面前。但无论如何,"是"是什么,它所包含的意义能否成立,越来越依赖于其形式体系之内的一致及其证明过程的成立。当我们发现"是"可以是什么的时候,如果它能顺利地通过证明过程,并被直接形式化,那么它就意味着一种新知识的产生,而这种新知识就是形式证明的结果。

(二) 心灵境界的获得方式

如果说知识的对象有以上两种基本的获得方式,那么经验的证实与形式化的证明对于获得知识本身来说十分重要,这个过程实际上就是对信念的真实与否进行验证的过程。相对而言,如果我们要获得唐君毅先生所说的心灵境界,是否也能够通过类似的方式获得? 如果可以通过以上的方式获得,那么关于心灵境界的看法自然可以形成知识;如果不能,那么它就必须要说明心灵境界的获得何以可能的问题。

心灵境界关注的对象与知识不同,上文已经提到,心灵境界关注心灵本身及其性质,确切地说,心灵境界关注一个作为无限完满、自足神圣的心灵本身的存在。对于这样一个对象,我们已经分析到,它要作为一个认识对象被我们认识到,这本身存在相当大的困难,具体来说,其理由可能有以下两个方面:一、它不可能被形式化,也不允许被形式化;二、虽然经验对于认识心灵本身及其性质十分重要,但是经验终究不能说明这样一个完善自足的心灵存在,它或许只能提示与提供一个反省到心灵本身存在的机会和途径。

1. 不可形式化的心灵

所谓不可形式化的心灵,它是指把心灵本身及其性质当作"是"的话,那么,从这个"是"中,我们如何可能分析出"完满、自足、神圣、无限"等"至真、至善、至美"的性质? 从纯粹的形式化过程,我们没有办法按照形式化的方式证明有一个如此存在的心灵,以及它包含各种无限完满等的性质。因此,要对心灵本身进行先天的分析证明实在有些困难。

当然,对于这样的批评,唐氏可能会有两个方面的回应:第一,如此形式化的分析过程就已然表明心灵活动提供了形式化的可能;第二,心灵本来就不需要、也不可能被形式化,而毋宁说一切形式化的证明过程及相应的范畴都是由心灵本身及其性质给定的,反过来则不成立。

(1) 可形式化的"是"与人类心灵的关系

当我们比照知识的获得方式来求索心灵的认知及其性质的把握时,我们所有的分析和证明过程都是建立在一个前提之上的,那就是心灵本身的存在以及作为主体的心灵本身的性质规定,在唐氏看来,这是毋庸置疑的,恰恰是各种分析的心灵活动本身表明了心灵的存在及其性质。心灵活动为形式化提供了可能性与前提。关于这一点,我们并不否认一个心灵的存在及主体的性质规定了我们的认知过程,它的确是我们形式化的证明方式存在的前提,可是,我们的问题却不在这里,这一点上我们与唐君毅并无不同,我们的问题恰恰在于:从这种形式化的过程中能否上升和导出一个神圣完满、自足无限的心灵本身?[①] 这种可形式化的东西是否仅仅是心灵的附属产物,还是它本然就存在而属于"是"的范畴,通过人类心灵我们发现了它? 它会不会由于人类生命的终结或生物种群的不同而不同? 我们认为,由这种形式化的东西所传达出来的东西恰恰不能随人类生命的终结而不同,因为它属于"是"的范畴,并且它能导向一个清楚的"是什么"的内容,但是,它却推导不出神圣完满等类型的性质。

(2) 超越的心灵不能被范畴、概念规定?

面对唐氏第一个可能的回应,我们是从人类作为经验性的存在来说

[①] 柏拉图可能也会持类似的看法,认为事物之被认识,是有着像太阳光一样的善作为条件的,他说:"我们看到,你可以说,对于那些被认识的事物来说,不但它们之所以被认识是从善那里得来的,并且它们的'是'和它们之为'是'的东西,也是由于善而为它们所具有的,而善,它并非'是'的东西,相反,它是不论在尊严上和力量上都更加超越于'是'的东西之上的。"(〔古希腊〕柏拉图著,顾寿观译,吴天岳校注:《理想国》,第 313—314 页)

的,其认知对象及其结果并不必然随着人类心灵及其生命终结的变化而改变,那么唐氏的第二个回应则直截了当地否定了一切以经验、概念、范畴的方式来言说和规定超越性的心灵之可能。简单地说,就是他根本不承认诸如此类的神圣、无限、完满、自足等语言与概念范畴能够最终把捉到心灵本身及其性质。如果从这个角度来说,他又回到了否定式的思考方式,所谓否定式的思考方式,就是用"不是""非是"的方式来说明类似问题。我们在对唐君毅"观照凌虚境"关于语言哲学的分析中发现,他用了一种非常典型的"唐氏说法"来表达这种看法,即用"非是""否定""负面"的说法来进行表达,比如说,他认为"心灵不是有限的,不是……,不是……",从而他认为这样做的结果就是把人们对于心灵的认知从一种狭隘的判断和思考方式中拉开一定距离,进而使得心灵指向一些不确定的领域,如此一来,当我们把这一切剥落以后,我们才可能真正知道心灵本身是个什么样子。因此,概念、范畴以及经验凭借的一切工具,对于唐君毅来说都存在相当大的困难,因为唐氏对认知工具本身怀有深深的芥蒂,认为这种追求确定性的思考方式并不能获得关于心灵本身及其性质的正确认知。

面对这样一个回应,我们提出几点质疑:第一,人如何可能离开这些概念、范畴、经验凭借而进行思考或认识唐氏所谓的事物,包括心灵本身?第二,所谓不能用这些确定的方式来认知心灵本身是什么意思?这怎么可能发生?第三,当我们说不是什么时,其实我们或许什么都没说,它如何可能把我们引向更加正确的方向以及对心灵本身的认知?为什么从它出发会形成关于心灵的正确认知,而不是其他东西?这种认知怎么成立?总之,这一切都显得疑窦丛生,尤其是在认知的领域中来讨论这个问题更是令人难以接受。

2. 作为注脚的经验?

如果说不能形式化对于心灵本身的认知和把握是必然的,那么通过形式化的纯粹分析就不能作为对心灵本身及其性质认识的途径和方法,更进一步说,也就是说我们不能通过形式化的方式来获得心灵境界。

不能通过形式化的方式来获得心灵境界,那么我们能否通过经验来实现心灵境界的确证和获得呢?我们可以看到,对于唐氏来说,需要证实的心灵本身之存在及其性质是这样的：一、心灵本身的存在是超越性的，它不受经验限制；二、心灵本身的性质是自足完满、神圣无限的，它作为一个有待证明的对象是非经验性的；三、个体的存在，作为经验性的类属，他又可以通过经验而获得关于心灵本身及其性质的认知。唐氏不怀疑个体可以通过经验性的实践来把握和认识到一个超越性的心灵本身及其性质，如此，经验的地位就会显得相当尴尬，作为每一个现实的个体，都是有限的经验性存在，经验性的个体可以把握到超越的心灵本身及其性质，心灵本身的存在及其特点又不能完全通过经验来把握，如果这个问题不作说明和合理的处置，它就会留下一个难解的矛盾：经验性的个体可以把握到一个超越的心灵本身及其性质特点，同时，经验性的个体又不能通过经验完全把握到它。因而，经验的功能与作用就会是一个尴尬的角色，尤其是当我们把经验作为认知的重要来源时更是如此。

面对这样一个困难，有种思路是这样解决问题的：把心灵本身及其性质当作主体的自我立法与先行设定，从而认为它是先于经验的纯粹法则，个体作为经验性的存在，其超越性的意义恰恰在于他能够纯粹地为经验世界立法，从而规定个体的道德实践与经验的道德价值，进而把一切经验都纳入一个本体界的心灵进行统属。唐氏或许会同意这种思路，因为他要对其心灵本身及其性质进行说明，似乎这个思路比较顺畅，但是在唐君毅先生这里，他的三个倾向使得以上解决这个问题的思路变得难以适用：第一，唐氏的这个心灵本身及其性质并不是道德法则一样的普遍公设，而是一个存在性的、不能进一步规定的超越对象，类似于上帝；第二，面对这样一个超越的对象，由于经验常常无法企及，所以有时唐氏抛开一切经验来谈论对它的认知问题；第三，由于唐氏把这个超越的对象之把握及其与个体的关系经验化，认为历史上有一些经验个体（比如中国历史上的圣贤之士）道成肉身，已然把握到了超越的心灵本身、并达到了与超越对象一体的境地。因此，唐氏在引进历史与现实经验事实的过程中，就不可避免地把"经验性的个体"与"非经验性"的超越对象二者混淆起来。从而，纯粹的道德法则之解决思路就在它被经验现实融化的过程中变得不再适用。因此，经验的地位对于唐氏来说就仍然是矛盾的，尤其是解释它对于心灵本身的认知及其把握时更是如此。

当我们把经验作为纯粹法则的实践起点，那么实践中的经验个体的确可以、也是唯一可能的通向道德法则与道德世界的主要载体和实现路途，但是经验个体绝对没有办法完全达到甚至等同于道德法则本身，因为二者在根本上是不同的。当唐氏试图逾越这一界限时，他对经验的阐述就会不自觉地将其超验化，或者把超越的心灵本身经验化、现实存有化，这样一来，唐君毅先生的经验之于心灵本身的把握和认知就是一个矛盾体。因此，对他来说，经验之于心灵本身及其性质就只能是一个注脚，作为一个必须承认自己是经验性的个体而进行道德实践的人，他必须通过经验这个途径；而当有限的经验个体没有办法在有限的生命里达到相应的理想设定时，此时经验就被唐氏一脚踢开。经验既有道德实践的意味，也有通过道德实践来把握和认识心灵本身及其性质的作用，因此，唐君毅先生这个经验既是确证心灵本身及其性质的途径，又是认知心灵本身及其性质的方法，但是通过上面的分析我们发现：唐先生不区分经验对于心灵本身及其性质的认知和实践作用的差别，这样的做法就必然导致他一方面放弃超越性的心灵对于经验性的道德实践之优先性与纯粹性的主导；另一方面，由于超越的心灵本身及其性质本来就不是需要通过经验来认知的对象，毋宁说它是先行的和实践的起点，当唐氏试图把历史中的经验个体强加给它，认为曾经有历史人物与之合一了，从而肯定可以通过经验性的认知来把握心灵本身及其性质，或者说通过认知还原一般的心理描述就可以达到对心灵本身的认知与把握，这必然会导致实践意义上的经验被误用和扩大到认知领域，从而混淆二者、使得纯粹理性领域的道德世界不纯粹、不稳固，同时，还使得需要经验限制的知识领域越出经验界限而出现超验运用，进而使科学知识迷失自身。如此一来，唐氏认为的经验甚至连作为认知的注脚都难以成立，更不用说它能够作为心灵本身及其性质的确证与获得的途径了。

如果唐氏所说的心灵境界之获得在知识获得的两种基本方式上都不能达到他想要的效果，那么这是他坚持把本来就可能不属于认知领域的内容强行安置了道德实践领域中的内容所导致的。虽然唐氏念念不忘道德实践与德性养成，圣贤人格与成己成物的教化诉求一直都是唐氏

第五章　知识与境界的内在紧张之原因及真实意蕴

念兹在兹的终身大事,但是,对德性领域、道德世界的强烈关怀却并没有让唐君毅先生对于如何达到他所说的心灵本身及其性质的自觉(德性领域、道德世界)给我们展示出一个清楚而明确的思路与方法。这一点我们在上文略有提及,在对唐氏的心灵境界获得的途径的分析中,我们似乎仍然没有发现一个可行的方法与确切的思路。这个困惑使得我们在明确地知道心灵境界的获得与知识的获得有着根本区别之后,就只能为了避免再次陷入困境而放弃对唐氏所能给出的路径之寻找,而是试图寻找另外一个可能的方式去理解唐氏对心灵境界的获得所做出的解释以及可能性。

三、境界与知识所指向的目标不同

跳过对唐君毅获得心灵境界的方法与路径之寻找,这既是不得已,也是我们进一步讨论的必要,如果我们说唐氏并没有给出一个普遍的、令人信服的路径去告诉和指导人们获得相应的心灵境界,那么这不能不说是个巨大的遗憾。不过,如果说特定的心灵境界并不是唐氏所要开示给人们的终极出路,那么他没有给出具体的方案与路途倒也无所谓,当他把一切都推向终极的目标与方向时,即对心灵本身的存在及其性质的自觉时,这样的终极目标就不再是可以放弃的了。也就是说,这个目标和终极方向是唐氏不能不坚持的立场与终极指向。因此,当我们专注于唐君毅这样一个目标与方向,也就是唐氏境界论最终所指向的目标,我们仍然还需要理解这个目标,关于这个目标,他到底说的是什么意思?要做到这一点,要达到这个目标有没有实现它的具体方式与经验路途?

就个人对唐君毅的思想之理解来看,他所谓"反省到心灵本身的存在及其性质之无限完满、神圣自足",这样一个终极目标,对于个体来说实在不是一个现成存在的东西,如果我们联系他早年提到的"心之本体之自觉而不陷溺"这样一个特点,以及他对自己的谦评"执见甚深,胶滞锢蔽"①,以及《生命存在与心灵境界》的终点落在"性情之形上学"②这三个方面的内容,我们有理由把唐氏所理解的心灵本身及其性质放在"情"的角度上来简单理解和阐明他的心灵境界最终指向的是一个什么样的东西。性情是中国传统哲学讨论的重要内容,在唐君毅的思想中它仍然是一个非常核心的话题,但是为了便于理解,又不至于牵涉太多的关于性情问题的哲学史回顾,我们尝试以对唐君毅先生的理解以及相对通俗易懂的方式来解释这个问题,即唐君毅先生所谓的心灵境界,或者说心灵本身及其性质的自觉,到底指的是一个什么东西。实际上我们认为:他就是要告诉我们如何处理个体"情"的问题("喜、怒、哀、乐、爱、恶、欲"),所谓的"情",此处我们认为主要指情感、情欲以及情绪这三个方面的内容,更确切地说,唐氏认为:个体如果在对待这三者的问题上采取了一个合适的立场与正确的心态,那么,它带给个体的收获就是所谓的心灵境界。

(一)心灵境界与"情"的合宜表达

如果以上的判断大体可以成立,那么如何处理个体"情"的问题就事关唐氏所谓的心灵境界以及达到对心灵本身及其性质自觉之可能。

性情当中"情"的范畴本来是一个涉及极广,且在中国传统哲学中相当精微的范畴,但无论如何,它都是事关"人情"的。当我们把"情"放到人情当中来理解时,它又不可作更多发挥,它涉及三个方面的"情"之内容十分重要,即情感、情欲、情绪。这三个方面的内容仅就人类普遍情况来看,它对于任何个体来说都是与生俱来的,它们也可以通过经验进行验证。正是通过对这三者的合适处理,我们可以说一个人所获得的就是相应的心境或说心灵境界。

1. 情感与个体的道德性存在

此处所谓情感,主要指发生在经验个体身上的各种情感,即经常被

---

① 唐氏在《生命存在与心灵境界》的后序对其为学经历的回忆中对自我有过这样的说法:"忆当时与牟先生闲谈所触发,尚多过于熊先生谈者。熊先生聪明睿智,表里洞达,而吾则执见甚深,胶滞锢蔽;吾由熊先生之言,自亦有所开通。"(唐君毅:《生命存在与心灵境界》,第676页)

② 唐君毅:《生命存在与心灵境界》,第690—699页。

第五章 知识与境界的内在紧张之原因及真实意蕴

提到的诸如爱情、亲情、友情、爱国之情等,这些情感现象被人类普遍地认可,人们认为它们广泛地存在于人类诸个体之中,甚至有的个体非常丰富地拥有各种情感。这种情感的存在被认为是人类拥有的特殊现象,但无论如何,它的存在既有来自生理与心理的条件与学理支撑,又被人们广泛地承认和称道。如果把情感扩大到一种自觉地对万事万物都抱有情感的状态,那么这种情感性的东西似乎就可以不断地被投射到各种人、事、物身上。我们经常说的同情,实际上就是情感正常发用和自觉表达的状况。正是基本于这样一种看法,情感对于人来说就有两个方面的特殊意义:一、情感的存在与自觉地珍视使得人类不同于草木瓦石;二、情感的对象可以非常广泛,情感的表达(即唐氏所谓同情共感①)往往可以带给个体一种与对象一体的心灵体验。② 因此,情感对于人类而言就是一个非常值得注意的领域。

在唐君毅这里,他赋予了情感以非常重要的地位,其中具体体现有几点:一、他经常提到所谓"有情众生"的说法,而人类独有自觉的情感,并能对他人它物予以同情;二、同情共感就是对他的"感通"说的另一种通俗诠释;三、情感由人而发,对象由"近及远、由亲至疏"可以扩大到世上的万事万物,在情感发用和表达的过程中,人能产生与万物同体的感觉。正是基于这样一些看法,他所谓的情感就在"同情共感"和"与物相连"的意义上赋予了情感一种特殊的地位,这便是情感事关个体道德性

---

① 对于同情共感,康德在其《道德形而上学》一书中也有类似看法,他甚至认为"同情的感受完全是义务",他说:"同甘和共苦(sympathia moralis[道德上的同情])虽然是对他人的快乐和痛苦状况的一种(因此可被称为审美的)愉快或者不快的感性情感(同感、同情的感受),自然早已把对它们的易感性置入人心了。但是,把这种易感性作为促成实际的和理性的善意的手段来使用,还是以人性(humanitas)为名义的一种特殊的、虽然是有条件的义务?因为在这里人不只是被看作有理性的存在者,而且也被看做赋有理性的动物。现在,这种易感性可以被设定在就其情感而言互相传达的能力和意志之中,或者只是设定在对快乐或者痛苦的共同情感(humanitas aesthetica[审美的人性])易感性之中,这是自然本身所给予的。"([德]康德著,李秋零编:《道德形而上学》,《康德全集》第6卷,第467—468页)

② 参见亚当斯密《道德情操论》中关于同情的论述。([英]亚当斯密著,谢林宗译:《道德情操论》,北京:中央编译出版社,2011年)

存在的意涵。简单地说,无情感的人就是无同情心的、与人物疏离的、不道德的人。也就是说,唐君毅在一定意义上已经把情感放在了作为评判个体道德与否的标准上来谈论情感。这是一种典型的情感道德论,即是否拥有情感和情感是否正常地发动是评价个体道德与否的衡量尺度之一。

我们在上文分析了把情感作为道德尺度的问题,由于情感本身的性质所限,它难以成为清晰和确定的标准,而且情感极具个人特色,情感的变化也时常发生,因此,广义上的情感要作为道德尺度相当困难。但这并不影响唐氏把情感当成非常重要的内容而作为个体道德性存在的评判尺度,其原因就在于:一、情感让人类的存在有了独特的意义;二、同情共感所带来的与事物一体的感觉非常重要(在唐氏看来,它是无主客之分的)。因此,情感就从一种普通的、经验性的人类现象变成了一种具有纯粹性的道德意义的东西,正是情感的健全和正常,"人"才成其为人。这样的看法包含两层意思:一、情感是一种普遍的人类现象,但是情感的正常并不总是人类的常态,比如麻木不仁、冷漠无情、甚至残忍之人也屡见不鲜,这是事实层面的事情;二、情感如果成了人之为人的重要依据,那么它在应然层面上就要求所有人都应该具有正常的人类情感,但凡无情残忍之人出现,就可以指认其非人或者为不道德的人。也就是说,在唐氏这里情感实在是一个非常重要的、事关个体人之为人的依据和重要内容。那么,导向情感的正常与健全就是唐氏所谓的心灵境界的重要目标与内容之一。进一步说,个体情感正常与健全所体现出来的"同情共感""与物一体"的感觉是非常重要的个人体验。

2. 情欲与个体的自我节制

如果说情感作为一种相对稳定的人类心理而存在,那么把情感当做人之为人的依据之一就是要把人导向情感性的存在,并发现情感对人类的重要意义。

"情",除了情感层面的内容外,与人类欲望相关的部分通常被称为情欲,所谓情欲,既可以指狭义的个体生理层面的内容,比如食色之类,又可以指广义的个体的一切欲求。《礼记·乐记篇》中说:

人生而静,天之性也。感于物而动,性之欲也。物至知知,然后好恶形焉。好恶无节于内,知诱于外,不能反躬,天理灭矣。夫物之感人无穷,而人之好恶无节,则是物至而人化物也。人化物也者,灭天理而穷人欲者也。于是有悖逆诈伪之心,有淫佚作乱之事。是故强者胁弱,众者暴寡,知者诈愚,勇者苦怯,疾病不养,老幼孤独不得其所,此大乱之道也。①

也就是说,作为生命存在的人类个体,只要与外物相接触,他就与生俱来地具有各种自然的生理欲望与好恶诉求。同时,除了自然生理所赋予的感性欲望之外,人还有各种被社会影响和制造出来的非感性欲望,这些欲望的共同特点就是与人情紧密相关,也就是说,它能够引发人类之情的另一个维度的东西,这便是作为一种非感情意义上的欲望诉求。这种东西的存在也被人类广泛地认识到,然而人们对待情欲历来有截然不同的看法和立场,个人以为,哲学家对于情欲至少存在三种不同的看法:一、肯定和褒扬人类的各种情欲,并把它当作个体正常的生理和生命现象;二、否定和批评情欲,认为情欲的存在对个体自身以及对人类社会整体都是有害的;三、折中前两种情况,既认同人类正常的情欲诉求,又主张对人类情欲进行适当克制,从而防止人的情欲之泛滥。对于唐氏来说,对情欲的态度比较接近折中的态度,这可以从他对人类的生殖繁衍与家庭生活的肯定性论述中看出端倪,他并不是一个极端的情欲批评者。但是,对于人类自然欲望的肯定以及人类各种需要的认可并不意味着可以放任情欲的泛滥,而是要坚持对情欲进行合理的节制与管辖。这种对情欲的态度实际上就是如何面对个体自身的各种欲望诉求的问题,在对人类及其自身的欲求进行认知与把握的前提下,我们需要做的事情就是适宜地处理和对待情欲问题,即对情欲进行节制和调控。唐氏在其《生命存在与心灵境界》的后序中有过这样的说法:

---

① [清]孙希旦撰,沈啸寰、王星贤校点:《礼记集解》,北京:中华书局,1989年,第984页。

然人生必求乐,唯绝欲乃能得乐,故人类最后皆必绝欲,以入于类似涅槃之境,亦为其必求乐之因所决定。吾当时固亦不信佛家唯识之论,而以心外之物身体之物,应亦为实有,然后有吾人自此身体之物质超拔之要求。然此一绝欲之思想,固与佛家小乘思想同一趣向。吾于青年之时,何以有此思想,似难解。然实则亦正由于青年时之多欲之故。人之多欲者,即更有此去一切欲之一大欲也。①

因此,如果说境界论的目标可以从情欲或欲望这个角度来进行说明,那么欲望的存在以及对欲望进行处理就是他的题中应有之义。在唐君毅这里,他大致是对情欲一方面肯定,另一方面要对其进行合理节制,这应该是他对待情欲的基本立场。如此一来,得到节制和处理的个体情欲就在一定程度与范围内被导向一种合宜的对待情欲的态度("发而皆中节"),从而期望达到一种特定的个体状态与心理境况。

3. 情绪与个体的自我条理

如果情欲还是指一种有清楚对象的欲望诉求,不论是生理的,还是非生理的,那么情欲的满足与节制就一定程度上与个体要摆脱一种对象性的东西之限制相关。而当我们谈论到"情"的第三个内容时,它更多的指个体心理层面上的,它可能并非与一个对象直接相关,它就是情绪。当我们谈论情绪时,常常指个体心理体验层面的东西,诸如烦躁、忧虑、感伤等等非理性的内容。这种东西也比较常见,个体莫名其妙的情绪体验与心理现象经常在人们的日常生活中以及心理学讨论中出现,其真实性是毋庸置疑的。对于情绪而言,它更多地偏重个体内在的特殊体验,情绪的出现以及消失虽然受到来自外界与自身的影响,但它有时候更多地属于非理性的范围而难以捉摸和考究,不过有一点可以肯定的就是:情绪的出现往往对个体影响巨大而且可能偏向消极,它往往把个体拖入一种难以自拔的陷溺境地而无法自处。因此,面对这样一种状况,理性的要求常常是希望让个体的情绪得到管控与条理化。如果我们从情绪的角度切入来讨论"情"的第三个内容,那么情绪的条理化就是要使容易

---

① 唐君毅:《生命存在与心灵境界》,第 671 页。

陷入不定的情绪影响下的人们获得一种相对自主的状态。因此,把情绪进行合理的管理和调控就是个体自修的重要方面与极其必要的内容。

4. 情的适度与心灵的空灵洁净之诉求

从情的角度来看,我们上面提到了"情感、情欲、情绪"三个方面的内容对于个体的影响与意义,无论唐氏是否同意我们从这三者的角度来理解其心灵境界,或说心灵本身及其自身的性质,但我们可以肯定的是:这三个方面的"情"之内容可以被人们普遍地接受,也可以进行讨论和把握,所以当我们从这个角度来理解唐君毅的心灵境界时,就可以把心灵境界的获得转化为这样三个问题:一、如何培养和保持个体各种正面的情感?二、如何适当地节制与处理个体的情欲与消极影响?三、如何管控个体非理性化的情绪?简单地说,就是如何使"情"得到合理与正常的表达。具体来说,我们可以从这三个小问题针对性地进行考察和讨论,提出三种可能的方式,从而切入心灵境界之讨论,这三个方面的着力,以及其起到相应的作用,它应该就指向唐氏所谓的心灵境界之获得。

首先,情感的扩充与培养似乎就是对心灵本身进行回溯的基本路径之一。也就是说,心灵本身的活动可以通过各种情感而得到认定与把握,于是情感作为一种既定的人类要求是需要进行专门呵护和陶养的,它对于人类而言无疑是十分重要的东西。但是,我们发现情感的表现过程中常常会连带地把个体的好恶卷进去,同时,由于真实的情感容易指向一种比较固定的与对象相连的感觉,即真切的一体相连的感觉,这在个体的情感体验中非常容易理解到,比如父母子女之间的感情,对于能体会到它的人来说,那是一种非常真实的一体相连的情感。但是,正是这种一体相连的感觉与指向固定对象的情况之存在,因此,我们常常倾向于保持这种情感以及与情感对象之间的关联,不愿从这种情感中走出来,更有趣的是:它试图保持自身的统一性和完整性,并希望从其情感的指向处获得同样的回应。事实上,情感指向所要求的保持完整统一以及希望能从情感指向处获得相同回应的倾向却往往无法得到满足,因此,人的情感就很容易陷入无着而自伤的境地,那么这对于情感来说就开始走向反面了。本来情感的正常发挥对个体来说非常重要,然而当它遭遇无着或意想不到的情况时,它就以一种情感危机的面貌呈现出来,因而,此时它极力想要摆脱的也就是情感的充沛和丰富本身带来的困扰。那么,如何获得一种对情感本身的肯定,以及同时对它无着无依时仍然能够保持情感的正常发用与表达,这就是心灵境界获得的一种可能方式。或许正是对情感本身的肯定以及它带给个体的存在感,情感才越发可能成为唐氏所谓的反省到心灵本身的存在及其自身各种美好性质的途径之一。

其次,对于情欲的节制也可以看作是另一种可能的通往唐氏所谓的心灵境界的方式。情欲虽然不像情感那样全部被肯定下来,但是由于唐氏并不持极端的否定人类情欲的态度,因此,他如何处理情欲的问题就是一种重要的通达人类心灵境界的途径。简单来说,对待情欲的态度就是在肯定人类与生俱来的各种感性欲望的同时,并要求对其进行合理的引导与适当的节制。通常,我们认为欲望会蒙蔽个体的理性、良知等,所以严苛的思想家基本上不同意把欲望与情欲当成是一种正面的东西,更不赞成欲望满足所带给世人的快乐,但由于唐氏并不持这样的看法,他不反对人的自然欲望,也同意一些社会性的欲望之合理,因此,这样一来,如何把情欲或各种欲望放在一个合适的位置,以及如何评判个体遭遇具体情境时的欲望表达,这就是一个非常复杂而难以把控的事情。所以,对于唐氏来说,如果肯定了人类情欲的正常表达,那么何谓正常表达以及怎样的情况算是逾越了界线,这些问题就需要在原则上与具体可操作的层面做出一个说明。因此,对于唐氏来说,可能他会主张找一个适宜的尺度来划定情欲表达的合理区间,比如以特定的社会规范以及个体的自我判断等作为合理的内容来范导和节制个体情欲。也就是说,一旦找到了一个合适的评判和规范个体情欲的方式或标准,以及按照它去实践就可以达到相应的效果,那么我们说情欲的节制与合理化就会为个体提供了一种相对平和的心境与心灵的自持方式。

最后,情绪如果一开始就是需要管控的对象,那么如何处理个体的情绪问题显然对于心灵活动的正常运行就是一个重要的前提条件。当各种情绪侵扰个体心灵时,我们常常难以正常地运思和生活,更不用说获得一种相对平和的心境了,因此,对于情绪的管理和疏导对于实现正常的理性思考无疑是非常重要的。

综合以上三种情况,由于情感本身非常重要,它的培养与发用是需要从正面进行引导的,但是情感本身的统一性与固定性要求又使得个体容易黏附于具体的境物,从而使心灵本身出现为情境所困的问题;由于情欲本身无穷无尽,它可以对人类正常的理性与良知造成威胁与冲击,因而如何在一定程度上承认情欲的合理,同时又对情欲进行合理的节制与规范,这就是拥有欲望的个体时时需要注意的问题;由于情绪的无端无理,它常常会干扰个体正常的生活与思考,如何对情绪进行条理化和疏导就是受到情绪困扰的人们不得不面对的问题。因此,"情"所发散出来的这三种类型的东西都需要在一定程度上予以引导和裁抑,而对其进行引导和裁抑的指向就是一个合理的、适度的、洁净空灵的心理状态。如果我们把情感、情欲、情绪合理处置之后,达到的那个心灵状态就叫做相应的心灵境界,对三者不同程度的处理就对应于不同的心灵境界,心灵境界的终极指向就是一个"适度合宜、洁净空阔"的心灵状态,而对"情感的正常引导"、对"情欲的裁抑节制"、对"情绪的条理化和管控"就是通达心灵境界的可能方式与主要途径。这便是试图从"情"的角度来理解唐氏所谓的心灵境界到底意欲何为的个人见解,而当个体的情感、情欲、情绪都得到了比较合理的处置时,我们或许就可以理解到唐氏所谓的心灵本身以及其自身的性质可能是个什么东西。

(二)知识与确定性

知识的对象是"是的东西",知识追求的目标是确定性,也就是说,相对于治理"人情"来说,知识的目标与指向是得到一个认知上的确切答案,不论是通过"经验证实"的方式,还是通过形式化的"逻辑演证方式",它始终要求获得一个确定性的东西方才罢休。

1. 是什么与为什么

实际上,我们说知识追求一个确定性的答案,在认知的立场上来说就是要确切地解释"是什么"与"为什么"的问题。所谓"是什么",可以沿着上文提到的"什么是什么"的方式去证明或证实一个信念到底指什么的过程,所谓"为什么"就是去解释和探寻一个发生的事情或现象背后之真相之过程,"为什么"的提出就是针对一个问题或现象而发出的疑问,而"是什么"则直接由这个现象引发对现象背后的东西之思考,从而得到一个关于"是"的对象之正确认识,或者说形成知识。无论如何,当我们的认识过程不可避免地发生时,我们常常需要对认识对象进行确证,并清楚地得出"是什么"东西,只有这样,我们才可以放心地说获得了一个正确的认识或知识,只有在不断地被重复和被验证的过程中,一种认知或知识才可能被确立起来,知识必须是清楚的,也必然要求确定无疑的答案,这就是知识带给我们的,也就是知识所要指向的目标。知识的要求与目标显然不同于上文提到的心灵境界所关注的内容,如果说从"情"的角度去解释心灵境界以及如何达到心灵境界是可以得到认可的,那么对"人情"的研究以及如何去处理和面对"人情"的各种表达则是两个不同侧面的事情。

2. 选择与做的方式

如果说个体的情感、情欲、情绪是普遍的人类现象,那么对于这些"情"的内容之研究是可以作为知识的对象的,这些现象的发生只要在一定的生理、心理条件具备的情况下,就会适时地出现,也就是说,它们可以被确凿地研究。比如说对于情绪的研究,当对特定的个体进行个案研究时发现,有些人在天气比较阴沉时会出现一定程度的心理压抑,心理压抑出现时伴随着相应的生理现象的发生,从而,我们大致可以得到一些对心理压抑问题的经验性认识或知识。诸如此类,我们可以通过观察和实验不断地获得一些可被反复验证的结论和认识,这些结论和认识结果如果具有解释力以及普遍有效性,那么它就可以被确立为知识。这是关于"是什么"与"为什么"的考察与研究方式,当我们清楚地了解和把握到这些知识时,当个体处在相应的环境之下,我们就可以概然性地预见到相应的行为与生理、心理现象可能会怎样发生。这便是知识的形成与运用的过程,它基本上表明了个体受到固定规律和条件影响的过程,此时知识可以告诉我们它到底是怎么一回事。相对知识而言,当获得了诸如情绪之类的知识时,我们作为人类这样的个体在面对个人情绪时,却往往不一定会按照知识规定或指示的方式去化解和面对情绪问题。在个体要选择如何做的时候,他就表现出了特定的选择性,比如说即便在情绪极其糟糕的状态下,我们有时还选择去做一些知识意义上不太合适的事情,而不会因为情绪问题而放弃个体相应的选择或应该做的事情,而不是跟随关于情绪的知识告诉我们如何行事。选择之于个体不仅仅表现在对情绪的控制上,而且还表现在对情感、情欲的处理上,当我们明明知道从知识的角度来说可能会发生一些什么事情,可是这些可以预见的事情并不能阻止人们作出与知识相违背的选择。这看起来似乎比较奇怪,也不符合人类知识的要求,但是,把它放在人类自身的事情之上,比如"人情"之上,或者与个体相关的其他诉求之上,这时候往往会形成完全不同于知识规定的看法及选择。诸如对情感的培养与克制,对情欲表达的排遣与节制,对情绪的规范与条理,这些内容在知识的意义上是可以按照一些研究成果来相应地进行处理的。但是,往往对于个体而言,有时人们所追求的并不是顺应关于它们三者的知识去解释问题,而是有选择性地进行自由处理,此时很少存在严格与知识一一对应的选择。因此,或许我们现在大致可以理解唐氏所谓心灵境界的追求或者对心灵本身的反躬自省到底意味着什么了:在我看来,它实际上就是一种个体的人生选择与行为方式。如果说关于"是"所形成的知识是告诉我们作为经验性的个体存在所必然要受到的规定与影响,那么在非经验性的领域,诸如个人意志与自由选择的王国里就是自我立法与自我选择的结果,这两个不同的界域中所发生的事情并不必然的重合一致。确定性的知识具有指导我们去认知和把握一些不可更易的规律之作用,而个人选择则趋向于跟随个体的人生设定与理想自我的终极期许。因此,当我们把心灵境界论当成唐君毅个体的人生选择与目标设定来理解时,它或许可以让我们比较切近地理解唐君毅的心灵境界之内涵与界域,以及通达唐氏所谓的心灵境界之可能。

5.2 知识与境界间冲突蕴含的主要问题

知识与境界无论是在对象的关注、把握的方式以及最终的指向来看,都具有非常不同的内容,我们除了可以从以上谈论到的知识与境界各自的具体内容的不同理解它们的差异之外,我们还可以进一步从唐氏整体的思维倾向以及其所处的时代环境、学术视野、学术环境下来理解其着力把知识与境界打并为一所蕴含的背景及潜隐的问题。

一、思想碰撞过程中的理解方式、程度与意图的冲突

如果说近代中国人面临古之未有的大变局,且伴随着中国人对西方文化与强大的军事入侵所带来的巨大镇痛之感受,那么由此而引发的各种对变局之理解以及处理方式大量出现,这就在所难免。在文化与思想层面上,中国的思想家和知识分子在反思和追究变局之责任时,一开始是盲目地贬低和指责外来文化与侵略势力的野蛮,直至后来他们被船坚炮利和各类思想潮流冲得七零八落时,他们又开始单方面地指责自身的文化与思维模式的问题,从而提出向西方学习的观点,后者几乎是近代中国思想界的主流意见与主要看法。唐氏正是在这样的思想环境与生存处境下思考问题的,中西方文化的比较与交流是他重要的思想前提与理论背景。在这样前后两个完全不同的观点与视野冲突下,如何客观地认知和把握中西文明的不同价值与各自短长,尤其是如何为中国文化及其存在的合理性进行辩护,这是唐君毅等当时一大批所谓文化保守主义者一直在思考的问题。唐君毅在关于中国近代的政治演变及其思想变化的文章中有样的看法:

> In the past, the ways and means of dealing with foreign invaders were found in China itself, for instance, increasing the defense along the national borders, sending troops to conquer the enemy, etc. All these ways relied on domestic resources; hence they were controllable. However, the threat from the Western powers was different: these new invaders possessed what the old Chinese culture did not have and could not cope with—modern science and technology, for example. In order to survive the threat from the Western powers the only possible solution was to study with the Westerner and seek the solution to the problem from Western knowledge and skills. This line of reasoning led to the sending of Chinese students abroad to study. The policy of 'study with the barbarians in order to control them' indicated an unusual

political consciousness nowhere to be found in the past. Inherent in this consciousness was an unlimited suffering from humiliation as well as a severe internal contradiction that could hardly be reconciled with. For if you learn from the Westerner, you must respect the Westerner. For according to the dictates of human nature, if you learn from a certain person you will respect him, and if you respect him you will not feel right trying to control him and treating him as an enemy. If you want to control someone, you cannot respect him at the same time. Now, if you want to control the Westerner, the Westerner should be at a distance from you; if you want to learn from the Westerner, then you have to humble yourself to him. How can you reconcile yourself with this dilemma? It was impossible. Consequently the two opposites grew farther and farther apart. On the one hand, those who learned from and subordinated themselves to the Westerner came to worship Western learning and culture while despising and abandoning traditional Chinese culture and teaching. On the other hand, those who wanted to fight the Westerner enemies but were not willing to learn the science and technology of the enemies to control them formed another extreme——the Boxers[I-ho-t'uan]. ①

上面这段话非常明确地传达出了近代中国人面对西方人与西方文化进退两难、尴尬异常的处境。也就是说,当我们向西方人学习时,一开始人们抛出的"师夷长技以制夷"的判断给后人的思考视域留下了无穷的祸患,这样的判断带来的后果是我们既无法充分而全面地认识到西方文化的长处与短处,也无法正视中国传统文化的不足与优长。这种夹杂着屈辱与尊重的心态反映出了当时中国人与中国的思想家们痛苦的生

---

① 唐君毅:《唐君毅全集》第 19 卷,台北:台湾学生书局,1989 年,第 342—343 页。

存环境与思想处境。在这种背景之下，平和客观地对待中西方文化及其深层次的问题就变得十分困难。唐君毅虽然意识到了这个问题，他也对这个问题进行了反思与研究，但是当他要处理这个问题时，他仍然免不了要受到时代性因素及思考方式的影响和制约。

（一）知识概念的泛化与误解

我们在上文对唐氏境界论中的知识观进行了详细分析和说明，在对心灵境界与知识的细致分析中我们发现，知识这个概念对于唐君毅来说太过简单、太过相对和太过随意。所谓太过简单，就是指唐氏对知识的形成以及正确认识如何获得等一系列重大的理论问题并没有进行细致分析与讨论，在他那里，似乎知识是一个十分容易获得的东西，在其对特定境界中具体的学科知识进行说明时尤其能体现这一点。所谓太过相对和太过随意，恰恰是由于其对知识的简单看法造成的，其在境界论中谈论知识，却不对知识进行具体界定，甚至把知识等同于广义的认知，这样一来，知识就显得过于宽泛和随意，同时，知识似乎不具有特定的真理性，知识和具体学科作为可靠的认知世界的方式与基本途径却被其相对性的论述取消掉了。

总之，知识这个概念以及知识所代表的西方学术体系与思考方式由于没有得到唐氏应有的重视与深入理解，以至于在其对数理逻辑的考察与评判时直接表示出了不解的状况，这不能不说是由于其对于知识太过简单、随意和泛化的理解、甚至误解造成的。

当唐君毅试图把知识统摄于境界，把知识论和各类学科知识放到特定的心灵境界下来进行论述时，他实际上可能就是在刻意地回避或者混淆知识与境界各自的对象、通达的方式、指向的目标等不同之处，从而希冀把知识的问题用大的境界论的方式来予以消化。但是，我们通过以上的各种分析发现：唐先生这样做不光不利于问题的解决，反而使得知识本身的独立性与真理性受到了肢解和扭曲。事实上，人类已有的知识部门与学科体系之价值与向前推进的可能性等都消解在境界论的相对性之中，同时，即便是对于心灵境界的彰显之方式与获得之途径也由此受到质疑，这种把境界与知识统一起来的方式所导致的合而两伤的状况，或许是唐氏始料未及的。

（二）理性与性理的混淆

对于知识的泛化理解或误解，并不是出于偶然，它可以说是与其对理性的看法紧密相连的，也就是说，由于唐氏对理性的看法存在问题，因此，理性产物下的知识受到误解就是一件十分正常的事情了。

我们在唐君毅境界论以及其早期的学说对理性的描述与界定中可以看到，他对理性的态度与看法呈现出多义、甚至矛盾的局面，如果说理性这个东西不可以被过多地诠释而具有大体一致的看法，那么理性不论是作为人之为人的本质特征，还是作为一切思考与人类学说的前提，理性都不是一个可以直接作为对象而被研究的东西，毋宁说一切研究与对象化的过程都需要理性的参与以及理性所带来的思维工具与思维范畴的运用①，因此，理性的表现以及理性的运行过程中所应有的特征与基本要素是可以进行考察的，但是直接讨论理性是个什么东西则显得较为困难。对于唐君毅来说，理性似乎是直接被界定的，他把理性直接指认为中国传统哲学中的"理""性"，或曰"性理"，理性在他看来与单言"理"或"性"并无区别。因此，当他做出这样一个明确的判断时，作为 reason 意义上的理性已经不复存在，在"性"或"理"意义上理性概念已然转化为一种与人性、人情相关的、可能被考察的对象，即"性理"，而不是之前所谓的理性了。

对于唐氏来说，"性"或"理"，即"性理"，作为人之为人的依据，它是善的、道德性的，是形而上的，是本体论的，它规定人的本质，甚至它可以作为心灵本身及其性质的根据。因此，唐君毅认为把"理""性"当成是西方哲学意义上的"理性"就是理所当然的事情。可是当唐先生这样做的时候，无论他怎样去解释"理性"，"理性"作为思维的前提以及它所特有的思维过程与思维特色就被取消了。同时，诚如柏拉图所谓的与"意志、

---

① 梁漱溟对理性的认知也存在严重失误，他把理性认作"平和的心境"，把理性作为对象直接进行考察，或许这不是一个单独的现象，而是有着相应的时代背景的，如果说当时的思想家对西方哲学的认知与反省触及其根本性的东西，即作为一切学术文化思想所基于的理性概念时，人们习惯性地就会追问：什么是理性？可是对于"什么是理性"要全面深入地理解却并不容易，而把对理性的解释推向形上的领域或许仍然需要说明。

欲望"相对的"理性"功能在心灵中特定的角色和作用也被一并取消了。在唐氏所理解的"理性"概念中,由于他把理性如此理解,即把它与传统哲学中"性理"之内容混淆起来,从而使得理性在被泛化和多样化的解释过程中变成了另外的东西。

(三)"格义方式"与理解范式之转变

如果说唐君毅把理性与性理混淆起来存在较大的问题,那么这种情况可能不只限于他有这种问题。其实这种现象背后有着深刻的学术文化变迁之原因在其中,也就是说,他为什么会认为理性就是性理?这种本应判然有别的东西如何会成为他的失误?个人以为,这其中的原因就在于近代中国思想学术转型面对异质思想对话时遭遇了"格义"问题所致①。当近代中国人突然面对一种全然不同于我们的思想文化与行事方式的冲击时,要理解和进入外来的、强大而异质的思想世界时,我们就必须一定程度地摆脱既有的思考方式,同时又只能在原有的思想资源中去寻找和搭建起新的理解世界的思维平台。这便导致了旧有的理解范式之转变,这是人们对外来文化的格义思维之兴起必然会带来的问题。在此过程中,我们可以明确地看到不同的思考方式在中国近代思想史上是如何相继发生的:首先,我们是把外来的东西作为原有的思维模式与思想资源的注脚,并不惜更改和剪裁不符合我们既有思想资源的内容,并在文化层面上主张"夷夏之辨",代表性的观点是"中体西用"。随后,当我们发现在用既有的思维方式完全没有办法理解和进入一些外来的概念和范畴时,直观中又觉得恰恰与这些东西相伴随的内容意义非凡和影响巨大,于是我们认识到可能从既定的思维方式与思想资源去理解舶来之物存在巨大问题,于是开始承认外来思想有我们自己的思想资源没有办法囊括的东西,从而试图创立新的概念与范畴配套地理解外来文化

---

① 关于格义——尤其是反向格义,对中国近代思想史的影响,刘笑敢先生在《"反向格义"与中国哲学研究的困境——以老子之道的诠释为例》一文有深入讨论,具体观点和相关论述可参见此文,简单来说,就是用一些并不匹配的概念去解释原有思想观念及其范畴体系的做法,从而导致了一些本来可以克服的困难。(刘笑敢:《"反向格义"与中国哲学研究的困境——以老子之道的诠释为例》,《思想史研究》2006 年第 2 期)

与思想资源,这种状况下有所谓"中西各有不同的体用"①之看法。当人们强烈地意识到中西文化与思维方式存在巨大的差异时,两种不同取向的格义思路就被正式确立起来:一种是典型地从中国传统思想资源的态度和立场去诠释外来文化及其行为方式的主张,这就是所谓的"顺向格义";另一种则把一些当时能够理解的、影响巨大的且较为公认的西方思想学术资源作为标准与范式去衡量和剪裁中国传统思想资源中的一切,在这个起点上,再回过头到中国传统的思想资源中找寻与之相符合的内容,但凡相合的、相关的、相似的内容都被当成是新的发现以及有价值的部分而予以承认,对于不能对接的部分则主张直接剔除,这种方式就是所谓的"反向格义"。"顺向格义"主要是从原有的思想资源去理解和诠释外来文化,而"反向格义"则反过来,主要试图从外来文化的立场去反观自身的思想资源及其价值定位。

1. "顺向格义"与"反向格义"之反思

如果"顺向格义"与"反向格义"是中国近代思想家们理解西方文化与西学的两个不同阶段,那么,实际上从"顺向格义"到"反向格义"的转变,只是随着理解的深入而发现了中国传统的思想资源中所没有的内容而做出的调整;而当人们发现中国传统的思想资源不光不能囊括西方文化的全部内容,甚至其自身的历史与内在逻辑也别有洞天,再加上近代中国积贫积弱的状况,这就直接或间接地促使人们开始反思中国传统思想的整体性问题。当向西方学习的思潮形成一种共识,这时体现这个转变最典型的点即"全盘西化"观点,此时西方思想文化已经被许多中国知识分子当成了必须学习的对象,因而直接促成了"从顺向格义"向"反向格义"的转变。从"顺向格义"到"反向格义"的转变的确可以看成是西学东渐的深入以及中国思想界理解西方思想文化的深入。但是,当西方思想学术逐渐取代中国原有的学术体系与学校建制时,中国传统的思想学术也开始以特定的西学体系为仿本而建立起来,比如胡适、冯友兰等人创立的中国哲学这个学科,即中国传统学术体系中所没有的中国哲学学

---

① 贺麟不同意"中体西用"的立场,他认为"中西各有不同的体用"。参见《贺麟全集》,上海:上海人民出版社,2009年。

科。如此一来,大体以西学为基准而寻找中国原有的思想资源与西学对应的部分竟然成了中国近代思想家们思考中国人自己的问题的基本方式与逻辑出发点。正是在这样一个背景下,唐君毅也开始思考中西方文化的交流和对话的问题。由于"反向格义"的方式要求有两个基本的思想条件:第一,对中国传统思想资源应有相当深入的理解与把握;第二,对中国传统思想资源所不能覆盖的西方学术思想应有深入的理解与认知。但是由于人们正处在不断深入地理解西学的过程之中,要同时具备以上两个条件实际上比较困难,研究者往往难以兼顾二者。因此,实际上人们仍然无法避免要么从中国传统的思想资源去理解和裁汰西方思想文化,要么主张以西学的标准来剪裁和衡定中国既有的思想文化资源,对于折中且稍有兼顾的学者,比如胡适和冯友兰二位先生,他们就大获成功,被认为是当时的学术典范。恰恰是这二位先生的影响,以及随之确立的中国哲学学科的学术范式之建立,唐氏认为他们存在严重的问题,所谓的问题就是他认为他们从西方特定的学术思想来剪裁和衡量截取中国传统思想资源,以及通过西学的部分内容来评判中国传统文化的价值,这种方式与立场是有问题的和不成立的。他的理由就是:一、这种"反向格义"的方式既没有办法很好地理解中国传统的思想文化,同时对西方学术思想认知也较为片面,缺少深入反思。二、如果完全从一个片面理解的西学立场来理解和判别中国思想文化的全部价值这是不可接受的,也是没有道理的。其实唐氏对"反向格义"的批评,是自梁漱溟以来的所谓文化保守主义诸先生观点的自然延伸,这种观点上接"中体西用",同时试图理清"中西各有的体用分别是什么"的问题,唐君毅的《中国哲学原论》以及《哲学概论》所做的事情实际上就是对冯友兰中国哲学史研究所做的工作之回应,而到了《生命存在与心灵境界》一书则直接希望通过形上学与知识论的大梳理为中西文化各自的价值进行准确定位。这就是唐氏等人希望开启的第三种不同于"顺向格义与反向格义"的理解中西文化的道路。

2. 中西文化冲突中的第三种处理方式

如果说"顺向格义和反向格义"还比较偏重对或中或西的特定思想资源与立场的坚持,那么所谓第三条道路则显得更具个人特点,即开始明确地通过以个人理解的方式来分析和判断中西各自思想资源的价值和意义。这种方式似乎已经不太强调中西之间的区分,而是试图在二者之间找到共同性的东西,从而会通中西思想。有如唐氏所谓的"理性"概念,他其实就是从自己的理解中把"理性"与远自宋学以来的"性理"范畴等同起来。关于理性概念,唐氏的论述很多,理性也是他"心灵九境论"的核心概念之一。但实际上,理性这个概念内涵很丰富,变化也非常大,现在当人们谈论"……性""定性研究""性质"等等时,"……性"成为一个后缀似的东西,实际上它成了一个不变的和约定俗成的概念,而这个概念似乎在历史的演变中以自我生成的方式搭建了一个为我们理解外来思想的平台,并且,它在不断的被理解中提供了一个可供匹配的内容与范畴。这也是为什么唐氏一再把"理性"指认为"性""理",甚至直接等同于"天理""心灵"等,因为这些概念与思想资源是中国传统哲学(尤其是宋明理学)中非常核心的范畴,它承担着中国人理解世界与自身思维方式的基本功能。也就是说,唐氏理所当然地认为这些东西是可以与西方思想背景下的"理性"概念相对应的,甚至认为如果从发生学的角度来说,"理性"这个概念作为一个非常重要的名相,它出现得很早,它挺立在近代中国思想史的舞台——本来就是从中国人自己的话语体系与思想学说中脱胎而出,"reason"意义上的"理性"之出现,已经是对西方思想文化进行理解以后才发生的事情了。这样一来,似乎在理解异质文明的时候,我们并没有跳出自己原有的思想范式,而只是增添了原来所没有的内容而已。基于这样一种看法,从自己理解的角度来看待中西方文化之交流,对于不断深入地理解中西方文化各自的内容和价值当然是值得肯定的,但是这种情况常常由于自我的偏好和理解倾向的问题而导向了一种完全意想不到的结果:一、当我们发现在汉语体系之下来理解西方文化时,难以避免地就是:一开始,我们的思考方式就与汉语以及汉语体系下的思考范畴联系在了一起,汉语本身所携带的看待世界的方式先行地规定和影响了我们的致思方向与思考模式,当我们自以为是不偏不倚地对待中西思想文化的时候,却往往不自觉地倒向了"中体西用"的立场。二、当我们非常肯定地认为一些观念平台可以沟通和对应中西思想文化的各自要素时,比如唐氏所谓"性理"与"理性"是等同的这样一个看法,再比如梁漱溟认为中国文化的精神内核是理性、理性主义等①,实际上到最后我们发现,他们只是在以个人的意见代替真实的情况,诚如邓晓芒先生所批评的一样:"20世纪来中国的西方哲学研究虽然成就巨大,但在理解中也不可避免地发生了一系列的文化错位,即用本民族传统哲学的东西去扭曲和附会西方哲学的诸多理论和概念,当人们自以为掌握了'西方哲学'的本质内核时,实际上却在很大程度上还在本民族的固有思想中转圈子。"②这或许就是唐氏在处理知识与境界的关系时为何非常肯定地对知识进行独具特色解释的深层原因。对于何谓"知识",他只是从自己理解的角度以及传统思想中与知识相关的内容来说明西学背景下的知识和知识论问题,这样一来,主张对"反向格义"进行批评却让他不知不觉地倒向了另一种意义上的"中体西用"说,这不能不说是一个意外,但也可以算是一定意义上的倒退。

3. 反思第三种方式及可能尝试的方向

如果说唐氏希望通过自己的理解来融通中西文化,从而对中西文化进行新的定位与评估,那么他的尝试和思路是值得肯定的,只是如何在第三种意义上把问题推进以及唐君毅解决问题的方法则值得商榷。以个人之见,唐氏的问题在于对二者进行对接性理解的时候对于问题本身的考察不够,他或许不相信问题本身的普适性与解决思路的共同性,他对于自己使用的概念和范畴本身或许并不信任,也未对它们进行严格界定;从更深层的原因来看,他可能并不认为中西文化与学术思想的碰撞过程中国传统文化处于劣势地位能够说明中国传统思想以及文化体系真的存在问题和不足,从而只认为西学的价值与在西学背景下形成的各种学科知识只具有相对的真理性与工具价值,从而并不具有特别的意义。这其实反映出来的仍然是"中体西用"的思维模式,更可怕的是:他可能会不知不觉地在否定西学体系下形成的非常有价值的求知、求真的

---

① 邓晓芒认为"宋明理学和整个儒家(以及道家)'决不是理性主义的'",而是直观类推和直觉证悟的。把理学误认为'理性主义'也许是中国近代哲学史上最大的误会"。邓晓芒:《中国百年西方哲学研究中的八大文化错位》,《福建论坛·人文社会科学版》2001年第5期。

② 同上。

路径与可能,唐氏在心灵境界论中对西学体系下的各类知识以及学科部门的处置与安排正是在这种深层次的思维方式左右下所反映出来的一种必然表现。

我们虽然只能把自身的思想传统与语言环境作为逻辑起点去理解和接受外来文化体系的影响,但是如果我们求索的是一种真正的学术研究和知识体系,那么问题本身以及知识、真理本身的超越性不应该是怀疑的对象。也就是说,如果对唐氏的第三条道路提出一点批评以及指出超越的可能性,那么这就是:我们必须对研究的对象与问题的解决方案以及形成知识或正确的认识有一个普遍性的诉求,而不应该停留在个人意见与信仰的满足之上,并且,必须能够对提出的看法给出充分的根据与论证,而不应如他在《生命存在与心灵境界》一开始的自序中说到的那样,他的看法只对自己和自己的问题成立①,如果别人没有他的问题则可以不读他的书、不理他的问题。这种态度与思路是我们不能接受的。

二、思考范式的转变及自我调适

当唐氏不满足于旧有的解释范式时,他试图从自己的思考与理解中去融通和会中西方思想冲突中碰到的问题,但是,当他这样去做的时候,需要解决的问题仍然是第三种可能的思路如何进行的问题。一方面,他要对于这种思路的反思与前提批判深思熟虑、通盘考究,并且能够把研究不断地往前推进;另一方面,他还需要兼顾融通中西方文化及其思想各自的价值,尤其是关于中国传统文化的价值与新的时代的定位。简单说,唐君毅要做的事情和承担的任务其实十分复杂和艰巨,他既要提出

---

① 唐君毅在《生命存在与心灵境界》的自序中说:"兹尚有附陈者,即此书之论哲学者问题,其曲折繁密缴绕之处,大皆由其问题之横贯西方不同学派哲学而来。初学之士,于此将感艰难。然对此诸问题之究竟答案,为东方哲学智慧所存者,原自直截、简易、而明白,不历西方哲学之途,亦能加以悟会。此诸问题,在有福慧之士,亦原可不发生。若不发生,则亦不需苦思力索,如西哲及吾于本书之所为。故若有初学之士,于此书感艰难,当先自问:是否于此书所及之论题,曾有种种问题。若原无问题,则此或正见其福慧具足,原不必读此书……世间之一切哲学论辩之著,亦皆可读可不读,可有可无者也。"这样的看法使得哲学本身的真理性成了问题。

一种新的思想范式与平台体系来容纳中西文化冲突与巨大的差异性,又要在承认西方文化主导地位的基础上把中国传统文化的价值彰显出来,即所谓"返本开新说"。可是,由于他的第一步并不成功,即无论是"心之本体说",还是"道德理性说",甚至"心灵境界说",诸说的问题都是"和会有余而分别不足",所谓"和会"则主要是"以中诠西"的方式进行的,这个特点在心灵境界论中尤其明显,关于知识和理性的论述也集中体现了他的这个思路。

我们现在来反观唐君毅先生处理知识与境界的关系时,透过其重重论断以及其背后可能隐藏的诸多问题,我以个人之见的方式,试图通过自己的理解(比如从"情"的角度去说明唐氏的"境界说")去理解唐氏境界说的用心,如果说唐氏对知识与境界的关系之处理体现出来的可能仍然是人情的安顿与知识的客观性诉求不合的矛盾,那么,唐氏的境界论进一步反映出来的必定是他希望调解中西方文化根本差异却难以达成其宏愿时不得已而做出的姑且性解释。

(一) 知识的确定性追求与圆融的境界之冲突

如果说对知识的求索必须有个正确与否的问题,且不能有半点含糊,那么知识的确定性所要求的就必须是精确的、可量化的、可重复验证的东西,这种客观性的诉求不是任何主观意图或温情脉脉状就能够满足和掩饰的,只要有疑问在,有未证实与未确定的内容在,从而在没有形成正确的认识或知识之前,那么任何思考与探求都不能停下来。可是,如果以这种方式来满足个体的人情需求,或者把这种方式作为人生常态化的设准,那么这种方式对于大多数人来说会显得过于冷漠和苛刻,许多人也难以接受它。因为人不仅仅是理性的存在,更多的时候多数人是情感性的或非理性的存在,他们需要的可能并不是知识求索方式带给他们的那种确定而客观的东西,相反,他们更希望的可能是完整的、不清楚的、浑融一体的个体人情之满足。这类满足的方式可以在人情的三个维度上做出一些说明。

1. 情感的一体与完整之诉求

对于情感来说,我们如果对其作知识性的研究,那么,我们可以得到不同类型的情感之发生和形成的心理、生理条件和机制,以及大致可以预见的情感发生过程之知识,这无疑是可能的,而且能够形成比较清楚的知识与正确的认识。可是,对情感研究所形成的知识并不一定会带给认识到了情感发生规律的个体以情感的满足,也就是说,关于情感的知识并不直接导致个体情感问题的解决,甚至有时候这二者完全不是一回事。因此,如果说我们把情感仅仅当成个体性的东西来看待时,往往处于情感当中的个体希望得到的是一种"完整的一体"之感。简单来说,情感发用下的好恶是相对分明的,也就是好之则无恶,恶之则不可能好,好恶分明的情况下,个体所看到的是截然两分的世界,在其视线之下,只有非此即彼的世界中的一个是成立的与可能的。因此,好恶夹杂的状况或者分裂的情形似乎相当难以被接受。因此,对于情感性的体验者来说,个体所要求的必定是完整与统一。而恰恰是人情的统一对于个体来说具有非常重大的意义,它不是确定性与明晰性的知识所能够带给个体的。

虽然我们都知道好恶过头或者好恶无节是有问题的,但是人们很少怀疑产生好恶的情感源头本身之性质和问题,实际上情感在源头上就决定了我们实在难以摆脱非此即彼的情感判别,更不允许清晰和确定的情感撕裂以及导致情感片断化的情形出现。因而顺此思路下去,情感的存在对于个体希望达到"完整统一以及一体无隔"的感觉起着决定性作用,情感的意义之于个人,不是知识的确定性与清晰性所能代替的。

2. 情欲的多变与物欲指向

如果说情感的趋向相对稳定,且指向完整统一,那么情欲则恰恰相反,它更多的是处在变动不居与求新求异的过程当中,对于这种变动的东西与瞬间变化的角色,大多数哲学家都对它有所警惕,有的甚至直接予以否定,甚至被有些哲学家当作是"暴君",是一种"奴役自我的力量",更有趣的是这种东西与情感不太一样,甚至性质截然相反,且会对情感造成相当大的冲击,比如说,在现实中人们可以发现一点,即"情欲胜"的人情感通常较为淡漠。因此,对于主张情感为人之存在特征之一的人们来说,他们当然不允许情欲泛滥以及情欲对情感造成威胁和冲击。但是,情欲带给人们的满足似乎在一定程度上仍然是一种类似情感般的暂时之完整统一性,也就是说,它不同于清晰和确定的知识提供给人们的确定性,但它却可以在情欲的满足中实现暂时的完整性体验。而这种实现却会对情感带来冲击与改变,这便有了对人的情欲进行节制与引导的必要。对情欲多变的控制实际上仍然可以从情感的角度得到说明,只要是指向情感的完整统一,那么情欲的变化多端与潜在威胁就是需要处置的问题。

尽管情欲变化多端、无穷无尽,但是有思想家非常清楚地看到了一点:它指向的永远是物欲满足所带来的暂时性快乐。也就是说,不论情欲如何变化,对象怎么多样,寻求快乐,在限定性的感性领域中表现自己是没有办法摆脱和掩饰的。因此,对情欲的节制实际上就有了一个非常清楚的入口,即克制感性欲望与防止物欲快乐主义。柏拉图在理想国中把克制当成一个重要的美德,他所说的克制就是通过理性对欲望和意志的驾驭来实现的,他的观点非常典型,也就是说,情欲的克制是形成美德的重要途径。面对情欲的方式显然已经不是关于情欲的知识能够解决的问题,它实际上事关个体的人生选择与德性修为本身的问题。

3. 情绪的沉迷与超脱体验

上文提到对情绪的管理调控以及条理化可能是心灵境界获得的途径之一,对于普通人来说,情绪的复杂与管理存在重重困难,甚至有人把情绪当成是通向存在本身的提示之路,在情绪中沉迷或无法自拔的情况也屡见不鲜。可是,很多时候人们并不觉得情绪的异动与不稳定是什么大问题,只有等到情绪的过度羁绊造成了对个体本身的伤害时,比如得了抑郁症等,此时情绪管理和调控似乎才显得异常重要。我们虽然可以通过心理学的知识来获得关于情绪的发生、变化之规律,也可以顺着清楚的认知结果去对情绪进行条理化管理,但是,人们在与情绪打交道的过程中,要从情绪当中真正超拔出来却是另外一回事。因此,情绪的管控与超越对于个体来说仍然是一件与获得清楚确定的知识很不一样的事情。

(二) 理性思考的对象化与个体人生的圆成

如果上文从情感、情欲、情绪三个小的方面来说明关于它们的知识之获得与关于处理它们的方式之选择存在相当大的差距是有道理的,那么这个问题总括起来说,它实际上涉及理性思考的对象化与现实人生当下安顿的情感诉求之间的冲突问题。也就是说,理性所要求的最主要的途径是形成知识与获得正确认识,它可能不太关注个体性的情感如何满足与体验的问题,而关于情感满足与人生安顿却又是每个人都亟须面对和解决的大问题。因此,人生的圆成与理性思考之间的差距这个鸿沟就始终会存在,如何处理这个问题则是理性的个体必须要解决的问题。如果从这个角度来理解唐君毅先生,那么我们可以把他对知识与境界所做出的调和性理解当成是他个体人生的一种解决方案。从这个角度来看,唐氏提出的个体方案之用心或许无可厚非,但是当他把这个问题放大,放到整个中西文化的比较与价值定位的过程中进行说明时,他就超出了个体范围,而且涉及整个中西文化本身的价值定位之考察,这就变成了严肃的哲学问题,因而不能随意地下判断了。

其实,唐君毅在《生命存在与心灵境界》一书中宣称要对形上学、知识论进行讨论和处理,而且他的确在以心灵境界论的方式试图解决这个问题,简单来说,他关心的问题仍然是西学东渐以来中国传统文化与思想价值如何自持及定位的问题。这个问题意识明确地体现在其"心灵九境"的论述之中。

我们已经详细地讨论了唐氏心灵境界论中的知识与理性所谓何物,其定位与定性如何,心灵境界说的指向与目标为何,通过对知识与理性的安置,以及对心灵境界说的定位,唐氏实际上并没有如他所愿地和会融通了中西思想文化的不同,而毋宁说是以相对成立的态度来评判中西文化的各自价值,更重要的问题是:他把西学背景下的知识传统与理性精神进行消化时借助中国传统的"性理"学一并予以打消,这一点在他对人类知识与各类学科的定位与评价时看得非常清楚。同时,他在对"反向格义说"提出不满的同时并未把问题推向前方,因而唐氏试图运用的、新的理解范式与思想平台并未由其境界论而建立起来,他所做的事情只是对旧的范式做出了微调,以及对"西学东渐"过程中前面的中国思想家出现的矫枉过正的态度提出了抗议与自己的看法。

结　　论

在唐君毅的心灵境界理论之下，知识包含的内容主要是指人类已有的知识之总汇，唐氏认为：人类知识的出现与形成伴随着特定的心灵境界而来。因此，对于唐氏而言，知识总的来说是后于心灵境界的，知识是可以由心灵境界统摄的。这便是唐氏对知识在其心灵境界论中的总体定位。

知识在唐君毅的心灵境界论中虽然是指人类已有的知识之总汇，但是，由于迄今为止人类已经形成的知识包含甚广、内容复杂、专业性强，因而唐氏在对具体的知识部门进行讨论时又把知识这个概念进行了认知过程的还原性转换，即唐氏在讨论知识时并不是就特定的专业知识本身进行讨论，而是试图把人类的各类知识还原到具体的认知过程中去，建立在这个转换之上，他进一步主张：认知的主要作用和功能不是别的，就是认识形成知识的心灵之存在及其集"真、善、美、神圣"于一体的性质，从而对此有充分自觉，最终把特定的知识类型与相应的心灵境界联系起来。在唐氏看来，只有这样对待知识或认知，心灵才能保持其流转不息、升进不已的特点，从而不局限于特定的心灵境界，最终保证其纯善无恶，真善完足。这便是认知——或者说知识，对于唐君毅心灵境界说的主要作用与意义。认知正是在这样一个大的方向与目的之下才显现出其特别的意义，人类知识的形成与价值也正是由于这样的目标才具有了合法地位。

在唐君毅的心灵境界论中，知识的作用与定位就这样被境界论统摄起来，知识在唐氏的体系中并不具有独立性与确定性，甚至知识的客观性也随着境界的流转而化为乌有。对于唐氏这样对知识进行定位与判断，其可能导致的后果及其中存在的问题我们已经在上文中详细讨论过了,如果说通常所谓的知识,或者知识论上人们公认的知识定义不能得到唐氏的认可,那么唐君毅所谓的知识就只能是他的一家之言,它并不具有普适性与令人信服的特点。

境界论是唐君毅哲学的终极形态,他建立了囊括人类知识、宗教、人文等在内的"心灵九境"之说,其心灵境界理论是建立在对"人类心灵有三向九进"总体架构的判断之下的,即人类的认知有观"体、相、用"之不同的"纵观、横观、顺观"三个不同的观察方向,并且,他认为人类的认知会经历"客观、主观、超主客观"三个不同阶段和层级,由于心灵观察自身与外在世界的方向与方式不同,因而心灵会受到特定认知方式的限制,这便导致了特定的心灵境界之出现。也就是说,在唐君毅看来,认知非常重要,它事关心灵境界的出现与升进。更准确地说,在唐氏看来,正是由于认知的失误才出现了人们对特定体、相、用的执着和把握,进而出现了偏执与人世的罪恶。因此,唐氏认为,只有在人类心灵的"三向九进"中仔细分辨,从"偏观"走向"遍观",从而认识到心灵本身的"纯善无恶、神圣至美",人类才可能摆脱现有的问题与世俗的罪恶。但是,对于唐氏着力建构起来的"心灵九境论",其基本前提与根基却是唐先生个人的一种信念,尤其是他对人类"心灵三向的设定"及其"客观、主观、超主客观的认知过程"之判断,这二者并不能获得其他学科的证据支持,同时,唐氏所谓的认知与历史上人类的认知过程与知识建立的实际情况并不相符。因此,我们有理由说唐氏的心灵境界说是建立在一个十分脆弱的根基之上的。或许,唐氏的设定更多透显出的是自中国近代以来梁漱溟所开启的"中西印文化比较三路向说"的一种更为细致的文化立场与个人信念之表达,这在唐氏关于心灵"体、相、用"的总体架构及其分别对应基督教、佛教、儒家的各自境界形态之分判时表现得相当明显。对于个人信念,我们无须苛责,但是如果要把信念本身以知识体系的形式转化和传达出来,那么我们只能说在唐氏这里是有巨大困难的。

如果说唐氏的境界说在前提与起点上有着先天的不足,那么,当他试图把人类知识也统摄到境界论中去时则会遭遇激烈反抗。也就是说,知识与境界本应是不同领域中的东西,而且,即便在近代思想家中,虽然有不少人使用了"境界论"的形式去表达其哲学观点,但是,他们对于何谓境界、到底应该如何理解境界却并没有足够清楚的讨论与描述,这一点唐君毅也一样,虽然唐氏讨论了九种境界形态,甚至诸境界中涉及的问题也有讨论,但是,当我们向唐氏追问"到底何谓境界、到底如何理解境界、境界论要讨论的对象与方式是什么"时,这便立即让唐氏的境界论陷入极大的困境之中。因此,我们有理由认为明晰与确定的知识诉求实际上与境界之间有着十分遥远的距离。或者更为极端地说,正是知识的存在与其明晰性、确定性的诉求让一切境界和境界论的信奉者无地自容、难以立足。因此,唐君毅的境界论要把知识与境界统一起来就必然会遇到困难、甚至遭到挫败。从我们对他境界论的分析中已经能看出这一点了。

如果知识与境界属于不同的领域,并且具有不同的指向和特点,那么,我们要把二者统一起来就是有问题的,其后果不是知识的独立性、客观性、确定性的取消,就是境界论的消亡。因此,我们甚至可以说:知识与境界合则两伤!更有甚者认为,在境界论没有如同知识论或者人类具体的知识部门一样清楚和明晰之前,我们奢谈知识与境界的关系根本上就是不可能的。

参考文献

一、著作

[汉]许慎撰,[宋]徐铉校定:《说文解字》,北京:中华书局,2008年。
[宋]朱熹撰:《四书章句集注》,北京:中华书局,2008年。
[清]阮元校:《十三经注疏》,上海:上海古籍出版社,1997年。
[清]孙希旦撰,沈啸寰、王星贤校点:《礼记集解》,北京:中华书局,1989年。
[明]王阳明:《王阳明全集》,北京:线装书局,2012年。
[宋]程灏、程颐:《二程集》,北京:中华书局,1981年。
[宋]朱熹:《朱子语类》,北京:中华书局,1986年。
王国维:《王国维文集》,北京:中国文史出版社,2007年。
王国维:《人间词话》,成都:四川大学出版社,2013年
印顺:《中观论颂讲记》:北京:中华书局,2011年。
梁漱溟,《东西文化及其哲学》,北京:商务印书馆,2011年。
梁漱溟:《中国文化要义》,上海:上海人民出版社,2011年。
熊十力:《新唯识论》,上海:世纪出版上海书店出版社,2008年1月。
金岳霖:《论道》,北京:中国人民大学出版社,2010年。
金岳霖:《知识论》,北京:商务印书馆,1996年。
冯友兰:《贞元六书》,上海:华东师范大学出版社,1996年。
冯友兰:《中国哲学史》,上海:华东师范大学出版社,2000年。
冯友兰:《中国哲学简史——冯友兰文选》,北京:北京大学出版社,1985年。
唐君毅:《生命存在与心灵境界》,北京:社会科学出版社,2006年。
唐君毅:《人生之体验》,桂林:广西师范大学出版社,2005年。
唐君毅:《道德自我之建立》,桂林:广西师范大学出版社,2005年。
唐君毅:《文化意识与道德理性》,桂林:广西师范大学出版社,2005年。
唐君毅:《人生之体验续编》,桂林:广西师范大学出版社,2005年。
唐君毅:《哲学概论》,北京:中国社会科学出版社,2005年。

唐君毅：《人文精神之重建》，桂林：广西师范大学出版社，2005年。
唐君毅：《中国文化之精神价值》桂林：广西师范大学出版社，2005年。
唐君毅：《中国哲学原论》，北京：中国社会科学出版社，2006年。
唐君毅：《中国哲学原论导论篇》，北京：中国社会科学出版社，2005年。
唐君毅：《唐君毅全集》，台北：台湾学生书局，1989年。
唐君毅：《心物与人生》，台北：台湾学生书局，1989年。
贺麟：《当代中国哲学》，台北：宗青图书出版公司，1978年。
贺麟：《五十年来的中国哲学》，北京：商务印书馆，2002年。
贺麟：《近代唯心论简释》，上海：上海人民出版社，2009年。
贺麟：《文化与人生》，上海：上海人民出版社，2011年。
贺麟：《现代西方哲学讲演集》，上海：上海人民出版社，2012年。
贺麟：《贺麟全集》，上海：上海人民出版社，2009年。
牟宗三：《理则学》，南京：江苏教育出版社，2006年。
牟宗三：《认识心之批判》，台北：台湾学生书局，1990年。
张东荪：《理性与民主》，长沙：岳麓书社，2010年。
张东荪：《知识与文化》，上海：上海书店，1990年。
彭聃龄：《普通心理学》，北京：北京师范大学出版社，2003年。
李杜：《唐君毅先生的哲学》，台北：台湾学生书局，1982年。
霍韬晦主编：《唐君毅思想国际会议论文集 1 思想体系与思考方式》，香港：法住出版社，1990年。
霍韬晦主编：《唐君毅思想国际会议论文集 2 宗教与道德》，香港：法住出版社，1990年。
霍韬晦主编：《唐君毅思想国际会议论文集 3 哲学与文化》，香港：法住出版社，1990年。
张祥浩：《唐君毅中国哲学研究方法论述评》，《现代新儒学研究论集》（二），北京：中国社会科学出版社，1991年。
张祥浩：《唐君毅思想研究》，天津：天津人民出版社，1994年。
江日新主编，蔡仁厚等著：《牟宗三哲学与唐君毅哲学论》，台北：文津出版社，1997年。
单波：《心通九境——唐君毅哲学的精神空间》，北京：人民出版社，2001年。
郑顺佳著，郭伟联译：《唐君毅与巴特一个伦理学的比较》，香港：三联书店，2002年。
何仁富主编：《唐学论衡——唐君毅先生的生命与学问》，北京：中国文史出版，

2005年。

何仁富主编:《唐君毅人文人生思想研究——儒家人文与中国人生》,北京:中国文史出版社,2006年。

马亚男:《唐君毅知识论思想研究》,北京:中国文史出版社,2006年。

王怡心:《唐君毅形上学研究》,北京:中国文史出版社,2006年。

梁瑞明:《心灵九境与人生哲学》,香港:志莲净苑,2006年。

梁瑞明:《心灵九境与宗教的人生哲学》,香港:志莲净苑,2007年。

梁瑞明:《心灵九境与形上学知识论》,香港:志莲净苑,2009年。

胡治洪:《唐君毅》,昆明:云南教育出版社,2008年。

刘俊哲、段吉福、唐代兴等著:《熊十力唐君毅道德与文化思想研究》,成都:巴蜀书社,2008年。

苏子敬:《唐君毅孟学诠释之系统研究》,台北:花木兰文化出版社,2009年。

汤一介、李中华主编,胡军著:《中国儒学史》(现代卷),北京:北京大学出版社,2011年。

胡军:《道与真》,北京:人民出版社,2002年。

胡军:《知识论》,北京:北京大学出版社,2006年。

胡军:《分析哲学在中国》,北京:首都师范大学出版社,2002年。

胡军:《中国现代直觉论研究》,北京:北京大学出版社,2014年。

余仕麟、段吉福、吴映平著:《生命心灵的超越——儒家心性论与唐君毅道德形上学》,成都:巴蜀书社,2010年。

黄兆强:《学术与经世——唐君毅的历史哲学及其终极关怀》,台北,台湾学生书局,2010年。

李明著:《生命存在与心灵超越——现代新儒家人生境界说研究》,北京:人民出版社,2011年。

刘国强:《当代新儒学论文集外王篇》(《唐君毅的政治哲学》),台湾:文津出版社,1991年。

陈特:《当代新儒家论文集总论篇》,台湾:文津出版社,1991年。

施仲莲:《现代新儒学在美国》,沈阳:辽宁大学出版社,1994年。

黄玉顺主编:《现代新儒学的现代性哲学》,北京:中央文献出版社2008年。

黄克剑、钟小霖:《当代新儒学八大家集之六唐君毅集》,北京:群言出版社,1993年。

张一兵主编:《唐君毅新儒学论集》,南京:南京大学出版,2008年。

祝瑞开主编:《儒学与21世纪中国——构建、发展"当代新儒学"》,上海:学林出版社,2000年。

  刘国强:《当代新儒家人物论》,台北:文津出版社,1994年。
  陈德和:《当代新儒学的关怀与超越》,台北:文津出版社,1997年。
  武东生:《现代新儒家人生哲学研究》,沈阳:辽宁大学出版社,1994年。
  张祥浩:《现代新儒家学案唐君毅学案》,北京:中国社会科学出版,1995年。
  陈荣捷:《新儒学论集》,台北:"中央"研究院中国文哲研究所筹备所,1995年。
  启良著:《新儒学批判》,上海:三联书店,1995年。
  霍韬晦主编:《唐君毅哲学简编》,香港:法住出版社,1990年。
  方克立、李锦全主编:《现代新儒学研究论集(二)》,北京:中国社会科学出版社,1991年。
  周博裕主编:《传统儒学的现代诠释》,台北:文津出版社,1994年版。
  单波:《人文、科学、宗教——唐君毅人文思想研究之一》,人文论丛,武汉:武汉大学出版社,1998年。
  方朝晖:《"中学"与"西学"——重新解读现代中国学术史》,保定:河北大学出版社,2002年。
  李维武:《二十世纪中国哲学本体论问题》,长沙:湖南教育出版社,1991年。
  何信全:《儒学与现代民主》,北京:中国社会科学出版社,2001年。
  郑家栋:《现代新儒学概论》,南宁:广西人民出版社,1990年。
  胡伟希:《传统与人文——对港台新儒家的考察》,北京:中华书局,1992年。
  郑家栋:《当代新儒学史论》,南宁:广西教育出版社,1997年。
  曾昭旭:《存在感与历史感》,(《论唐君毅先生的心性实践及予我之感发》),台北:台湾商务印书馆,2003年。
  杨明:《现代儒学重构研究》,南京:南京大学出版社,2002年。
  赵德志:《现代新儒学与西方哲学》,沈阳:辽宁大学出版社,1994年。
  卢升法:《佛学与现代新儒学》,沈阳:辽宁大学出版社,1994年。
  叶海烟:《道德、理性与人的向度》,台北:文津出版社,1996年。
  叶海烟:《人文与哲学的对话》,台北:文津出版社,1999年。
  蒙培元、任文利:《国学举要.儒卷》,武汉:湖北教育出版社,2002年。
  蒙培元:《情感与理性》,北京:中国社会科学出版社,2002年。
  郑志明:《儒学的现世性与宗教性》,嘉义:南华管理学院,1998年。
  刘国强:《儒学的现代意义》,台北:鹅湖出版社,2001年。
  赖贤宗:《体用与心性:当代新儒家哲学新论》,台北:台湾学生书局,2001年。
  蒙培元:《心灵超越与境界》,北京:人民出版社,1998年。

成中英:《成中英文集》,武汉:湖北人民出版社,2006年。
宁新昌:《本体与境界——论新儒学的精神》,太原:山西人民出版社,1999年。
冯契:《冯契文集》,上海:华东师范大学出版社,1996年。
杨国荣:《知识和智慧》,上海:华东师范大学出版社,1996年。
方东美:《生生之德》,台湾黎明文化事业有限公司,1979年。
方东美:《科学哲学与人生》,台北:台湾黎明文化事业有限公司,1980年。
方东美:《原始儒家道家哲学》,台北:台湾黎明文化事业有限公司,1985年。
宁新昌:《境界形而上学及其限制——由先秦儒学谈起》,济南:齐鲁书社,2004。
颜炳罡:《当代新儒学引论》,北京:北京图书馆出版社,1998年。
陆杰荣:《形而上学与境界》,北京:中国社会科学出版社,2006年。
〔古希腊〕柏拉图著,顾寿观译,吴天岳校注:《理想国》,长沙:岳麓书社,2010年。
〔古希腊〕柏拉图著,王晓朝译:《柏拉图全集》,北京:人民出版社,2007年。
〔古希腊〕亚里士多德著,吴寿彭译:《形而上学》,北京:商务印书馆,1996年。
〔英〕休谟著,关文运译、郑之骧校:《人性论》,北京:商务印书馆,1984年。
〔英〕亚当·斯密著,谢林宗译:《道德情操论》,北京:中央编译出版社,2011年。
〔德〕康德著,李秋零主编:《康德著作全集》,北京:中国人民大学出版社,2013年。
〔德〕康德著,邓晓芒译,杨祖陶校:《纯粹理性批判》,北京:人民出版社,2004年。
〔德〕康德著,邓晓芒译,杨祖陶校:《实践理性批判》,北京:人民出版社,2003年。
〔德〕康德著,苗力田译:《道德形而上学原理》,上海:上海人民出版社2005年。
〔德〕黑格尔著,杨一之译:《逻辑学》,北京:商务印书馆,2009年。
〔德〕黑格尔著,贺麟、王玖兴译:《精神现象学》,北京:商务印书馆,1979年。
〔德〕叔本华著,任立、孟庆时译,《伦理学的两个基本问题》,北京:商务印书馆,2010年。
〔英〕威廉·涅尔,玛莎·涅尔著,张家龙、洪汉鼎译:《逻辑学的发展》,北京:商务印书馆,1985年。
〔德〕马丁·海德格尔著,陈嘉映、王庆节合译,熊伟校,陈嘉映修订:《存在与时间》,北京:三联书店,2006年。
〔德〕胡塞尔著,倪梁康译:《胡塞尔选集》,上海:上海三联书店,1997年。
〔德〕胡塞尔著,倪梁康译:《哲学作为严格的科学》,北京:商务印书馆,2010年。

〔美〕富勒著,郑戈译:《法律的道德性》,北京:商务印书馆,2012年。

〔美〕威廉·詹姆斯著,田平译:《心理学原理》,北京:中国城市出版社,2010年。

〔英〕史蒂芬·霍金著,许明贤、吴忠超译:《时间简史》,长沙:湖南科学技术出版社,2006年。

〔英〕泰勒著,连树声译:《原始文化》,桂林:广西师范大学出版社,2005年。

〔日〕西周:《西周全集》,大久保利谦编,日本宗高书房,1950年。

Steinbauer, Anja. "T'ang Junyi System der neun Horizonte des Geistes." Zugl: Hanburg, Univ., FB Orientalistik, Diss. 2002.

Xin zhong Yao, ed., *Routledge Curzon Encyclopedia of Confucianism*, 2Vols, London & New York: Routledge Curzon 2003.

Antonio S. Cua, ed., *Encyclopedia of Chinese Philosophy*, New York & London, Routledge, 2003.

Shu-hsien Liu, *Essentials of Contemporary New-Confucianism Philosophy*, Westport, Conn. & London: Praeger Publisher, 2003.

Lau, Kwok-keung. "Creativity and Unity: *the Relationship Between the World and the Divine in Whitehead and T'ang Chun-I*." Ph. D. diss., Honolulu: University of Hawaii at Manoa, 1986.

Ng, Yau-Nang William. "T'ang Chun-I'idea of Transcendence: *with Special Reference to His life, Existence, and the Horizon of Mind-Heart*." Ph. D. diss., Toronto: University of Toronto, 1996.

二、学位论文

林如心:《唐君毅的道德恶源论》,台北:台湾大学哲学研究所博士论文,1994年。

陈振崑:《唐君毅的儒教理论之研究》,台北:辅仁大学哲学研究所博士论文,1999年。

张云江:《大乘佛学的融摄与超越——论唐君毅对中国佛教思想的哲学诠释》,北京:中国人民大学博士论文,2008年。

陈芷烨:《现代新儒家对传统佛学的诠释与借鉴》,湘潭:湘潭大学博士论文,2008年。

法帅:《现代新儒家历史哲学研究》,济南:山东大学博士论文,2010年。

胡岩:《重建理想的自我》,上海:华东师范大学博士论文,2011年。

贡华南:《知识与存在》,上海:华东师范大学博士论文,2002年。

徐瑾琪:《试论本真的存在——海德格尔存在论思想初探》,西安:陕西师范大学硕士论文,2003年。

黄林非:《理性话语与中国现代文学的理性精神》,长沙:湖南师范大学博士论文,2009年。

李家祥:《唐君毅先生早年的形而上学》,香港:香港中文大学研究院哲学学部硕士论文,1981年。

刘湘王:《唐君毅思想形成的研究1909—1951》,台北:台湾师范大学历史研究所硕士论文,1987年。

廖俊裕:《唐君毅的真实存在论——〈生命存在与心灵境界〉之研究》,桃园:"中央"大学中国文学研究所硕士论文,1991年。

王雪卿:《唐君毅文化观析论》,桃园:"中央"大学中国文学研究所硕士论文,1996年。

施穗钰:《唐君毅论道德理性与生死观之研究》,台南成功大学中国文学研究所硕士论文,1996年。

杨惠琪:《荀子之心义:徐复观、牟宗三及唐君毅等先生之诠释》,香港:新亚研究所硕士论文,1997年。

余炳和:《从唐牟哲学看先秦儒家哲学之存有论向度》,香港:新亚研究所硕士论文,1999年。

陈学然:《论唐君毅的孔子观》,香港:香港城市大学中文、翻译及语言学系硕士论文,2004年。

陈妮昂:《唐君毅"人格美学"之研究》,台北:淡江大学中国文学研究所硕士论文,2004年。

陈芷烨:《唐君毅宗教思想研究》,湘潭:湘潭大学硕士论文,2004年。

张云江:《唐君毅与华严宗》,成都:四川大学硕士论文,2005年。

刘基源:《唐君毅人生哲学研究》,南昌:南昌大学硕士论文,2007年。

程二岗:《唐君毅先生科学观述评》,上海:华东师范大学硕士论文,2008年。

胡乃望:《道德自我与中国哲学史建构》,哈尔滨:黑龙江大学硕士论文,2009年。

韩建夫:《唐君毅境界说之感通思想研究》,上海:华东师范大学硕士论文,2010年。

辛本京:《唐君毅论儒学宗教性》,兰州:兰州大学硕士论文,2010年。

丁雅琼:《唐君毅先秦儒道道论研究》,保定:河北大学硕士论文,2010年。

翟因奇:《唐君毅论王阳明哲学》,长春:吉林大学硕士论文,2010年。

田芳:《道德自我与心灵九境—唐君毅人生哲学研究》,西安:陕西师范大学硕士论文,2011年。

董甲河:《唐君毅生死观研究》,南昌:江西师范大学硕士论文,2011年。

申欢:《唐君毅伦理思想研究》,株洲:湖南工业大学硕士论文,2011年。

三、期刊论文

项退结:《生命存在与心灵境界——生命存在之三向与心灵九境》,哲学与文化,1978年8月第5卷第8期。

周辅成:《唐君毅的新理想主义哲学——〈论生命存在与心灵境界〉(上)》,《齐齐哈尔师范学院学报》1991年第2期。

周辅成:《唐君毅的新理想主义哲学——〈论生命存在与心灵境界〉(下)》,《齐齐哈尔师范学院学报》1991年第3期。

郑家栋:《唐君毅〈生命存在与心灵境界〉评述》,《浙江学刊》1990年第2期。

赵德志:《〈生命存在与心灵境界〉评述——兼论唐君毅与黑格尔哲学》,《孔子研究》1995年第1期。

钱耕森、程潮:《冯友兰与唐君毅的人生境界说之比较研究》,《中州学刊》1995年第6期。

刘国强:《略说唐君毅先生的超越心境——烦恼即菩提》,《毅圃》第2期,1995年10月。

刘国强:《心灵九境与个体性原则——新儒家唐君毅之个体存在观》,《毅圃》第8期,1996年12月。

程潮:《方东美与唐君毅的人生境界说之比较研究》,《南京大学学报》1997年第2期。

赖锡三:《"境界形上学"的继承、厘清和批判与道家式存有论的提出》,《鹅湖》1997年第12期。

单波:《唐君毅心通九境论阐要(上)》,《毅圃》第11期,1997年9月。

单波:《唐君毅心通九境论阐要(上)》,《毅圃》第12期,1997年12月。

李维武:《心通九境:唐君毅与道家思想(上)》,《毅圃》第12期,1997年12月。

李维武:《心通九境:唐君毅与道家思想(下)》,《毅圃》第13期,1998年3月。

谭宝珍:《唐君毅先生著"生命存在与心灵境界"之慧见——如实观》,《毅圃》第20期,1999年。

陈振崑:《论天德流行的超越性与内在性——唐君毅先生的天德流行论探》,《哲学与文化》1999年第8期。

廖裕俊、王雪卿:《唐君毅"判教理论"的初步考察》,《研究与动态》第 8 期,2003 年 6 月。

廖裕俊、王雪卿:《论唐君毅之"客观境界"》,《研究与动态》第 9 期,2003 年 12 月。

廖裕俊、王雪卿:《论唐君毅之"主观境界"》,《研究与动态》第 10 期,2004 年 6 月。

张毅:《生命心灵及其文艺境界——论唐君毅的心灵哲学与美学》,《天津社会科学》2004 年第 1 期。

谭宝珍:《唐君毅先生著〈生命存在与心灵境界〉之慧见——如实观》,《毅圃》第 20 期,1999 年 12 月。

宁昌新:《简论先儒的境界形而上学》,《鹅湖》2000 年第 10 期。

宁昌新:《再论境界的形而上学》,《鹅湖》2001 年第 11 期。

何仁富:《唐君毅之人生境界论》,《宜宾学院学报》2005 年 9 月第 9 期。

张云江、李玉芳、朱丽晓:《"心通九境"中的忧患意识——从舍勒、福柯到唐君毅》,《西南民族大学学报(人文社科版)》2006 年 10 期。

卢兴:《试论唐君毅"心灵境界说"对佛学的融契和阐扬》,《天津市工会管理干部学院学报》2002 年 12 月第 4 期。

罗光:《唐君毅的哲学思想(上)》,《哲学与文化》第 12 卷第 10 期,1985 年 10 月。

罗光:《唐君毅的哲学思想(上)》,《哲学与文化》第 12 卷第 11 期,1985 年 11 月。

刘国强:《唐君毅先生之实在观》,《鹅湖》1986 年第 11 期。

樊志辉、王德茜:《本心与道德自我——唐君毅中心观念的确立及限制》,《通化师院学报》1994 年第 1 期。

刘雨涛:《论唐君毅哲学之形成和建立及历史地位——为纪念唐君毅先生逝世十五周年而作》,《鹅湖》1994 年第 5 期。

廖裕俊:《论唐君毅哲学的合法性起点与发展性》,研究与动态,第 8 期,2000 年 1 月。

史炳军、赵茂林:《唐君毅对陆王心学的继承与超越——评唐君毅的心本体论》,《西北大学学报》2001 年第 3 期。

王怡心:《从〈哲学概论〉一书论唐君毅先生中期的形而上学观》,《中共济南市委党校学报》2004 年第 2 期。

王怡心:《唐君毅先生的形而上学观》,《鹅湖》2004 年第 10 期。

成守勇:《唐君毅哲学观探析》,《重庆社会科学》2006年第7期。

屈勇:《唐君毅"心本体"论美学思想论析》,《齐鲁学刊》2007年第2期。

周博裕:《道德自我之建立》,《鹅湖》2007年第3期。

赵磊:《唐君毅"心本体"分析》,《吉林省教育学院学报》2008年第4期。

李明:《我感故我在:唐君毅人生之路的心本体论证悟》,《求索》2008年第9期。

金小方:《唐君毅哲学中的"道德自我"概念》,《孔子研究》2009年第5期。

周辅成:《健全的人道主义哲学——唐君毅哲学体系述评》,《西南民族大学学报》2009年3月211期。

李明:《现代新儒家人生境界说同异比较——以冯友兰、方东美、唐君毅为中心》,《陕西师范大学学报(哲学社会科学版)》2010年第2期。

刘俊哲:《以形上哲学视角透视唐君毅的心通九境论》,《四川大学学报(哲学社会科学版)》2010年第4期。

郑亚辉:《唐君毅人生境界论的价值与局限性》,《安顺学院学报》2010年第6期。

胡岩:《论唐君毅的"宇宙唯心"说》,《华东师范大学学报(哲学社会科学版)》2011年第3期。

杨伟涛:《道德自我的确证及其价值意蕴》,《浙江社会科学》2011年第5期。

余仕麟:《唐君毅心本体论及其理论贡献》,《四川大学学报(哲学社会科学版)》2011年第5期。

熊吕茂:《唐君毅对孔子精神的解读》,《湖南大学学报(社会科学版)》2010年第6期。

苏子敬:《唐君毅先生对孟子之心与养心功夫的诠释》(上、下),《鹅湖》1999年第1、2期。

苏子敬:《唐君毅对于孟子思维方式和表达特色的契会与诠释》,《中山人文学报》第6期,1998年2月。

谭绍江:《牟宗三、唐君毅之荀子研究比较》,《齐鲁学刊》2012年第1期。

胡可涛,葛维春:《海外新儒家视野中的荀学——以牟宗三、徐复观、唐君毅为中心》,《云南民族大学学报(哲学社会科学版)》2008年第5期。

黄兆强:《唐君毅先生论春秋经传》,《兴大历史学报》第19卷,2007年11月。

高柏园:《论唐君毅先生的老子学》,《鹅湖》2004年第6期。

陈德和:《论唐君毅先生的老子学》,《揭谛》第5期,2003年6月。

刘福增:《评唐君毅"老子言道六义贯释"》,《"国立"台湾大学文史哲学报》第52期,2000年6月。

高玮谦:《唐君毅对老子"道"的诠释之特色及其限制》(上、下),《鹅湖》2000年第2、3期。

袁保新:《老子思想在现代文化中的意义——以唐君毅先生对存在主义省察为线索》,《鹅湖》1989年第2期。

高柏园:《唐君毅先生对逍遥游之诠释》,《鹅湖》1989年第2期。

朱哲:《唐、牟、徐道家思想比观》,《云南社会科学》1995年第5期。

尉迟淦:《试论唐君毅先生有关公孙龙思想的理解与评价》,《鹅湖》1994年第7期。

黄兆强:《唐君毅先生对历史哲学的省察——史学价值论》,《东吴哲学学报》(原名为《东吴哲学传习录》),台北:东吴大学出版社,1997年。

邓秀梅:《唐、牟二氏对张载哲学的诠释比较》,《鹅湖》2009年第9期。

高柏园:《论唐君毅先生对二程理学之理解态度(上)》,《鹅湖》2003年第5期。

高柏园:《论唐君毅先生对二程理学之理解态度(下)》,《鹅湖》2003年第6期。

吴略余:《唐君毅之朱子学》,《鹅湖》2008年第1期。

黄莹暖:《唐、牟论朱子中和新旧说之"心"义》,《当代儒学研究》第4期,2008年7月。

杨祖汉:《论阳明的心外无物及唐先生所说的生命之真实存在之意义》,《鹅湖》1989年第2期。

林月惠:《唐君毅、牟宗三的阳明后学研究》,《杭州师范大学学报(社会科学版)》2010年第1期。

李承贵:《"理"之意蕴及其开显——唐君毅对"理"的诠释及其检讨》,《中山大学学报(社会科学版)》2012年第3期。

高玮谦:《唐君毅先生论"德性之知"与"知识之知"的关系之检讨》,《鹅湖》2001年第2、10期。

陈沛然:《唐君毅先生论华严宗与天台宗之圆教义》,《鹅湖》1997年第12期。

吴根友:《唐君毅、牟宗三、刘述先的明清思想研究》,《学海》2010年第2期。

唐亦男:《唐君毅先生对清代学术文化精神之省察》,《中华文化论坛》1995年第4期。

马亚男:《唐君毅论休谟问题》,《鹅湖》2004年第9期。

马亚男:《唐君毅知识论思想的新实在论特征》,《宜宾学院学报》2010年第4期。

萧捷父:《唐君毅之哲学史观及其对船山哲学之阐释——读〈中国哲学原论〉》,《哲学研究》1989年第7期。

高柏园:《唐君毅先生对韩非哲学之诠释与发展——以〈中国哲学原论〉为中心之讨论》,《鹅湖》1989年第1期。

方克立:《唐君毅〈中国哲学原论〉评介》,《中国哲学史研究》1989年第3期。

方红姣:《唐君毅先生的船山学研究——读〈中国哲学原论·原教篇〉》,《中国社会科学院研究生院学报》2006年第3期。

刘述先:《一个融通东西哲学的努力——唐君毅先生著〈哲学概论〉评价》,《民主评论》第12卷第23期,1961年12月。

彭国翔:《唐君毅的哲学观——以〈哲学概论〉为中心》,《中国哲学史》2007年第4期。

张哲,周炽成:《唐君毅人生论述评》,《华南师范大学学报》1994年第4期。

温光华:《从唐君毅"说青年之人生"谈青年应有的人生观》,《中国语文》第87卷第5期,2000年11月。

郑志明:《从唐君毅的〈病里乾坤〉谈儒学医疗》,《鹅湖》2002年第10期。

郑志明:《从唐君毅的〈人生之体验〉谈儒学的生命教育》,《新世纪宗教研究》第1卷第3期,2003年3月。

何仁富:《论唐君毅哀乐相生的人生哲学》,《四川大学学报(哲学社会科学版)》2002年第5期。

何仁富:《唐君毅论超越人生之哀乐相生》,《四川大学学报(哲学社会科学版)》2006年第1期。

何仁富:《唐君毅的情爱形而上学》,《孔子研究》2004年第1期。

何仁富:《唐君毅先生的生命与学问》,《西南民族大学学报(人文社科版)》2005年第6期。

何仁富:《儒学的治疗学意义与生命教育——以唐君毅〈病里乾坤〉为例的生命学解读》,《南昌大学学报(人文社会科学版)》2009年第2期。

郑祖基:《唐君毅先生人性思想初探》,《鹅湖》2005年第11期。

黄兆强:《唐君毅先生及其爱情哲学析述》,《毅圃》第41期,2006年2月。

曾昭旭:《论唐君毅先生在爱情学上的先驱地位》,《鹅湖》2007年第3期。

熊吕茂:《论唐君毅的青年观》,《湖南城市学院学报》2007年第6期。

熊吕茂:《再论唐君毅的人生观——读〈人生之体验〉》,《中南大学学报》2008年第1期。

熊吕茂:《论唐君毅的人生观》,《中南大学学报(社会科学版)》2008年第1期。

陈学然:《唐君毅论青年的人生与精神特性》,《毅圃》第46期,2008年1月。

李瑞全:《唐君毅先生之生命哲学:心灵与境界一体论》,《鹅湖学志》2008年第

6期。

萧振邦:《美感与道德的分际——唐君毅与卡尔美学观之比较》,《鹅湖》1994年第5期。

张毅:《生命心灵及其文艺境界——论唐君毅的心灵哲学与美学》,《天津社会科学》2004年第1期。

熊元义:《论唐君毅的中国悲剧观》,《云梦学刊》2006年第2期。

孙琪:《唐君毅对"中国艺术精神"的新阐释》,《齐齐哈尔大学学报》2008第3期。

熊吕茂:《论唐君毅的艺术观》,《湖南大学学报(社会科学版)》2009年第6期。

熊吕茂:《论唐君毅的美学观》,《湖南科技大学学报(社会科学版)》2010年第6期。

陆达诚:《唐君毅先生的死亡哲学》,《哲学与文化》1994年第7期。

吴有能:《唐君毅先生超越观述论稿》,《庆祝建馆八十周年论文集》,台北:"国立中央"图书馆台湾分馆,1995年。

陈沛然:《唐君毅先生论华严宗与天台宗之圆教义》,《鹅湖》1997年第12期。

陈振崑:《由唐君毅对于道德意识与宗教意识的对比分析,论宗教意识的"超主体性"》,《哲学与文化》1998年第12期。

叶海烟:《当代新儒家与基督教的哲学对话——以唐君毅为例》,《哲学与文化》第28卷第5期,2001年5月。

赖功欧:《论唐君毅的"人文宗教"观》,《江西社会科学》2001年11期。

吴有能:《人文精神与死亡的超越——唐君毅先生的死亡哲学》,《毅圃》第41期,2001年12月。

林安梧:《再论"儒家型的意义治疗"——以唐君毅先生的〈病里乾坤〉为例》,《鹅湖》2002年第10期。

林安梧:《开启"意义治疗"的当代新儒学大师——唐君毅》,《鹅湖》1995年第1期。

邓元尉:《苦难与超越——从唐君毅对基督宗教的理解探讨儒基对话的可能向度》,《哲学与文化》第24卷第3期,1997年3月。

蔡仁厚:《唐君毅先生论中国节日与祠庙》,《西南民族大学学报》2005年第6期。

陈振崑:《唐君毅的宗教融合思想》,《南华人文学报》2006年第7期。

郑祖基:《唐君毅先生论宗教与人性的关系》,《新亚论丛》第8卷,2006年10月。

李玉芳:《唐君毅钟情于华严宗哲学之原因初探》,《宜宾学院学报》2006年第11期。

赵敬邦:《唐君毅先生之死亡观》,《鹅湖》2007年第3期。

陈芷烨:《唐君毅论儒学的宗教性》,《中南大学学报》2008年第3期。

李玉芳、张云江、朱丽晓:《略论华严宗判教思想对唐君毅"心灵九境"理论建构的影响》,《宗教学研究》2008年第3期。

何仁富:《唐君毅论儒家"三祭"的宗教价值》,《四川大学学报(哲学社会科学版)》2009年第3期。

朱丽晓;李玉芳:《试析唐君毅先生的宗教哲学思想》,《西南民族大学学报(人文社科版)》2009年第3期。

程志华:《将孔、释、耶、穆及祖先揖入一堂——唐君毅之新宗教思想》,《西南民族大学学报(人文社科版)》2010年第2期。

王敬华:《为四海之人道立极为世界之宗教立枢——唐君毅论儒学的宗教精神》,《孔子研究》2010年第4期。

张云江;李玉芳:《唐君毅对中国佛教思想的整体判释》,《西南民族大学学报(人文社科版)》2010年第4期。

张云江:《般若与玄学——论唐君毅对〈肇论·物不迁论〉的哲学诠释》,《华侨大学学报》2010年第3期。

薛立波:《论唐君毅早期思想中的生死问题意识》,《四川大学学报》2011年第4期。

张云江:《唐君毅论〈不真空论〉与玄学"有无"之会通义》,《社会科学研究》2012年第4期。

孙善豪:《对当代新儒家的实践问题之探讨(上)——唐君毅哲学中的实践问题》,《哲学与文化》第10期,1986年10月。

王泽应、彭梅:《唐君毅的"伦理开新说"论评》,《求索》1994年第1期。

霍韬晦:《人文化成的社会:论唐君毅先生的教育观》,《中华文化论坛》1995年第4期。

邓惠欣:《从唐君毅的"相互依存说"看后现代教育问题》,《毅圃》第22期,2000年6月。

杨永明:《唐君毅论新亚教育》,《西南民族大学学报》2005年第6期。

杨永明:《浅论唐君毅人文主义教育思想》,《宜宾学院学报》2005年第9期。

杜学元:《唐君毅教育哲学思想及其当代启示》,《内蒙古师范大学学报》2006年第11期。

熊吕茂:《论唐君毅的道德观——读〈道德自我之建立〉》,《伦理学研究》2008年第5期。

张晓芬:《试论唐君毅先生与牟宗三先生"道德内在论"的异同》,《鹅湖》2009年11月。

熊吕茂:《论唐君毅的伦理观》,《伦理学研究》2010年第2期。

黄冠闵:《主体之位:唐君毅与列维纳斯的伦理学思考》,《南京大学学报(哲学·人文科学·社会科学版)》2010年第6期。

刘述先:《当代新儒家的探索.唐君毅的文化哲学理念》,《东吴哲学传习录》第5期,1986年10月。

李宗桂:《海外现代新儒家唐君毅文化思想简论》,《社会科学辑录》1988年第5期。

李宗桂:《评唐君毅的文化精神价值和文化重构观》,《哲学研究》1989年第2期。

李宗桂:《评唐君毅的文化精神价值论和文化重构观》,《哲学研究》1989年第3期。

张祥浩:《唐君毅先生的中国文化观》,《南京社会科学》1993年第2期。

郭齐勇:《论唐君毅的文化哲学》,《求是学刊》1993年第4期。

叶海烟:《熊十力与唐君毅的文化精神论》,《东吴哲学传习录》第2号,1993年5月。

樊志辉:《唐君毅文化哲学的建构及其局限》,《南开学报》1995年第3期。

杜维明:《唐君毅的人文反思》,《中华文化论坛》1995年第4期。

史炳军:《现代新儒家唐君毅的中西文化观》,《西北大学学报(哲学社会科学版)》1995年第4期。

刘国强:《科学发展与人文价值之肯定——唐君毅以仁主智论之论述概要》,《毅圃》第4期,1996年2月。

梁景时:《中国文化出路与新儒家唐君毅》,《吉林大学社会科学学报》1997年第1期。

曾纪茂:《唐君毅中西文化精神比较思想评析》,《四川大学学报(哲学社会科学版)》1999年第6期。

龙佳解,杨常倩:《"自觉地求表现"与"自觉地求实现"——评唐君毅对中西文化精神的比较和察照》,《湖南大学学报》2000年第1期。

陈振崑:《当代人文主义思想的融会——以唐君毅与马里旦为例》,《哲学与文化》2002年4月。

沙庆强:《简述唐君毅先生的人文教育观》,《毅圃》第29期,2002年3月。

廖裕俊、王雪卿:《唐君毅"立人极以求人文成天下"文化观析论》,《研究与动态》第11期,2004年12月。

陆卫明,薛琳:《略试析唐君毅的中西文化观》,《学术论坛》2004年第4期。

张波:《唐君毅人文主义的科学发展观》,《西南民族大学学报》2004年第11期。

张晚林:《论人文主义的成立及其内涵(上)——以牟宗三、唐君毅、徐复观为中心的基础性理解》,《重庆社会科学》2005年第8期。

张晚林:《论人文主义的成立及其内涵(上)——以牟宗三、唐君毅、徐复观为中心的基础性理解》,《重庆社会科学》2005年第9期。

李承模:《唐君毅和牟宗三的中西文化精神》,《青海社会科学》2006年第2期。

吴芳:《探析唐君毅的中西文化观》,《文教资料》2006年第14期。

何仁富:《儒家与中国"人文中心"的文化精神——唐君毅论中国人文精神(上)》,《北京青年政治学院学报》2006年第3期。

何仁富:《中国文化精神的客观价值及其缺失——唐君毅论中国人文精神(中)》,《北京青年政治学院学报》2006年第4期。

何仁富:《中西人文精神的会通及中国文化精神的重建——唐君毅论中国人文精神(下)》,《北京青年政治学院学报》2007年第1期。

何仁富,汪丽华:《为中国文化立皇极——唐君毅论中西人文精神之融通与中国文化之未来发展》,《中国哲学史》2007年第4期。

汤忠钢:《唐君毅现代新儒学"文化"概念的反思与批评——兼谈宽容哲学的"文化"理解》,《华侨大学学报》2007年第3期。

张倩:《唐君毅文化哲学的两重向度》,《鹅湖》2009年第10期。

李明:《儒家人文主义的现代开展——唐君毅人文思想疏论》,《齐鲁学刊》2010年第6期。

陈锐:《论唐君毅的中西文化观》,《杭州师范大学学报(社会科学版)》2011年第1期。

刘国强:《唐君毅的哲学方法》,《鹅湖》1994年第7期。

彭华:《唐君毅的中国哲学史研究——关于方法论的讨论与比较》,《宜宾学院学报》2001年第9期。

陈振崑:《唐君毅的自由人权观》,《哲学与文化》2007年第7期。

熊吕茂:《论唐君毅的政治观》,《文史博览(理论)》2009年第7期。

张祥浩:《评唐君毅先生的哲学思想》,《南京大学学报》1991年第4期。

张祥浩:《再评唐君毅先生的哲学思想》,《南京大学学报》1993年第4期。

张祥浩:《唐君毅对西方思想的综摄和对儒学的发展》,《南京大学学报》1993年第4期。

赵建伟:《"第二届唐君毅学术思想国际研讨会"综述》,《社会科学研究》1996年第1期。

单波:《从生命流出的哲思——唐君毅著述浅说》,《毅圃》第8期,1996年12月。

黄海德:《第二届唐君毅学术思想国际研讨会综述》,《天府新论》1996年第1期。

马晓英:《"唐君毅思想与当今世界研讨会"综述》,《中国哲学史》2007年第1期。

陈学然:《唐君毅研究概况及其书目文献索引》,《中国文化研究通讯》2008年第18卷,第4期。

杨永明、牟华林:《大陆唐君毅研究综述》,《宜宾学院学报》2011年第4期。

杨祖汉:《关于林毓生对唐君毅先生的评论》,《鹅湖》1986年第11期。

曾昭旭:《唐君毅先生与当代新儒家》,《鹅湖》1991年第8期。

刘雨涛:《唐君毅先生与理想主义》,《法言》第3卷第3期,1991年6月。

陆玉林:《评现代新儒家道德本位论》,《社会科学》1992年第7期。

韩强:《从传统儒学的心性论到现代新儒学的道德形上学》,《东岳论丛》1992年第5期。

刘述先:《唐君毅、牟宗三二位先生对当代新儒学的贡献》,《鹅湖》2009年第11期。

何仁富:《贺麟与唐君毅研究的比较视野——从贺麟"唐君毅先生的早期哲学思想"说起》,《宜宾学院学报》2010年第7期。

张学智:《论贺麟的"西哲东哲,心同理同"》,《中国青年政治学院学报》1991年第3期。

张学智:《贺麟的"新心学"》,《中国社会科学》1992年第5期。

张学智:《贺麟与费希特、谢林》,《哲学研究》1992年第11期。

张学智:《贺麟的新心学与黑格尔、康德》,《北京大学学报(哲学社会科学版)》1993年第1期。

张学智:《儒家文化的精神与价值观》,《北京大学学报(哲学社会科学版)》1998年第1期。

龚亮、汪凯、程怀东:《镜像神经元的功能及其临床应用》,《中国神经精神疾病杂志》2010年第36卷、第4期。

张学智:《中国哲学中身心关系的几种形态》,《北京大学学报(哲学社会科学版)》2005年第3期。

张岱年:《中国哲学关于理性的学说》,《哲学研究》1985年第11期。

刘笑敢:《"反向格义"与中国哲学研究的困境——以老子之道的诠释为例》,《思想史研究》2006年第2期。

刘述先:《现代新儒学在英语世界》,《中国文化研究通讯》2004年第14卷,第2期。

李毅,张风江:《试析第二代新儒家的理论困境》,《中国青年研究》1995年第2期。

付长珍:《现代新儒家境界理论的价值与困境——以唐君毅为中心的探讨》,《杭州师范大学学报(社会科学版)》2008年第4期。

陈志军:《早期道家"性情的形而上学"探析》,《首都师范大学学报(社会科学版)》2012年第2期。

张祥浩:《现代新心学的心物论》,《江苏社会科学》2001年第2期。

陈少明:《黑格尔与现代新儒学》,《哲学研究》1992年第2期。

胡军:《中国现代哲学中的知识论研究》,《哲学研究》2004年第2期。

胡军:《梁漱溟的生命观》,《大连大学学报》2008年第4期。

胡军:《从身心关系理论审视精神超越之可能》,《社会科学》2009年第3期。

胡军:《重建还是拒斥形而上学——从洪谦和冯友兰关于形而上学的论争谈起》,《东岳论丛》2002年第1期。

胡军:《论知识及其在现代社会中的作用》,《新视野》2002年第1期。

胡军:《中国现代哲学中的方法论意识》,《中国哲学史》2000年第3期。

胡军:《中国现代哲学中的形而上学建构理路》,《本体诠释学》第二辑,北京大学出版社,2002年。

胡军:《知识论与哲学——评熊十力对西方哲学中知识论的误解》,《北京大学学报》2002年第2期。

胡军:《从知识看人性——兼论知识在现代及未来社会中的作用》,《函授教育》1995年第2期。

蒙培元:《儒、佛、道的境界说及其异同》,《世界宗教研究》1996年第2期。

宁新昌:《知识与境界——朱熹人生境界论再探》,《北京社会科学》2001年第4期。

蒙培元:《人·理性·境界——中国哲学研究中的三个问题》,《泉州师范学院学报(社会科学)》2004年第3期。

蒙培元:《知识,还是境界?——评冯友兰的中国哲学史"总结"》,《中国社会科学院研究生院学报》2001 年第 3 期。

蒙培元:《中国哲学中的情感理性》,《哲学动态》2008 年第 3 期。

任剑涛:《境界与境遇——析冯友兰境界说的言说方式与人生指向》,《哲学研究》1996 年第 4 期。

陈晓平:《冯友兰的境界说与未来道德哲学》,《江海学刊》1997 年第 3 期。

马亚男:《冯友兰和克尔凯郭尔的人生境界说比较》,《中州学刊》2003 年第 3 期。

宁新昌、范玉洪:《新儒学本体境界理论的限制及意义》,《汉中师范学院学报》2001 年第 1 期。

杨国荣:《存在与境界》,《中国社会科学》1996 年第 5 期。

杨国荣:《中国哲学中的理性观念》,《文史哲》2014 年第 2 期。

黄玉顺:《孔子之精神境界论》,《孔子研究》2002 年第 4 期。

陈晓平:《因果关系与心—身问题——兼论功能主义的困境与出路》,《自然辩证法通讯》2007 年第 5 期。

但昭明:《因果关系的存在论转向——从休谟到怀特海》,《自然辩证法研究》2007 年第 10 期。

袁建新:《广义还是狭义因果原理的有效果性:康德的第二类比到底要证明什么?》,《湘潭大学学报》2009 年第 3 期。

贾可春:《休谟因果观探析》,《湖南科技大学学报(社会科学版)》2006 年第 4 期。

赵敦华:《休谟的经验论真的摆脱了矛盾吗?》,《河北学刊》第 24 卷 2004 年第 1 期。

蔡钊:《道家境界论探微》,《四川大学学报(哲学社会科学版)》2012 年第 5 期。

吴根友、王博:《试论冯契的"境界论"思想——兼与王国维"境界论"之比较》,《华东师范大学学报(哲学社会科学版)》2016 年第 3 期。

孟勇:《论转识成智——从比较康德和冯契关于此问题的探讨谈起》,《内蒙古农业大学学报(社会科学版)》2010 年第 4 期。

陈嘉明:《德性知识论》,《东南学术》2003 年第 1 期。

卢兴、吴倩:《从牟宗三哲学看中国哲学的"灵性主义"传统》,《哲学动态》2010 年第 7 期。

魏鹏举:《王国维境界说的知识谱系》,《文艺理论研究》2004 年第 5 期。

王晓黎:《钱穆与冯友兰境界说比较研究》,《云南师范大学学报》2009 年第

3 期。

徐建勇:《传统的承续与现代性的培育——冯友兰建构"新理学"的基本思路》,《渤海大学学报(哲学社会科学版)》2013 年第 4 期。

刘爱军:《本体、方法与科学:中西方哲学知识论的区别及其根由》,《哲学研究》2015 年第 11 期。

成中英:《中国哲学中的知识论》(上),《安徽师范大学学报》2001 年第 1 期。

林安梧:《明、知、识、执——论传统汉语哲学的知识构成与心性工夫》,《宗教与哲学》第三辑。

吴晓番:《张东荪对传统认识论的批判与扩展》,《青岛大学师范学院学报》2009 年第 1 期。

易宪容:《知识与价值融合的尝试——方东美的哲学论述评》,《社会科学家》1991 年第 1 期。

张岱年:《中国哲学关于理性的学说》,《哲学研究》1985 年第 11 期。

黄南珊:《西方理性概念内涵分析》,《晋阳学刊》1995 年第 1 期。

黄南珊:《中国哲学理性观念的整体流变》,《江海学刊》1997 年第 2 期。

陈启伟:《"哲学"译名考》,《哲学译丛》2001 年第 3 期。

邓晓芒:《中国百年西方哲学研究中的八大文化错位》,《福建论坛·人文社会科学版》2001 年第 5 期。

卞崇道:《东亚哲学史上西周思想的意义——透视"哲学"用语的定译理念》,《杭州师范学院学报(社会科学版)》2007 年第 6 期。

徐水生:《西周在西方哲学范畴汉字化上的贡献》,《延边大学学报(社会科学版)》2007 年第 4 期。

熊月之:《从晚清"哲学"译名确立过程看东亚人文特色》,《社会科学》2011 年第 7 期。

狭间直树著,袁广泉译:《西周留学荷兰与西方近代学术之移植——"近代东亚文明圈"形成史·学术篇》,《中山大学学报(社会科学版)》2012 年第 2 期。

四、网址

http://global.britannica.com/EBchecked/topic/493197/reason。

http://jp.langfly.com/a/20120304/155948.shtml。

后 记

《知识与境界》一书是在我博士论文基础上修改而成的,本书总体结构与论证过程基本上与博士论文一致,只有为数不多的地方补充了一些资料和证明材料,当然,还对一些文字、语句、段落等重新斟酌和修改了。总之,此书是我在北大求学期间完成的博士论文之延续。

记得博士论文答辩时,北大哲学系郑开教授在对我的论文作总体评述时认为:在中国近现代哲学中,"知识与境界"是一对非常重要的关系,"知识与境界"可以说是中国近现代哲学精神的总体概括。郑老师的观点我比较同意,因为在我看来,中国近现代哲学对知识——也就是对现代科学的消化,以及对中国传统哲学基本精神——也就是对人生境界论的承接和转化,二者可谓中国近现代哲学的一体两翼。中国近现代的思想家虽然对知识与境界有过讨论,但是,人们对"何谓境界、何谓知识以及知识与境界的关系及其内蕴所指"却没有达成共识。

在不同的境界论者那里,人们对境界论体系的构成与境界的生成过程论述有别,对于相同或相似的境界判断也没有基本共识,让人困惑的是:面对诸多境界论体系,何者为真?何者可信?可以更进一步追问的是:什么是境界?境界论到底在谈论什么?人生境界论或心灵境界论如何可能?境界可否普遍地认知和传达,以及人们如何达到一定的心灵境界?如果境界还可以指人的限制,或者指人心的障蔽,那么境界就并非完全积极的东西,因而最后的问题就是:境界如何定性?

相对"境界"的众说纷纭不同,人们对知识的态度却异常地一致:知识具有工具价值,知识应该统摄于诸如"性论、玄学、德性、生命、形而上学、道德理性、价值理性"等。然而,人们对如何统摄知识却没有给出太多令人满意的答案。如果把知识仅仅限定在工具价值之上,那么工具论意义上的知识如何与统摄它的东西共存就是个棘手的难题。如果说知识统摄于境界，那么，"知识对于境界有何作用"就是必须要回答、然而又极不好回答的问题。考察知识与境界的关系除了有厘清境界论内涵的考虑，更为重要的是：中国近现代以来人们对知识的总体评价是否有问题？人们对知识的理解与价值的定位可否有其他看法？

正是基于以上问题与判断，我从唐君毅的心灵九境论入手进行剖析，试图通过典型的境界论思想来寻找一些普遍性的答案。我对唐君毅思想的关注有一段时间了，我硕士论文做的就是关于唐君毅"心灵九境论"中的"因果关系问题"之考察，博士论文则从整体上讨论了唐君毅哲学中的境界论与知识论问题。这个选题虽然是自己定的，然而论文写作中的方法论思想主要受到导师胡军先生的影响。

进入北大学习的四年，从学于胡军先生，个人受胡老师的影响是多方面的，胡老师在学术与德行两方面言传身教，个人受益良多，北大四年是我学生生涯中最愉快、最放松的时光。胡军老师愿意经常与学生们一起讨论学术问题，"学术至上"是胡老师的基本信念，主张对问题多做研究和论证是他十分强调的地方。胡老师相信"师生是个共同体"，学术是共同体的前提，他对亚里士多德"吾爱吾师，吾更爱真理"的观念推崇备至。总之，我们跟胡老师相处十分愉快，学生们也乐意常与其相聚。"理性和良知"是胡老师的关键词，在胡老师身上可谓实实在在地体现着何谓良知、何谓理性，这是让人由衷敬佩的地方。我想：像胡老师一样有高雅旨趣、有自由思想与独立人格的、有良知的学者是任何时代、任何地方都最需要的。

胡军老师对学生们除了学术和德行上的影响外，对学生们生活上的关心也常常令人感动，记得有一年父亲脑溢血住院，胡老师就经常问起家父的病情，表示愿意提供帮助，并不时嘱咐一些可以注意的地方，这令人印象深刻。就像胡老师一样，师母杨书澜女士在生活上对学生们的关心与关照也常令学生们感动，杨老师为人优雅，菩萨心肠，对人细心周到，令人感怀。两位老师对学生们有如父母般的关爱，是我终生难以忘怀的，在此对二位长者致以崇高敬意！另外，本书在北大出版社出版要特别感谢杨书澜老师的关心与帮助，当然也要感谢胡军老师的大力推荐，最后，还要感谢"四川思想家研究中心"的资助与中心主任杨永明老师的大力支持，我在此一并致谢！

　　结缘于唐君毅，主要得益于浙江传媒学院的何仁富教授，何老师是我十分敬重的先生，正是何老师的影响使得我决定对唐君毅思想进行深入研究。虽然我的观点与研究侧重可能与何老师有些不同，但长期以来，何老师对我求学给予的支持与帮助，以及他对我个体人生与生命形态的影响不可估量，在此书出版之际，我要对何仁富老师表示衷心的感谢并致以崇高的敬意！

　　最后，其实我的博士论文写作与完稿比较早，准确地说，我的博士论文在答辩的前一年就已经完稿了。现在看来，两年多过去了，我觉得论文中的一些看法与主要观点仍然是可以成立的，至于这些观点与看法是否真正有价值和能否得到学界认同则交由学术共同体去评价。正是基于这一点，本书的出版或许可以对唐君毅研究、甚至广义的境界论研究提出一些问题，或者说提供一个不成熟的视角。无论如何，我已尽量把一些问题结合自己的知识结构与个人理解进行了论证，论证的过程与结构也力求尽量明确，至于对错与否，论述是否有缺漏等则丝毫不能掩饰，因为它全都在论证过程当中了。

雷爱民
记于清华大学西 8 楼
2016 年 9 月 22 日